Word 2019

Die Anleitung in Bildern

von
Christine Peyton

Vierfarben

Wir hoffen, dass Sie Freude an diesem Buch haben und sich Ihre Erwartungen erfüllen. Ihre Anregungen und Kommentare sind uns jederzeit willkommen. Bitte bewerten Sie doch das Buch auf unserer Website unter **www.rheinwerk-verlag.de/feedback**.

An diesem Buch haben viele mitgewirkt, insbesondere:

Lektorat Maike Lübbers
Korrektorat Lina Mey, Köln
Herstellung Norbert Englert
Einbandgestaltung Bastian Illerhaus
Coverfotos iStock: 635871990 © Poike, 14690037 © Sara Winter
Typografie und Layout Vera Brauner
Satz Norbert Englert
Druck Media-Print Informationstechnologie, Paderborn

Dieses Buch wurde gesetzt aus der Linotype Syntax (10,25 pt/14,25 pt) in Adobe InDesign CC 2019.
Gedruckt wurde es auf mattgestrichenem Bilderdruckpapier (115 g/m²).
Hergestellt in Deutschland.

Bibliografische Information der Deutschen Nationalbibliothek:

Die Deutsche Nationalbibliothek verzeichnet diese Publikation in der Deutschen Nationalbibliografie; detaillierte bibliografische Daten sind im Internet über *http://dnb.d-nb.de* abrufbar.

ISBN 978-3-8421-0536-2

1. Auflage 2019

Vierfarben ist eine Marke des Rheinwerk Verlags. Der Name Vierfarben spielt an auf den Vierfarbdruck, eine Technik zur Erstellung farbiger Bücher. Der Name steht für die Kunst, die Dinge einfach zu machen, um aus dem Einfachen das Ganze lebendig zur Anschauung zu bringen.

Informationen zu unserem Verlag und Kontaktmöglichkeiten finden Sie auf unserer Verlagswebsite **www.rheinwerk-verlag.de**. Dort können Sie sich auch umfassend über unser aktuelles Programm informieren und unsere Bücher und E-Books bestellen.

Liebe Leserin, lieber Leser,

manch einer wünscht sich sicherlich die gute alte Schreibmaschine zurück, wenn er sich mit der oft verwirrenden Bedienung des Computers abmüht. Aber wer Geschmack an der elektronischen Textverarbeitung gefunden hat, der wird ihre Unkompliziertheit und die enorme Zeitersparnis nicht mehr missen wollen. Keine mühsamen Korrekturen oder gänzlich neu getippten Seiten mehr, dafür aber eine Menge Möglichkeiten, um Schriftstücke ansprechend zu gestalten und problemlos zu vervielfältigen.

Egal ob Sie die Software auf Ihrem Computer installiert haben oder die Abovariante Office 365 nutzen: Christine Peyton zeigt Ihnen, was mit Word 2019 alles möglich ist. Ob es um das Verfassen eines einfachen Briefes oder um die gefällige Gestaltung eines Lebenslaufes oder einer Einladung geht – Schritt für Schritt werden Sie durchs Programm geführt und können so Ihre Vorstellungen einfach und schnell zu Papier bringen.

Dieses Buch wurde mit größter Sorgfalt geschrieben und hergestellt. Sollten Sie dennoch einmal Fehler finden oder inhaltliche Anregungen haben, freue ich mich, wenn Sie mit mir in Kontakt treten. Für konstruktive Kritik bin ich dabei ebenso offen wie für lobende Worte. Doch zunächst einmal wünsche ich Ihnen viel Freude beim Lesen und Ausprobieren!

Ihre Maike Lübbers
Lektorat Vierfarben

maike.luebbers@rheinwerk-verlag.de

Inhalt

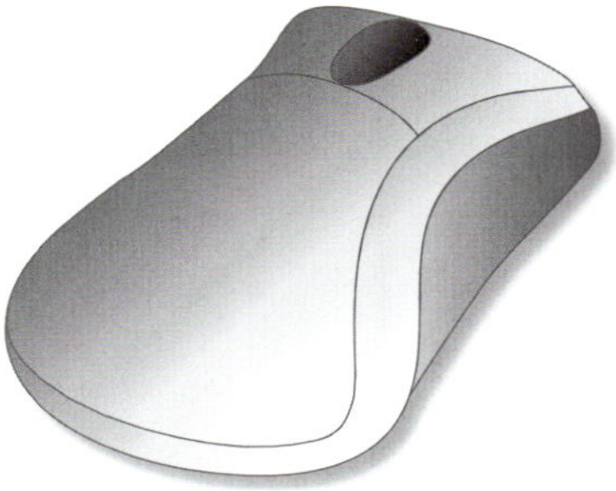

Inhalt

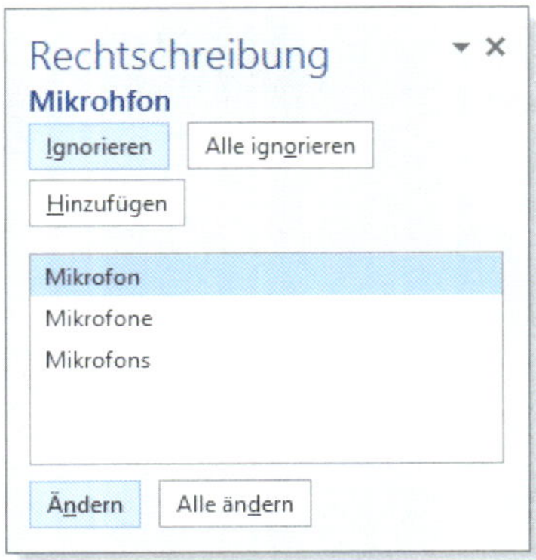
Rechtschreibung
Mikrohfon
Ignorieren
Alle ignorieren
Hinzufügen
Mikrofon
Mikrofone
Mikrofons
Ändern
Alle ändern

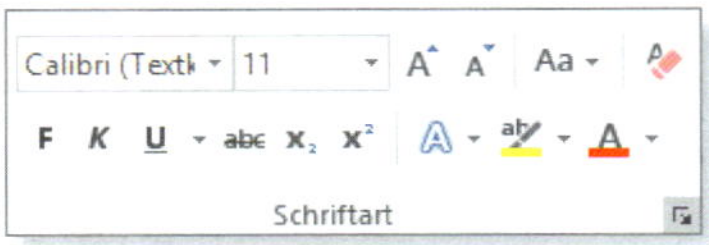
Calibri (Textk
11
Aa
F K U
abc
Schriftart

Inhalt

Schwedischen Gymnastik
Chris Peyton Vor 6 Minuten
Diesen Begriff in einer Fußnote erklären¶
OA Vor 5 Minuten
OK wird gemacht ¶

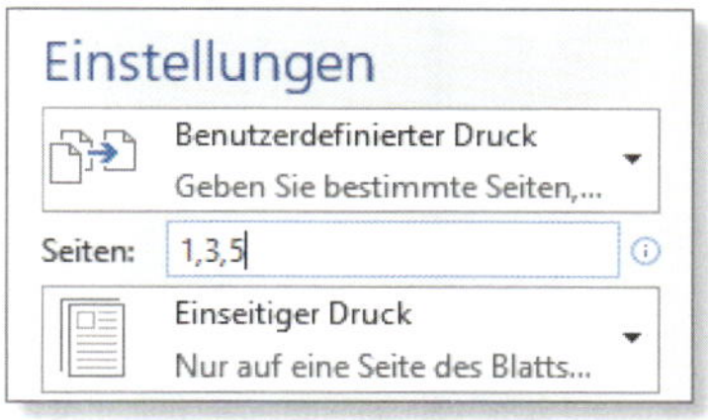

Einstellungen
Benutzerdefinierter Druck
Geben Sie bestimmte Seiten,...
Seiten:
1,3,5
Einseitiger Druck
Nur auf eine Seite des Blatts...

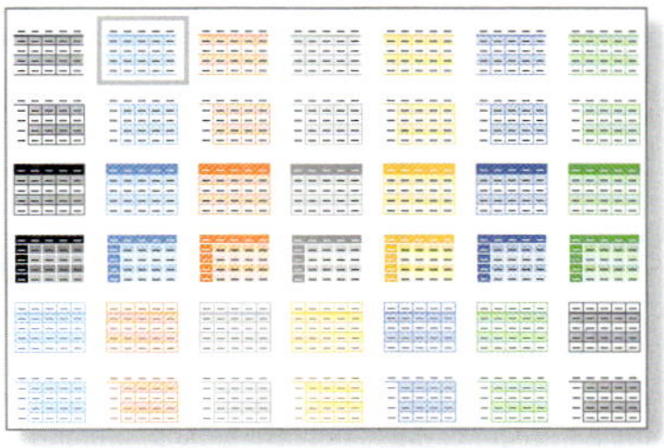

Inhalt

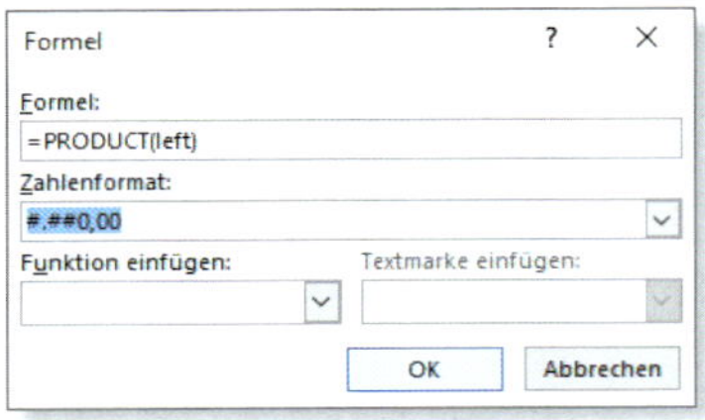
Formel
?
Formel:
=PRODUCT(left)
Zahlenformat:
#.##0,00
Funktion einfügen:
Textmarke einfügen:
OK
Abbrechen

POSTBRIEFKASTEN

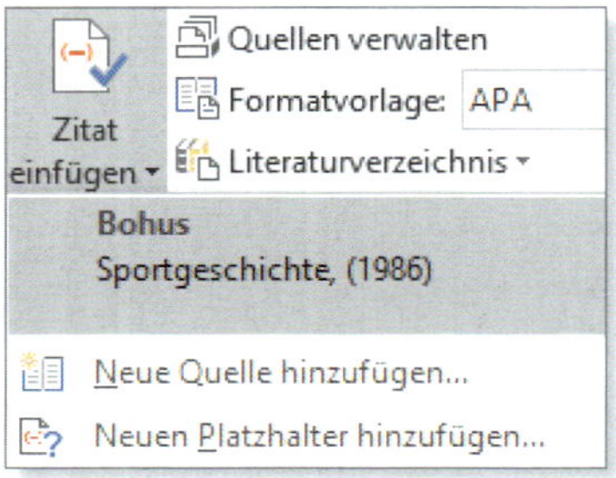
Quellen verwalten
Formatvorlage: APA
Zitat einfügen
Literaturverzeichnis
Bohus
Sportgeschichte, (1986)
Neue Quelle hinzufügen...
Neuen Platzhalter hinzufügen...

Inhalt

Entspannt in Nacken und Schulter
Ein Feldenkrais-Nachmittag mit
Roswitha Becker
Beate Schmidt
Es geht um
Beweglichkeit
Sanfte Bewegungen
Selbstwahrnehmung
Koordination
Kursgebühr: 30,00 Euro
Veranstaltungsort:
Grundschule Danischenhagen
Sonntag, 12.11.2018
13:00 bis 17:00 Uhr
Zu dem Kurs kommen Sie bitte in bequemer Kleidung und bringen eine Decke mit.
Anmeldung
info@feldenkrais-kiel.de
Entspannt in Nacken und Schulter
Ein Feldenkrais-Nachmittag mit
Roswitha Becker
Beate Schmidt
Es geht um
Beweglichkeit
Sanfte Bewegungen
Selbstwahrnehmung
Koordination
Kursgebühr: 30,00 Euro
Veranstaltungsort:
Grundschule Danischenhagen
Sonntag, 12.11.2018
13:00 bis 17:00 Uhr
Zu dem Kurs kommen Sie bitte in bequemer Kleidung und bringen eine Decke mit.
Anmeldung
info@feldenkrais-kiel.de

Kapitel 1
Bevor es losgeht

Bevor wir in die Textverarbeitung mit Word einsteigen, beginnen wir erst einmal mit den Grundlagen. Wenn Sie sich mit diesen Arbeitstechniken schon auskennen, umso besser – ansonsten machen wir Sie nun mit der Bedienung des Computers und dem Start des Programms vertraut.

Tastatur, Maus, Touchpad und Touchscreen
Sowohl mit der Maus als auch mit der Tastatur können Sie das Programm steuern, durch Ihr Dokument navigieren oder Befehle ausführen. Das Touchpad ist dabei die moderne Form der Maus, direkt in den Laptop integriert. Bereits seit Windows 8 ersetzt der Touchscreen häufig Maus, Tastatur und Touchpad.

Erste Schritte
Dann geht es weiter mit Word 2019 selbst. Wie wird es geöffnet, und welche Einstellungen sollten Sie zuerst vornehmen, um sich die Arbeit zu erleichtern? Blenden Sie z. B. Steuerzeichen ein, oder lernen Sie, wie Sie Änderungen zurücknehmen.

1 Ob Tastatur, Maus oder Touchpad, Word 2019 lässt sich auf verschiedene Weisen steuern.

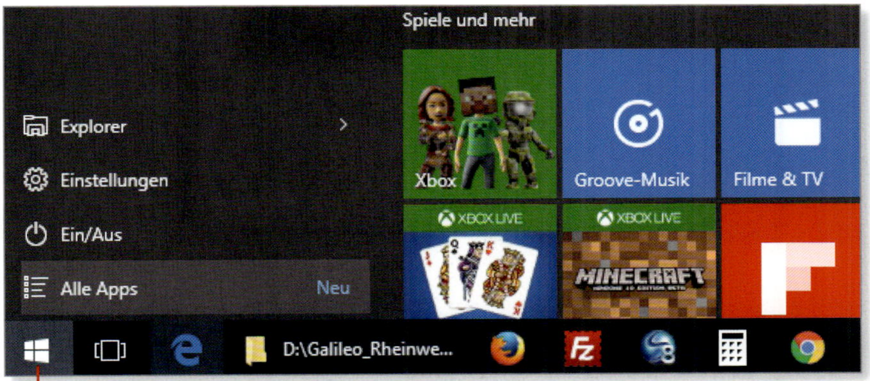

2 Mit einem Klick auf das Windows-Symbol ⊞ in der Taskleiste öffnen Sie das Startmenü. Im Startmenü gelangen Sie zu Word 2019 (Eintrag **Word**), das Ihnen nach dem Öffnen mit seinen vielen Möglichkeiten zur Verfügung steht.

So funktioniert die Tastatur

1

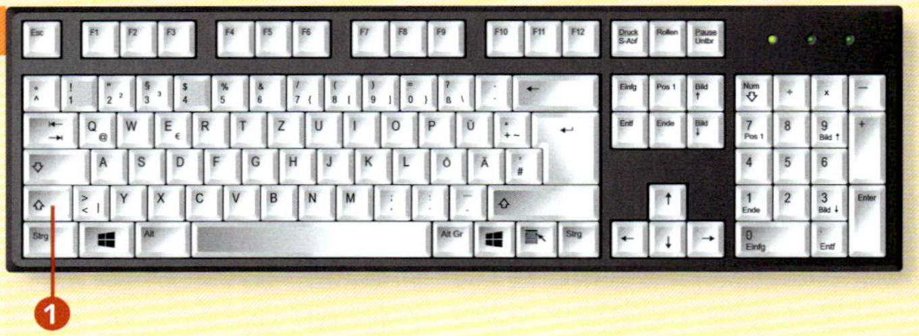

Wir möchten Ihnen zunächst zeigen, wie Sie die Tastatur am PC benutzen und welche Besonderheiten sie hat.

1 Großschreibung

Starten Sie Word, und dann nur keine Scheu: Schreiben Sie einfach mal drauflos! Die Anordnung der Zeichen entspricht mehr oder weniger der einer klassischen Tastatur. Für die Großschreibung eines Zeichens drücken Sie die [⇧]-Taste ❶.

2

2 Der Nummernblock

Rechts an der PC-Tastatur befindet sich der Nummernblock ❷ für die bequeme Eingabe von Zahlen und Rechenoperatoren. Den Block schalten Sie mit der [Num]-Taste an (eine LED leuchtet) oder aus; dann navigieren Sie mit den Tasten durch den Text.

3

3 Tastenbelegung

Die sogenannte *zweite Belegung* (z. B. das Prozentzeichen % auf der [5]) erzeugen Sie, indem Sie mit gedrückter [⇧]-Taste ❸ die jeweilige Taste drücken. Für die *dritte Belegung*, z. B. die geschweifte Klammer auf der [7], halten Sie die Taste [Alt Gr] ❹ gedrückt.

4 Die Pfeiltasten

Durch einen Text wandern Sie mit den Pfeiltasten ❺: Sie gehen nach unten [↓], nach oben [↑], nach rechts [→] oder links [←]. Praktisch: Die [Ende]-Taste setzt den Cursor direkt auf das letzte Zeichen einer Zeile, die [Pos1]-Taste auf das erste Zeichen.

4

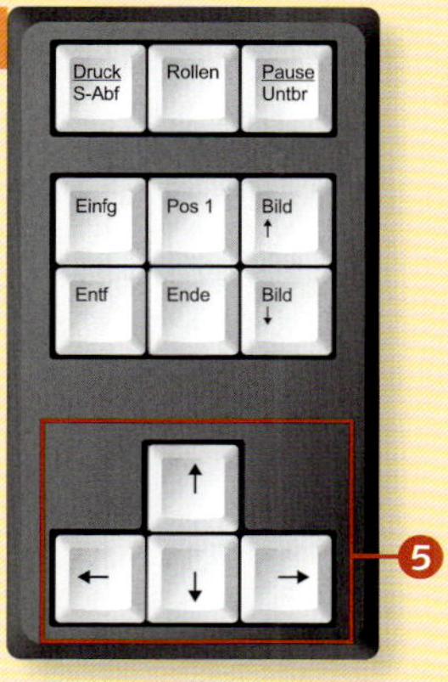

5 Die Escape-Taste

Die [Esc]-Taste ❻ ist oft von unschätzbarem Wert. *Esc* steht für »escape«, also »fliehen«. Mit dieser Taste können Sie geöffnete Dialoge wieder verlassen oder eine angefangene Aktion abbrechen.

5

6 Die Steuerungstaste

Die [Strg]-Taste ❼ löst in der Regel in Zusammenhang mit einem anderen Zeichen eine Aktion aus, z. B. wird durch Drücken von [Strg]+[C] ein markierter Text kopiert. Die Tastenkombination [Strg]+[V] fügt den kopierten Text an der Cursorposition ein.

6

Dauerhaftes Großschreiben

Drücken Sie einmal die [⇩]-Taste ❽, um durchweg großzuschreiben. Durch erneutes Drücken lösen Sie die [⇩]-Taste wieder.

So funktioniert die Maus

1

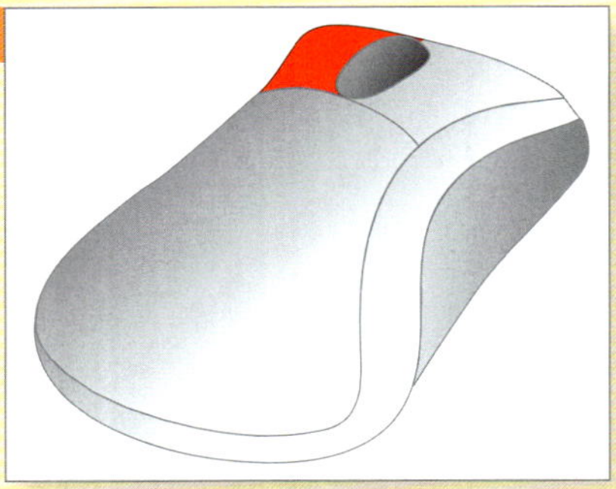

2

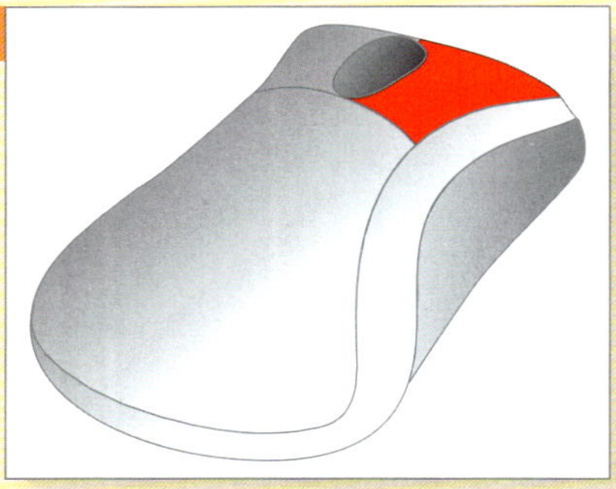

3

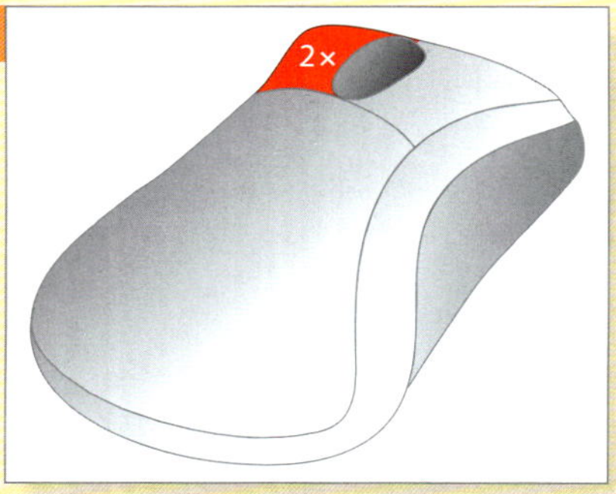

Mit der Maus bewegen Sie den Mauszeiger über den Monitor; per Mausklick werden die meisten Befehle und Aktionen ausgelöst.

1 Linksklick

In einem Word-Dokument setzen Sie mit einem Klick auf die linke Maustaste den Cursor an eine andere Stelle. Außerdem starten Sie per Linksklick Befehle, öffnen Auswahllisten und Dialoge etc. – je nachdem, wo Sie klicken.

2 Rechtsklick

Die Maus hat auch eine rechte Taste. Wenn Sie die rechte Maustaste drücken, rufen Sie in der Regel ein *Kontextmenü* auf. Dies sind Menüs mit variierenden Befehlen; die Auswahl ist jeweils abhängig von der Stelle, an der Sie geklickt haben.

3 Doppelklick

Mitunter benötigen Sie auch einen Doppelklick, d.h., Sie klicken möglichst schnell zweimal hintereinander auf die linke Maustaste. In Word markiert ein Doppelklick z. B. ein Wort. Auch Ordner (Verzeichnisse) werden per Doppelklick geöffnet.

4 Das Scrollrad

Das Verhalten des Scrollrades ist von der Position des Mauszeigers abhängig. Befindet er sich auf einem Text, ziehen die Maus Sie mithilfe des Scrollrades durch den Text. Steht der Mauszeiger auf einer Registerkarte des Menübands, wechseln Sie die aktive Registerkarte.

4

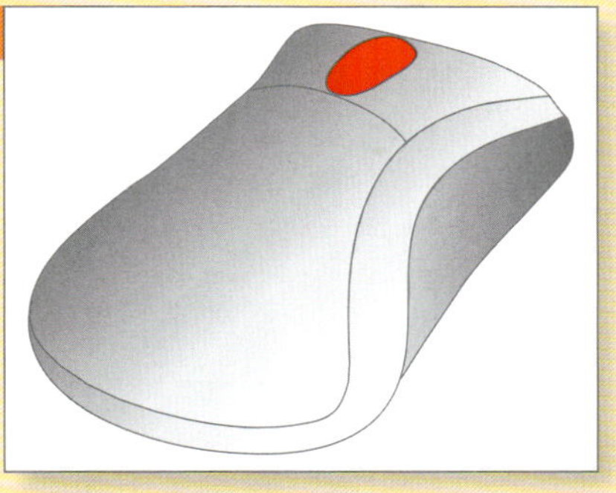

5 Mit der Maus ziehen

Mit der Maus können Sie auch »ziehen«; dazu halten Sie die Maustaste gedrückt und wandern in eine Richtung. Für diese Aktion gibt es unterschiedliche Einsatzgebiete. Ziehen Sie z. B. an der Bildlaufleiste, um sich im Text nach unten bzw. oben zu bewegen.

5

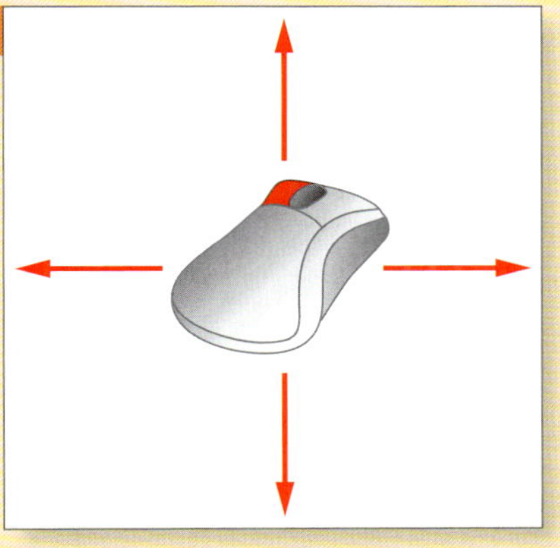

6 Mit rechts ziehen

Dieses »Ziehen« geht auch mit der rechten Maustaste. Möchten Sie z. B. im Explorer eine Datei kopieren, können Sie sie mit gedrückter rechter Maustaste an den Zielort ziehen. Lassen Sie die Maustaste los, erscheint ein Auswahlmenü mit den Befehlen zum Kopieren oder Verschieben.

6

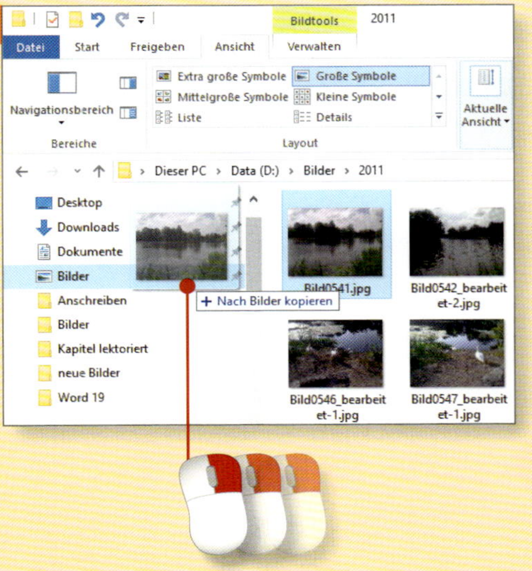

So benutzen Sie das Touchpad am Notebook

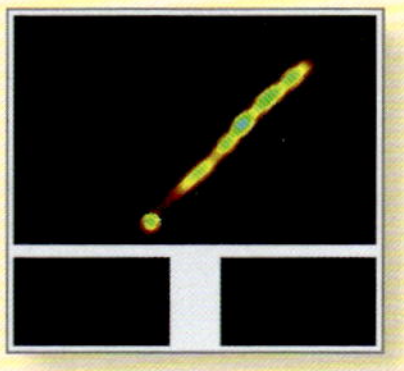

Das Touchpad finden Sie bei den meisten Notebooks oder Netbooks. Sie können damit wie mit einer Maus den Cursor bewegen und Aktionen ausführen. Es wird mit den Fingerkuppen bedient, sodass Sie auf die Maus verzichten können.

1 Der Mauszeiger

Zur Positionierung des Mauszeigers fahren Sie mit einer Fingerkuppe leicht über das Touchpad. Der Mauszeiger auf dem Monitor folgt der Bewegung Ihres Fingers.

2 Die Tasten

Unterhalb des Touchpads sind zwei Tasten angeordnet, deren Funktionen denen der Maustasten entsprechen. Für einen Linksklick reicht aber auch ein kurzes Antippen des Touchpads.

3 Doppelklick

Wie mit der Maus können Sie auch mit dem Touchpad einen Doppelklick ausführen. Dazu benutzen Sie die linke Taste Ihres Touchpads. Alle neueren Touchpads unterstützen inzwischen auch den Doppelklick durch zweimaliges Antippen.

4 Scrollen

Auch scrollen können Sie mit dem Touchpad, indem Sie mit den Fingerkuppen darüberstreichen.

5 Ziehen

Das Bewegen der Maus mit gedrückter Maustaste (zum Ziehen oder Markieren) können Sie ebenfalls simulieren. Führen Sie einen »anderthalbfachen« Klick aus, also einen Doppelklick, ohne den Finger nach dem zweiten Klick vom Touchpad abzuheben. Gehen Sie dann gleich in eine Mausbewegung über.

6 Rechtsklick

Für den Rechtsklick verwenden Sie die rechte Taste Ihres Touchpads. Bei einigen Touchpads erzeugt auch das Antippen mit drei Fingern einen Rechtsklick. Dazu sind aber meistens ein aktueller Treiber und schlanke Finger notwendig.

4
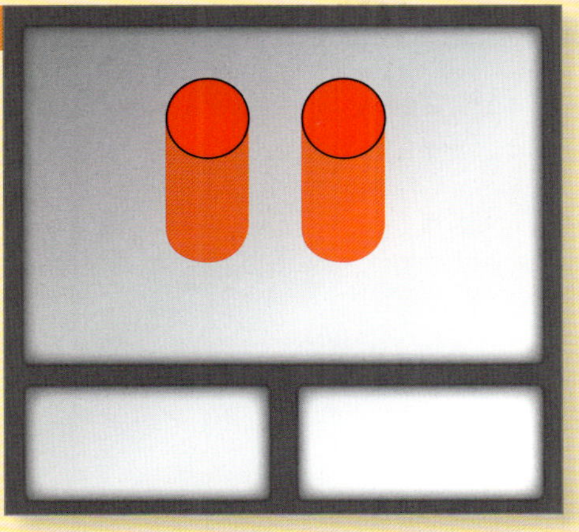

5
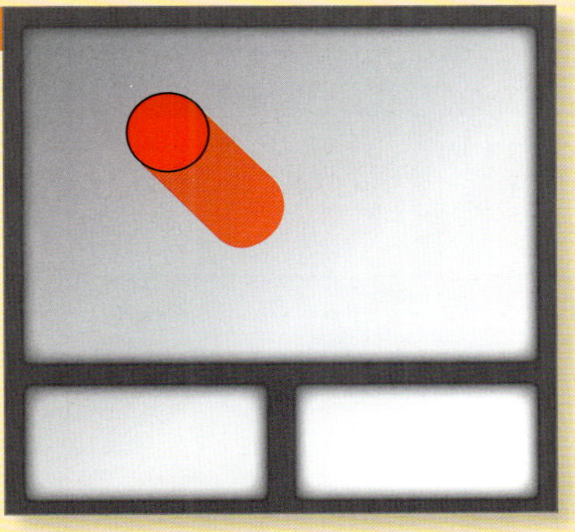

6
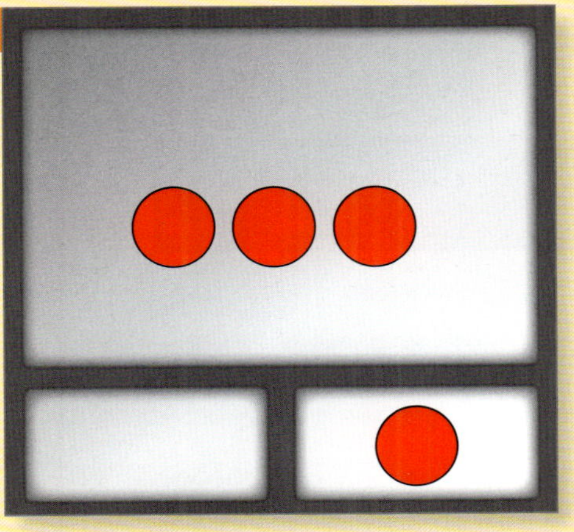

Fingereingabe vs. Maus

In diesem Buch ist meistens die Rede von »klicken«, obwohl man an einem Touchscreen auch mit der Fingereingabe arbeiten könnte. In besonderen Fällen weisen wir Sie auf die Möglichkeiten der Fingereingabe hin.

Tricks, die das Leben mit Word erleichtern

Manche Tricks, Kniffe und Einstellungen machen das Leben mit Word noch einfacher.

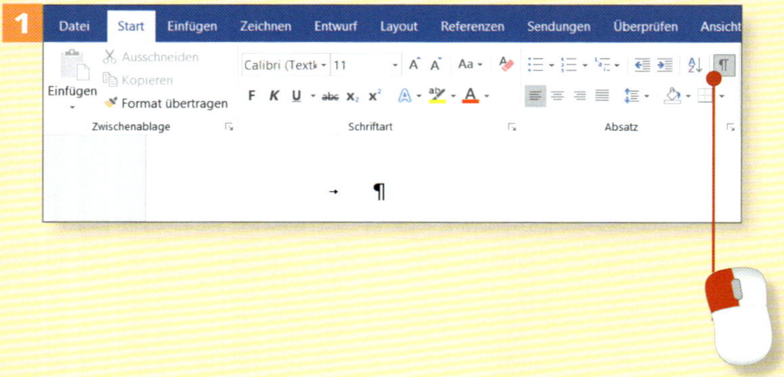

1 Formatierungszeichen

Formatierungszeichen erleichtern die Arbeit und sind nur auf dem Bildschirm zu sehen. Blenden Sie sie also ein, indem Sie auf die Schaltfläche **Alle anzeigen** auf der Registerkarte **Start** klicken.

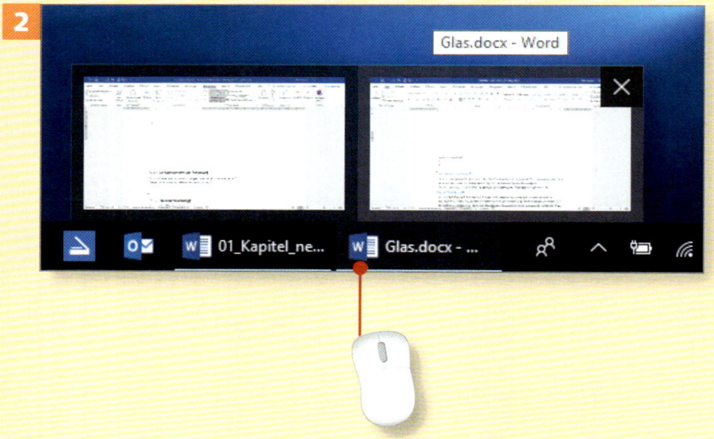

2 Dokumente wechseln

Mehrere gleichzeitig geöffnete Dateien werden auf der Taskleiste unten am Bildschirm angezeigt. Wenn Sie den Mauszeiger auf das Programmsymbol halten, ohne zu klicken, erscheinen alle Dokumente in einem kleinen Vorschaufenster. Ein Klick öffnet das jeweilige Dokument. Ansonsten können Sie auch über **Ansicht ▸ Fenster wechseln** zu einem anderen Dokument wechseln.

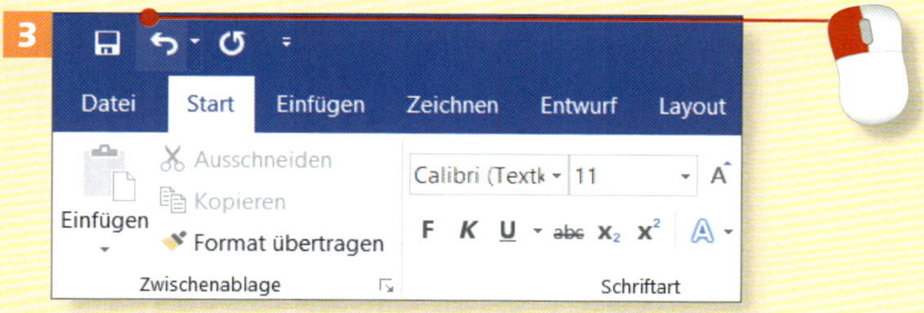

3 Aktionen zurücknehmen

Mit der Schaltfläche **Rückgängig** können Sie Aktionen zurücknehmen, als ob nichts geschehen wäre. Mehrere Aktionen auf einmal machen Sie über den Auswahlpfeil ungeschehen.

4 Immer speichern

Speichern Sie Ihre Dokumente zwischendurch, dazu ist nur ein Mausklick erforderlich. Dies hat nicht nur den Vorteil, dass Sie Ihre Arbeit regelmäßig sichern. Wenn etwas schiefgelaufen ist, können Sie das Dokument schließen, ohne zu speichern, und dann wieder öffnen, um den vorherigen Zustand wiederherzustellen.

4
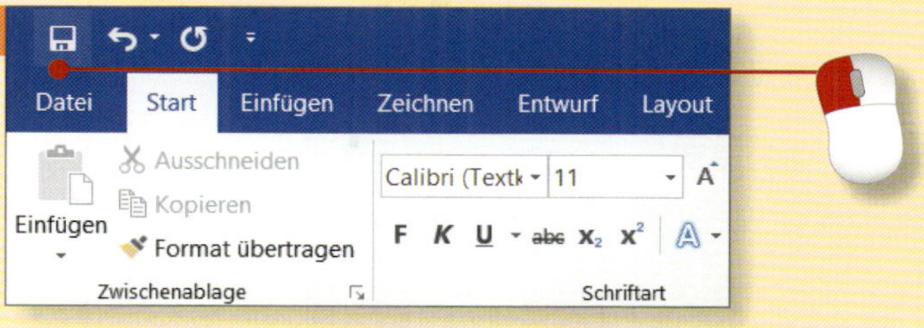

5 Druckvorschau

Nur die Druckvorschau zeigt das Dokument so an, wie es im Druck aussehen wird. Sie rufen die Druckvorschau über **Datei ▸ Drucken** auf.

5
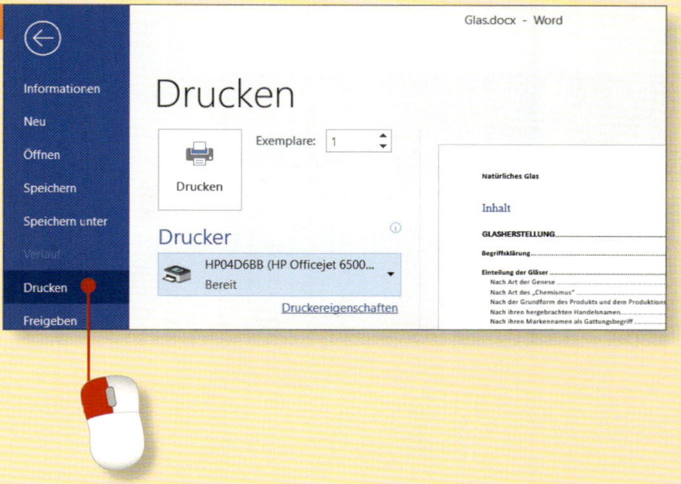

6 Markieren und formatieren

In der Regel gilt: erst markieren, dann agieren! Setzen Sie den Cursor vor den Text, und ziehen Sie ihn mit gedrückter Maustaste darüber. Stellen Sie auf der Registerkarte **Start** die gewünschte Formatierung ein. Wenn Sie ein einzelnes Wort formatieren möchten, reicht es, den Cursor in dieses Wort zu setzen (dazu muss allerdings die Option **Automatisch ganze Wörter markieren** unter **Datei ▸ Optionen ▸ Erweitert** aktiviert sein).

6
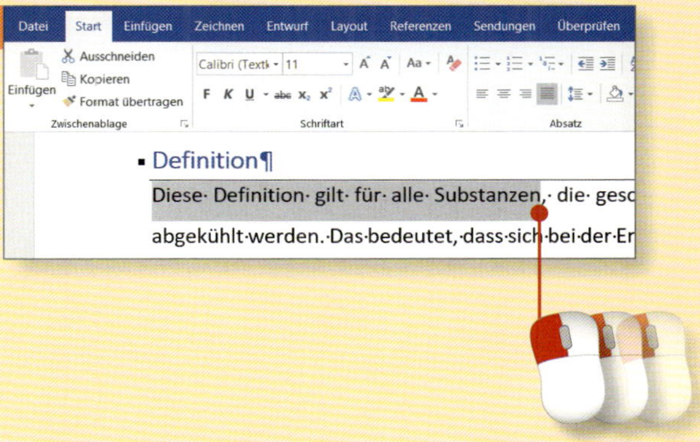

Word starten

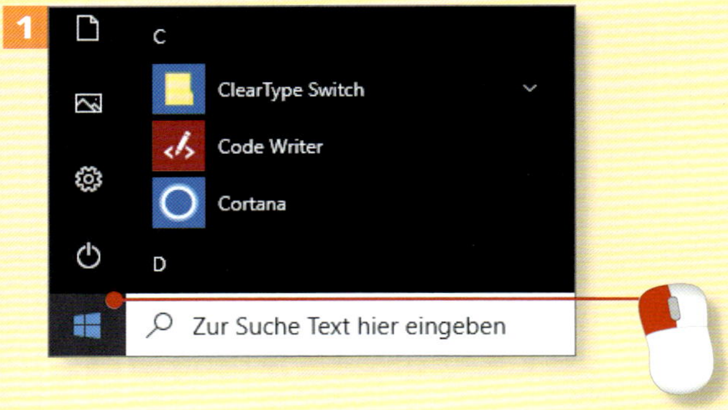

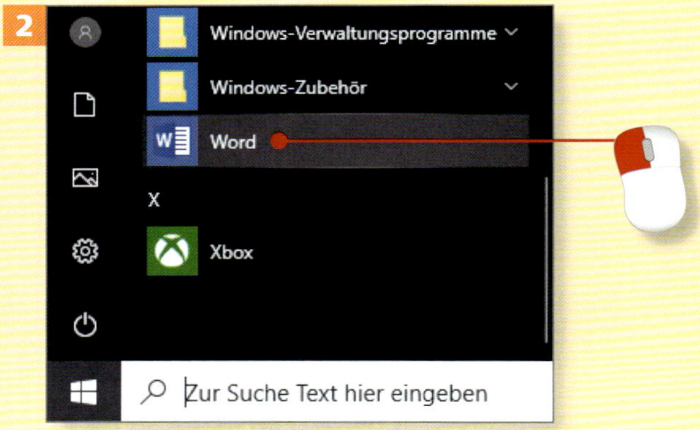

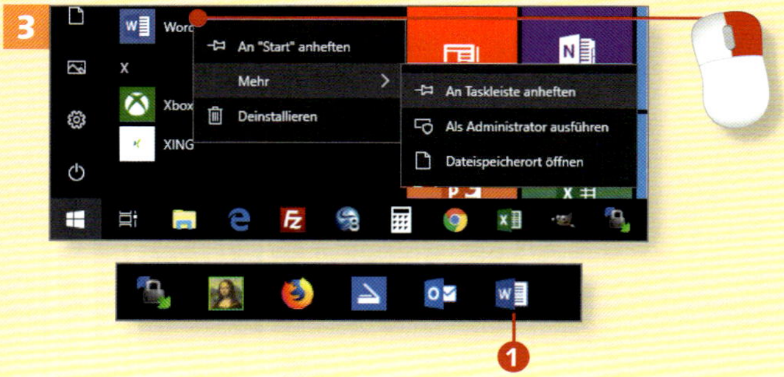

Viele Wege führen nach Rom und auch zur Arbeit mit Word. Die gängigsten sechs beschreiben wir in diesem Abschnitt.

Schritt 1

Über den Startbildschirm von Windows 10 können Sie Word ganz leicht aufrufen. Klicken oder tippen Sie einfach auf das Windows-Symbol ganz links in der Taskleiste, um das Startmenü zu öffnen.

Schritt 2

In dem geöffneten Startmenü scrollen Sie nach unten, bis Sie in der alphabetisch sortierten Liste den Eintrag **Word** finden. Mit einem Klick darauf öffnen Sie das Programm.

Schritt 3

Praktisch ist es, Word als Symbol auf die Taskleiste zu legen. Dazu klicken Sie den Eintrag **Word** mit der rechten Maustaste an. Im Menü, das dann erscheint, wählen Sie **Mehr ▸ An Taskleiste anheften**. Ein einfacher Mausklick auf das Symbol ❶ in der Taskleiste öffnet anschließend das Programm.

Schritt 4

Schnellen Zugriff auf das Programm haben Sie auch, wenn Sie es als Symbol auf dem Desktop ablegen. Klicken Sie den Eintrag **Word** im Startmenü mit rechts an, und ziehen Sie den Eintrag mit gedrückter rechter Maustaste irgendwo auf einen freien Platz des Desktops. Der Hinweis **Link** in der Infobox informiert Sie darüber, dass Sie eine *Verknüpfung* zum Programm ablegen.

4

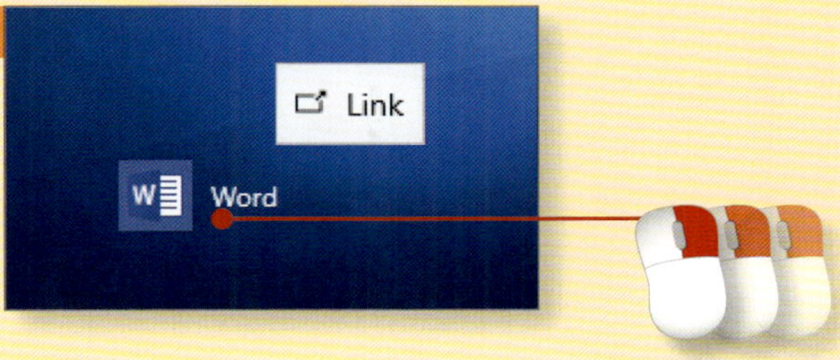

Schritt 5

Sie können das Programm-Symbol auf dem Desktop jederzeit löschen, da es sich ja nur um eine Verknüpfung handelt. Klicken Sie es mit rechts an und wählen Sie **Löschen**. Sie können das Symbol auch einfach mit `Entf` löschen.

5

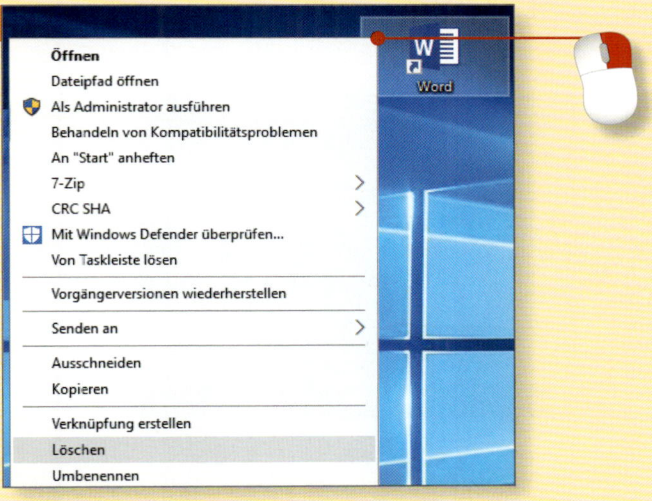

Schritt 6

Das Programm öffnet sich auch, wenn Sie eine Word-Datei doppelt anklicken. So werden Word selbst und die entsprechende Datei in Word geöffnet.

6

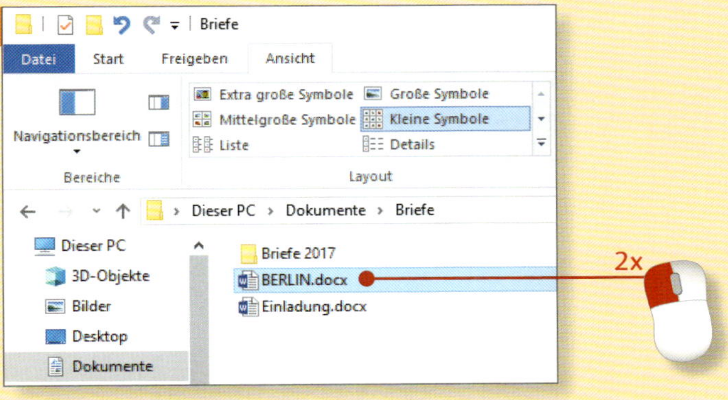

Taskleiste aufräumen
Um aufzuräumen, klicken Sie ein Programm-Symbol in der Taskleiste mit rechts an und wählen Sie **Von Taskleiste lösen**.

Word auf dem Tablet

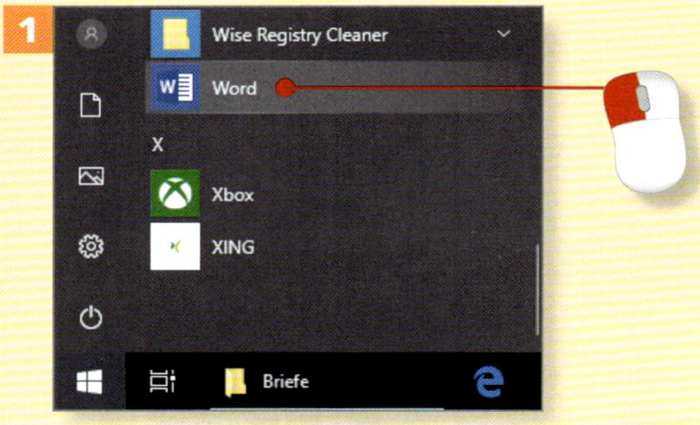

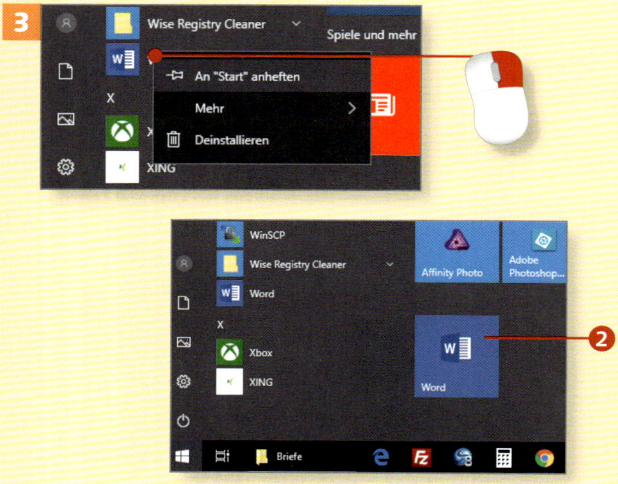

Word 2019 können Sie auch auf einem Tablet bedienen. Das geht mit der Maus oder per Fingerberührung.

Schritt 1

Sie haben schon gesehen, dass Word ganz einfach aufzurufen ist. Der entsprechende Eintrag befindet sich nach der Installation automatisch im Startmenü.

Schritt 2

Wenn Sie auf einem Tablet arbeiten, das Sie lieber per Fingerberührung bedienen, nutzen Sie am besten die Kacheln rechts neben dem »normalen« Startmenü. Dieses Startfenster ist mit diversen Kacheln vorbelegt, z. B. mit **Kalender** und **Edge** 1, aber Sie können es auch individuell erweitern.

Schritt 3

Um Word 2019 als Kachel im Startfenster zu platzieren, klicken Sie den Eintrag mit rechts an. Im Menü wählen Sie **An "Start" anheften**. Daraufhin sehen Sie die Kachel **Word** unten im Startfenster 2. Per Klick oder durch Berührung der Kachel können Sie das Programm aufrufen.

Schritt 4

Sie können eine Kachel auch verschieben. Dazu ziehen Sie sie mit gedrückter Maustaste oder mit dem Finger an eine andere Stelle, z. B. in die Kachelgruppe **Alles auf einen Blick**.

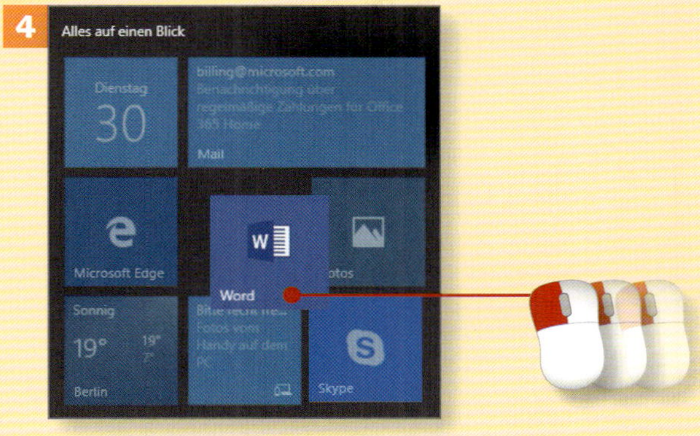

Schritt 5

Auch die Überschriften der Gruppen lassen sich ändern. Dazu klicken oder tippen Sie die Überschriftenzeile an. Anschließend geben Sie die gewünschte Überschrift in das Textfeld ein.

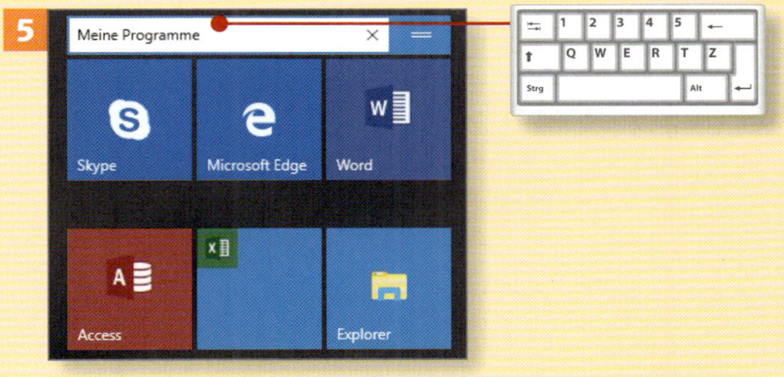

Schritt 6

Word 2019 wird auch unter Windows 10 ganz »normal« als Fenster geöffnet. Ein Klick auf das Schließkreuz schließt das Fenster. Sie können das Programm aber auch beenden, indem Sie mit dem Finger vom oberen Rand nach unten wischen.

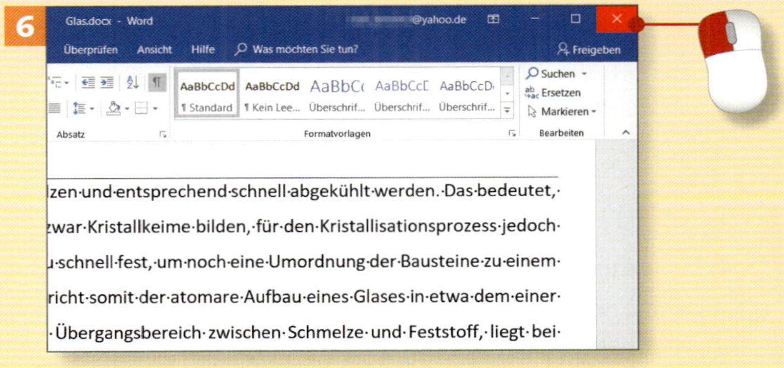

Den Desktop anzeigen lassen

Ganz bequem können Sie sich auch mit der Tastatur jederzeit den Desktop anzeigen lassen: Drücken Sie einfach die Taste mit dem Windows-Symbol [Windows-Taste].

Word über einen Touchscreen bedienen

Wenn Sie an einem Touchscreen arbeiten, können Sie Word prinzipiell auch per Fingereingabe bedienen. In vielen Fällen ist das allerdings umständlicher als mit der Maus.

Schritt 1

Bei Verwendung eines Touchscreens ist es möglich, Word 2019 per Fingerzeig zu bedienen. Alle Schaltflächen lassen sich auch antippen, anstatt sie wie üblich mit der Maus anzuklicken.

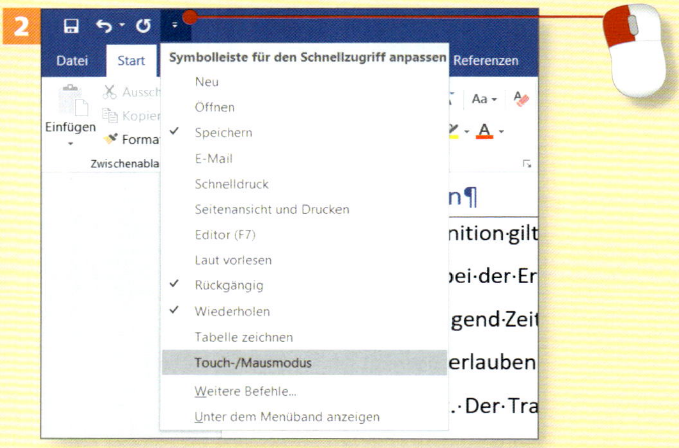

Schritt 2

Auch Word 2019 bietet einen besonderen Modus für die Fingereingabe. Klicken Sie auf den kleinen Pfeil an der Symbolleiste für den Schnellzugriff, und aktivieren Sie mit einem Klick den Eintrag **Touch-/ Mausmodus**.

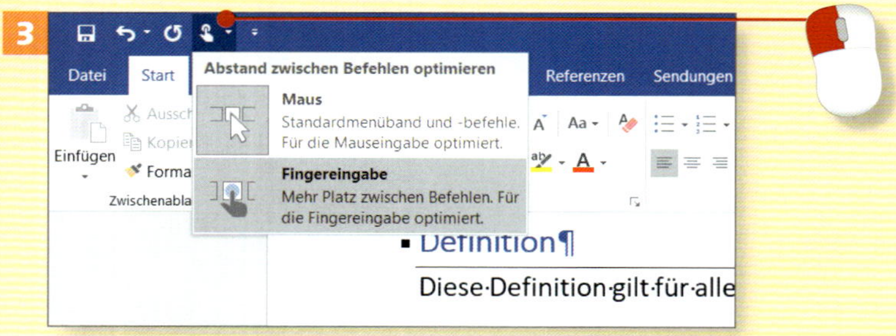

Schritt 3

Klicken Sie daraufhin auf die Schaltfläche **Touch-/Mausmodus** in der Symbolleiste. Wählen Sie im Menü die Option **Fingereingabe**. Mit dieser Einstellung optimieren Sie den Abstand zwischen den Befehlen auf den Registerkarten für die Bedienung mit dem Finger.

Der Modus »Fingereingabe« und Dialoge

Die Dialoge, die Sie über die Pfeile an den einzelnen Gruppen aufrufen, bleiben vom Modus **Fingereingabe** unberührt.

Schritt 4

Text zu markieren spielt eine große Rolle bei der Arbeit mit Word. Bei einem Touchscreen können Sie so vorgehen: Tippen Sie an den Anfang der Textpassage, die markiert werden soll. Es erscheint ein Markierungspunkt ❶ unterhalb des Textes.

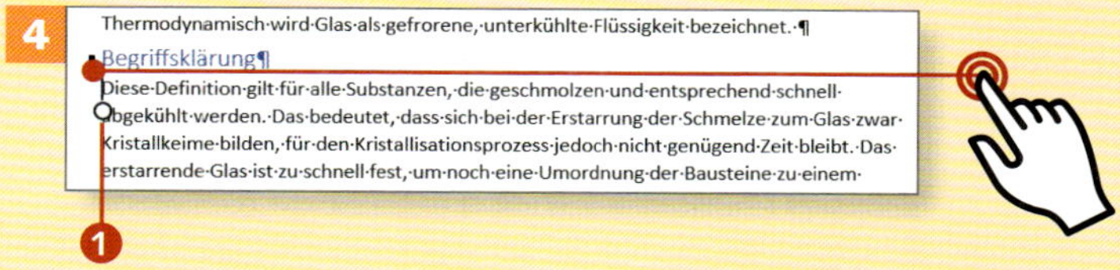

Schritt 5

Ziehen Sie den Markierungspunkt nun mit dem Finger über den zu markierenden Text. Wenn Sie den Finger vom Bildschirm nehmen, um die Markierung zu beenden, erscheint ein weiterer Markierungspunkt ❷.

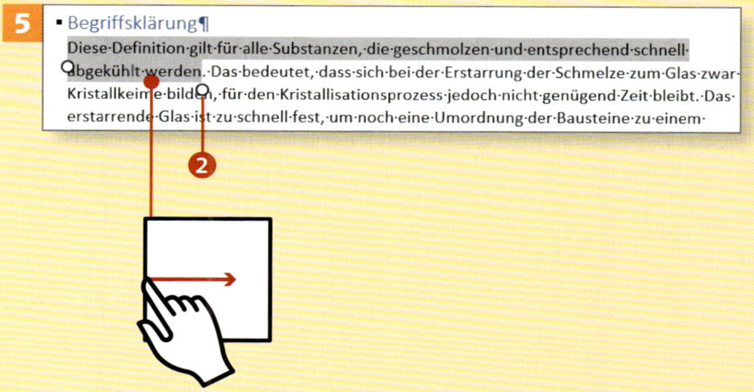

Schritt 6

Es ist etwas knifflig, das Kontextmenü eines markierten Textes per Fingerzeig aufzurufen. Tippen Sie auf einen markierten Text, um die sogenannte *Minisymbolleiste* zu öffnen. Ganz rechts in dieser Leiste tippen Sie auf den nach unten weisenden Pfeil.

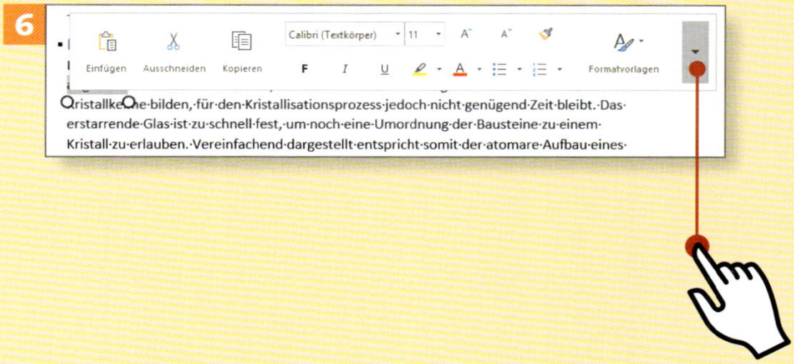

Das Kontextmenü aufrufen
Wenn Sie mit der Maus arbeiten, klicken Sie den markierten Text einfach mit der rechten Maustaste an, um das Kontextmenü aufzurufen.

Kapitel 2
Was ist wo in Word?

Damit Sie in den folgenden Kapiteln richtig loslegen können, zeigen wir Ihnen in diesem Kapitel, wie das Programmfenster von Word 2019 aufgebaut ist, wie Sie damit umgehen und wo Sie die wichtigsten Befehle und Funktionen finden.

Die Registerkarten

Im oberen Teil des Programmfensters sehen Sie die Registerkarten. Auf jeder einzelnen finden sich Befehlsgruppen zu unterschiedlichen Arbeitsschritten. Über den kleinen Pfeil unten rechts in den Gruppen können Sie Dialogfenster mit weiteren Optionen öffnen.

Den Bildschirm einrichten

Die Bildschirmansicht lässt sich verändern, sodass Sie sie optimal an Ihre Bedürfnisse anpassen können. Verkleinern Sie z. B. die Ansicht, um mehrere Blätter nebeneinander darstellen zu können, oder lassen Sie sich das Dokument als Vollbild anzeigen (ohne Menüband).

Auf den Registerkarten finden sich unterschiedliche Befehlsgruppen zu verschiedenen Arbeitsschritten.

1

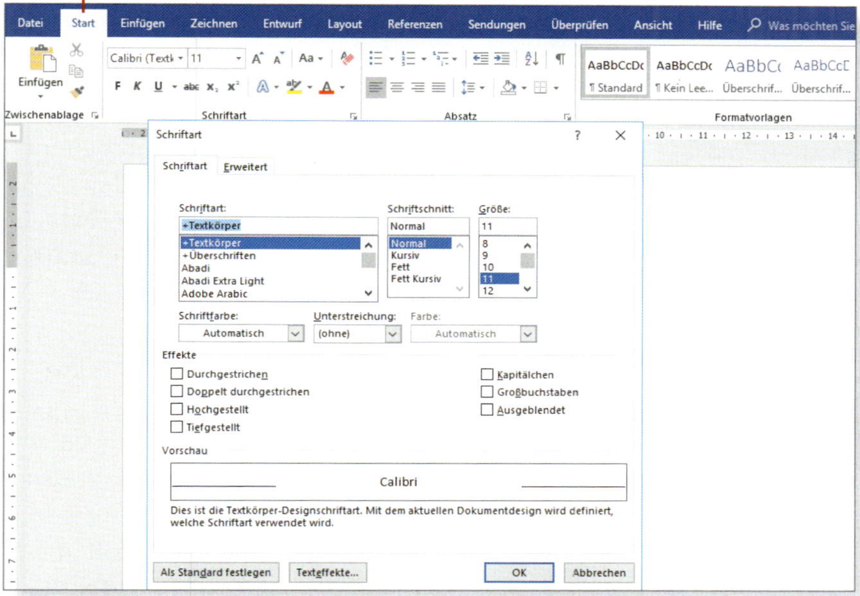

Die Bildschirmansicht lässt sich ganz leicht an Ihre Bedürfnisse anpassen.

2

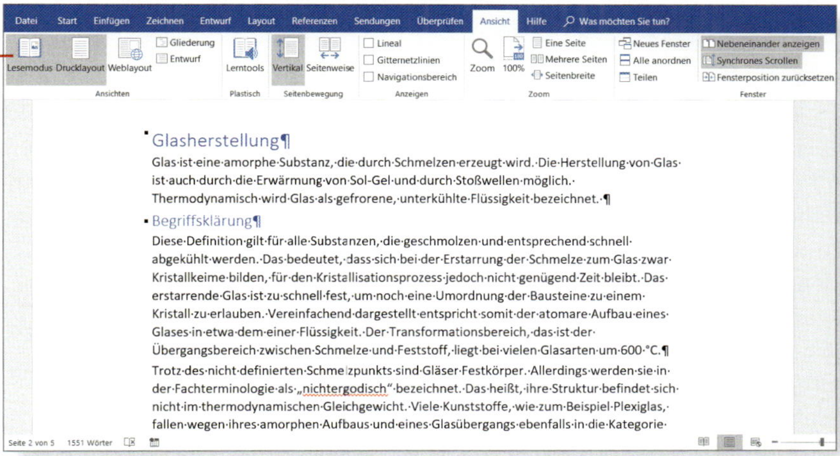

Ein erster Überblick

1

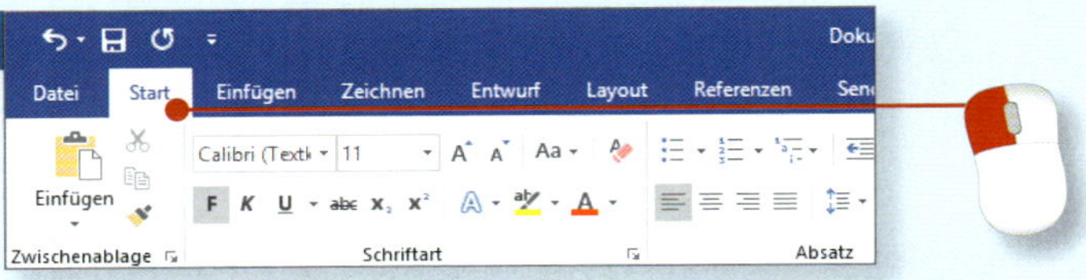

2

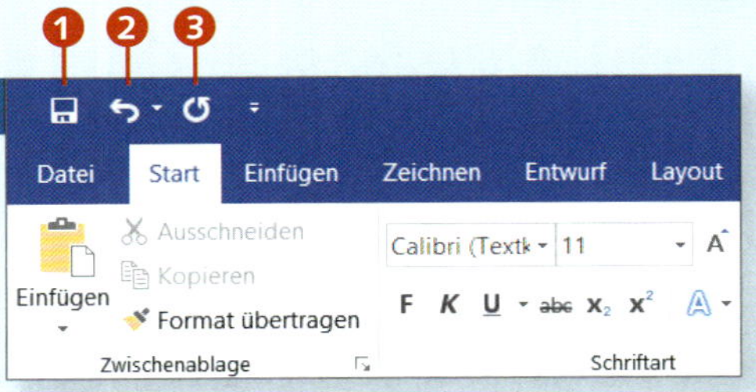

3

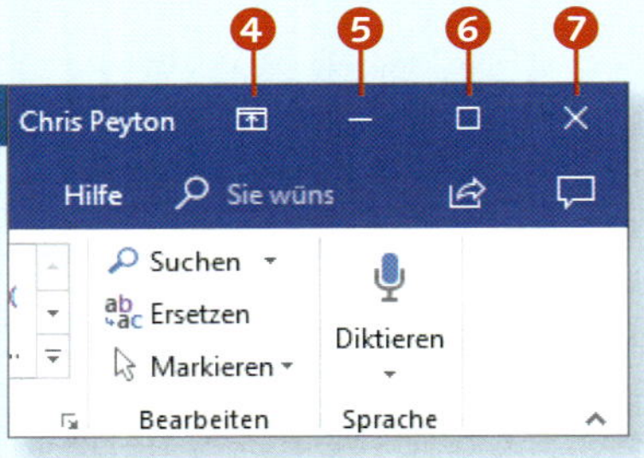

Dieser Abschnitt dient der ersten Orientierung. Wir beschreiben die Registerkarten und was Sie sonst noch auf dem Bildschirm finden.

Schritt 1

Die wichtigen Funktionen sind auf Registerkarten gesammelt, die sich auf dem Menüband befinden. Wechseln Sie zwischen den Registerkarten, indem Sie auf die jeweilige Bezeichnung klicken, z. B. **Start**, **Einfügen** oder **Layout**.

Schritt 2

Oberhalb des Menübands befindet sich die *Symbolleiste für den Schnellzugriff*. Hier haben Sie in der Standardeinstellung Zugriff auf die Schaltflächen **Speichern** 1, **Rückgängig** 2 und **Wiederholen** 3.

Schritt 3

Rechts oben am Bildschirm finden Sie neben der Schaltfläche **Menüband-Anzeigeoptionen** 4 auch **Minimieren** 5 (zum Ablegen des Programms auf der Taskleiste), **Verkleinern** 6 (ist das Word-Fenster bereits verkleinert, heißt die Schaltfläche **Maximieren**) und **Schließen** 7 (zum Schließen eines Dokuments).

Die neue Word-Hilfe

Wenn Sie auf das Feld **Was möchten Sie tun?** bzw. **Sie wünschen?** rechts neben den Registerkarten klicken, öffnen sich ein Menü mit einigen Optionen und ein Suchfeld, in das Sie einen Suchbegriff eingeben können. Wenn Sie z. B. »Speichern« in das Suchfeld eingeben, wird automatisch das Fenster zum Speichern geöffnet, geben Sie »Aufzählungszeichen« ein, setzt Word ein Aufzählungszeichen im Dokument. Über **Hilfe zu "Suchbegriff" erhalten** rufen Sie die Onlinehilfe auf.

Schritt 4

Klicken Sie auf die Schaltfläche **Verkleinern**, um Word in einem Fenster darzustellen. Die Größe des Fensters können Sie verändern, indem Sie den Mauszeiger an den Rand bzw. eine der Ecken des Fensters führen und mit gedrückter Maustaste nach innen oder nach außen ziehen.

4

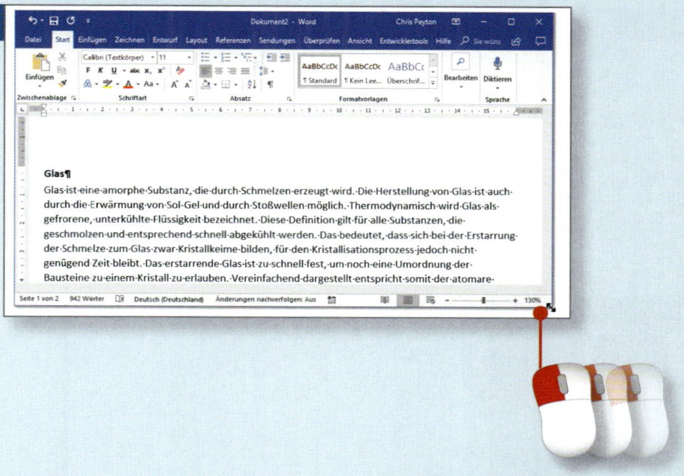

Schritt 5

Unterhalb des Arbeitsbereichs befindet sich die Statusleiste, wo u. a. die Seitenzahl des Dokuments angezeigt wird. Wenn dort z. B. »Seite 2 von 5« steht, befindet sich der Cursor auf Seite 2 eines fünfseitigen Dokuments. Wenn Sie darauf klicken, öffnet sich der *Navigationsbereich* ❽, und Sie können schnell zwischen den Seiten des Dokuments wechseln.

5

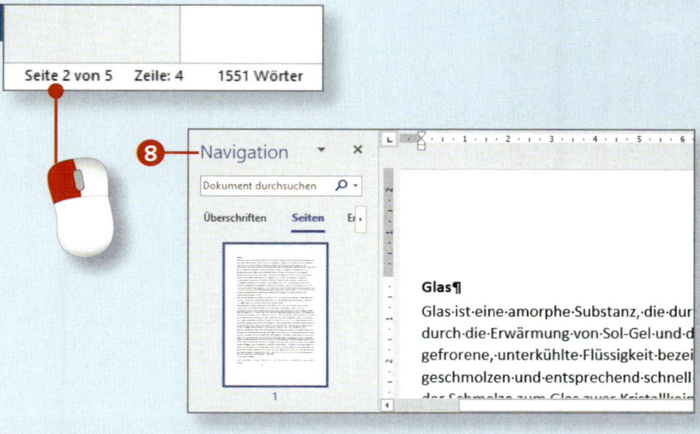

Schritt 6

Rechts unten in der Statusleiste finden Sie die Schaltflächen zum Wechseln der Ansicht (mehr dazu erfahren Sie im Abschnitt »Die verschiedenen Ansichten« auf Seite 36) und den Regler bzw. die Plus- und Minuszeichen zur Veränderung des Zooms der Darstellung. Testen Sie durch Verschieben des Reglers, wie sich das Dokument ändert.

6

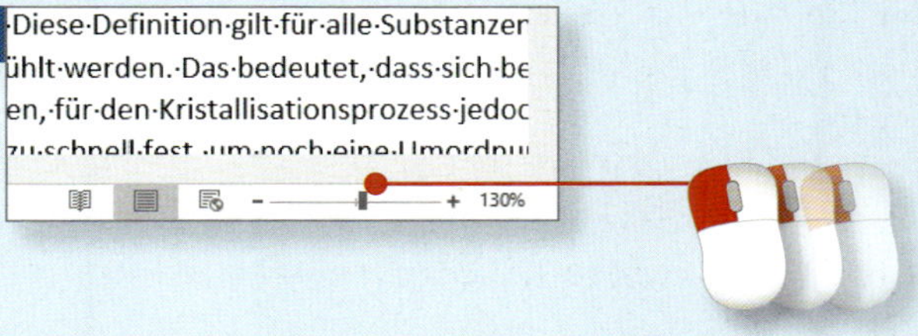

Die einzelnen Registerkarten – wo findet sich was?

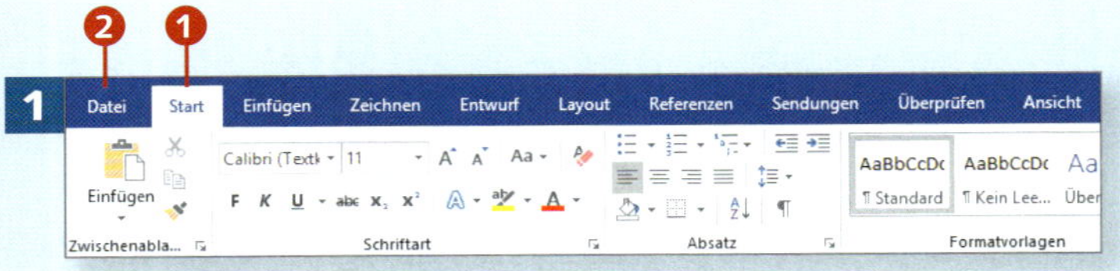

Alles, was Word kann, ist auf Registerkarten zusammengestellt. Wir stellen Ihnen im Folgenden kurz alle Registerkarten vor.

1 »Start«

Normalerweise ist nach dem Aufrufen des Programms die Registerkarte **Start** ❶ geöffnet. Hier finden Sie in den verschiedenen Gruppen gängige Möglichkeiten zum Formatieren sowie z. B. die Befehle zum Ausschneiden, Kopieren und Einfügen.

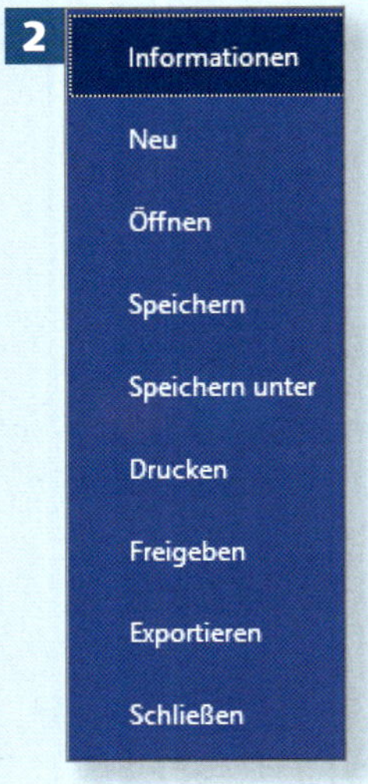

2 »Datei«

Die Registerkarte **Datei** ❷ – auch als *Backstage* bezeichnet – bietet Befehle für den alltäglichen Umgang mit Word, u. a. **Speichern unter**, **Öffnen**, ein leeres Dokument öffnen (**Neu**) und **Drucken**.

3 »Einfügen«

Auf der Registerkarte **Einfügen** sind alle Befehle zum Einfügen der verschiedenen Elemente gesammelt, z. B. Tabellen, Onlinegrafiken, Formen, Textfelder und Symbole. Auch Kopf- und Fußzeilen fügen Sie hier mithilfe der entsprechenden Schaltflächen ein.

4 »Zeichnen«

Auf der Registerkarte **Zeichnen** gibt es Stifte in verschiedenen Farben und Stärken. Sie nutzen die Maus wie einen Stift, mit dem Sie zeichnen und schreiben können. Mit einem Radierer können Sie Ihre Kreationen wieder löschen.

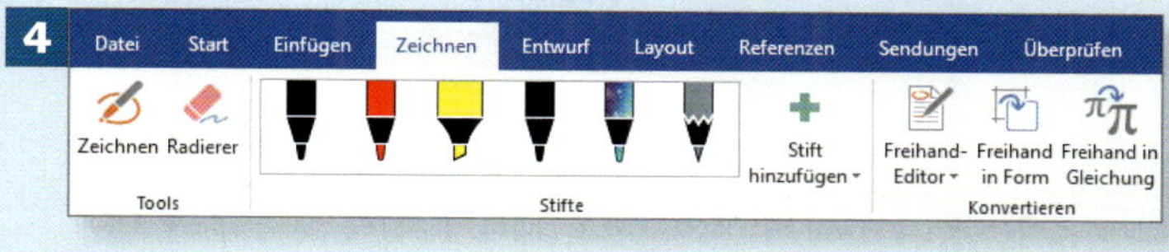

5 »Entwurf«

Auf der Registerkarte **Entwurf** werden die Designs angeboten, mit denen Sie Word-Dokumenten ein einheitliches Aussehen verleihen können. Außerdem gibt es hier eine Auswahl an fertigen Dokumentformatierungen.

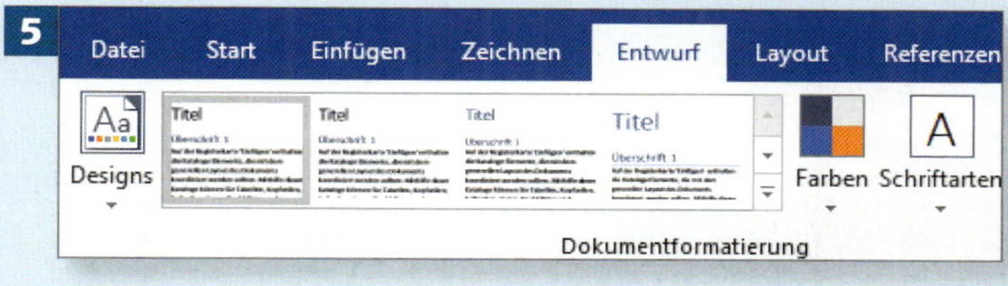

6 »Layout«

Mit den Befehlen auf der Registerkarte **Layout** richten Sie Ihr Dokument ein. Hier können Sie u. a. die Breite der Seitenränder festlegen, die Ausrichtung des Dokuments bestimmen (Hoch- oder Querformat), Zeilennummern hinzufügen und die Spaltenanzahl festlegen.

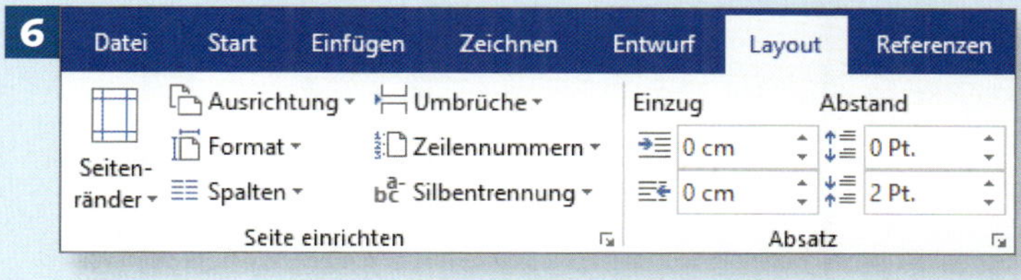

Registerkarten einblenden

Einige Registerkarten, z. B. **Entwicklertools**, werden nicht standardmäßig angezeigt und müssen erst eingeblendet werden (siehe dazu den Abschnitt »Registerkarten ein- und ausblenden« auf Seite 35).

Die einzelnen Registerkarten (Forts.)

7
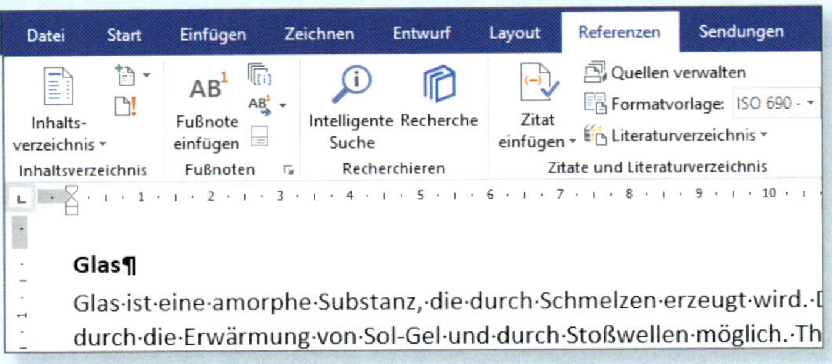

7 »Referenzen«

Für wissenschaftliche Arbeiten und lange Dokumente ist die Registerkarte **Referenzen** wichtig. Hier finden Sie u.a. die Optionen für Fußnoten, Inhalts- und Literaturverzeichnis, Querverweise und den Index.

8

8 »Sendungen«

Auf der Registerkarte **Sendungen** sind alle Befehle rund um die Seriendruckfunktion von Word zusammengestellt. Hier starten Sie den Seriendruck, erstellen die Empfängerliste, fügen Seriendruckfelder ein und führen alles zu einem Serienbrief zusammen.

9
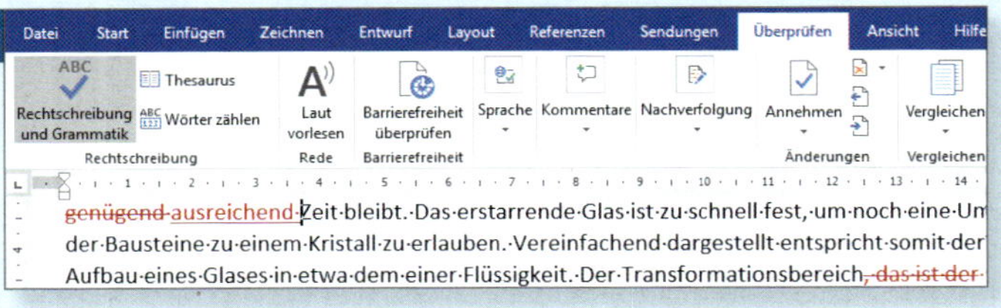

9 »Überprüfen«

Die Registerkarte **Überprüfen** enthält im Wesentlichen Befehle, die Sie für die Arbeit im Team benötigen. Sie können z. B. Kommentare einfügen, sich Änderungen anzeigen lassen und Änderungen annehmen bzw. ablehnen. Auch die Rechtschreibprüfung finden Sie hier.

10 »Ansicht«

Auf der Registerkarte **Ansicht** wechseln Sie zwischen den verschiedenen Ansichten von Word, die jeweils für bestimmte Arbeiten besonders geeignet sind. Auch der Zoom zum Ändern der Größe des Dokuments ist hier zu finden.

11 »Hilfe«

Auf der neuen Registerkarte **Hilfe** finden Sie neben der »klassischen« Hilfe z. B. das Symbol **Feedback**. Damit öffnen Sie eine Art Online-Formular, das Sie mit Kommentaren oder Verbesserungsvorschlägen direkt an Microsoft schicken können.

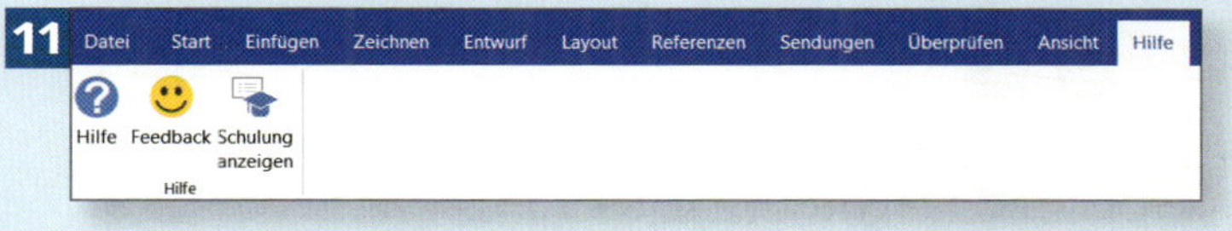

12 »Tabellentools«

Sobald Sie eine Tabelle eingefügt haben und der Cursor in der Tabelle steht, wird die Registerkarte **Tabellentools** mit den beiden Unterregistern **Entwurf** und **Layout** zur weiteren Bearbeitung der Tabelle eingeblendet.

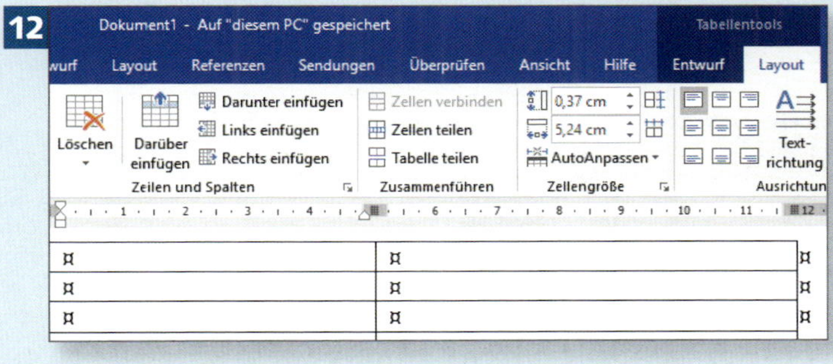

Die einzelnen Registerkarten (Forts.)

13

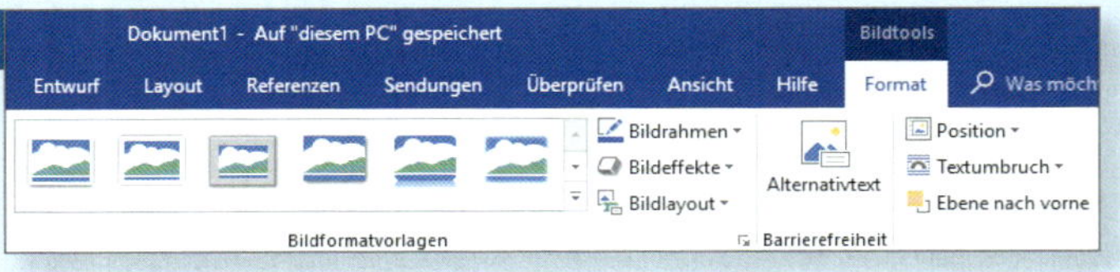

13 »Bildtools«

Für die Bearbeitung von Bildern steht die Registerkarte **Bildtools/ Format** zur Verfügung. Sie wird eingeblendet, sobald Sie ein Bild in Ihr Dokument einfügen und es markieren.

14

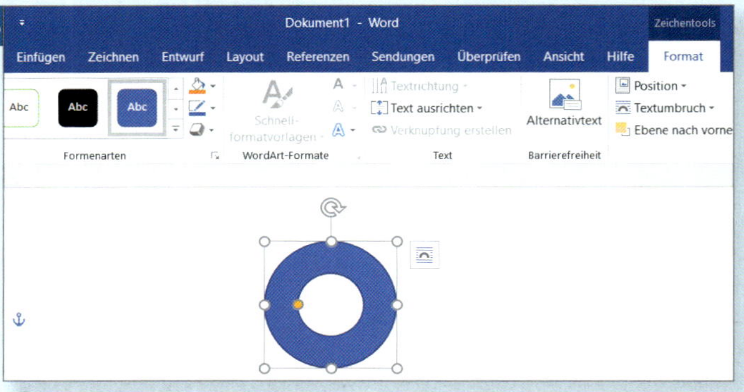

14 »Zeichentools«

Die Registerkarte **Zeichentools/ Format** erscheint, wenn Sie in Ihrem Dokument Zeichenelemente (*Formen*) wie Pfeile oder Rechtecke oder ein Textfeld markieren. Auch eine eingefügte WordArt (siehe dazu den Abschnitt »Formatierte Schriftzüge – WordArt« auf Seite 202) blendet die **Zeichentools** ein.

15

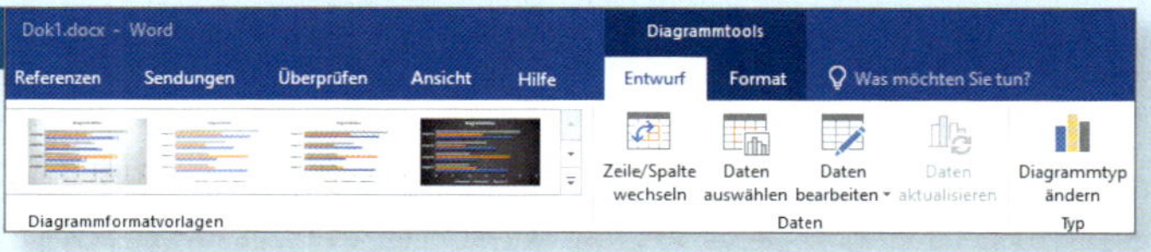

15 »Diagrammtools«

Nicht nur in Excel, sondern auch in Word können Sie schicke Diagramme einfügen. Zum Bearbeiten des Diagramms steht die Registerkarte **Diagrammtools** mit den Unterregistern **Entwurf** und **Format** zur Verfügung.

Die Kontexttools

Die Kontexttools tauchen erst auf, wenn sich der Cursor auf bzw. in entsprechenden Bildschirmelementen befindet. Es gibt u. a. **Tabellen-**, **Bild-**, **Zeichen-**, **Diagramm-** sowie **Kopf- und Fußzeilentools**.

Registerkarten ein- und ausblenden

Einige Registerkarten werden nicht standardmäßig angezeigt, Sie müssen sie also einblenden, wenn Sie sie benötigen. Ebenso können Sie nicht benötigte Register ausblenden.

Schritt 1

Öffnen Sie mit einem Klick auf **Datei ▸ Optionen** die Menübandeinstellungen.

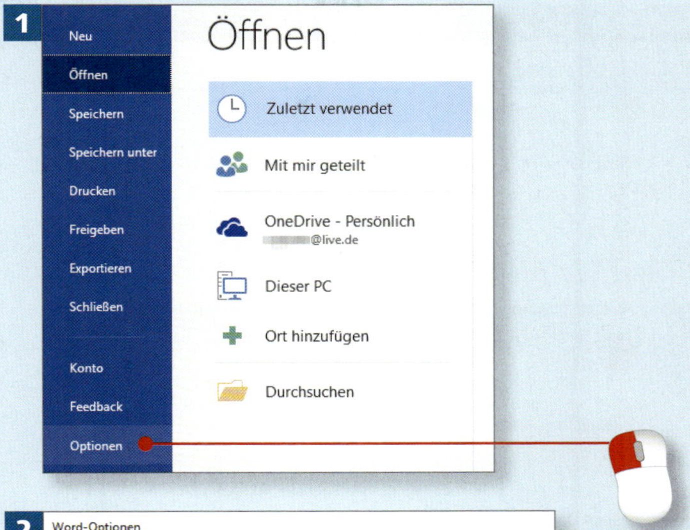

Schritt 2

Im Fenster **Word-Optionen** wählen Sie auf der linken Seite die Rubrik **Menüband anpassen**. Rechts im Fenster sehen Sie dann die Liste **Hauptregisterkarten**.

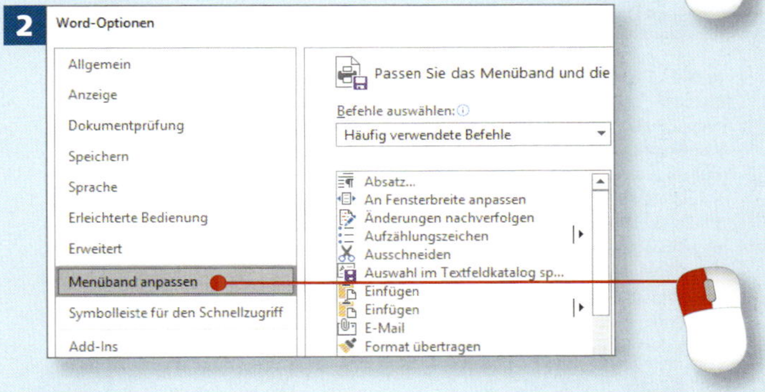

Schritt 3

Um nun beispielsweise die Registerkarte **Entwicklertools** einzublenden, über die Sie u.a. mit Dokumentvorlagen und Makros arbeiten können, setzen Sie das entsprechende Häkchen und klicken auf **OK**.

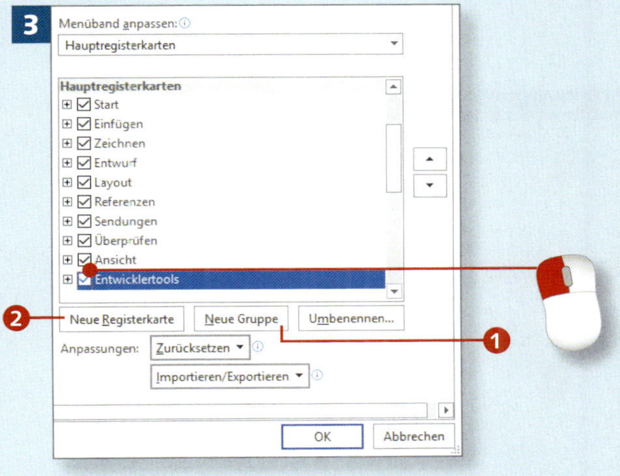

Selbst Register anlegen

Über die Schaltflächen **Neue Gruppe** ❶ oder **Neue Registerkarte** ❷ können Sie das Menüband individuell gestalten und mit Befehlen versehen, die Sie persönlich häufig brauchen.

Die verschiedenen Ansichten

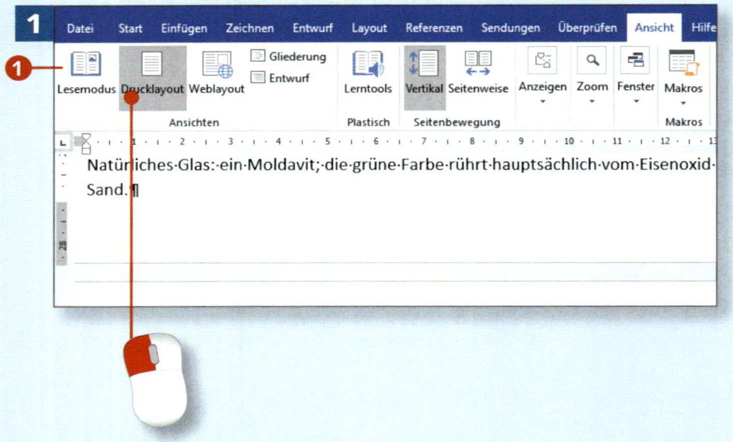

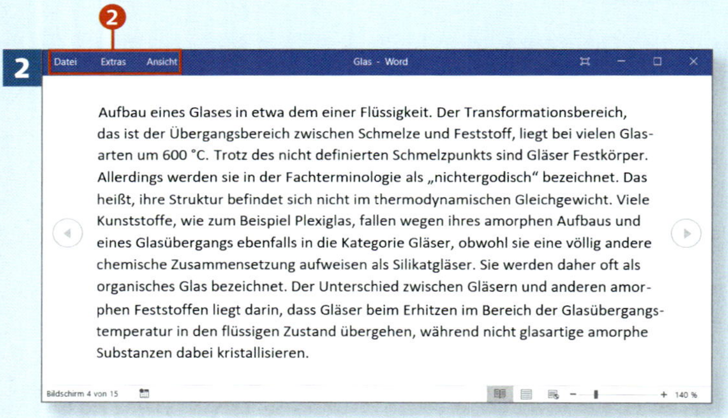

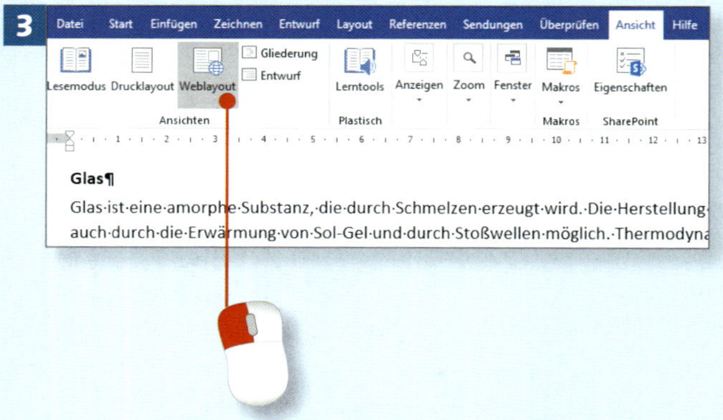

Die verschiedenen Ansichten von Word beeinflussen, wie ein Dokument auf dem Bildschirm angezeigt wird, nicht aber den Ausdruck.

Schritt 1

Klicken Sie auf **Ansicht ▸ Drucklayout**. In dieser Ansicht sehen Sie Ihr Dokument mehr oder minder so, wie es im Ausdruck ausgegeben wird. Die Seitenränder werden angezeigt, zwischen den Seiten ist ein deutlicher Abstand zu sehen.

Schritt 2

Wenn Sie ein Dokument bequem lesen möchten, wählen Sie **Ansicht ▸ Lesemodus** ❶. Das Menüband wird ausgeblendet, übrig bleiben oben links drei Menüpunkte zum Umgang mit diesem Modus ❷. Um den Lesemodus wieder zu verlassen, drücken Sie einfach [Esc].

Schritt 3

Word-Dokumente lassen sich auch in einem Format speichern, das das Dokument als Webseite in einem Browser anzeigen kann. Das *Weblayout* (zu erreichen über **Ansicht ▸ Weblayout**) zeigt, wie Ihr Dokument als Webseite aussehen würde.

Schritt 4

Klicken Sie auf **Ansicht ▸ Gliederung**, um Ihr Dokument in der Gliederungsansicht zu sehen. Sie bietet sich für längere Texte mit hierarchischen Gliederungsebenen an, da das Dokument nach Überschriften strukturiert angezeigt wird.

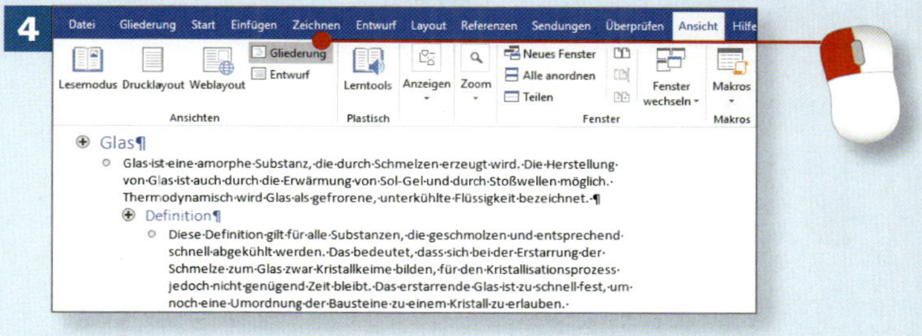

Schritt 5

Um ein Dokument schlicht und ohne Seitenränder anzeigen zu lassen, wählen Sie **Ansicht ▸ Entwurf**. Bestimmte Elemente des Dokuments (z. B. Kopf- und Fußzeilen) werden in der Entwurfsansicht nicht angezeigt. Der Seitenumbruch erscheint als gepunktete Linie, nicht als Lücke.

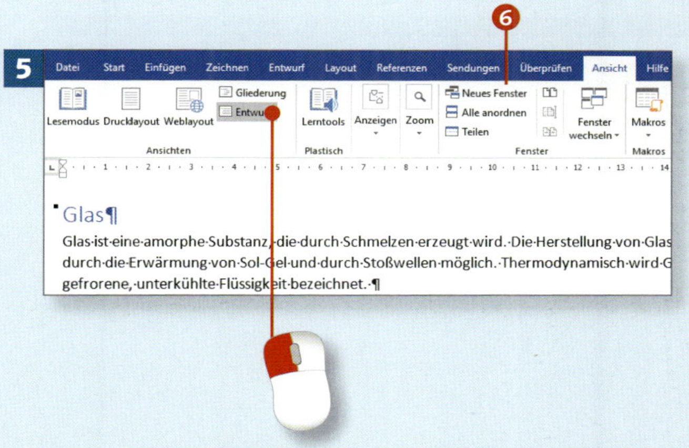

Schritt 6

Sie können problemlos zwischen den Ansichten hin- und herwechseln, indem Sie einfach auf die entsprechende Schaltfläche in der Statusleiste unten rechts am Bildschirm klicken: **Lesemodus** ❸, **Drucklayout** ❹ oder **Weblayout** ❺.

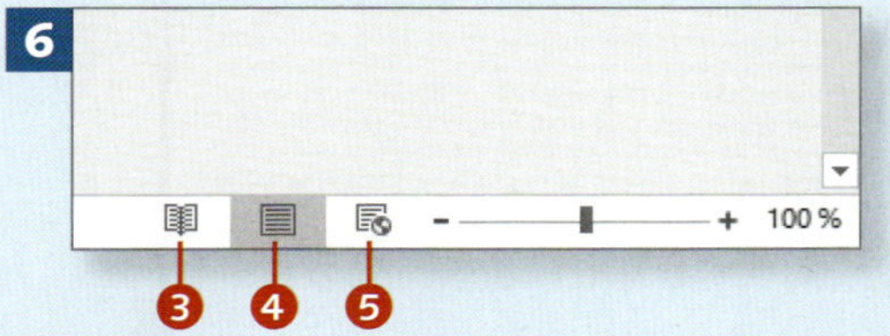

Dokument in neuem Fenster

Auch die Möglichkeit, das aktuelle Dokument in einem neuen Fenster zu öffnen, finden Sie auf der Registerkarte **Ansicht**. Klicken Sie dazu auf die Schaltfläche **Neues Fenster** ❻.

Praktisch: der Lesemodus

1

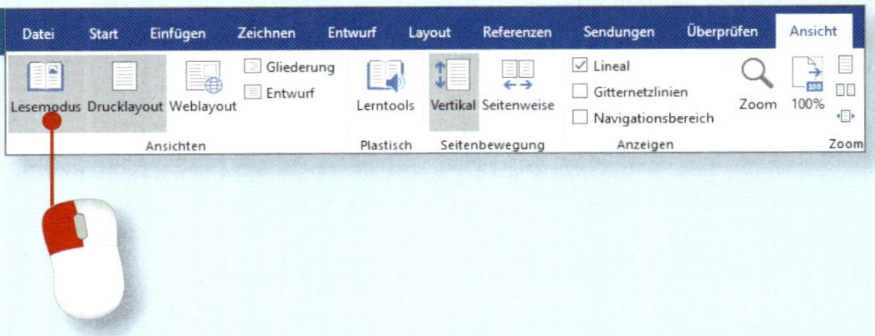

2

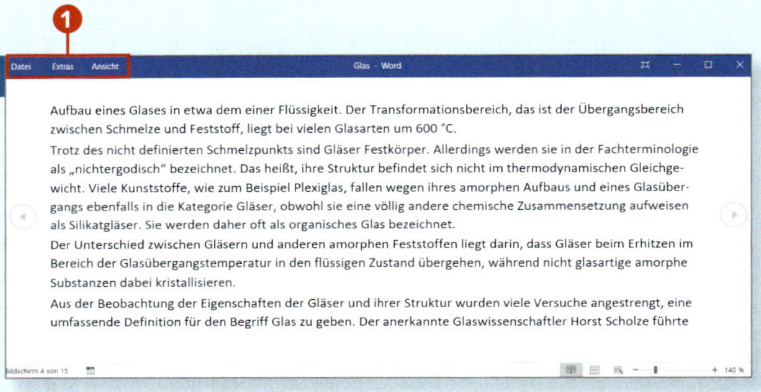

3

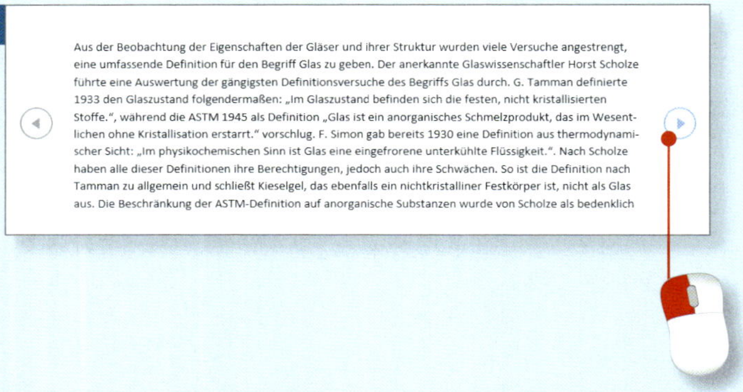

Der Lesemodus bietet sich an, wenn Sie einen Text bequem lesen möchten. Registerkarten und Befehle verschwinden, und Sie können sich ganz auf den Text konzentrieren.

Schritt 1

Der Lesemodus gehört zu den von Word angebotenen Ansichten. Aktivieren Sie also die Registerkarte **Ansicht**, und klicken Sie auf die Schaltfläche **Lesemodus**.

Schritt 2

Daraufhin ist der Bildschirm mehr oder weniger komplett mit dem Dokument ausgefüllt. Am oberen linken Rand befinden sich lediglich drei Menüpunkte 1: **Datei**, **Extras** und **Ansicht**.

Schritt 3

Zum »Umblättern« nutzen Sie die Pfeile rechts und links am Seitenrand. Wenn Sie mit einem Touchscreen arbeiten, ist es besonders bequem; Sie wischen einfach mit dem Finger nach rechts oder nach links.

Befehle auf der Registerkarte »Datei«
Die Registerkarte **Datei** bietet im Lesemodus alle Funktionen, die Sie auch sonst hier finden: **Öffnen**, **Speichern**, **Drucken** etc.

Schritt 4

Um in diesem Modus nach bestimmten Textstellen zu suchen, öffnen Sie per Mausklick das Menü **Extras** und klicken hier auf **Suchen**. Im Navigationsbereich, der dann eingeblendet wird, geben Sie die Textstelle in das Suchfeld ein ❷. Die Treffer werden gelb markiert angezeigt.

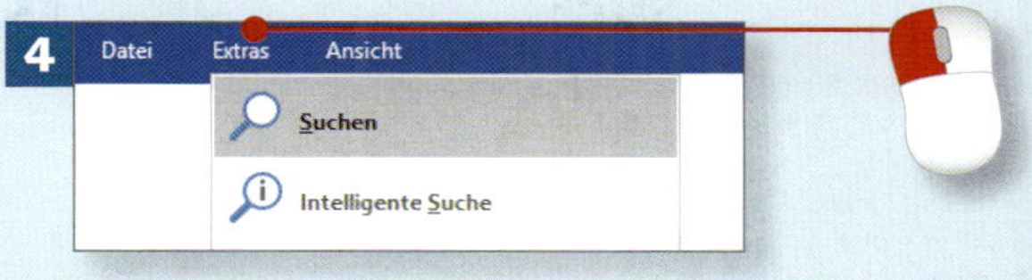

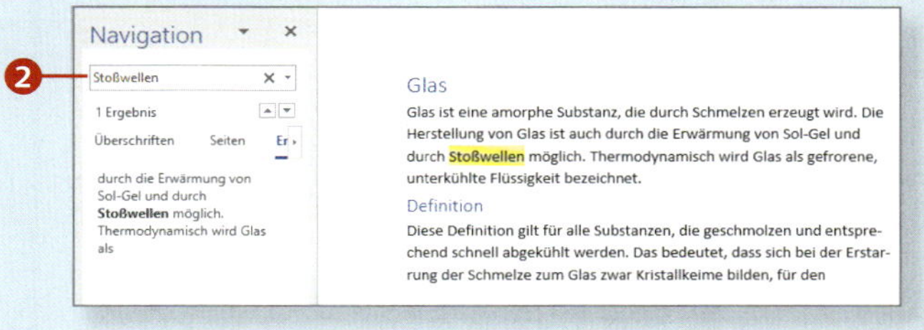

Schritt 5

Bei manchen Lichtverhältnissen ist es angenehmer, den Text auf einem dunklen Hintergrund zu lesen. Dazu öffnen Sie das Menü **Ansicht** und wählen hier **Seitenfarbe ▸ Invertiert**.

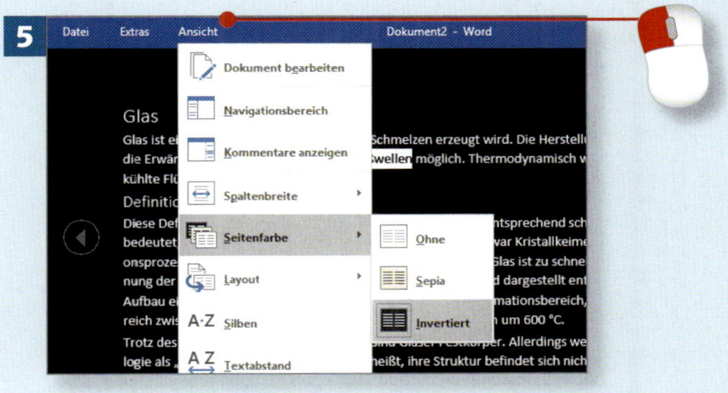

Schritt 6

Sie beenden den Lesemodus, indem Sie [Esc] drücken. Auch wenn Sie das Menü **Ansicht** öffnen und **Dokument bearbeiten** wählen, schließen Sie den Lesemodus und gelangen zurück zur normalen Ansicht **Drucklayout**.

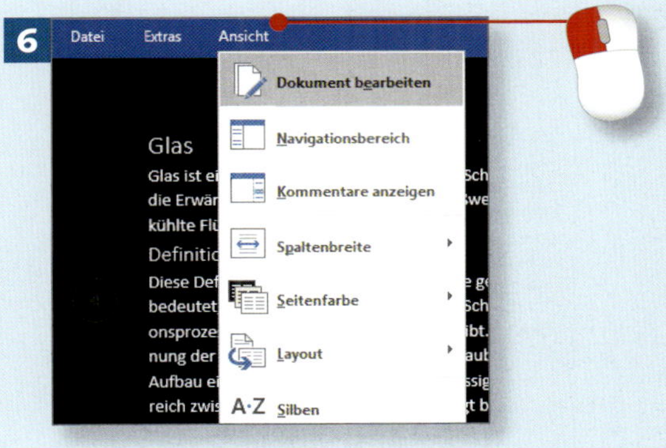

Den Bildschirm einrichten

Auch den Bildschirm können Sie in vielerlei Hinsicht anpassen.

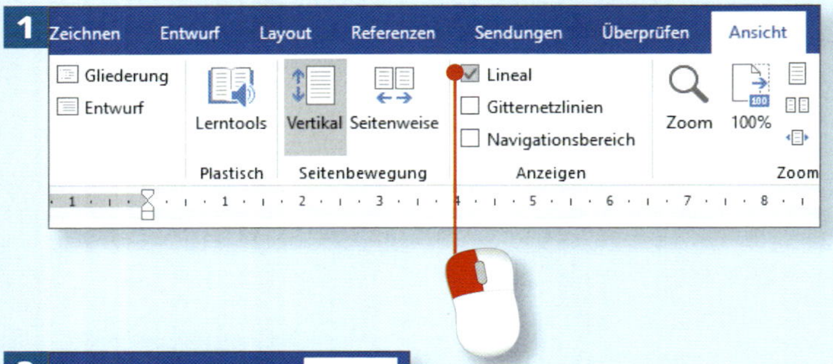

Schritt 1

Um oben und links Lineale anzuzeigen, mit deren Hilfe Tabstopps, Seitenränder und Einzüge ersichtlich sind, aktivieren Sie auf der Registerkarte **Ansicht** die Option **Lineal**. Die Seitenränder werden auf dem Lineal grau dargestellt.

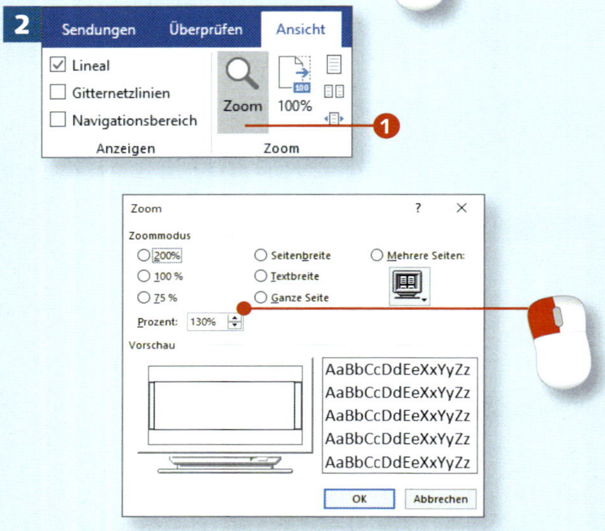

Schritt 2

Die Größe des angezeigten Dokuments ändern Sie mit dem Zoom. Klicken Sie auf der Registerkarte **Ansicht**. auf die Schaltfläche **Zoom** ❶, um den gleichnamigen Dialog aufzurufen. Im Feld **Prozent** stellen Sie den gewünschten Zoomfaktor ein.

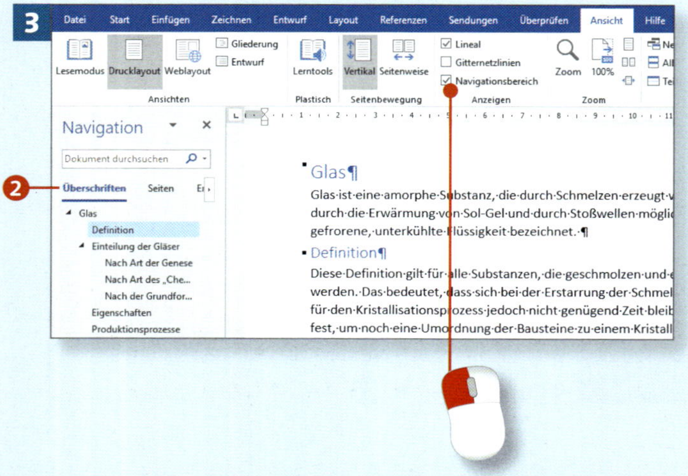

Schritt 3

Im Navigationsbereich, den Sie mit der Option **Navigationsbereich** einblenden, werden die Überschriften Ihres Dokuments aufgelistet, sofern Sie entsprechende Formatvorlagen verwendet haben. Klicken Sie auf **Überschriften** ❷, falls der Bereich mit einer anderen Kategorie geöffnet wird. Per Klick auf eine Überschrift springt der Cursor direkt zur entsprechenden Zeile.

Schritt 4

Die Symbolleiste für den Schnellzugriff können Sie um Funktionen erweitern. Klicken Sie dazu auf den Pfeil rechts, und aktivieren Sie im Menü die gewünschten Befehle. **Weitere Befehle** öffnet einen Dialog, der alle Word-Befehle zur Auswahl stellt. Hier können Sie auch ihre Reihenfolge verändern.

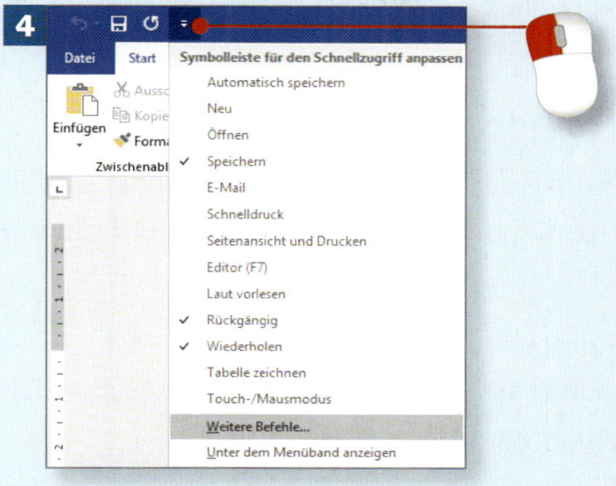

Schritt 5

Das Menüband mit den einzelnen Registerkarten nimmt recht viel Platz in Anspruch. Sie können es komplett ausblenden oder sich nur die Registerkarten anzeigen lassen. Die entsprechenden Optionen finden Sie im Menü der Schaltfläche **Menüband-Anzeigeoptionen**.

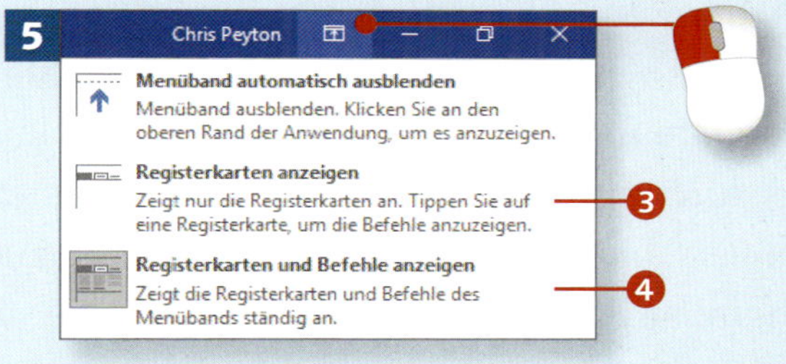

Schritt 6

Mit **Registerkarten anzeigen** ❸ werden die Befehle ausgeblendet, übrig bleiben die Registerkartenbeschriftungen. Sobald Sie den Namen einer Registerkarte anklicken, werden die Befehle angezeigt. Wählen Sie die Option **Registerkarten und Befehle anzeigen** ❹, wenn Sie die Registerkarten mit Befehlen wieder dauerhaft sehen möchten. Dies erreichen Sie auch mit einem Doppelklick auf eine Registerkartenüberschrift.

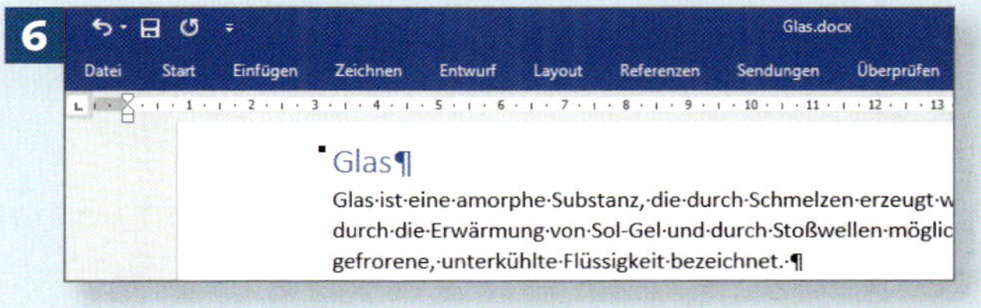

Menüband reduzieren

Ganz rechts im Menüband gibt es die Schaltfläche **Das Menüband reduzieren** (der kleine nach oben weisende Pfeil). Ein Klick darauf bewirkt das Gleiche wie die Option **Registerkarten anzeigen**. Auch im Kontextmenü des Menübandes (Sie öffnen es per Rechtsklick) finden Sie den Befehl **Menüband reduzieren**.

Kapitel 3
Dokumente anlegen, öffnen und speichern

Das Dokument ist der Ausgangspunkt jeglicher Arbeit mit Word. In diesem Kapitel erfahren Sie mehr zum Erstellen, Speichern und Öffnen eines Dokuments.

Dateien neu erstellen und öffnen
Über die Registerkarte **Datei** – den Backstage-Bereich – können Sie im Bereich **Neu** neue Dokumente anlegen. Das geht ganz fix.

Dateien speichern
Dokumente müssen gespeichert werden, um sie dauerhaft zu sichern. Speichern Sie ein Dokument im Dateiformat *.docx*, wenn Sie alle Funktionen nutzen wollen, mit der Endung *.doc*, wenn es auch in älteren Word-Versionen genutzt werden soll, oder als PDF, um es per E-Mail zu verschicken. Sie können Dokumente auch im Internet (in der sogenannten *Cloud*) speichern: auf *OneDrive*, dem Onlinespeicher von Microsoft.

Vorlagen verwenden
Wenn Sie Vorlagen verwenden, erstellen Sie blitzschnell schicke Dokumente mit Layouts und Designs. Über Word 2019 haben Sie Zugriff auf Vorlagen zu jedem erdenklichen Thema, Sie müssen allerdings mit dem Internet verbunden sein, um die Vorlagen herunterladen zu können.

Neue Dokumente können in Word 2019 schnell und unkompliziert angelegt werden. ❶

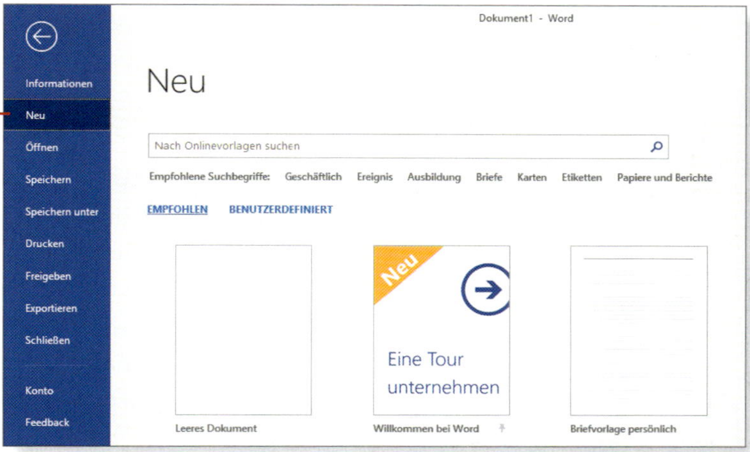

Damit Dokumente dauerhaft gesichert sind, müssen sie abgespeichert werden. Word bietet Ihnen unterschiedliche Möglichkeiten für die Sicherung an. ❷

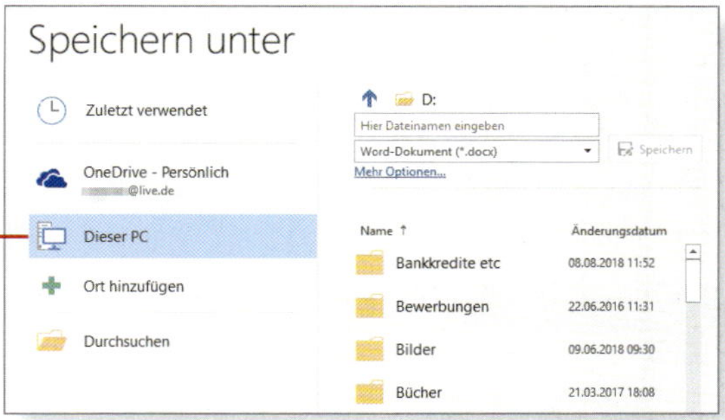

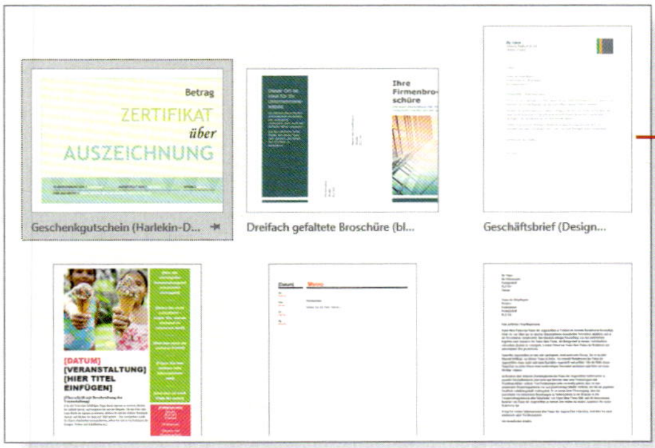

❸ Schicke Dokumente mit fertigem Layout und ansprechendem Design? Kein Problem, Word bietet für viele Gelegenheiten die passende Vorlage an.

Ein neues Dokument erstellen

1

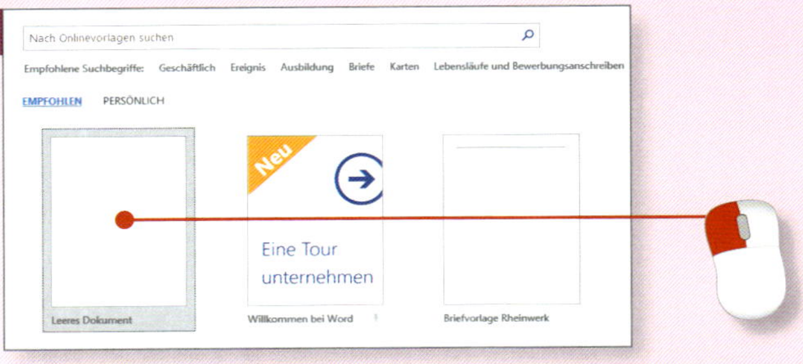

2

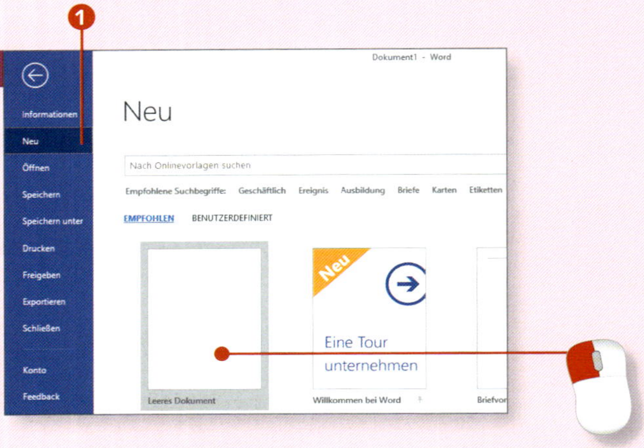

3

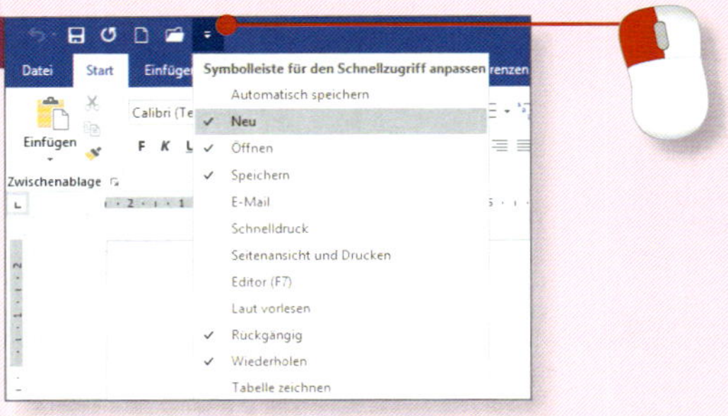

Per Tastatur zu einem leeren Dokument

Drücken Sie einfach die Tastenkombination Strg + N, um ein leeres Blatt zu öffnen.

Wenn Sie zu Beginn Ihrer Arbeit in Word ein neues leeres Dokument öffnen, sehen Sie ein jungfräulich weißes Blatt auf dem Bildschirm und können sofort loslegen.

Schritt 1

Um in Word etwas zu schreiben, brauchen Sie zunächst natürlich ein leeres Blatt. Wenn ein solches Dokument nicht automatisch angezeigt wird, nachdem Sie Word geöffnet haben, klicken Sie gleich im ersten Fenster nach dem Aufrufen von Word auf **Leeres Dokument**.

Schritt 2

Wenn Sie während der Arbeit ein neues Dokument beginnen möchten, klicken Sie auf der Registerkarte **Datei** auf **Neu** (1) und im Fenster dann einfach auf die Schaltfläche **Leeres Dokument**. Word erstellt daraufhin ein neues Dokument.

Schritt 3

Da Sie den Befehl **Neu** sehr häufig brauchen, empfiehlt es sich, die entsprechende Schaltfläche auf die Symbolleiste für den Schnellzugriff zu legen. Klicken Sie auf den Pfeil rechts an der Leiste, und wählen Sie **Neu**.

Schritt 4

Wenn Sie eines Ihrer Dokumente als Basis für ein neues Dokument nutzen möchten, klicken Sie auf die Registerkarte **Datei** ② und dann auf **Öffnen** (siehe dazu auch den Abschnitt »Eine gespeicherte Datei öffnen« auf Seite 46).

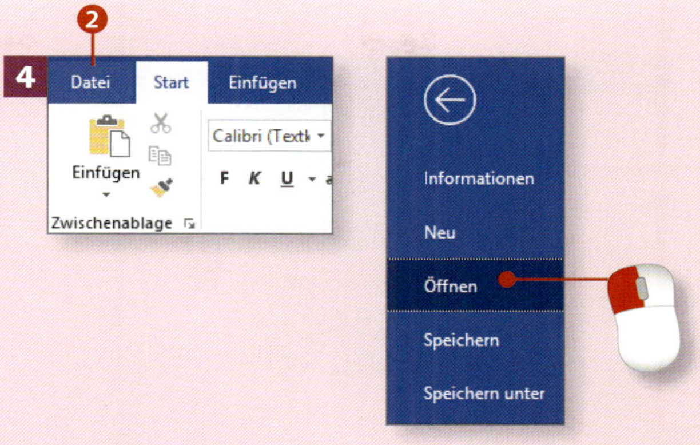

Schritt 5

Suchen Sie in der Liste **Zuletzt verwendet** ③ das Dokument, das Sie als Basisdokument verwenden wollen. Haben Sie das gewünschte Dokument gefunden, klicken Sie es mit der rechten Maustaste an und wählen im Kontextmenü **Kopie öffnen**.

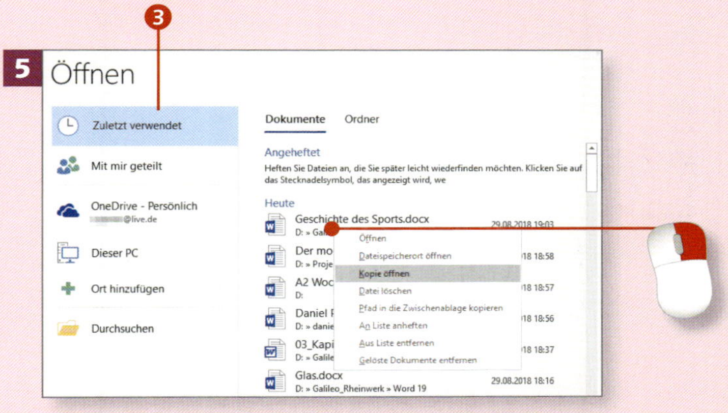

Schritt 6

Anschließend haben Sie – wie Sie in der Titelleiste sehen können ④ – ein neues, bisher nicht gespeichertes Dokument auf dem Bildschirm, das mit dem Text des Basisdokuments gefüllt ist.

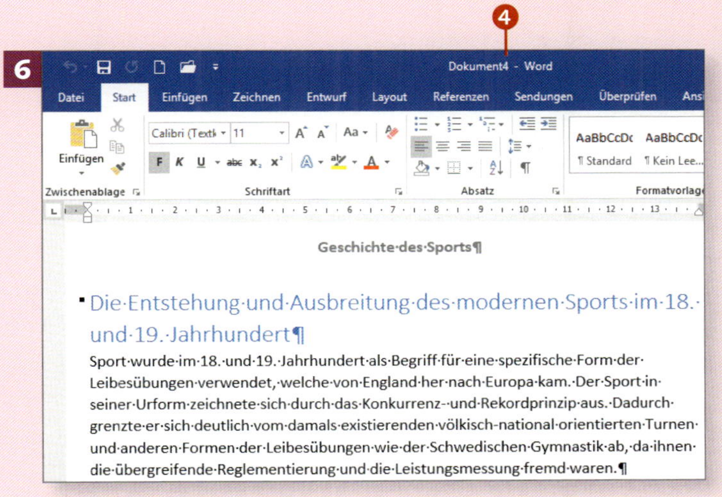

Neue Namen für Kopien
Achtung: Wenn Sie ein neues Dokument auf Basis eines vorhandenen beginnen, muss dieses neue Dokument noch unter eigenem Namen gespeichert werden!

Eine gespeicherte Datei öffnen

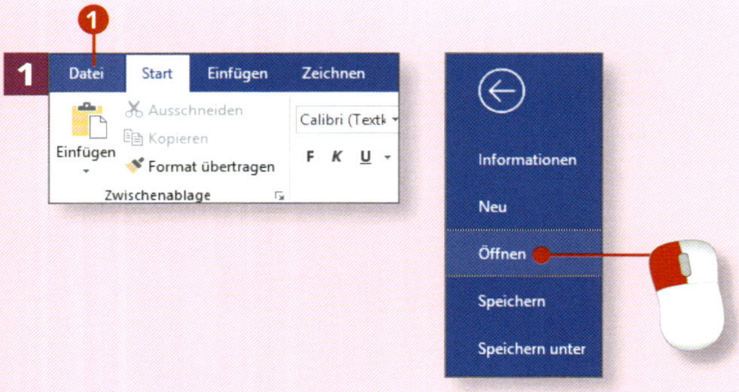

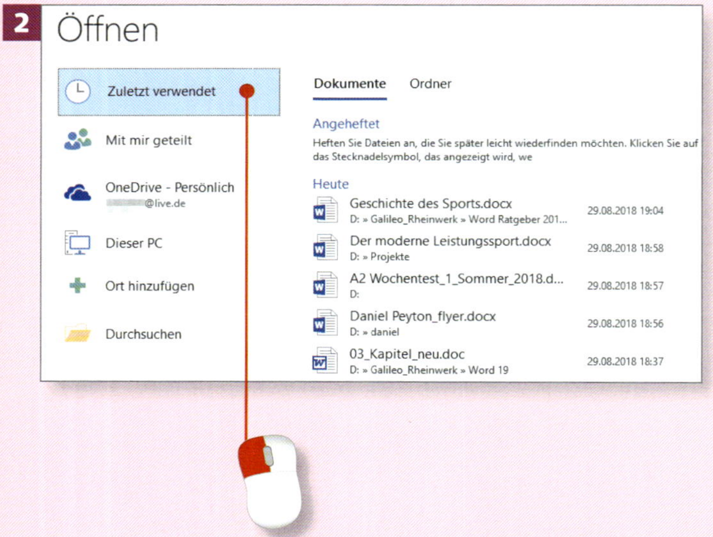

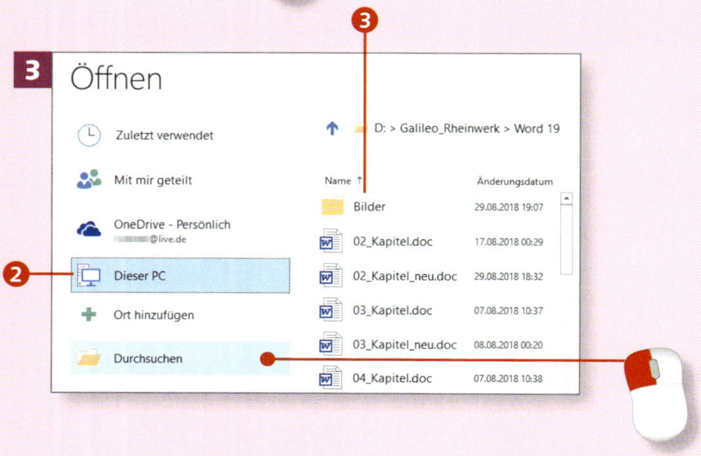

Dokumente können zur Weiterbearbeitung immer wieder aufgerufen werden. Dafür müssen sie zuvor natürlich gespeichert worden sein.

Schritt 1

Um ein bereits gespeichertes Dokument erneut aufzurufen, klicken Sie auf die Registerkarte **Datei** ❶ und dann auf **Öffnen**.

Schritt 2

Im Fenster **Öffnen** haben Sie mehrere Möglichkeiten. Wenn Sie eine Datei öffnen möchten, die Sie vor Kurzem geöffnet hatten, markieren Sie **Zuletzt verwendet**. In der Liste rechts klicken Sie dann einfach die gewünschte Datei an.

Schritt 3

Falls Sie die Datei nicht in dieser Liste finden, markieren Sie den Eintrag **Dieser PC** ❷. Dann öffnen Sie per Klick einen der Ordner ❸ oder eine der Dateien ❹ rechts in der Liste, oder Sie klicken auf die Schaltfläche **Durchsuchen**.

Schritt 4

Daraufhin erscheint der Dialog **Öffnen**. Entweder sehen Sie die gesuchte Datei bereits, oder Sie müssen zunächst zu dem Ordner wandern, in dem die Datei gespeichert ist.

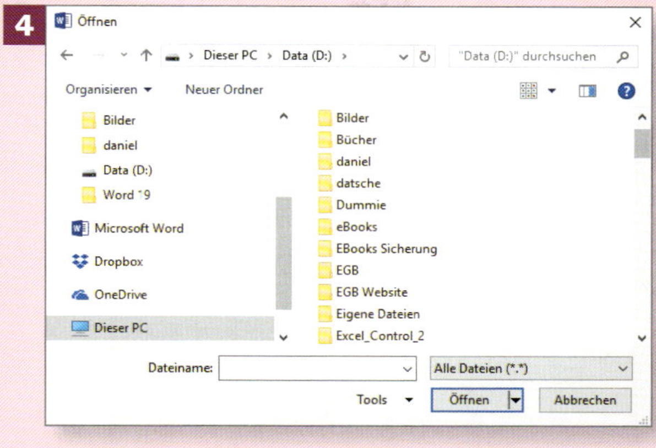

Schritt 5

Um in einen anderen Ordner zu wechseln, klicken Sie im Adressfeld auf den Ordnernamen oder auf den Pfeil daneben, um die Liste der Unterordner zu sehen. Per Mausklick öffnen Sie den jeweiligen Ordner. Auch über den linken Bereich können Sie zu anderen Ordnern springen. Klicken Sie auf **Dieser PC** 5, um eine Liste aller Laufwerke zu erhalten.

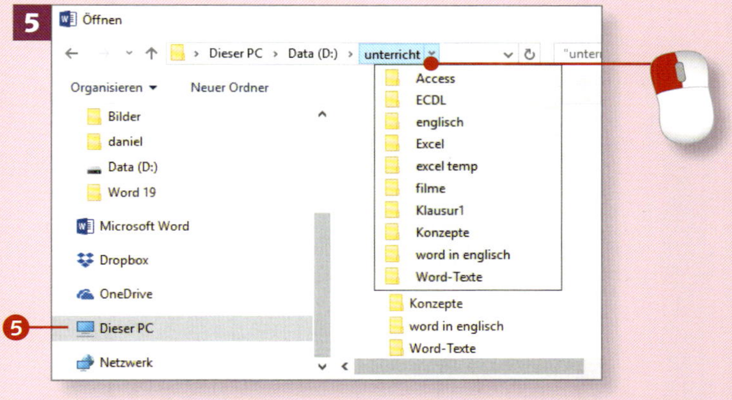

Schritt 6

Wenn Sie die gewünschte Datei gefunden haben, markieren Sie sie 6 und klicken auf die Schaltfläche **Öffnen**. Auch ein Doppelklick auf den Dateinamen funktioniert.

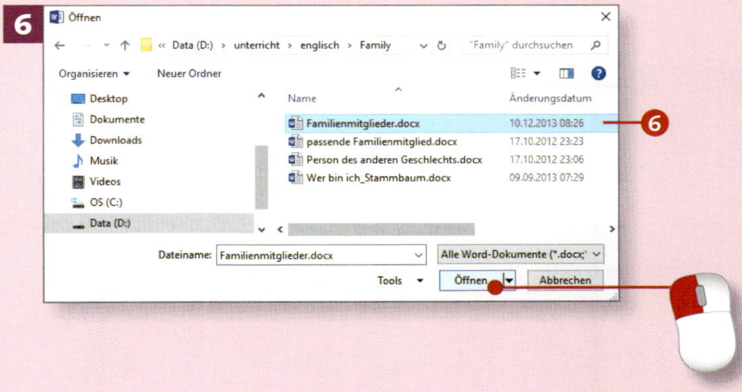

Schnellzugriff

Im linken Bereich des Dialogs **Öffnen** finden Sie ganz oben auch die Rubrik **Schnellzugriff**. Vereinfacht gesagt, finden Sie hier Verweise zu häufig benutzten Ordnern.

Auf vorhandenen Vorlagen aufbauen

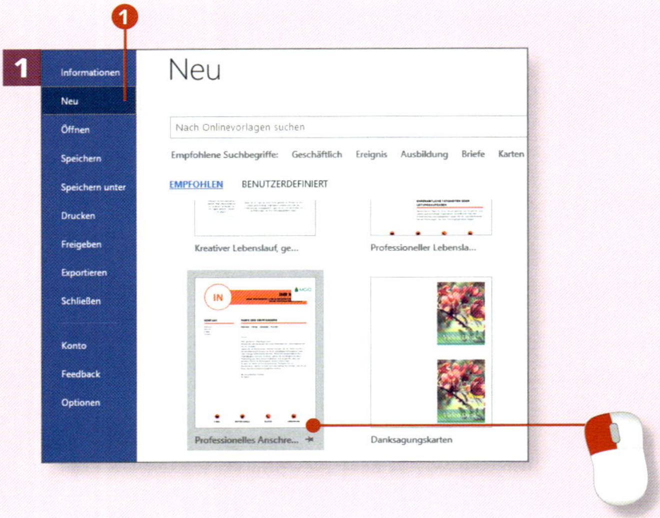

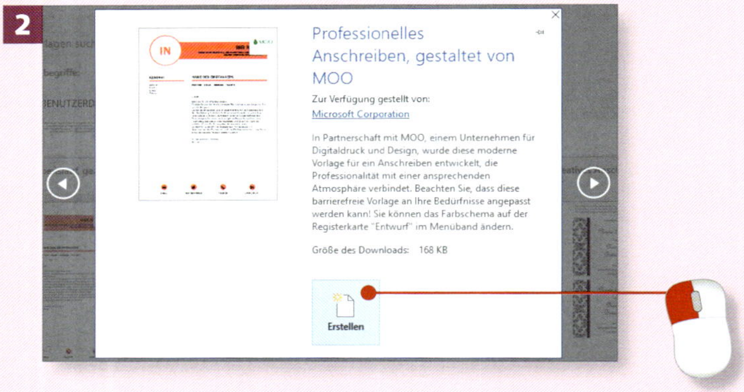

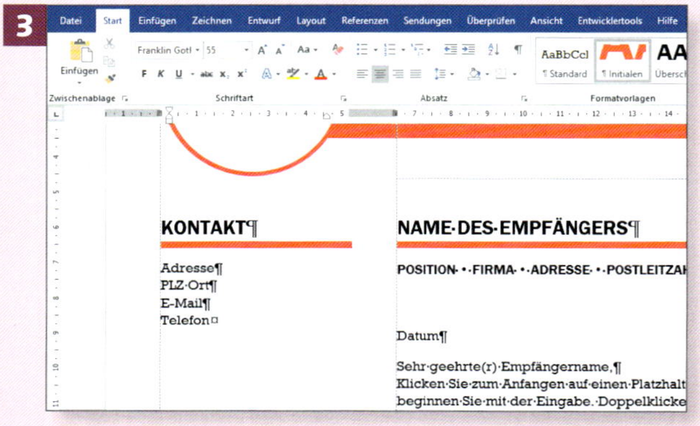

Word bietet zahlreiche Vorlagen – also vorbereitete, teils mit Text ausgefüllte Dokumente – für bestimmte Zwecke an, die Sie als Basis für Ihr neues Dokument nutzen können.

Schritt 1

Klicken Sie auf die Registerkarte **Datei** und dann auf **Neu** ①. Im gleichnamigen Fenster werden Ihnen zahlreiche Vorlagen angeboten. Wählen Sie anhand der Vorschaubildchen eine Vorlage aus, und klicken Sie darauf.

Schritt 2

Daraufhin öffnet sich ein Fenster mit einer Beschreibung und einer größeren Vorschau. Entspricht die Vorlage Ihren Vorstellungen, klicken Sie auf die Schaltfläche **Erstellen**.

Schritt 3

Nun beginnt der Download. Wenn die Vorlage fertig heruntergeladen ist, öffnet sich ein entsprechendes Dokument in einem neuen Fenster. Sie können es nun bearbeiten und mit eigenen Texten füllen.

Schritt 4

Beachten Sie im Fenster **Neu** auch die Links unterhalb des Suchfeldes (**Geschäftlich**, **Briefe** etc.). Wenn Sie einen dieser Suchbegriffe auswählen, finden Sie nach Themen geordnete Vorlagen. Klicken Sie z. B. auf **Karten**.

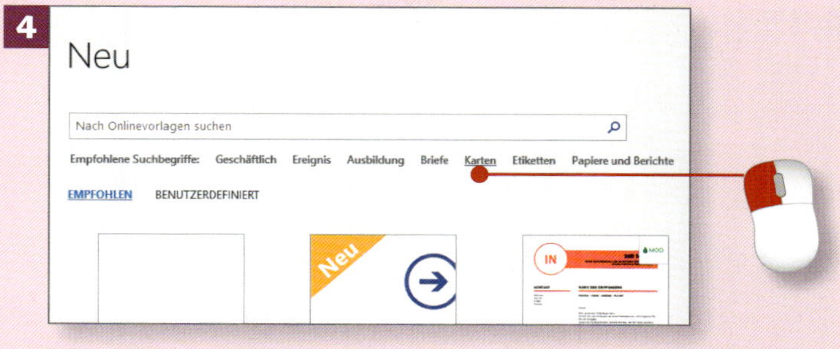

Schritt 5

Sie erhalten eine Auflistung aller Vorlagen, die zu diesem Thema passen. In der rechten Spalte **Kategorie** können Sie das Suchergebnis durch Anklicken eines Begriffs weiter einschränken. Wenn Sie eine Einschränkung aufheben möchten, klicken Sie auf das Schließkreuz ❷ rechts an der Bezeichnung.

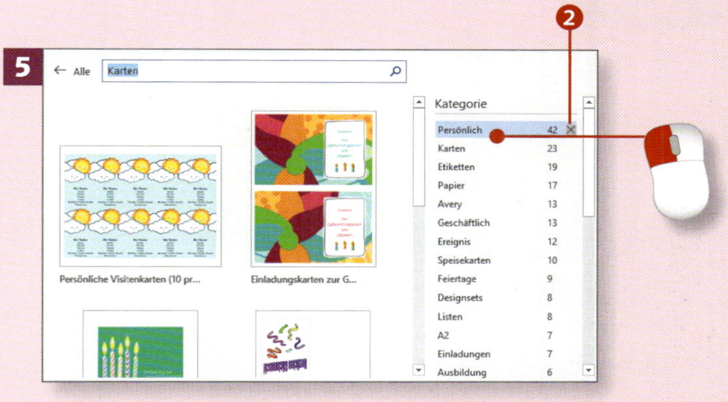

Schritt 6

Sie können auch eigene Suchbegriffe wie z. B. »Einladung« in das Suchfeld eingeben und die Suche mit einem Klick auf die Lupe ❸ starten.

Onlinevorlagen

Bei den Vorlagen handelt es sich um Onlinevorlagen. Um sie zu verwenden, brauchen Sie also eine aktive Internetverbindung. Nach dem Download stehen sie Ihnen dann lokal zur Verfügung.

Eine Datei speichern – auf dem PC oder auf OneDrive

1

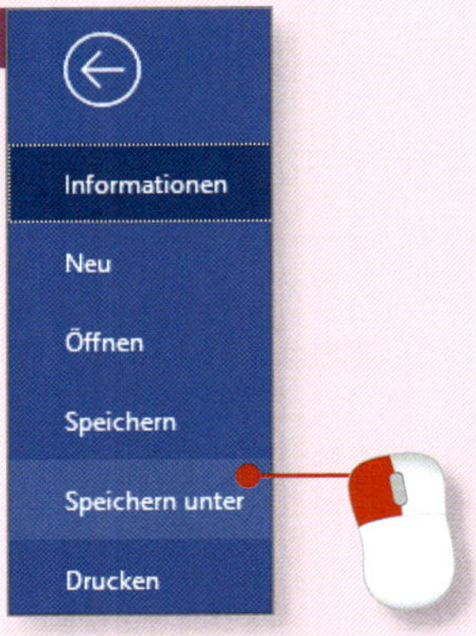

2

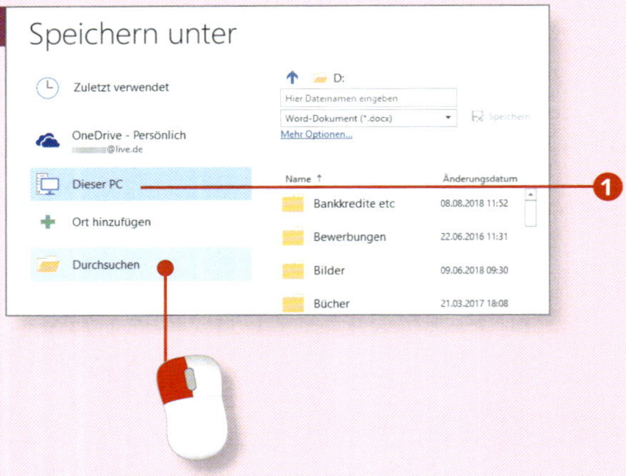

3

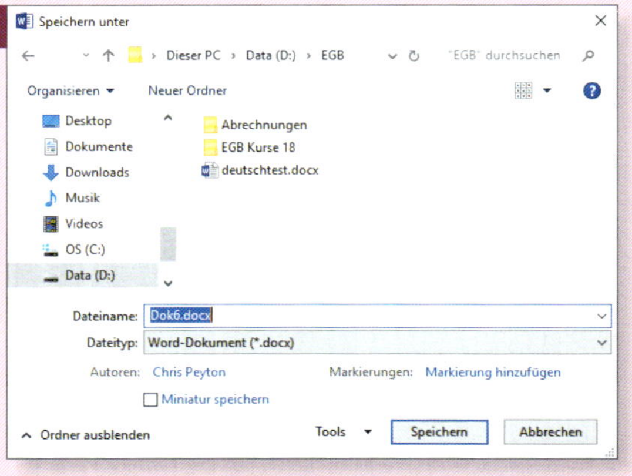

Das Speichern ist das A und O bei der Arbeit mit Word (und jedem anderen Programm). Wenn Sie regelmäßig daran denken, ersparen Sie sich eine Menge Ärger.

Schritt 1

Um ein noch nicht gespeichertes Dokument zu sichern, klicken Sie auf die Registerkarte **Datei** und dann auf **Speichern unter**. Daraufhin öffnet sich das gleichnamige Fenster.

Schritt 2

Um die Datei lokal auf Ihrem Rechner zu speichern, markieren Sie **Dieser PC** 1. Im rechten Bereich klicken Sie auf den Zielordner, sofern er in der Liste auftaucht. Sie können aber auch direkt auf **Durchsuchen** klicken.

Schritt 3

Wenn Sie auf **Durchsuchen** klicken, wird der Dialog **Speichern unter** geöffnet. Befinden Sie sich noch nicht im richtigen Ordner, navigieren Sie zunächst zu dem Ordner, in dem Sie die Datei ablegen möchten.

Schritt 4

Zum Navigieren in der Ordnerstruktur nutzen Sie – wie beim Öffnen – das Adressfeld oben im Dialog. Ein Klick auf den Ordnernamen öffnet den Ordner, ein Klick auf den Pfeil zeigt die Unterordner an, die dann per Mausklick zu öffnen sind.

Schritt 5

Wenn Sie den gewünschten Ordner geöffnet haben, geben Sie im Feld **Dateiname** den Dateinamen ein. Die Erweiterung (*.docx*) schreiben Sie nicht mit, Word vergibt sie automatisch (mehr dazu erfahren Sie im Abschnitt »Die Dateiformate von Word« auf Seite 58). Klicken Sie dann auf **Speichern**.

Schritt 6

In gewissen Grenzen können Sie den Typ der Datei auch selbst bestimmen und diese z. B. im Format einer älteren Programmversion speichern. Dazu klicken Sie auf den Pfeil am Feld **Dateityp** und wählen den gewünschten Typ aus (z. B. **Word 97-2003-Dokument**).

4

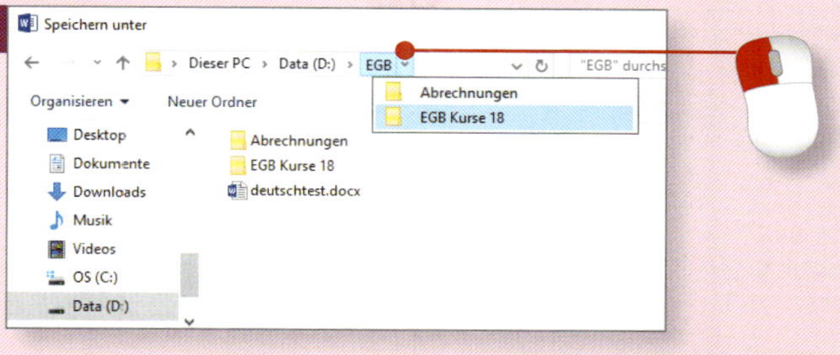

5

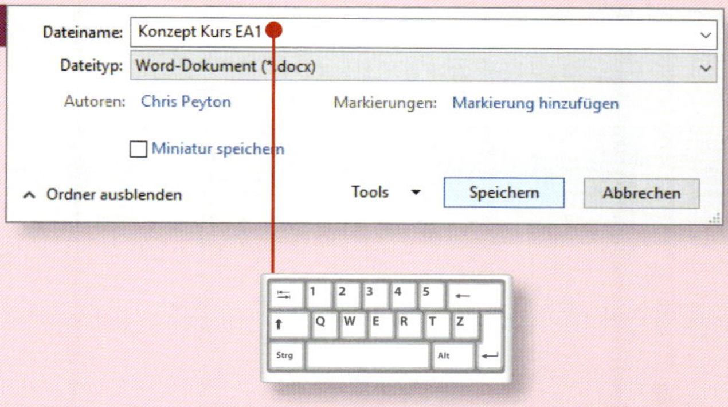

6

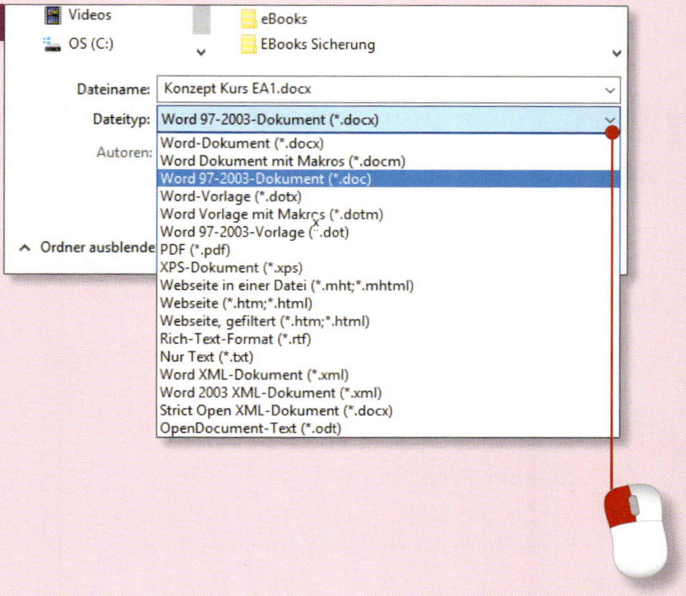

Eine Datei speichern (Forts.)

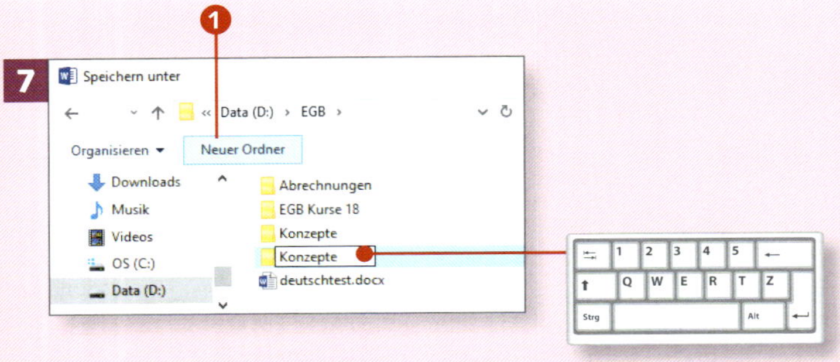

Schritt 7

Möchten Sie einen neuen Ordner für das Dokument anlegen? Dann öffnen Sie den entsprechenden Überordner und klicken auf **Neuer Ordner** ❶. Ein gelbes Ordner-Symbol mit der Bezeichnung »Neuer Ordner« erscheint. Geben Sie ihm einen passenden Namen (in unserem Beispiel »Konzepte«), und drücken Sie [↵].

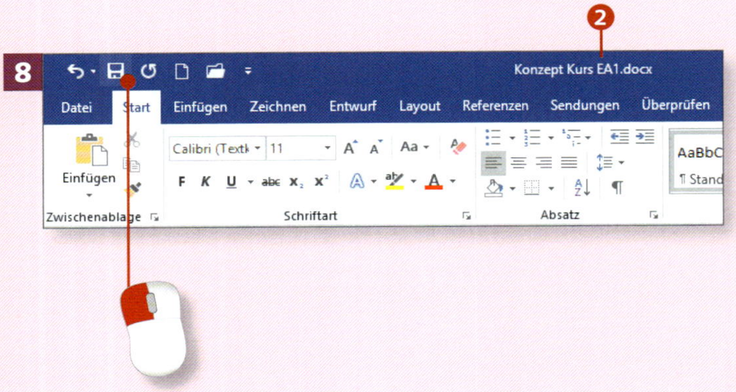

Schritt 8

Sobald ein Dokument gespeichert ist, taucht der Dateiname im Kopf des Programmfensters auf ❷. Denken Sie nun daran, regelmäßig nachzuspeichern. Dazu klicken Sie einfach auf die Schaltfläche **Speichern** in der Symbolleiste für den Schnellzugriff.

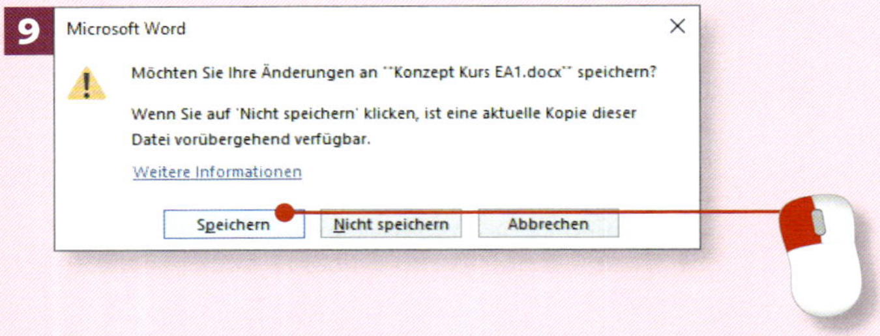

Schritt 9

Wenn Sie Word schließen und Änderungen an einem Dokument noch nicht gespeichert sind, fragt Word, wie Sie verfahren möchten. Normalerweise sollten Sie in diesem Dialog auf **Speichern** klicken, es sei denn, Sie verzichten bewusst auf die letzten Änderungen.

Ein schneller Weg zum Nachspeichern

Drücken Sie die Tastenkombination [Strg]+[S]. Damit speichern Sie den aktuellen Stand des Dokuments.

Schritt 10

Statt lokal können Sie ein Dokument auch im Internet – genau genommen auf OneDrive von Microsoft – speichern. Dazu markieren Sie im Fenster **Speichern unter** die Option **OneDrive – Persönlich** und klicken rechts auf den gewünschten Unterordner.

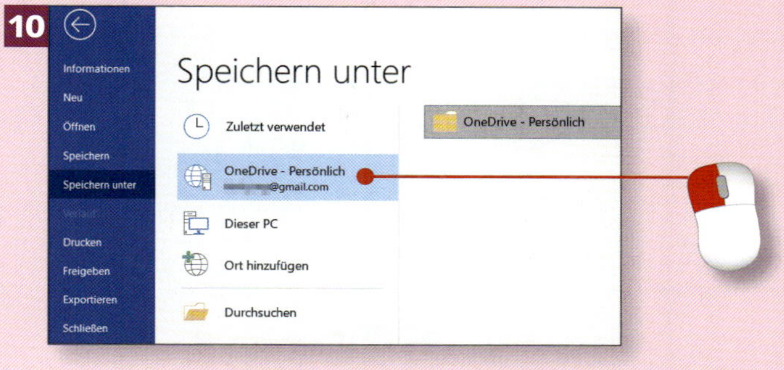

Schritt 11

Wenn Sie nicht mit Ihrem Microsoft-Konto angemeldet sind (dieses wird oft bereits bei der Installation von Windows 10 angelegt), müssen Sie sich zunächst anmelden bzw. überhaupt ein Microsoft-Konto anlegen. Klicken Sie also auf **OneDrive** 3 und dann auf **Anmelden**.

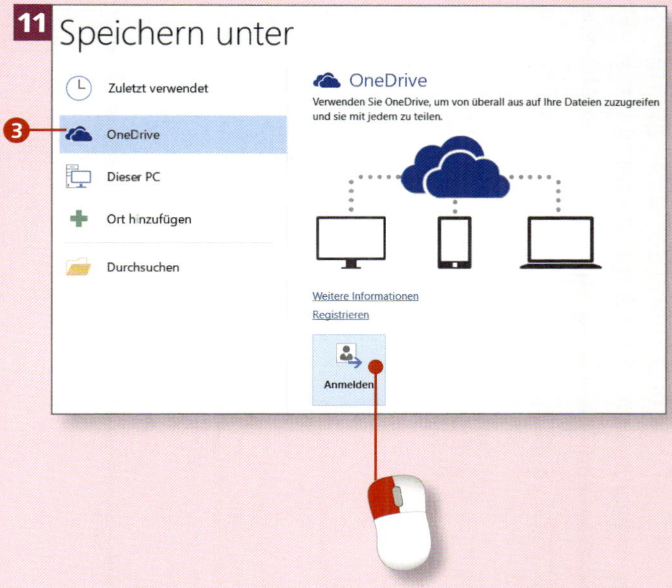

Schritt 12

Im nächsten Fenster geben Sie die E-Mail-Adresse Ihres Microsoft-Kontos ein, z. B. *IhrName@live.de* oder *IhrName@hotmail.de*. Falls Sie noch keine Microsoft-E-Mail-Adresse haben, geben Sie irgendeine – formal gültige – E-Mail-Adresse ein und klicken dann auf **Weiter**.

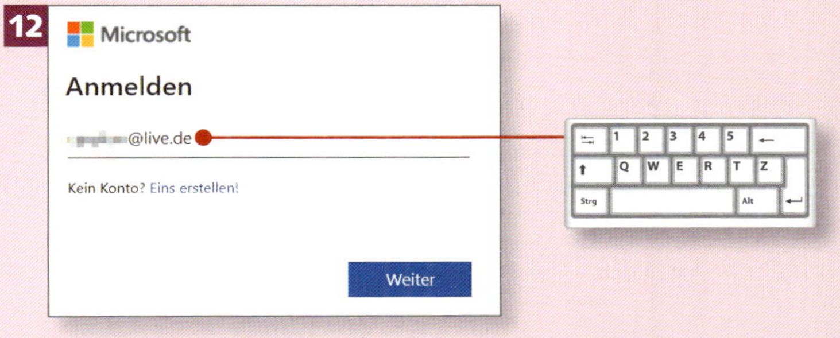

Eine Datei speichern (Forts.)

13

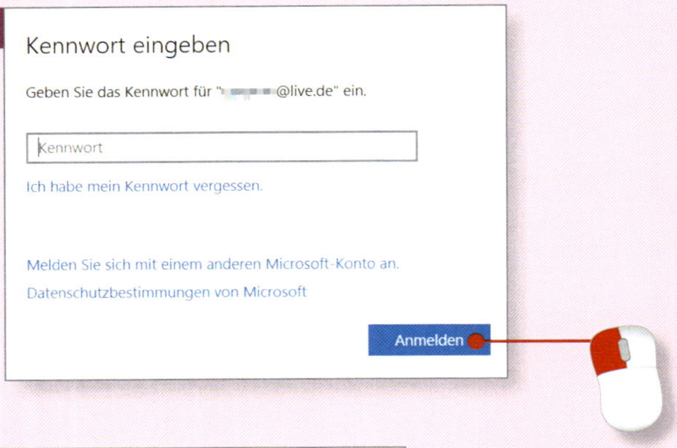

14

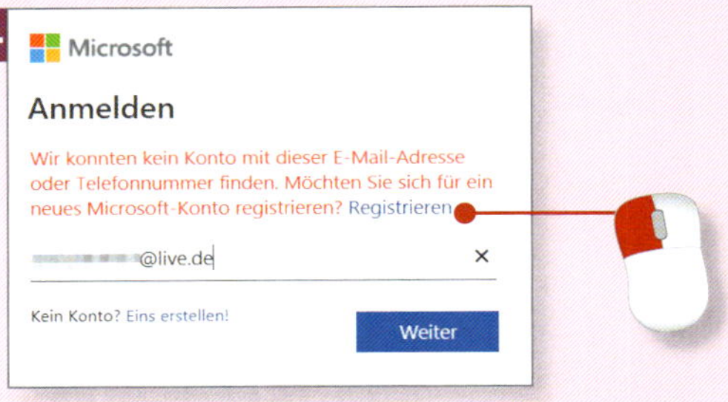

15

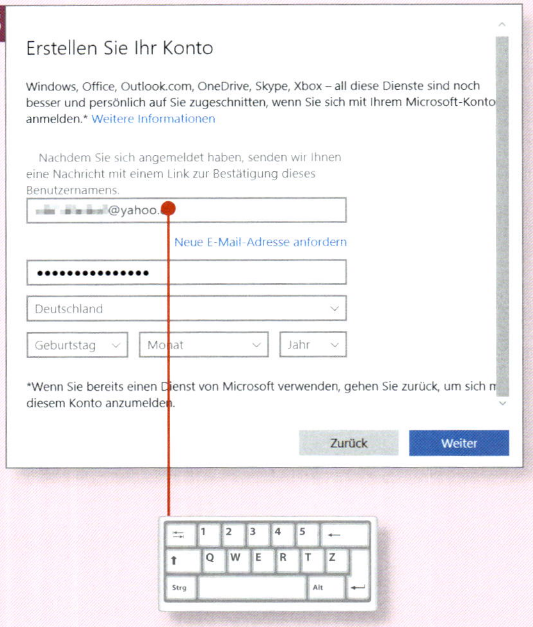

Schritt 13

Falls Sie bereits ein Microsoft-Konto angelegt hatten und die dort verwendete E-Mail-Adresse eingegeben haben, werden Sie aufgefordert, das entsprechende Kennwort einzugeben. Klicken Sie auf **Anmelden**, und fahren Sie mit Schritt 16 fort.

Schritt 14

Wenn Sie kein Microsoft-Konto haben und die eingegebene Adresse bei Microsoft nicht existiert, werden Sie aufgefordert, sich zu registrieren. Klicken Sie auf **Registrieren**.

Schritt 15

Es öffnet sich ein Registrierungsdialog. Wenn Sie alles ausgefüllt und ein Kennwort festgelegt haben, klicken Sie auf **Weiter**. Danach müssen Sie nur noch einen Sicherheitscode eingeben. Dieser Code wird Ihnen per E-Mail zugeschickt.

Große Dateien

Das Speichern in der Cloud, also auf OneDrive, ist eine verlockende Sache, da man mit jedem Gerät, das eine Internetverbindung hat, auf seine Dokumente zugreifen kann. Bei umfangreichen Dokumenten kann das Speichern allerdings dauern.

Schritt 16

Nachdem Microsoft alles akzeptiert hat, finden Sie im Fenster **Speichern unter** auch **OneDrive** mit Ihrem Anmeldenamen. Klicken Sie auf den Eintrag **OneDrive – Persönlich**, und wählen Sie dann rechts den Ordner zum Speichern aus.

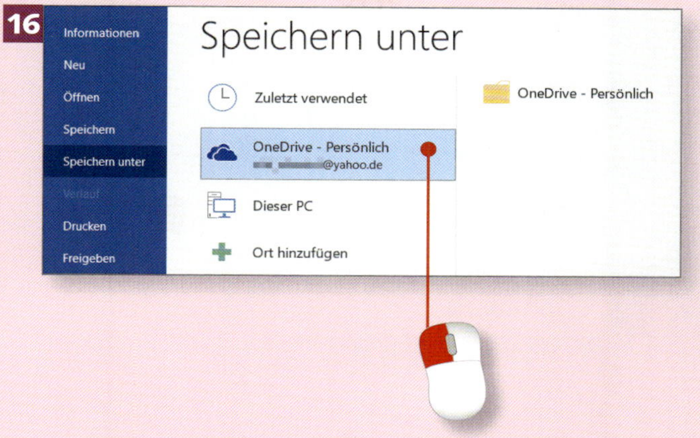

Schritt 17

Dass Sie mit Ihrem Microsoft-Konto angemeldet sind, erkennen Sie auch rechts oben im Word-Fenster; dort steht Ihr Anmeldename. Klicken Sie darauf, um das Menü zu öffnen.

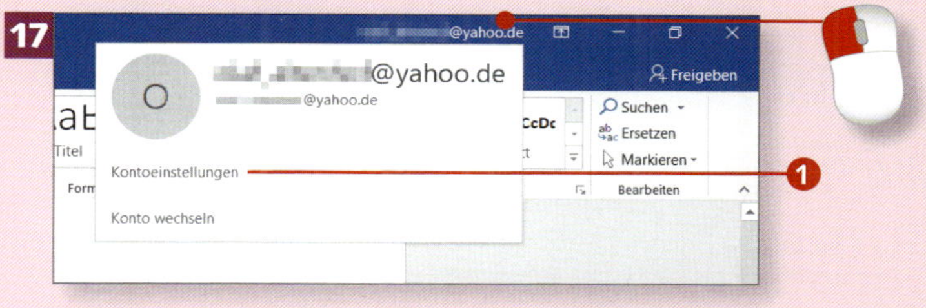

Schritt 18

Wenn Sie sich von Ihrem Microsoft-Konto abmelden möchten, klicken Sie auf **Kontoeinstellungen** ❶. Sie können auch über **Datei ▸ Konto** ❷ zu den Einstellungen wechseln. Im Fenster **Konto** klicken Sie auf **Abmelden**. Bestätigen Sie den nachfolgenden Dialog **Konto entfernen** mit **OK**.

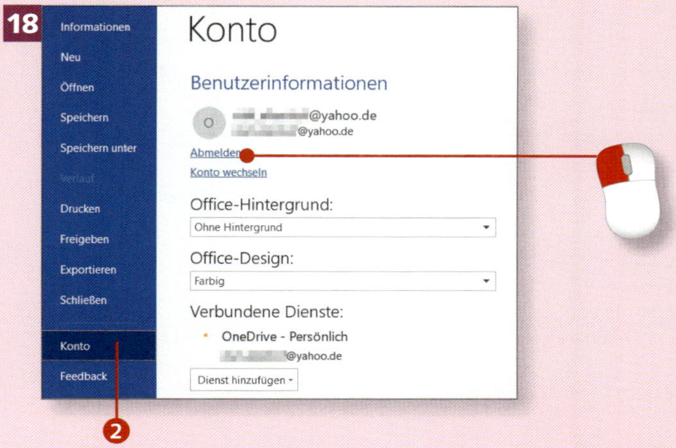

Abmelden ist wichtig

Denken Sie daran, sich jedes Mal abzumelden, wenn Sie als Gast nur kurzfristig einen Rechner benutzen.

Dokumente auf OneDrive aufrufen

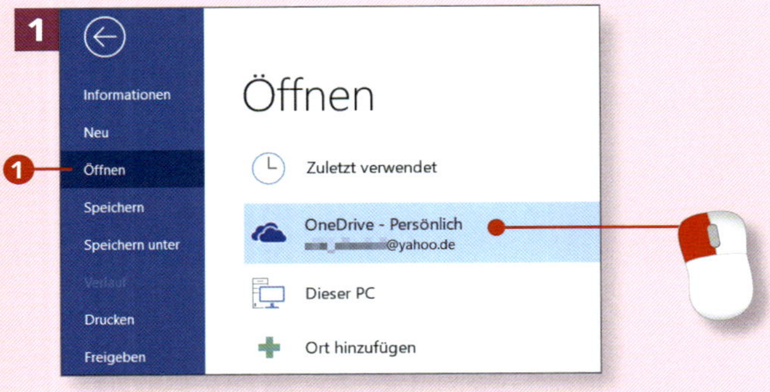

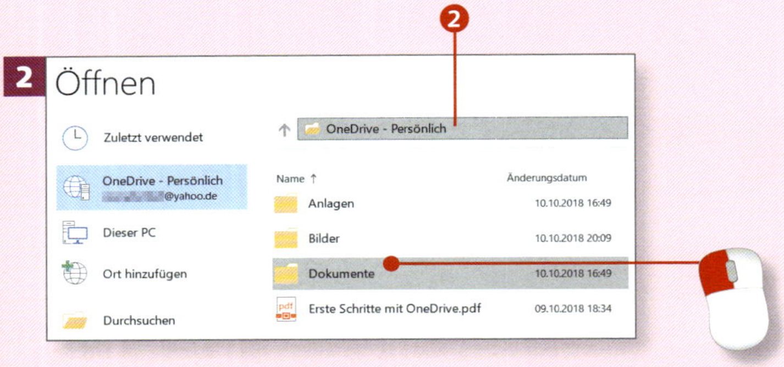

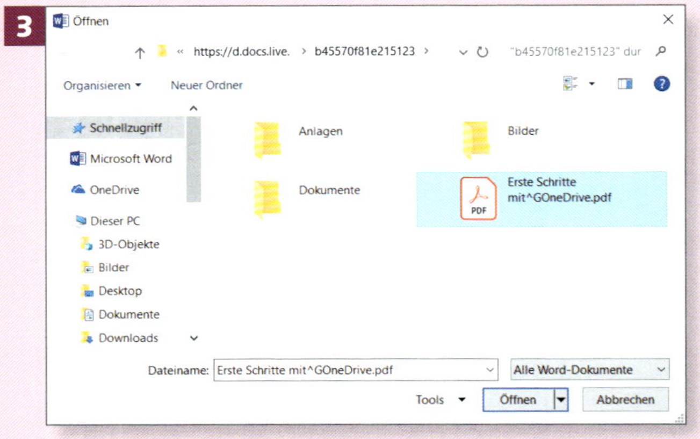

Dokumente, die auf OneDrive gespeichert sind, können Sie auf jedem anderen Gerät aufrufen, sofern es mit dem Internet verbunden ist.

Schritt 1

Genau wie beim Öffnen eines lokal gespeicherten Dokuments klicken Sie auf **Datei ▸ Öffnen** ❶. Im Fenster **Öffnen** klicken Sie auf **OneDrive – Persönlich**.

Schritt 2

Rechts finden Sie eine Auflistung der zuletzt verwendeten Ordner. Klicken Sie den Ordner an, in dem die Datei gespeichert ist. Falls kein oder nicht der richtige Ordner angezeigt wird, klicken Sie rechts auf **OneDrive – Persönlich** ❷.

Schritt 3

In beiden Fällen wird die Verbindung zum OneDrive-Server hergestellt und der Dialog **Öffnen** angezeigt, der sich im Prinzip nicht von seinem lokalen Pendant unterscheidet.

Schritt 4

Zu der Adressleiste des Dialogs sehen Sie den Servernamen ❸ und dann gegebenenfalls den Pfad zum geöffneten Ordner. Wie üblich benutzen Sie die Pfeile zum Navigieren in der Ordnerstruktur.

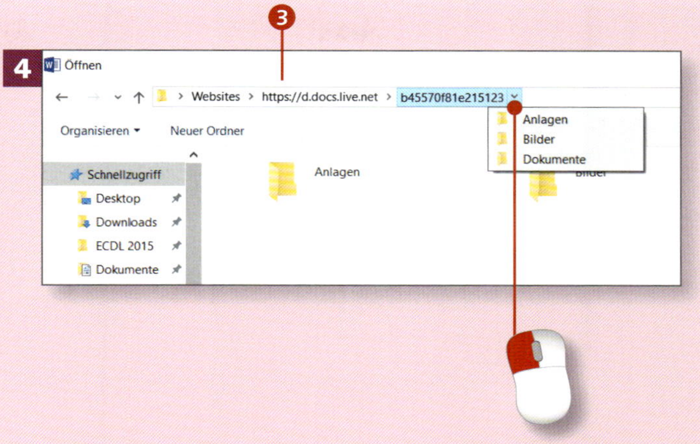

Schritt 5

Wenn Sie sich bereits im richtigen Ordner befinden, klicken Sie die gewünschte Datei einfach doppelt an. Bei einem Touchscreen können Sie den Dateinamen durch Antippen markieren und dann auf die Schaltfläche **Öffnen** tippen.

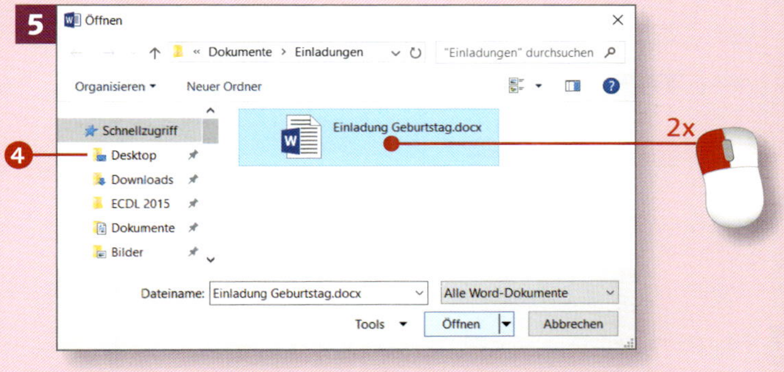

Schritt 6

Wenn Sie z. B. durch einen Klick auf **Desktop** ❹ im linken Bereich mehr oder minder freiwillig das OneDrive-Laufwerk verlassen haben, gelangen Sie nicht so einfach wieder zurück. Am einfachsten ist es, den **Zurück**-Pfeil des Dialogs zu nutzen.

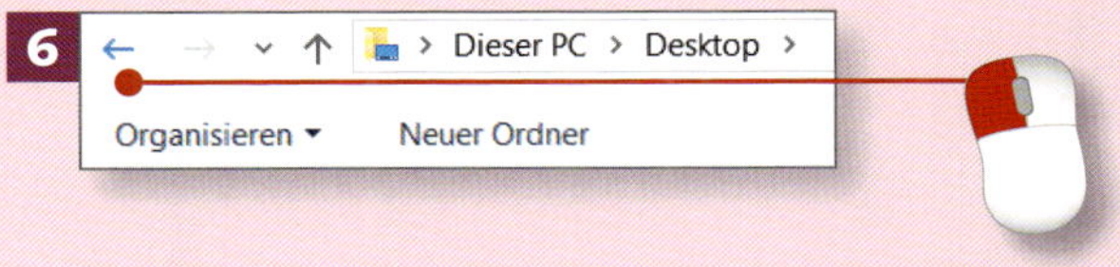

Nachteile

Ohne im Detail auf die Aspekte der Datensicherheit einzugehen – offensichtlich ist, dass Sie bei Internetverbindungsproblemen nicht an Ihre auf OneDrive abgelegten Dateien herankommen!

Die Dateiformate von Word

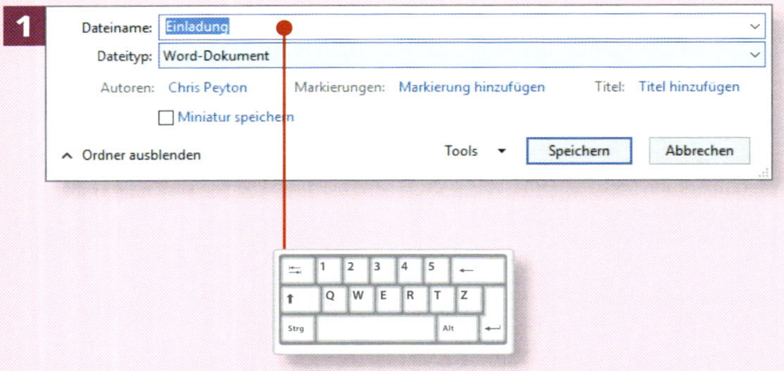

Dateiendungen wie ».doc« oder ».docx« sind wie Familiennamen. An ihnen lässt sich erkennen, aus welchem Programm ein Dokument bzw. eine Datei stammt.

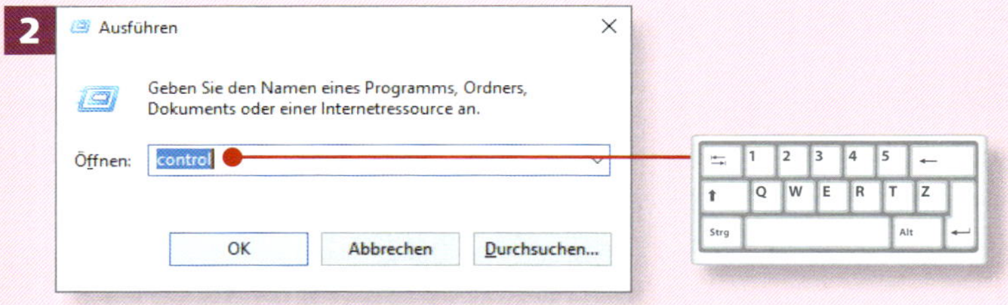

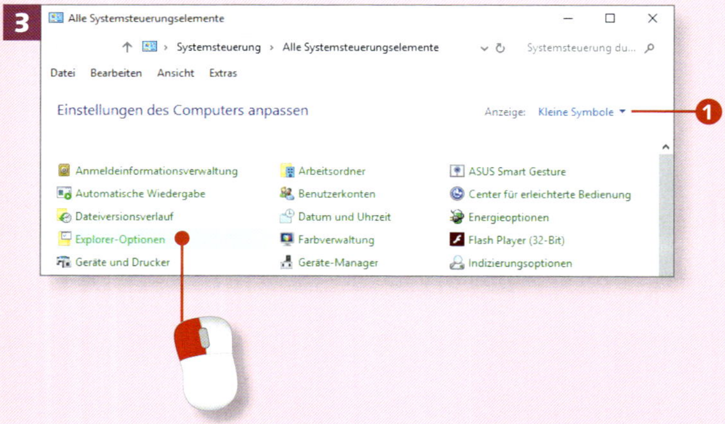

Schritt 1

Dokumente werden in bestimmten Formaten gespeichert. Diese werden mithilfe der Erweiterung nach dem letzten Punkt im Dateinamen festgelegt, z. B. *Einladung.docx*. Wenn Sie im Dialog **Speichern unter** im Eingabefeld einen Dateinamen eingeben, taucht die Erweiterung standardmäßig nicht auf.

Schritt 2

Es kann ganz nützlich sein, diese Erweiterungen einzublenden. Dazu öffnen Sie die Systemsteuerung. Das geht unter Windows 10 am schnellsten über die Tastenkombination [Windows]+[R]. Im Dialog **Ausführen** geben Sie *»control«* ein und drücken [↵].

Schritt 3

In der Systemsteuerung klicken Sie auf den Eintrag **Explorer-Optionen**. Falls Sie diesen Eintrag nicht finden, stellen Sie die Anzeige auf **Kleine Symbole** (1) um.

Schritt 4

Wechseln Sie im Dialogfenster **Explorer-Optionen** zur Registerkarte **Ansicht** ❷. Entfernen Sie das Häkchen vor **Erweiterungen bei bekannten Dateitypen ausblenden**, und klicken Sie auf **Übernehmen**. Zukünftig werden die Dateierweiterungen in Dateinamen und in Auswahllisten für den Dateityp angezeigt. Mit **OK** verlassen Sie den Dialog wieder.

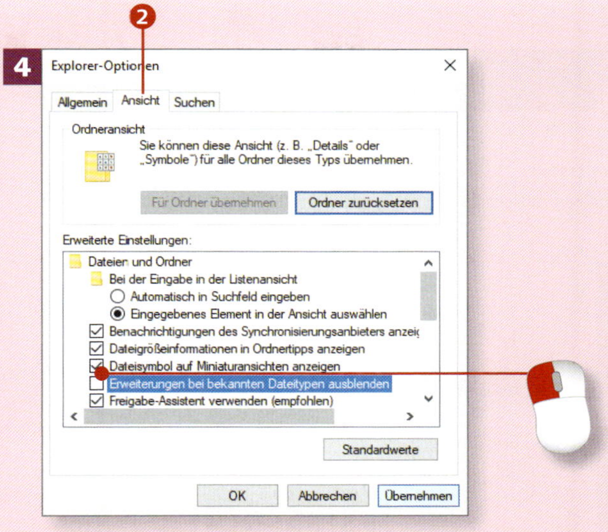

Schritt 5

Wenn Sie eine Datei nicht im Standardformat abspeichern möchten, sondern z. B. in einem Format einer älteren Programmversion, klicken Sie im Dialog **Speichern unter** auf den Auswahlpfeil am Feld **Dateityp**.

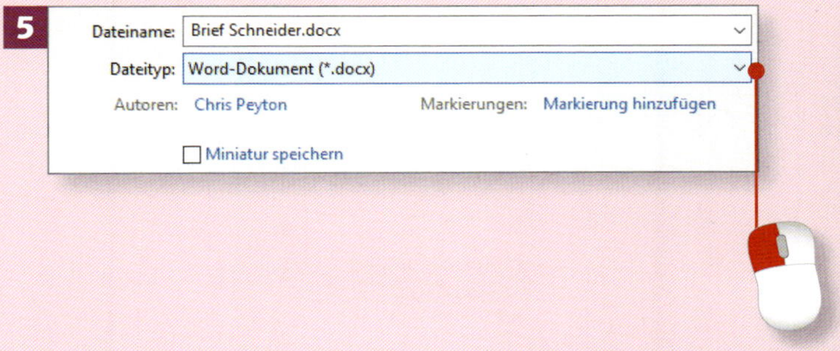

Schritt 6

In der Auswahlliste steht, in welchen anderen Formaten Sie ein Word-Dokument abspeichern können. Wie Sie sehen, sind zahlreiche Formate möglich.

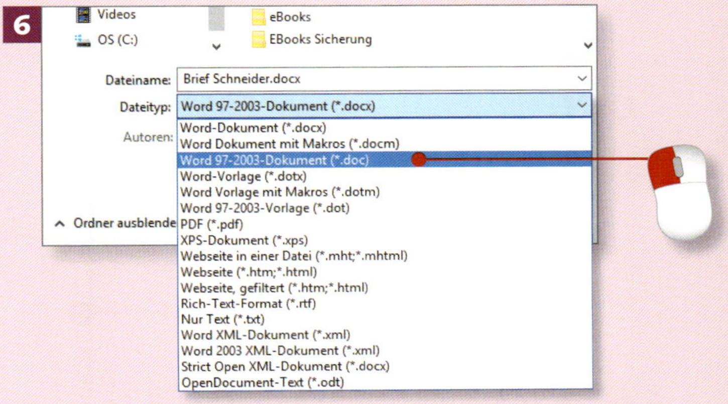

Erweiterungen anzeigen lassen

Sie können auch direkt den Explorer aufrufen. Hier finden Sie auf der Registerkarte **Ansicht** die Option **Dateinamenerweiterungen**.

Die Dateiformate von Word (Forts.)

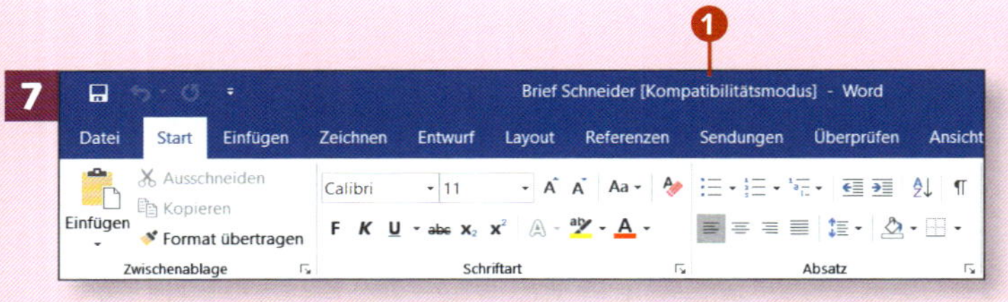

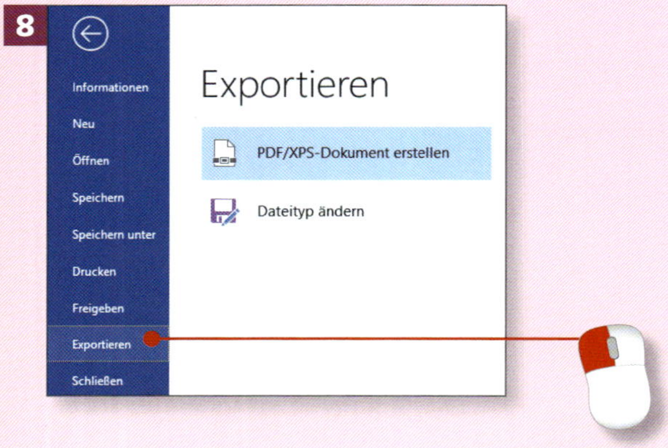

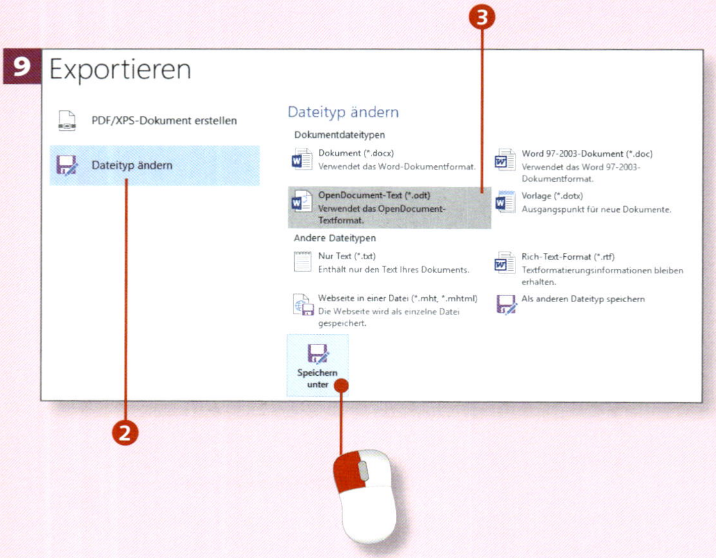

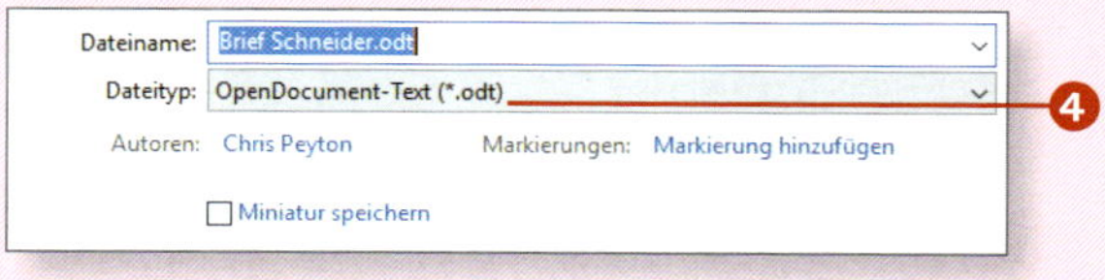

Schritt 7

Soll die Datei z. B. in Word 2003 oder einer älteren Version zu öffnen sein, wählen Sie **Word 97-2003-Dokument (*.doc)**. Wird die Datei geöffnet, erscheint dann neben dem Dateinamen im Kopf des Fensters der Zusatz **[Kompatibilitätsmodus]** ❶. Mitunter gehen dann jedoch bestimmte Formatierungen verloren.

Schritt 8

Sie können Dateien auch in andere Formate exportieren. Den Befehl **Exportieren** finden Sie auf der Registerkarte **Datei**.

Schritt 9

Klicken Sie im Fenster **Exportieren** auf **Dateityp ändern** ❷, und wählen Sie rechts den gewünschten Dateityp aus ❸. Dann klicken Sie auf **Speichern unter**. Daraufhin wird der Dialog **Speichern unter** geöffnet, in dem das neue Dateiformat bereits eingestellt ist ❹.

Schritt 10

Praktisch: Sie können mit Word direkt PDF-Dokumente (z. B. für die Weitergabe per E-Mail) erstellen. Markieren Sie im Fenster **Exportieren** den Eintrag **PDF/XPS-Dokument erstellen** 5, und klicken Sie im rechten Bereich auf die gleichnamige Schaltfläche.

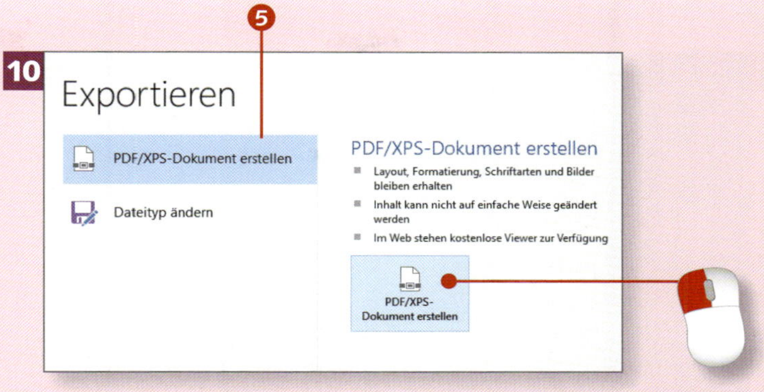

Schritt 11

Daraufhin wird der Dialog **Als PDF oder XPS veröffentlichen** angezeigt. Dateiname und Format sind bereits eingestellt. Klicken Sie auf **Veröffentlichen**. Nach dem Veröffentlichen wird die neue Datei in Ihrem PDF-Programm geöffnet.

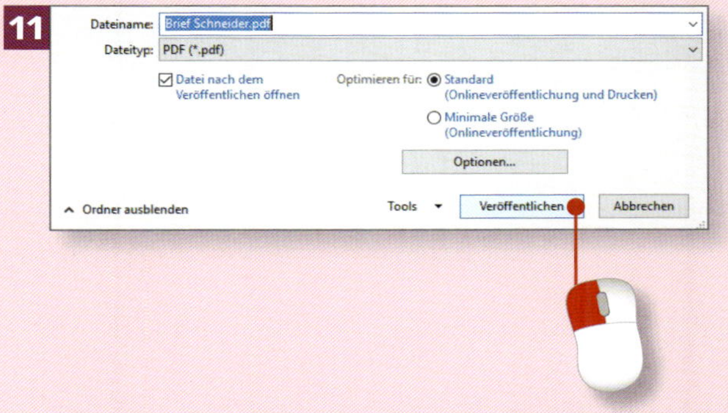

Schritt 12

Sie können auch ein Dateiformat festlegen, in dem Word standardmäßig speichern soll. Klicken Sie auf **Datei ▸ Optionen**, aktivieren Sie die Rubrik **Speichern** 6, und wählen Sie im Feld **Dateien in diesem Format speichern** das gewünschte Format.

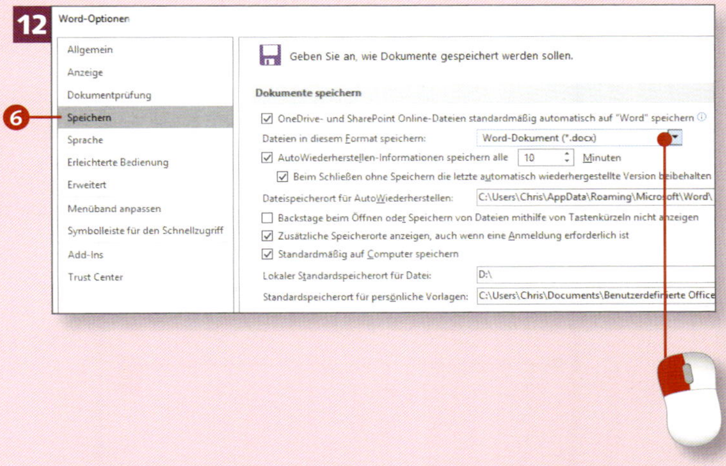

PDF-Dateien in Word öffnen und bearbeiten

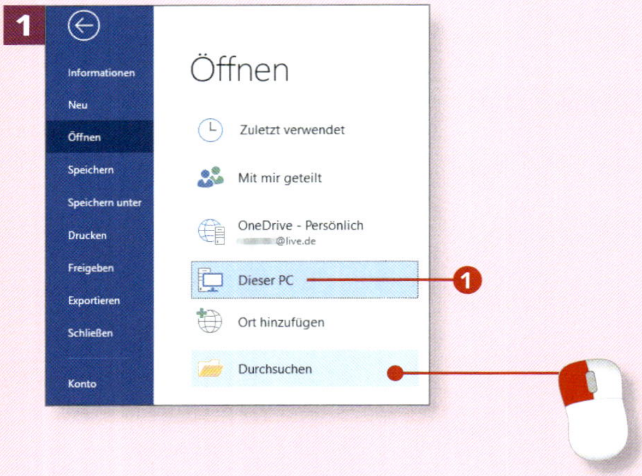

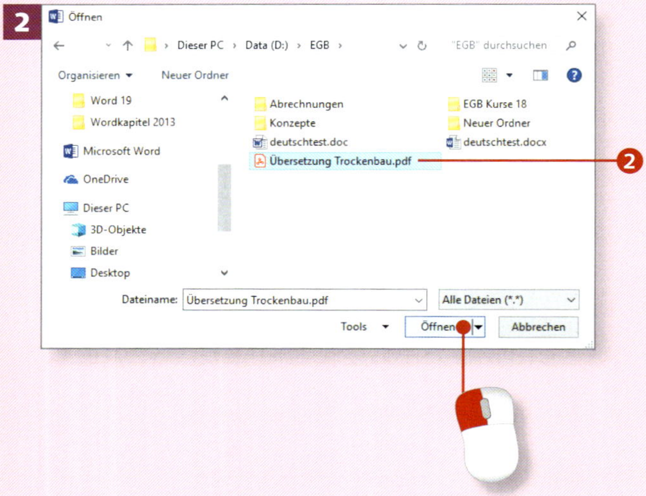

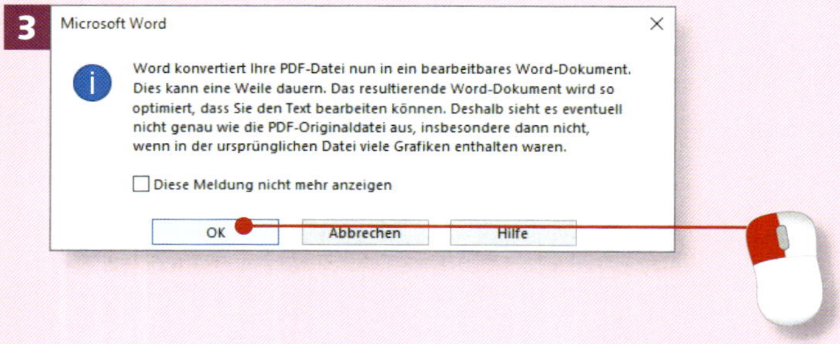

Vielleicht haben Sie schon oft die Möglichkeit vermisst, PDF-Dateien bearbeiten zu können. Diese Möglichkeit haben Sie seit Word 2013.

Schritt 1

Öffnen Sie über **Datei ▸ Öffnen** das Fenster **Öffnen**, klicken Sie hier auf **Dieser PC** ❶ und dann rechts auf den gewünschten Ordner oder auf **Durchsuchen**, um den Dialog **Öffnen** aufzurufen.

Schritt 2

Navigieren Sie gegebenenfalls zu dem Ordner, in dem die gesuchte PDF-Datei liegt. Markieren Sie die PDF-Datei ❷, und klicken Sie auf **Öffnen**.

Schritt 3

Sie erhalten dann ein Fenster mit der Meldung, dass das Dokument konvertiert wird und dass es vermutlich nicht genauso aussehen wird wie ein Word-Dokument. Bestätigen Sie die Meldung mit **OK**.

Schritt 4

Das Dokument wird in Word angezeigt. Sie können es »normal« bearbeiten, alle Befehle von Word stehen Ihnen dabei zur Verfügung. In der Titelleiste wird es weiterhin als PDF-Datei gekennzeichnet 3.

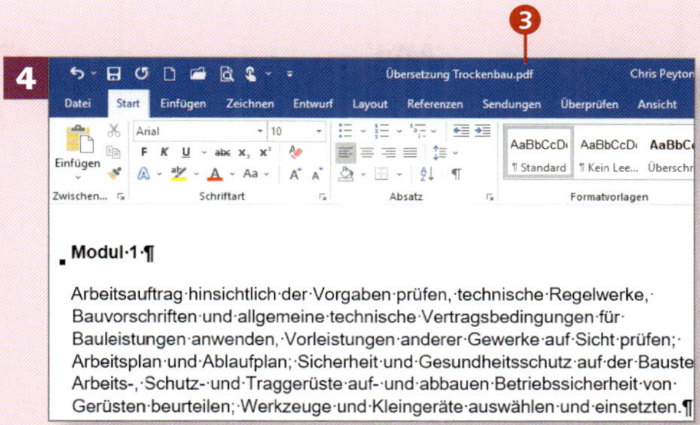

Schritt 5

Wenn Sie zum Speichern den Dialog **Speichern unter** öffnen, sehen Sie, dass das Word-Format *.docx* eingestellt ist. Möchten Sie wieder das PDF-Format erhalten, ändern Sie den Dateityp über das Menü des Feldes **Dateityp**.

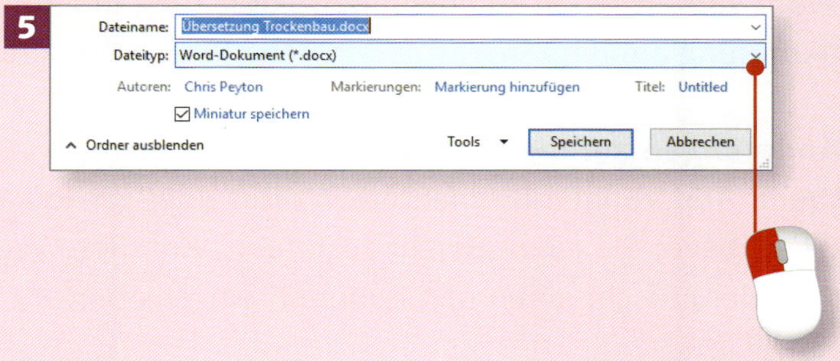

Schritt 6

Um ein PDF-Dokument auch als PDF zu öffnen, klicken Sie die Datei im Explorer doppelt an. Daraufhin wird das Dokument im Adobe Reader oder – je nach Einstellung – im Windows Reader angezeigt.

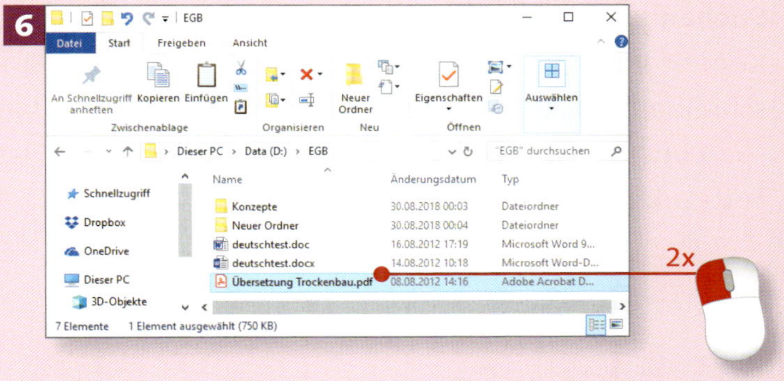

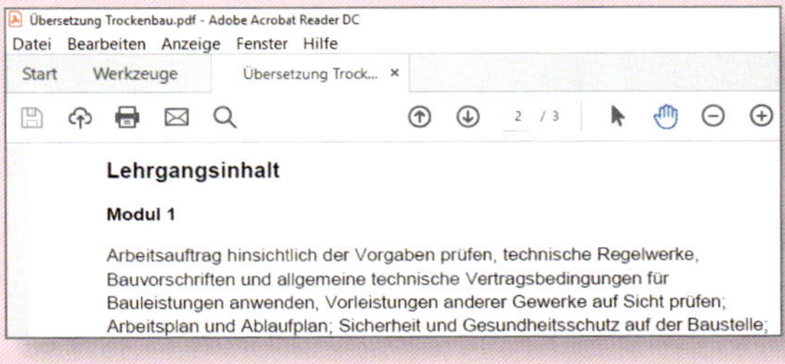

i

Dokumente öffnen

Um zu bestimmen, wie ein PDF-Dokument geöffnet werden soll, klicken Sie das Dokument im Explorer mit der rechten Maustaste an. Zeigen Sie im Kontextmenü auf **Öffnen mit**, und wählen Sie im Untermenü das gewünschte Programm.

Kapitel 4
Texte schreiben und bearbeiten

Der Sinn und Zweck von Word 2019 ist es in erster Linie, Texte zu schreiben und zu bearbeiten. Wie das Programm Ihnen dabei unter die Arme greift, zeigen wir Ihnen in diesem Kapitel.

Text eingeben und korrigieren
Gerade wenn es schnell gehen muss, schleichen sich beim Tippen schon mal Fehler ein. Word verhilft Ihnen zu einem korrekten Text, indem es eine Rechtschreib- und Grammatikprüfung anbietet oder z. B. einfache Buchstabendreher selbstständig korrigiert.

Änderungen auf die Schnelle
Wenn Änderungen für mehrere Wörter oder ganze Passagen gelten sollen, markieren Sie diese, bevor Sie einen Befehl ausführen. Auf diese Weise lassen sich Textteile auch kopieren oder ausschneiden und komplett verschieben.

Suchen und ersetzen
Kommt Ihnen nachträglich in den Sinn, dass Sie z. B. lieber »Selters« anstelle von »Sekt« schreiben möchten, können Sie mit der Tastenkombination Strg+F das eine Wort suchen und automatisch durch das andere ersetzen. Das funktioniert sogar mit Formaten wie Fett- oder Kursivschrift.

1 Die Rechtschreib- und Grammatikprüfung von Word verhilft Ihnen zu korrekten Texten.

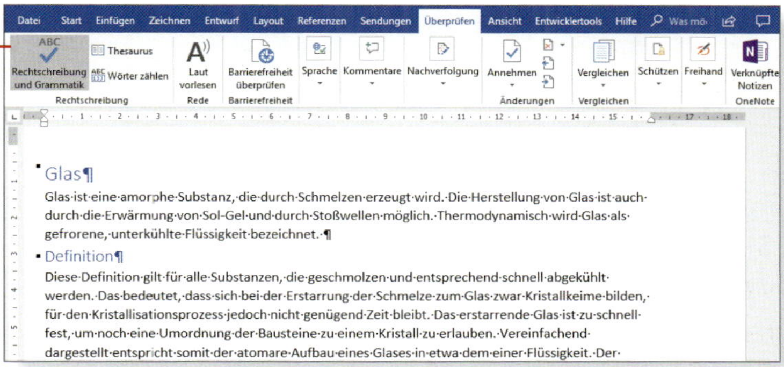

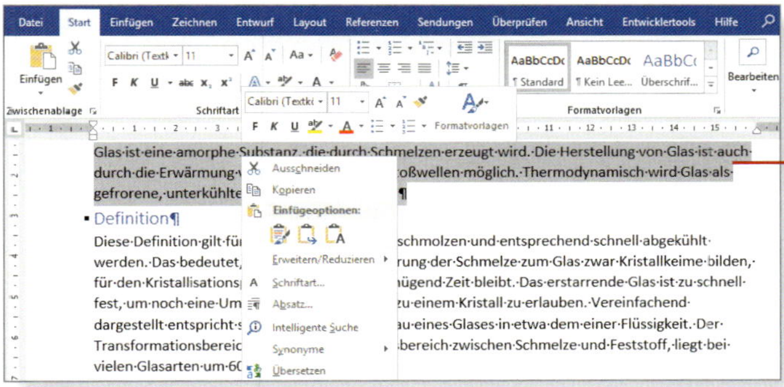

2 Um Änderungen an mehreren Wörtern und Textpassagen gleichzeitig vorzunehmen, können Textteile markiert und dann bearbeitet werden.

3 Sie können in Ihrem Textdokument ein Wort suchen und automatisch durch ein anderes ersetzen.

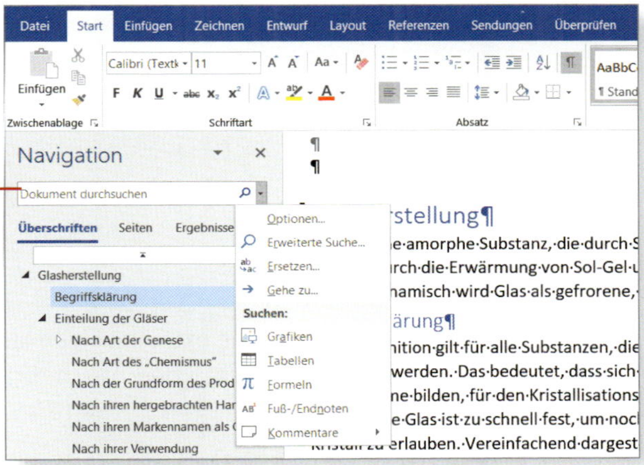

Text eingeben

1

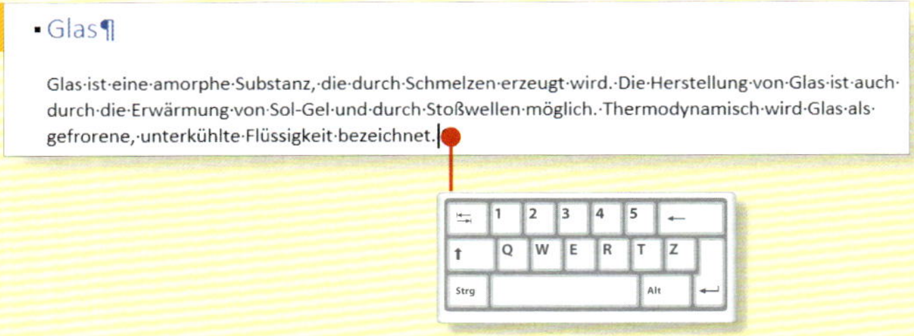

2

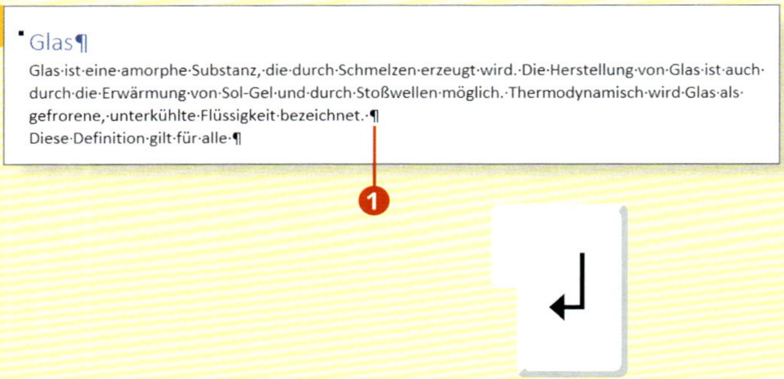

3

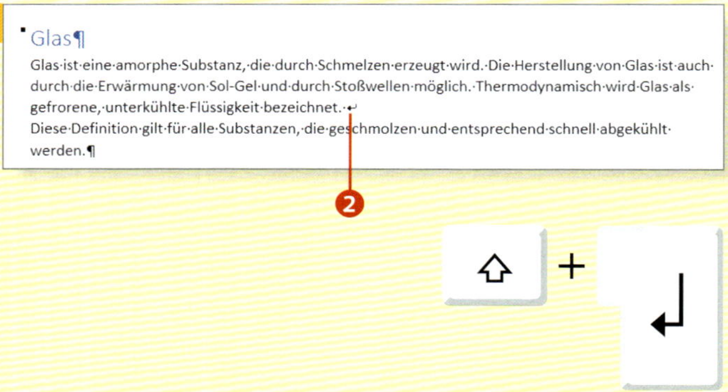

Registerkarten einblenden

Einige Registerkarten können Sie extra anzeigen lassen, wenn Sie sie benötigen. Siehe dazu den Abschnitt »Registerkarten ein- und ausblenden« auf Seite 35.

Kommen wir nun zu den Grundlagen der Textverarbeitung. Erst einmal geht es ans Schreiben selbst, dann zeigen wir Ihnen, wie sich Korrekturen und nachträgliche Änderungen der Textstruktur vereinfachen lassen.

Schritt 1

Fangen Sie einfach an zu schreiben, ohne am Zeilenende einen Zeilenumbruch mit der [↵]-Taste zu erzeugen. Word bricht die Zeile am rechten Rand automatisch um. Was Sie hier eintippen, erscheint wie üblich an der Position des Cursors.

Schritt 2

Nur wenn Sie einen Absatz ❶ benötigen, drücken Sie einmal [↵]. Wenn Sie nun weiterschreiben, beginnt ein neuer Absatz.

Schritt 3

Wenn Sie keinen neuen Absatz erzeugen, aber dennoch in einer neuen Zeile weiterschreiben möchten, hilft ein sogenannter *weicher Zeilenumbruch* ❷. Drücken Sie dazu [⇧]+[↵].

Schritt 4

Word kümmert sich auch um den *Seitenumbruch*. Wenn der untere Rand einer Seite erreicht ist, wandert der Cursor auf die nächste Seite. In der Statuszeile steht jetzt **Seite 2 von 2** ❸.

Schritt 5

Sie können einen Seitenumbruch auch »erzwingen«: Drücken Sie dazu Strg + ↵. Dieser Seitenumbruch wird als gestrichelte Linie dargestellt.

Schritt 6

Sie können verhindern, dass der Zeilenumbruch z. B. zwischen einer Zahl und einer Maßeinheit oder innerhalb einer Datumsangabe erfolgt ❹. Dazu fügen Sie ein geschütztes Leerzeichen ein: Strg + ⇧ + Leertaste. Das geschützte Leerzeichen wird als hochgestellter Kreis angezeigt ❺.

Seitenumbruch in Absätzen

Wie Word mit Seitenumbrüchen umgeht, legen Sie im Dialog **Absatz** auf der Registerkarte **Zeilen- und Seitenumbruch** fest. Um den Dialog zu öffnen, klicken Sie auf **Start** und in der Gruppe **Absatz** auf den Pfeil unten rechts.

4

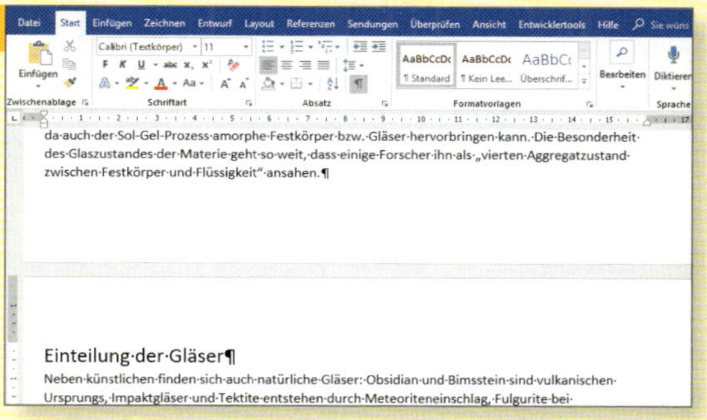

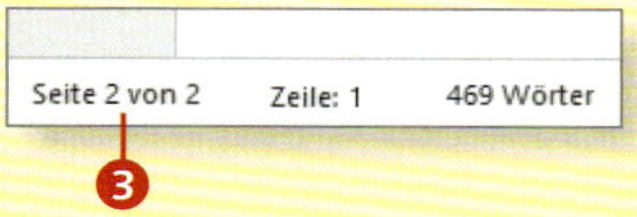

5

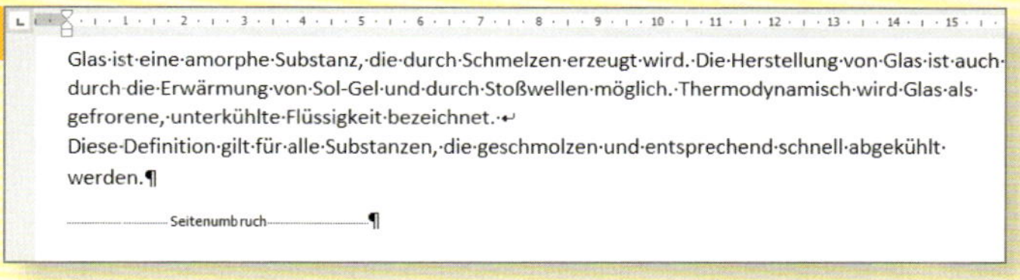

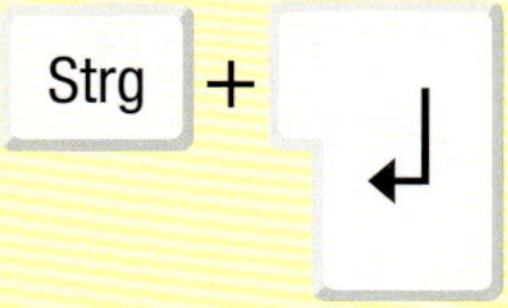

6

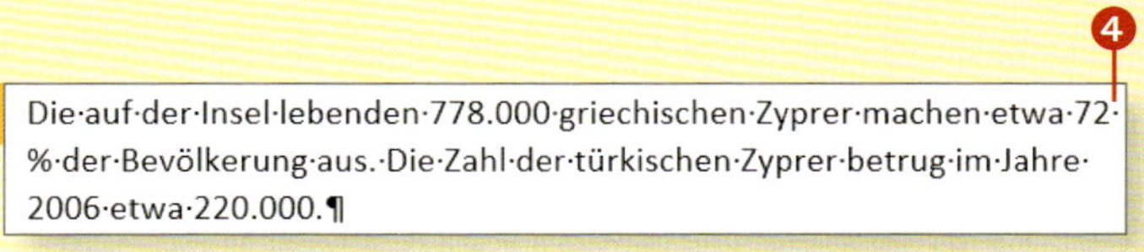

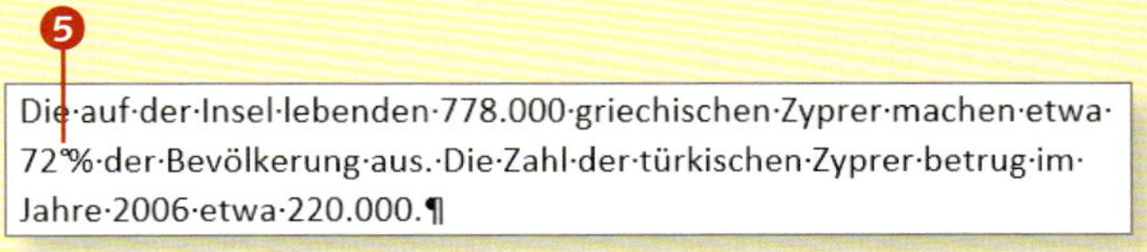

Fehlerfreie Texte – die (Auto-)Korrektur in Word

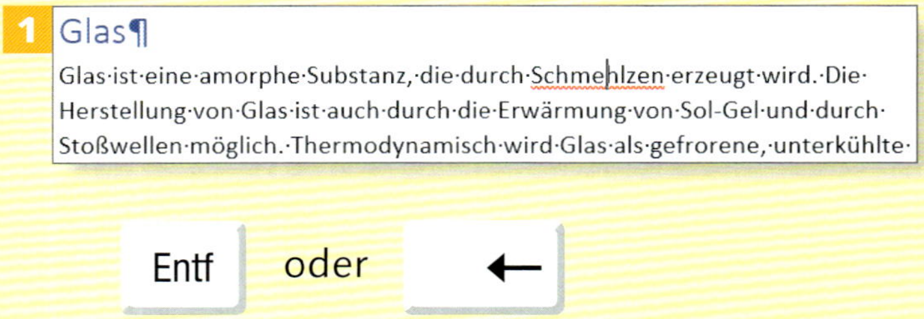

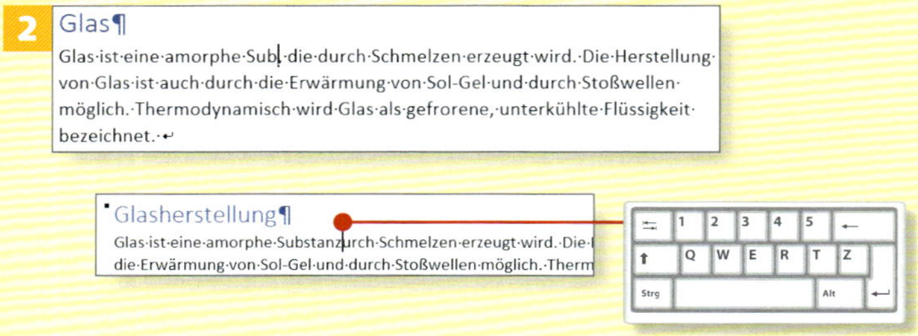

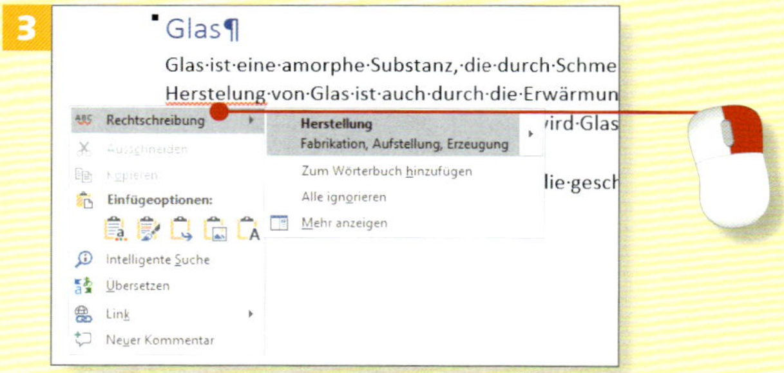

Trotz aller ausgefeilten Funktionen, die Word bietet – die einfache Tatsache, dass man das Geschriebene unbegrenzt korrigieren kann, gehört zu den bestechenden Vorteilen dieses Textverarbeitungsprogramms.

Schritt 1

Sie können Fehler einfach manuell korrigieren. `Entf` löscht Zeichen rechts, `←` Zeichen links vom Cursor. Halten Sie eine dieser Tasten gedrückt, werden gleich mehrere Zeichen gelöscht.

Schritt 2

Haben Sie ein oder mehrere Zeichen vergessen, tippen Sie sie einfach an Ort und Stelle ein. Die Zeichen werden am Cursor eingefügt, der alte Text rutscht weiter nach rechts – es sei denn, Sie schreiben im *Überschreibmodus* (siehe den Kasten unten auf dieser Seite).

Schritt 3

Falsch geschriebene Wörter werden mit einer roten Wellenlinie unterstrichen. Klicken Sie das unterstrichene Wort mit rechts an: Häufig bietet das Kontextmenü einen Korrekturvorschlag, den Sie per Mausklick übernehmen können.

Überschreibmodus

Im Überschreibmodus wird der Text beim Tippen nicht nach rechts weggeschoben, sondern die vorhandenen Zeichen werden überschrieben. Sie aktivieren diesen Modus über **Datei ▸ Optionen ▸ Erweitert**. Setzen Sie ein Häkchen vor **Überschreibmodus verwenden**.

Schritt 4

Eigennamen stehen nicht von Haus aus im Word-Wörterbuch. Sie können sie aber darin aufnehmen, damit sie zukünftig nicht mehr bemängelt werden. Klicken Sie das Wort mit rechts an, und wählen Sie **Zum Wörterbuch hinzufügen**.

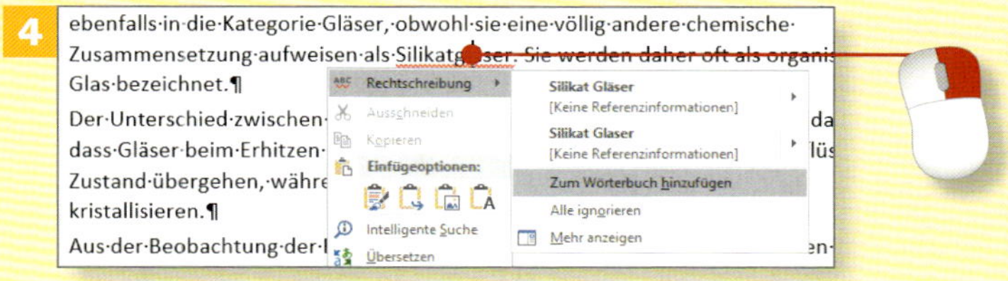

Schritt 5

Sie können ein Dokument auch »durchkorrigieren«. Klicken Sie auf der Registerkarte **Überprüfen** auf **Rechtschreibung und Grammatik**.

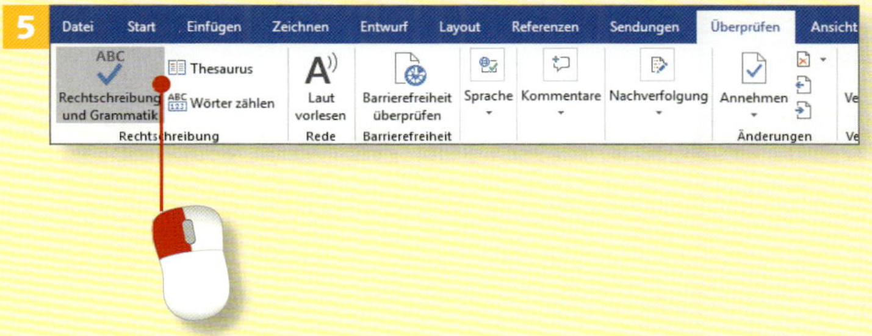

Schritt 6

Daraufhin wird rechts der Aufgabenbereich **Editor** eingeblendet. Klicken Sie im Bereich **Korrekturen** auf **Rechtschreibung**. Nun wird das erste bemängelte Wort präsentiert ❶. Im unteren Bereich erhalten Sie Korrekturvorschläge, die Sie mit einem Klick übernehmen können.

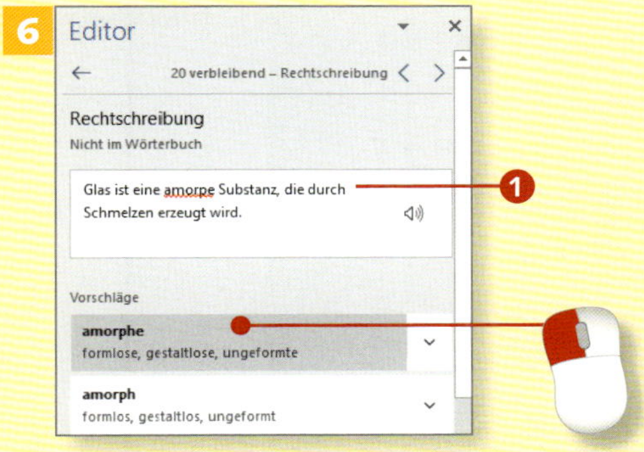

Wörterbuch nutzen

Gerade bei Eigennamen ist der Wörterbuch-Fundus von Word sehr eingeschränkt, sodass fremd klingende Namen meist rot unterkringelt werden. Damit das nicht in jedem Dokument aufs Neue passiert, lohnt es sich, oft verwendete Eigennamen mit **Hinzufügen zum Wörterbuch** aufzunehmen (siehe Schritt 4).

Fehlerfreie Texte – die (Auto-)Korrektur (Forts.)

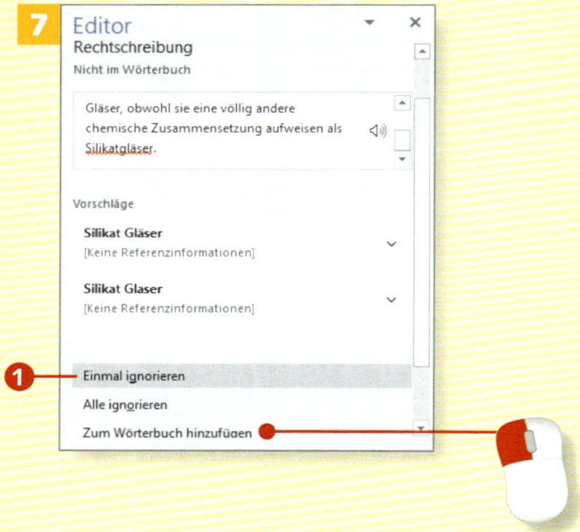

Schritt 7

Es kommt aber auch vor, dass ein Wort bemängelt wird, das Sie nicht korrigieren möchten, z. B. ein Eigenname oder ein ungewöhnlicher Begriff, der nicht im Wörterbuch steht. Klicken Sie dann einfach auf **Einmal ignorieren** ❶. Oder nehmen Sie den Begriff mit **Zum Wörterbuch hinzufügen** in das Wörterbuch auf.

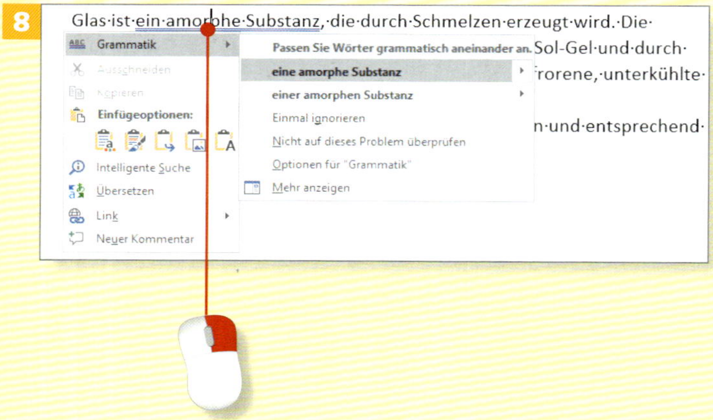

Schritt 8

Mitunter zeigt Word auch blaue Unterstreichungen an. Sie weisen darauf hin, dass etwas mit der Grammatik nicht stimmt. Klicken Sie mit der rechten Maustaste darauf, um den Korrekturvorschlag zu sehen und ihn gegebenenfalls zu übernehmen.

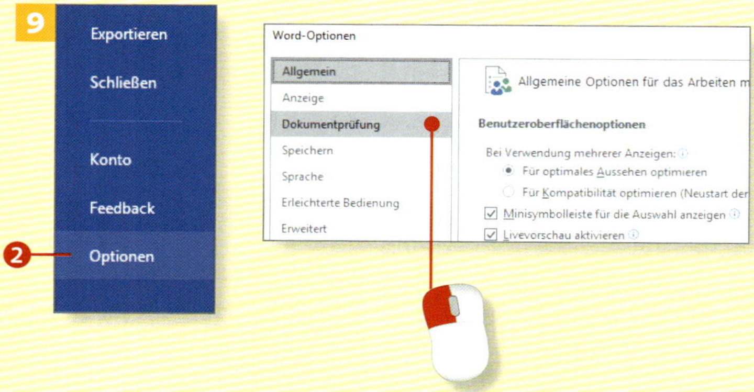

Schritt 9

Vertippen Sie sich häufig bei bestimmten Wörtern, können Sie die Korrektur auch an Word delegieren. Das Zauberwort heißt *AutoKorrektur*. Öffnen Sie über **Datei ▸ Optionen** ❷ die Word-Optionen, und wählen Sie hier **Dokumentprüfung**.

Schritt 10

Klicken Sie in diesem Fenster auf die Schaltfläche **AutoKorrektur-Optionen**. Sie finden sie gleich oben rechts.

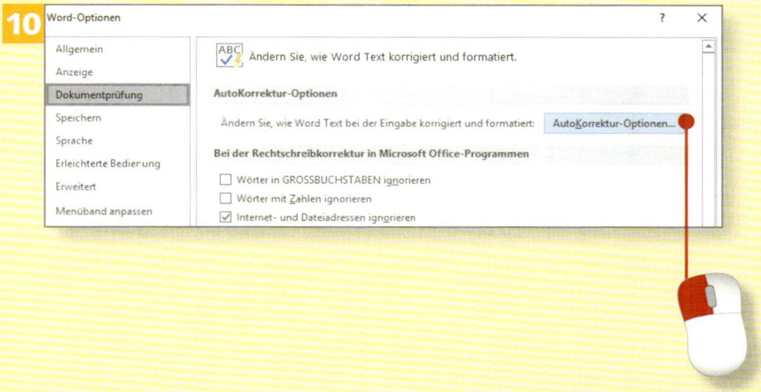

Schritt 11

Im Dialog **AutoKorrektur** auf der gleichnamigen Registerkarte schreiben Sie das Wort, das Word automatisch korrigieren soll, in das Feld **Ersetzen** ❸. Schreiben Sie es fehlerhaft, also so, wie Sie es versehentlich häufig tippen, z. B. mit einem bestimmten Buchstabendreher. In das Feld **Durch** schreiben Sie das Wort in der korrekten Form.

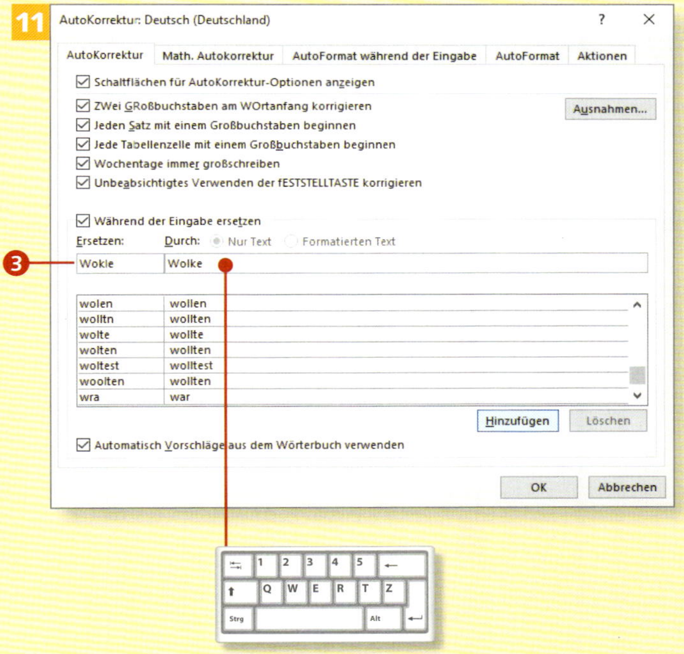

Schritt 12

Klicken Sie dann auf **Ersetzen**. Anschließend verlassen Sie den Dialog mit **OK**. Wenn Ihnen der Fehler zukünftig beim Schreiben passiert, können Sie ihn einfach ignorieren und weiterschreiben; Word wird das Wort ohne Ihr Zutun korrigieren, sobald Sie die Leertaste drücken.

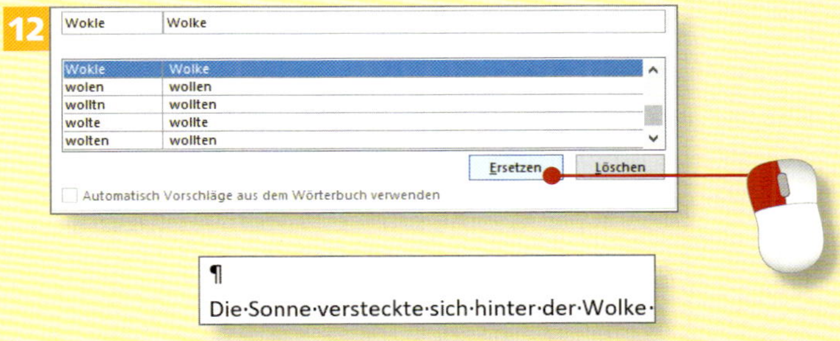

Kein Grammatik-Experte

Vertrauen Sie Word nicht blind! Bei komplexen, verschachtelten Sätzen erkennt Word oft nicht, ob die Grammatik korrekt ist.

Silbentrennung

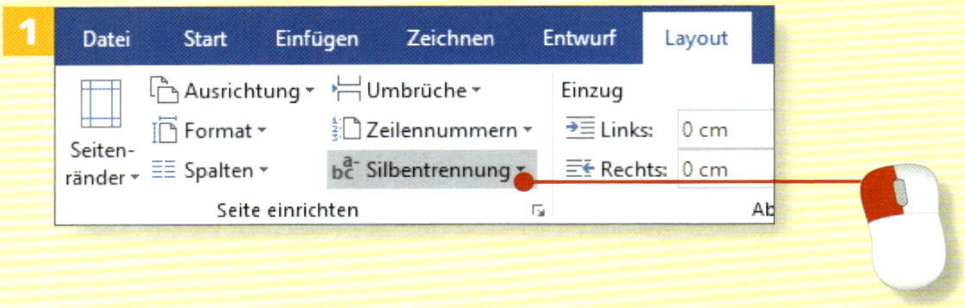

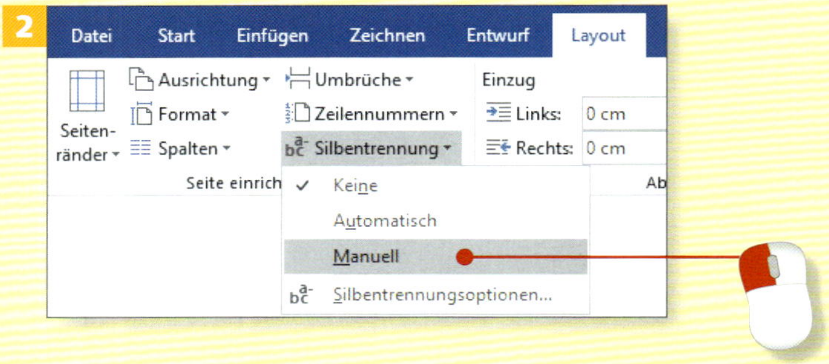

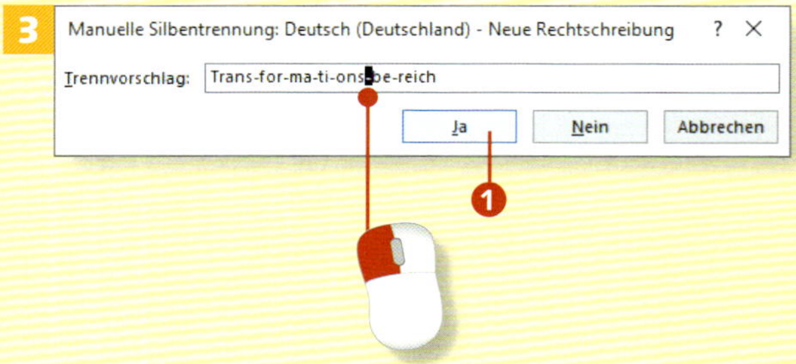

Es gibt eine praktische Funktion für die Silbentrennung: Mithilfe von bedingten Trennstrichen werden Vorschläge zum Trennen gemacht, die nur zum Tragen kommen, wenn das Wort wirklich getrennt werden muss.

Schritt 1

Setzen Sie den Cursor an den Anfang des Dokuments bzw. dorthin, wo die Silbentrennung beginnen soll. Wechseln Sie zur Registerkarte **Layout** und klicken Sie auf **Silbentrennung**.

Schritt 2

Wie Sie sehen, gibt es zwei Optionen: **Automatisch** und **Manuell**. Nur mit **Manuell** können Sie selbst entscheiden, welche Wörter getrennt werden sollen. Klicken Sie also darauf. Word macht in einem kleinen Dialog sofort den ersten Trennvorschlag.

Schritt 3

Wenn Sie mit dem Vorschlag einverstanden sind, klicken Sie auf **Ja** ❶. Daraufhin wird sofort der nächste Trennvorschlag angezeigt. Wenn Ihnen nicht gefällt, wo Word trennen will, können Sie den Trennstrich versetzen, oder Sie ignorieren den Vorschlag und klicken auf **Nein**.

Manuell vs. automatisch

Mit der automatischen Silbentrennung setzt Word überall dort Trennstriche, wo eine Möglichkeit zum Trennen entdeckt wird. In der Regel trennt Word zwar grammatisch korrekt, aber nicht immer »schön«, z. B. Eigennamen oder sehr kurze Wörter.

Schritt 4

Auf diese Weise prüfen Sie das gesamte Dokument durch. Zum Schluss sehen Sie einen kleinen Dialog, der Ihnen mitteilt, dass die Silbentrennung abgeschlossen ist.

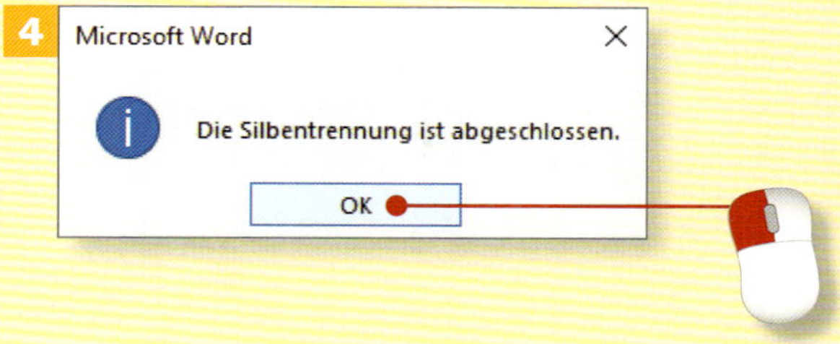

Schritt 5

In Ihrem Dokument sehen Sie nun Trennstriche am rechten Rand ❷. Es handelt sich aber um *bedingte Trennstriche*, d.h., Word wird das Wort nur trennen, wenn es am rechten Rand der Seite steht.

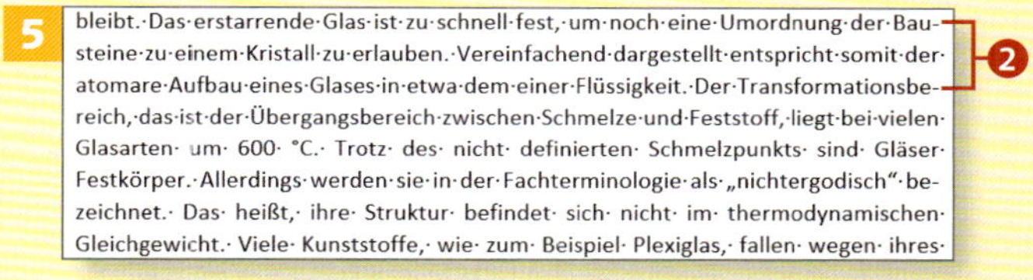

Schritt 6

Wenn das Wort durch Text- oder Layoutänderungen in die Mitte der Zeile rutscht, wird nicht getrennt. Der bedingte Trennstrich bleibt als ein *nicht-druckbares Zeichen* erhalten ❸. Um es zu sehen, müssen Sie entweder alle Formatierungszeichen einblenden (siehe Seite 18) oder über **Datei ▸ Optionen ▸ Anzeige** zumindest die Option **Bedingte Trennstriche** aktivieren.

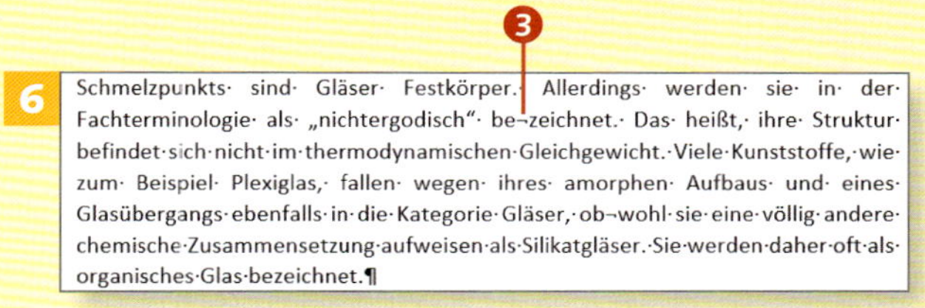

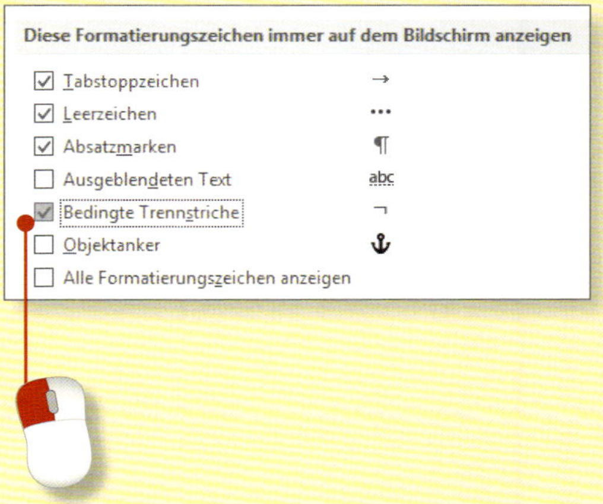

Bedingter Trennstrich
Sie können einen bedingten Trennstrich auch selbst einfügen, indem Sie Strg + - drücken.

Text markieren

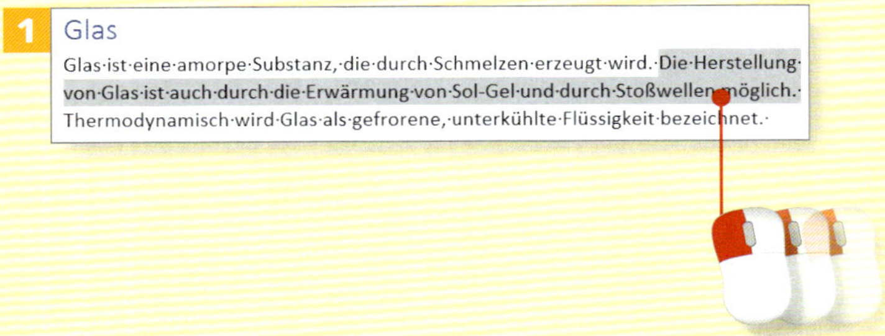

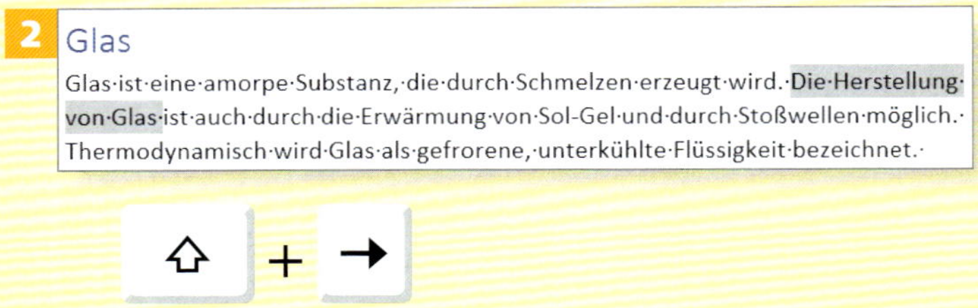

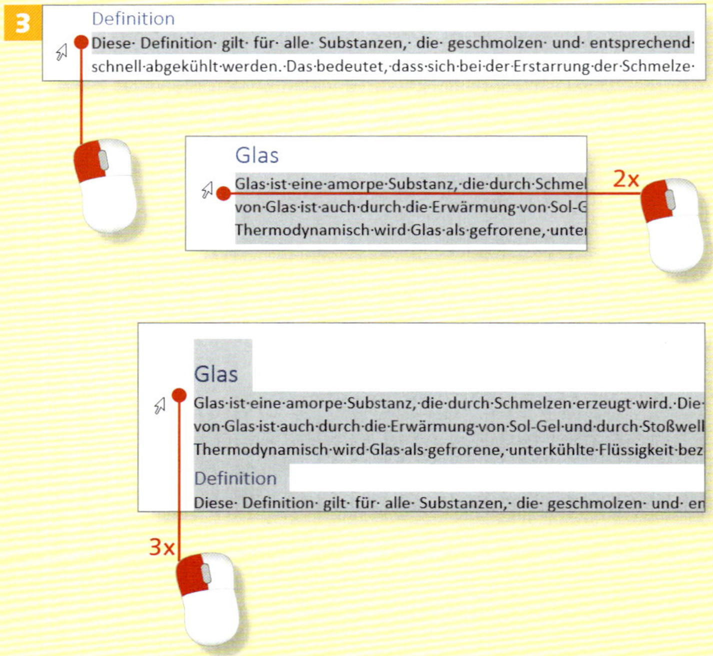

Das Markieren von Textpassagen ist das A und O bei der Arbeit mit Word. Vergessen Sie es nicht – ansonsten bleiben die meisten Ihrer Aktionen wirkungslos.

Schritt 1

Um Text zu markieren, ziehen Sie einfach den Cursor mit gedrückter Maustaste über den zu markierenden Text. Achten Sie darauf, dass Sie vorher den Cursor an den Anfang des ersten Wortes (oder an dessen Ende, aber nicht mittig) setzen.

Schritt 2

Es muss nicht immer die Maus sein! Auch mit der Tastatur können Sie markieren. Markieren Sie Text z. B., indem Sie den Cursor vor das Wort setzen, die [⇧]-Taste gedrückt halten und dann mit [→] oder [↓] über den Text »fahren«.

Schritt 3

Neben diesen beiden Methoden gibt es eine Reihe von »Tricks«, mit denen bestimmte Textteile (Zeilen, Absätze etc.) markiert werden können. Ein Klick links neben den Text markiert die jeweilige Zeile, ein Doppelklick den Absatz, ein Dreifachklick das gesamte Dokument.

Schritt 4

Um einzelne Wörter, also nicht zusammenhängenden Text, zu markieren, können Sie die Mehrfachmarkierung nutzen. Markieren Sie ein Wort, halten Sie Strg gedrückt, und markieren Sie das nächste Wort etc.

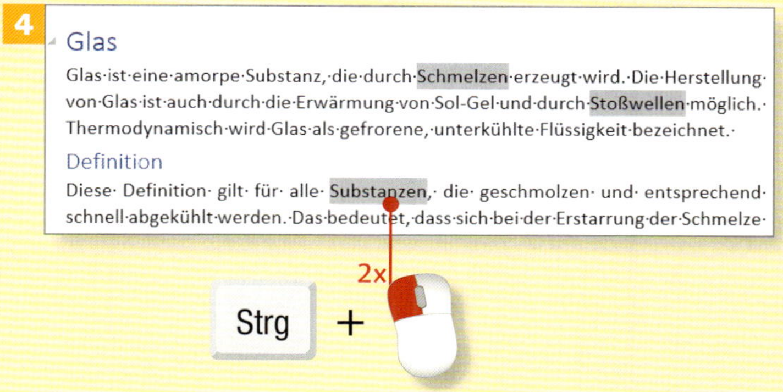

Schritt 5

Word bietet auch eine Reihe von Befehlen zum Markieren an. Klicken Sie auf der Registerkarte **Start** auf **Markieren**. Im Menü gibt es u.a. den Befehl **Alles markieren**, mit dem Sie ebenfalls das gesamte Dokument markieren können.

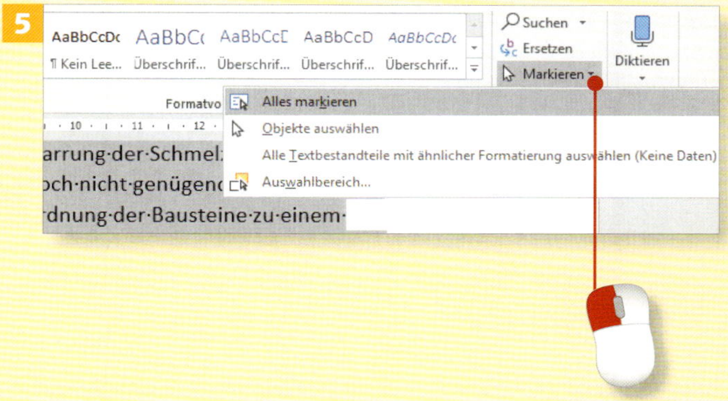

Schritt 6

Wenn Sie z. B. alle kursiv formatierten Wörter markieren möchten, setzen Sie den Cursor in das erste formatierte Wort. Auf der Registerkarte **Start** wählen Sie anschließend **Markieren ▸ Alle Textbestandteile mit ähnlicher Formatierung auswählen**.

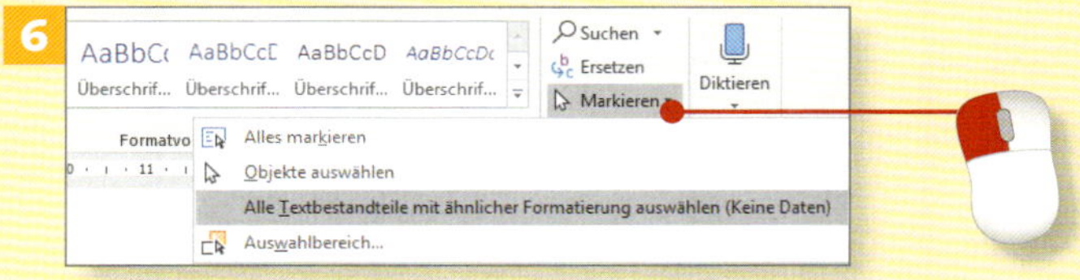

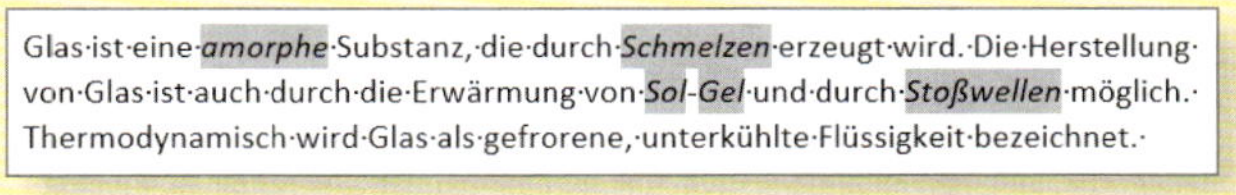

Tastatur oder Maus?
Es gibt unzählige Methoden zum Markieren. PC-Anfängern empfehlen wir, die Tastatur zu verwenden, weil der Text so nicht versehentlich verschoben werden kann.

Text markieren (Forts.)

7

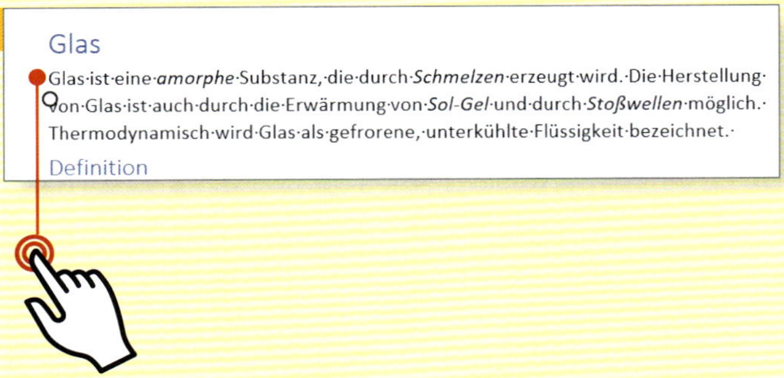

Schritt 7

Bei einem Touchscreen können Sie den Text auch mit dem Finger markieren (unabhängig davon, ob Sie im **Mausmodus** oder mit der **Fingereingabe** arbeiten). Tippen Sie an den Anfang der Textpassage, die Sie markieren möchten. Daraufhin erscheint ein kleiner Kringel, der *Auswahlziehpunkt*.

8

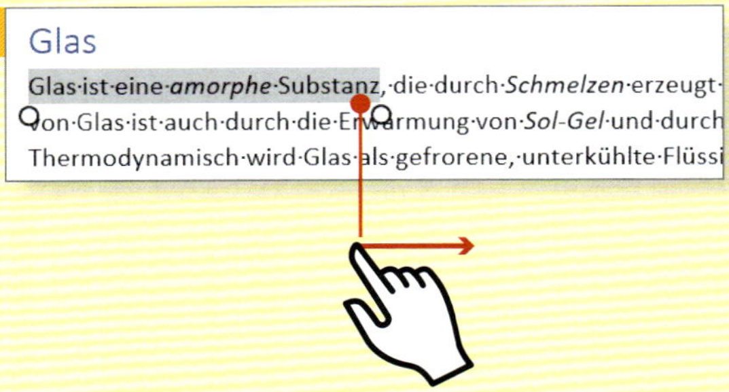

Schritt 8

»Greifen« Sie diesen Kringel – tippen Sie ihn also an –, und streifen Sie mit dem Finger über den Text. Wenn Sie den Finger vom Bildschirm nehmen, erscheint ein weiterer Kringel am Ende der Markierung.

9

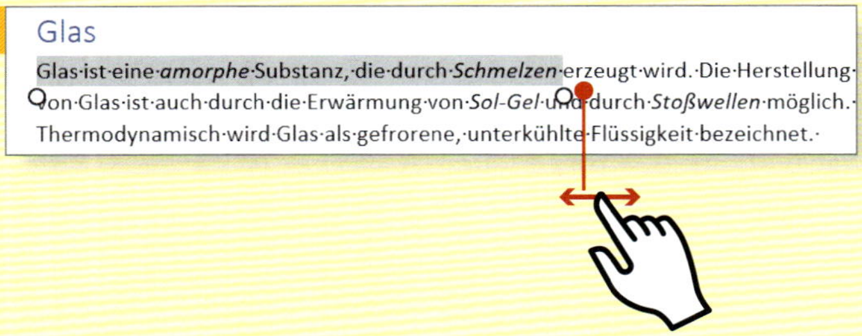

Schritt 9

Nachträglich korrigieren Sie die Markierung, indem Sie einen der Kringel mit dem Finger greifen und in die gewünschte Richtung etwas nach rechts oder links verschieben.

Komfortabel lesen

Besonders beim Lesemodus (siehe dazu den Abschnitt »Praktisch: der Lesemodus« auf Seite 38) zeigen sich die Stärken der Fingereingabe: Hier können Sie ganz komfortabel durch den Text »gleiten«, denn Lesefluss und Wischtechnik werden hier optimal kombiniert.

Schritt 10

Wenn Sie mit dem Finger »doppeltippen«, markieren Sie ein ganzes Wort. So können Sie übrigens auch eine neue Markierung beginnen, weil nach dem »Doppeltipp« zwei Kringel angezeigt werden. Damit können Sie dann die Markierung erweitern.

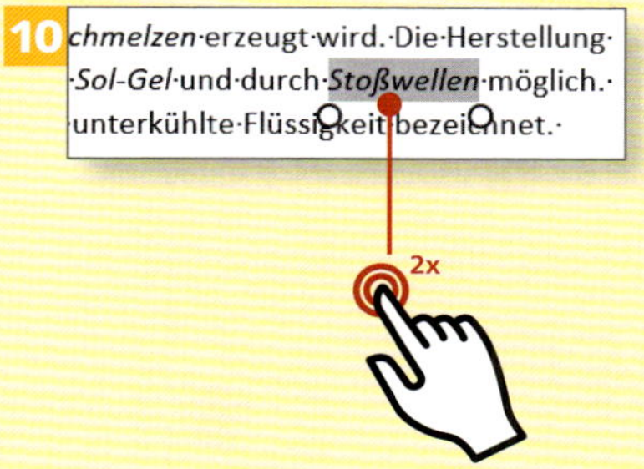

Schritt 11

Wenn Sie mit dem Finger etwas länger auf der Markierung verharren, erscheint an der Stelle, an der Sie mit Ihrem Finger verweilen, ein transparentes Rechteck.

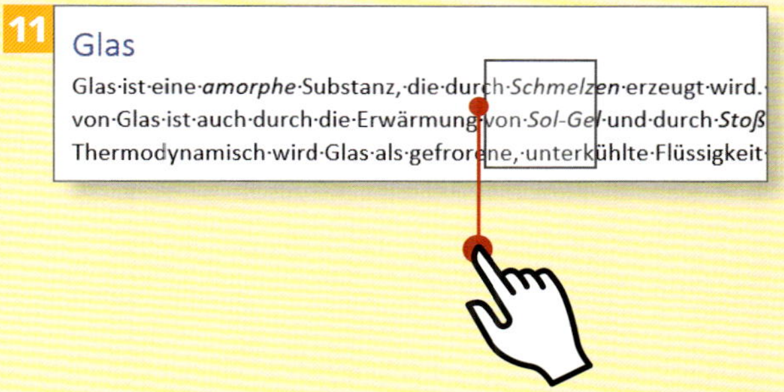

Schritt 12

Lösen Sie jetzt den Finger vom Bildschirm, wird die sogenannte *Minisymbolleiste* mit gängigen Formatierungsbefehlen eingeblendet. Die Leiste trägt ihren Namen nun eigentlich zu Unrecht – hier ist sie gar nicht mehr so »mini«.

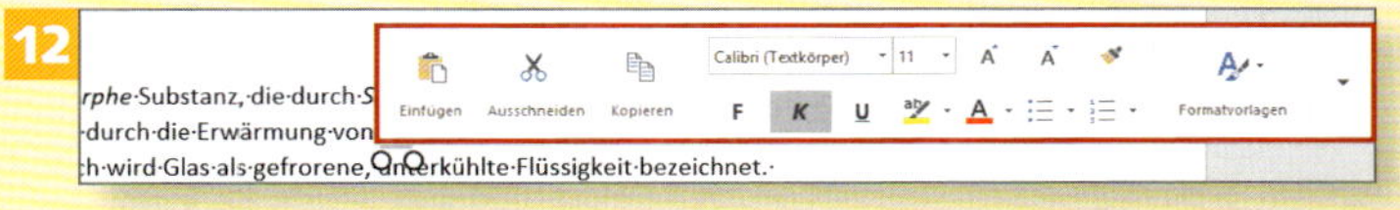

Markieren mit dem Finger

Generell ist das Markieren mit dem Finger recht gewöhnungsbedürftig. Oft trifft man nicht genau die gewünschte Stelle. Üben Sie ein bisschen, oder bleiben Sie bei den bewährten Methoden.

Text kopieren und verschieben

Selten sitzt ein Text auf Anhieb. Gut, dass sich Textpassagen ganz einfach verschieben lassen. Und wollen Sie einen brillanten Satz gleich zweimal verwenden, ist das kein Problem.

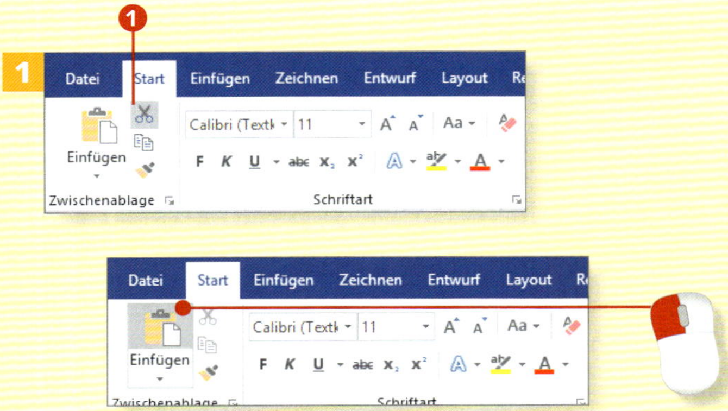

Schritt 1

Markieren Sie die Textpassage, die an einer anderen Stelle im Dokument besser aufgehoben wäre. Klicken Sie auf der Registerkarte **Start** auf **Ausschneiden** ❶. Setzen Sie den Cursor an den »Zielort«, und klicken Sie auf **Einfügen**. Die Befehle **Ausschneiden** und **Einfügen** finden Sie auch im Kontextmenü.

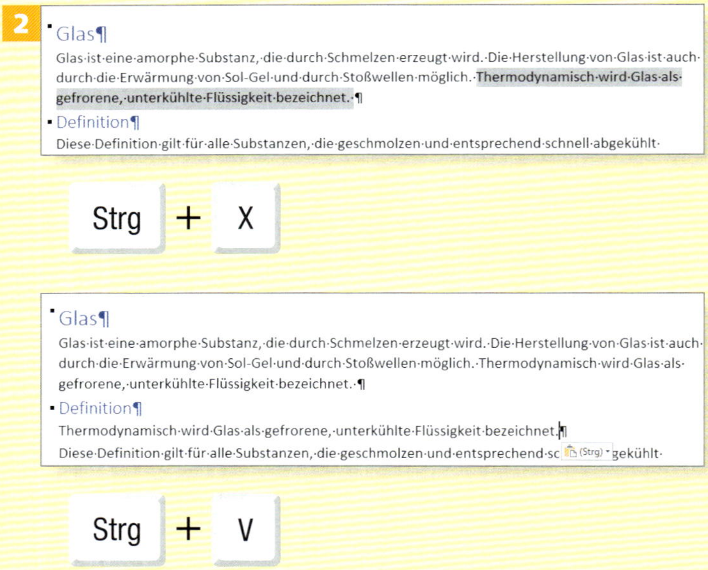

Schritt 2

Sie können hier auch mit der Tastatur arbeiten. Sie markieren den zu verschiebenden Text, drücken Strg + X, wandern zu der Stelle, an der der Text eingefügt werden soll, und drücken Strg + V.

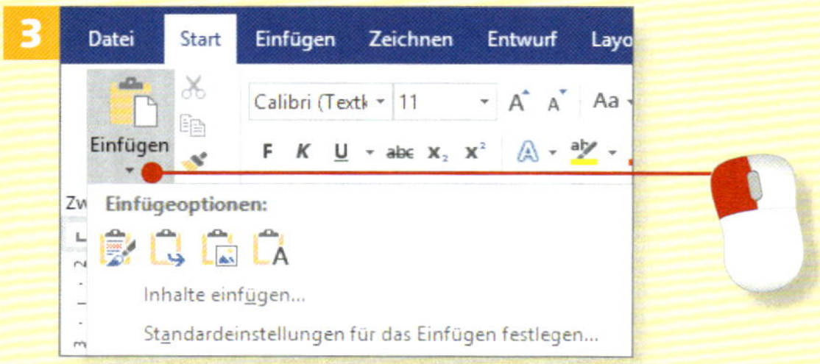

Schritt 3

Wollen Sie bestimmen, mit welcher Formatierung der Text wieder eingefügt wird, klicken Sie auf den Pfeil bei **Einfügen**. Sie können zwischen verschiedenen Optionen wählen (lesen Sie dazu auch den Kasten »Einfügeoptionen« auf Seite 79).

Schritt 4

Besonders schnell können Sie Text per *Drag & Drop* (»Ziehen und Fallenlassen«) verschieben. Markieren Sie den Text, führen Sie den Mauszeiger an die Markierung, und ziehen Sie den Text mit gedrückter Maustaste an den neuen Ort. Ein kleiner Strich gibt an, wo der Text eingefügt wird.

Schritt 5

Soll eine markierte Textpassage nicht ausgeschnitten, sondern kopiert und eingefügt werden, klicken Sie auf der Registerkarte **Start** auf **Kopieren**. Die nächsten Schritte sind identisch mit denen zum Ausschneiden.

Schritt 6

Auch zum Kopieren können Sie mit Drag & Drop arbeiten. Markieren Sie den Text, und ziehen Sie ihn mit gedrückter rechter Maustaste. Beim Loslassen erscheint ein Menü, das die Option **Hierhin kopieren** anbietet.

4

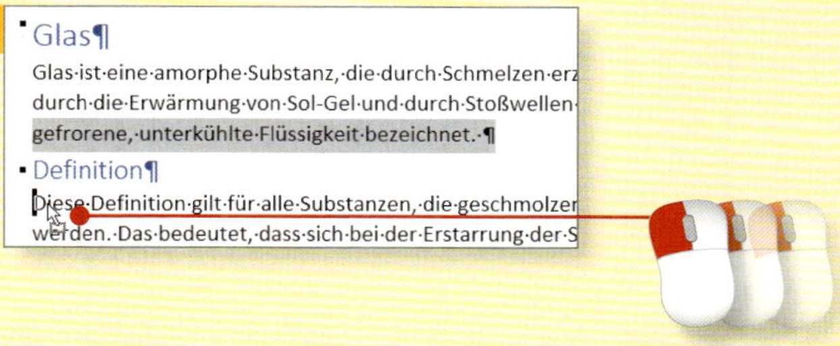

5

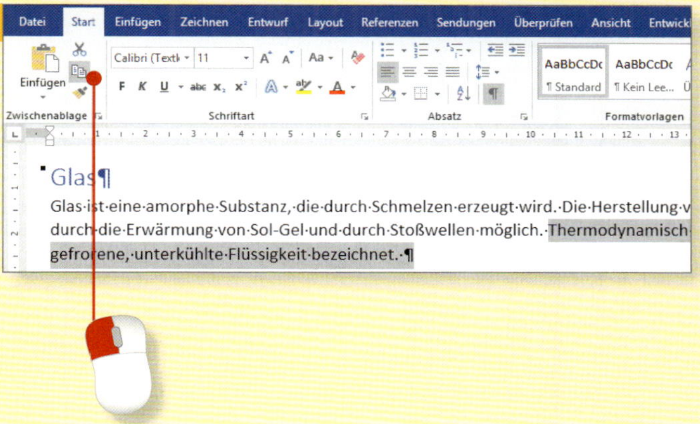

6

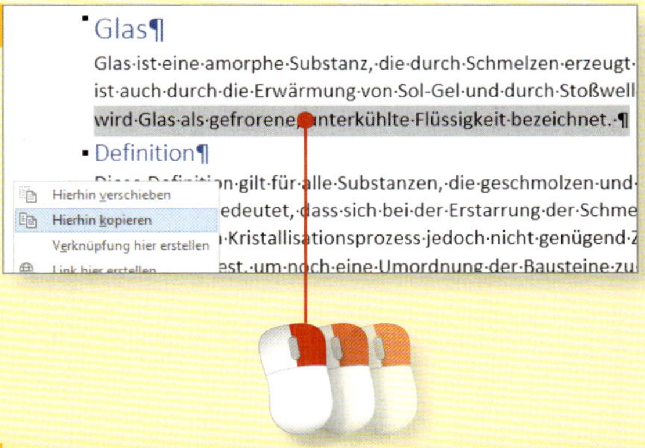

Einfügeoptionen

Die Option **Ursprüngliche Formatierung beibehalten** fügt den Text so ein, wie er formatiert war; **Nur den Text übernehmen** verwirft die ursprüngliche Formatierung; **Formatierung zusammenführen** ist eine Mischung aus vorheriger und aktueller Formatierung.

Text suchen

Um in einem langen Dokument einen bestimmten Begriff oder eine Passage zu finden, muss man nicht den gesamten Text lesen – schneller geht es mit der Suchfunktion.

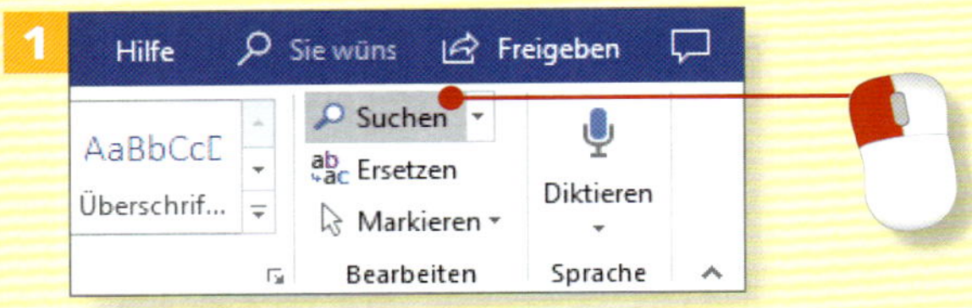

Schritt 1

Zum Auffinden eines bestimmten Textes bzw. Wortes gibt es mehrere Möglichkeiten. Klicken Sie rechts auf der Registerkarte **Start** in der Gruppe **Bearbeiten** auf **Suchen**. Daraufhin öffnet sich links am Bildschirm ein Navigationsbereich.

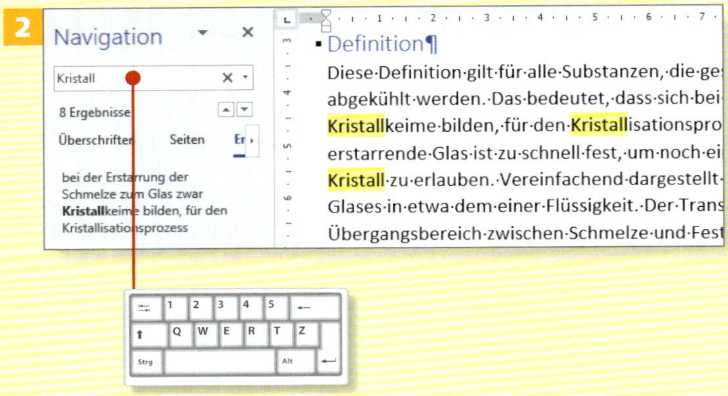

Schritt 2

In das Suchfeld geben Sie den Begriff ein, den Sie finden möchten. Der Cursor »hüpft« daraufhin zu der Stelle, an der dieser Begriff erstmalig im Dokument auftaucht. Er wird gelb unterlegt angezeigt.

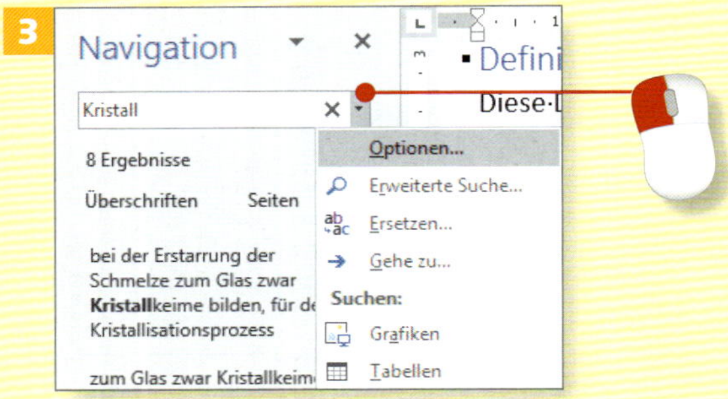

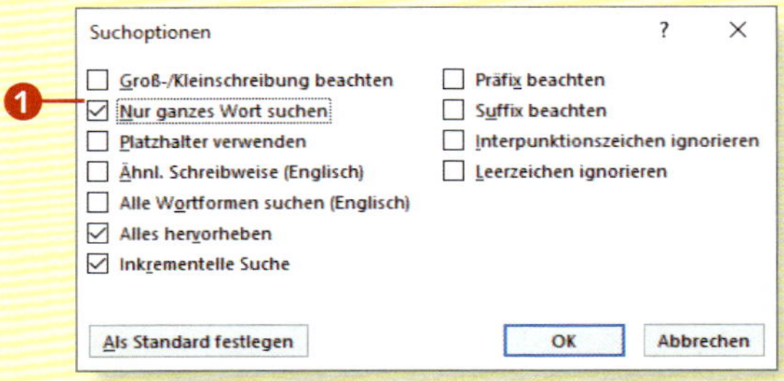

Schritt 3

Klicken Sie auf den Pfeil am Eingabefeld, um Ihre Suche zu verfeinern. Wenn Sie verhindern möchten, dass der Cursor bereits nach der Eingabe weniger Zeichen zu einem Wort hüpft, klicken Sie auf **Optionen** und im Dialog auf **Nur ganzes Wort suchen** 1.

Schritt 4

Mithilfe von *Textmarken* können Sie gezielt zu einem Wort bzw. einer Position springen. Setzen Sie den Cursor z. B. vor »Festkörper«, und klicken Sie auf der Registerkarte **Einfügen** auf **Textmarke** ❷. Geben Sie der Textmarke einen Namen, und klicken Sie auf **Hinzufügen**.

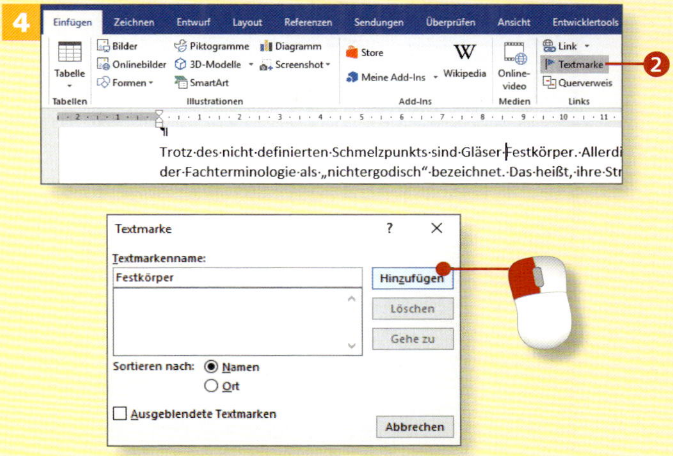

Schritt 5

Um gezielt zu dieser Stelle zu springen, klicken Sie im Navigationsbereich auf den Pfeil am Suchfeld und wählen im Menü **Gehe zu** ❸.
Im Dialog **Suchen und Ersetzen** markieren Sie **Textmarke**, wählen im rechten Bereich den Textmarkennamen (klicken Sie gegebenenfalls auf den Auswahlpfeil ❹ am Feld) und klicken auf **Gehe zu**.

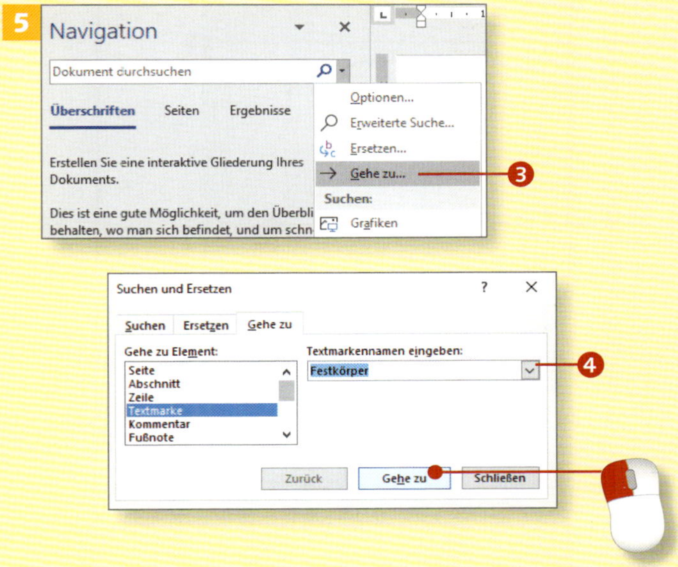

Schritt 6

Den Dialog **Suchen und Ersetzen** können Sie auch so aufrufen: Klicken Sie auf der Registerkarte **Start** auf den Pfeil an der Schaltfläche **Suchen**, und wählen Sie **Gehe zu**.

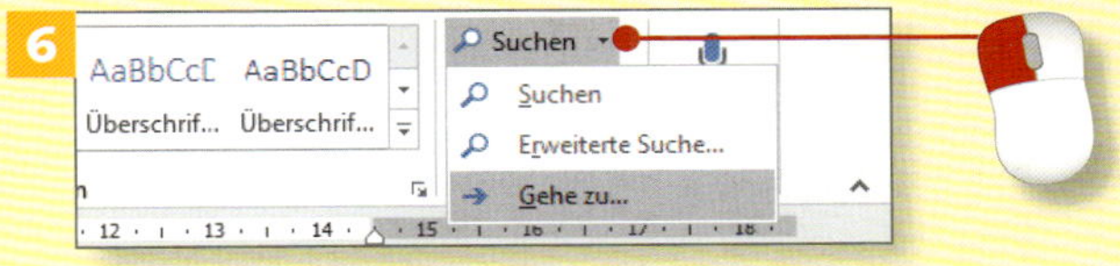

Die Taste F5 verwenden

Der Dialog **Suchen und Ersetzen** lässt sich auch mit F5 öffnen.

Text ersetzen

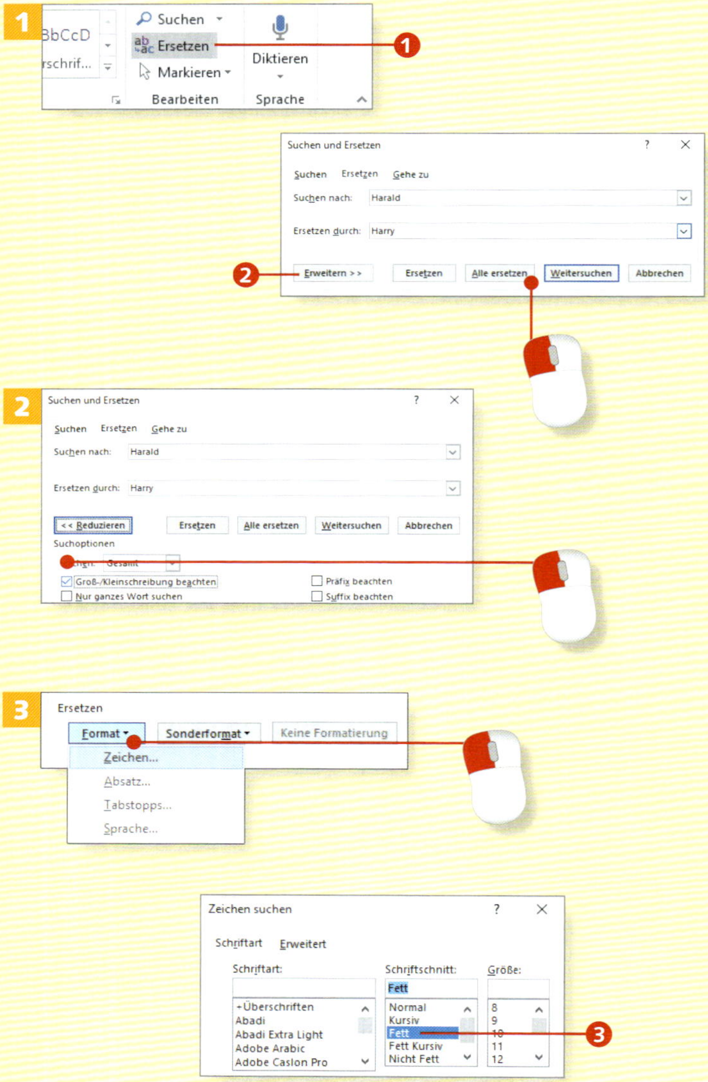

Sie haben in einem Text x-mal »Harald« geschrieben, entscheiden sich zu guter Letzt aber doch für »Harry«. Dies ist ein Fall für die Funktion »Ersetzen«.

Schritt 1

Klicken Sie auf der Registerkarte **Start** in der Gruppe **Bearbeiten** auf die Schaltfläche **Ersetzen** ❶. Im Feld **Suchen nach** geben Sie das zu ersetzende Wort ein. In das Feld **Ersetzen durch** schreiben Sie das neue Wort. Klicken Sie auf **Alle ersetzen**.

Schritt 2

Um die Funktion **Ersetzen** genauer einzustellen, klicken Sie im Dialog auf **Erweitern** ❷. Im Bereich **Suchoptionen** haken Sie die gewünschten Einstellungen an.

Schritt 3

Auch Formatierungen lassen sich schnell austauschen. Klicken Sie in das Feld **Suchen nach**, und öffnen Sie ganz unten über **Format ▸ Zeichen** den Dialog **Zeichen suchen**. Hier geben Sie die gesuchte Formatierung an (z. B. **Fett** ❸) und klicken auf **OK**.

Achten Sie auf leere Felder

Wenn Sie nur Formatierungen ersetzen möchten, müssen Sie darauf achten, dass in den Feldern **Suchen nach** und **Ersetzen durch** kein Text steht!

Schritt 4

Klicken Sie danach in das Feld **Ersetzen durch** ❹, und rufen Sie (ebenfalls über **Format ▸ Zeichen**) den Dialog **Zeichen ersetzen** auf. Dort geben Sie das neue Format an (z. B. **Kursiv**) und bestätigen mit **OK**. Dann klicken Sie im ersten Dialogfenster auf **Alle ersetzen**.

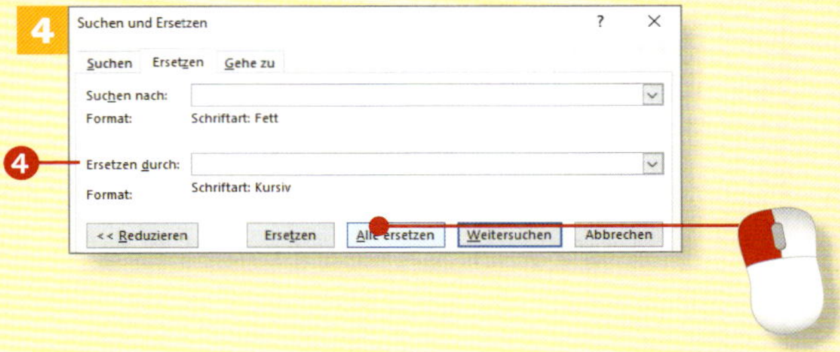

Schritt 5

Ganz ähnlich lassen sich Formatierungen zurücknehmen. Klicken Sie in das Feld **Suchen nach** ❺, und stellen Sie z. B. über **Format ▸ Zeichen** die zu löschende Formatierung ein (z. B. **Fett**). Setzen Sie den Cursor in das Feld **Ersetzen durch**, und wählen Sie über **Format ▸ Zeichen** die Option **Normal**. Um die Formatierung nun loszuwerden, klicken Sie auf **Alle ersetzen** ❻.

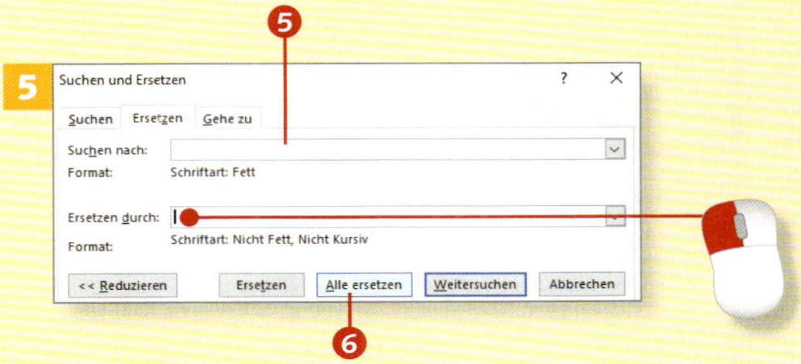

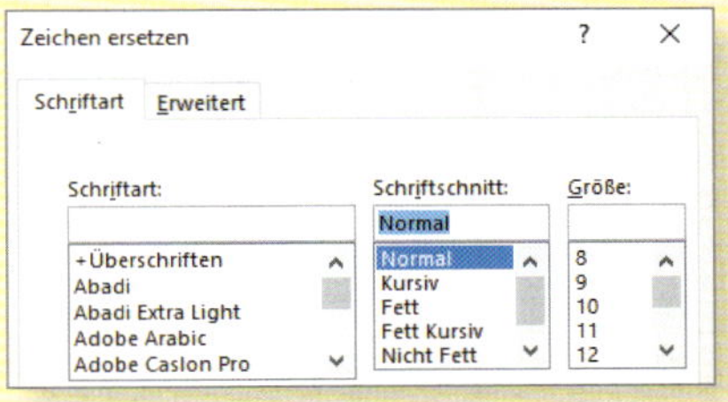

Schritt 6

Mit **Ersetzen** lassen sich auch Formatierungszeichen austauschen oder entfernen. Setzen Sie den Cursor in das Feld **Suchen nach**, und klicken Sie auf **Sonderformat**. Wählen Sie im Menü z. B. **Absatzmarke**. Das Feld **Ersetzen durch** lassen Sie leer. Dann klicken Sie auf **Alle ersetzen** ❼.

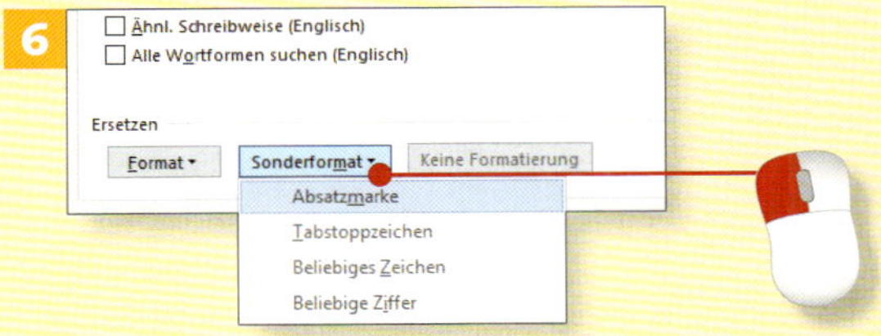

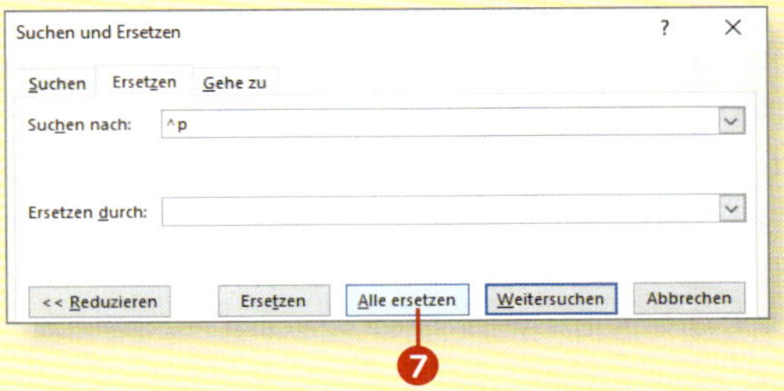

Mit Schnellbausteinen arbeiten

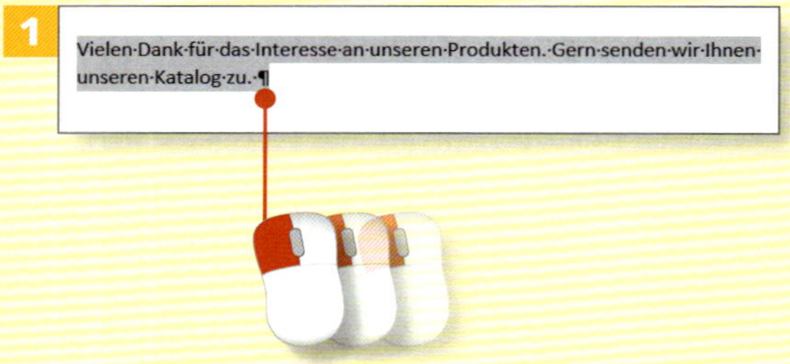

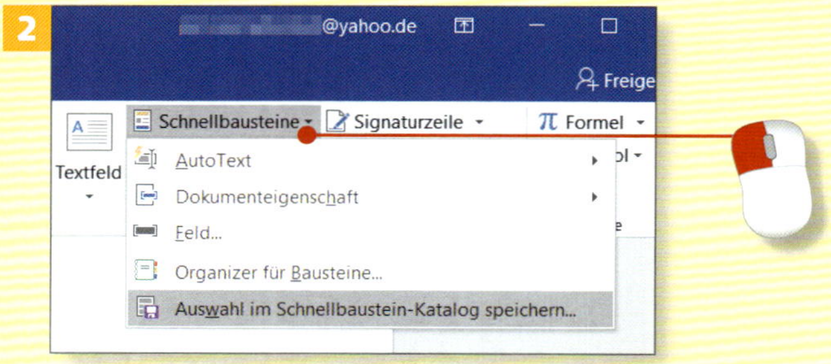

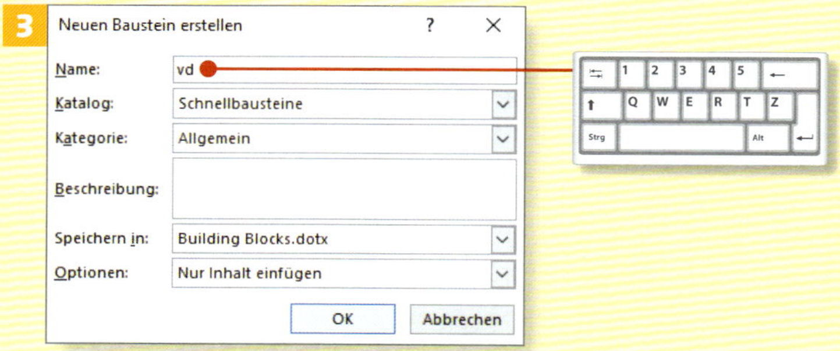

Schnellbausteine oder AutoTexte sind aus dem Computeralltag nicht mehr wegzudenken. Wenn Sie Textpassagen häufig verwenden, legen Sie sich dafür am besten einen Baustein an.

Schritt 1

Um für ein paar Textzeilen, die Sie häufig verwenden, einen Schnellbaustein zu erstellen, müssen Sie diesen Text zunächst einmal schreiben und ihn nach Wunsch auch gleich formatieren. Dann markieren Sie ihn.

Schritt 2

Wechseln Sie zur Registerkarte **Einfügen**, und klicken Sie hier auf den Pfeil an der Schaltfläche **Schnellbausteine durchsuchen**. Im Menü wählen Sie **Auswahl im Schnellbaustein-Katalog speichern**.

Schritt 3

Daraufhin wird der Dialog **Neuen Baustein erstellen** geöffnet. Hier geben Sie dem Baustein im Feld **Name** einen kurzen Namen. Merken Sie sich das Kürzel, um es später problemlos einfügen zu können. Im Feld **Katalog** belassen Sie es bei **Schnellbausteine**, und auch die anderen Felder ändern Sie nicht. Dann klicken Sie auf **OK**.

Länge der Bausteine

Bausteine können ein Wort umfassen – z. B. ein langes, das Sie ungern tippen – oder mehrere Zeilen und sogar Absätze. Im Prinzip kann ein Baustein beliebig lang sein.

Schritt 4

Probieren Sie nun den Baustein aus. Öffnen Sie ein Dokument, und setzen Sie den Cursor an die Stelle, an der der Text des Bausteins eingefügt werden soll. Dort tippen Sie den Namen des Bausteins (die Groß-/Kleinschreibung spielt dabei keine Rolle) und drücken gleich im Anschluss die Taste F3. Der Text erscheint.

4

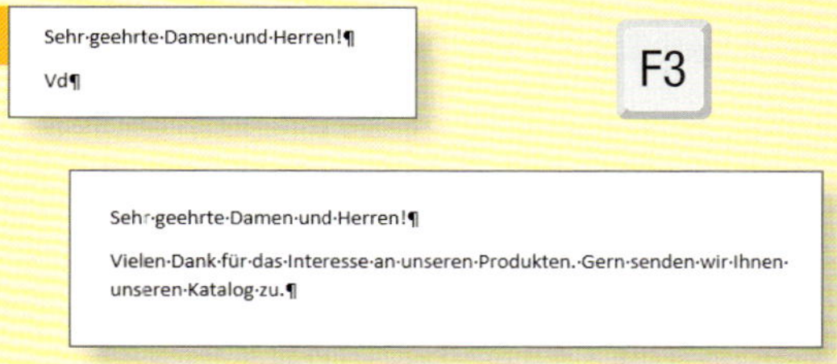

Schritt 5

Dies ist die schnellste Methode, setzt aber natürlich voraus, dass Sie sich an das richtige Kürzel erinnern. Im Zweifelsfall klicken Sie auf die Schaltfläche **Schnellbausteine durchsuchen**, wandern durch das Menü und markieren den Baustein, den Sie einfügen möchten.

5

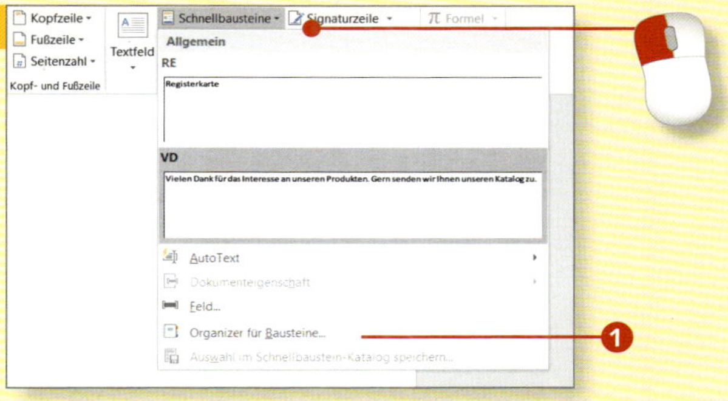

Schritt 6

Bausteine, die Sie nur zeitweise für ein bestimmtes Projekt gebraucht haben, können Sie wieder löschen. Klicken Sie im Menü der Schaltfläche **Schnellbausteine durchsuchen** auf den Eintrag **Organizer für Bausteine** ❶. Markieren Sie den entsprechenden Baustein in der Liste, und klicken Sie auf **Löschen**.

6

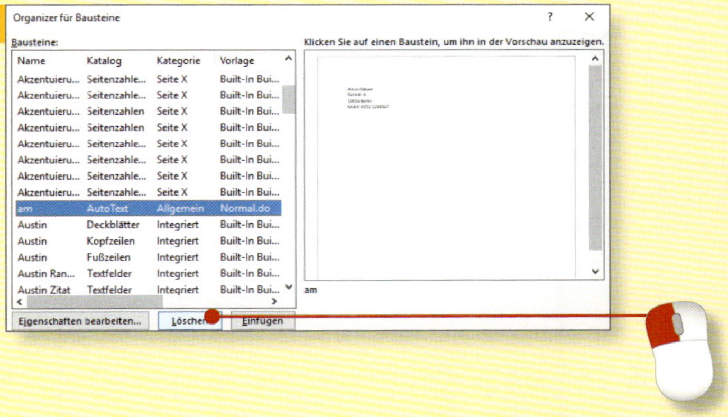

Wo liegen die Bausteine?

Building Block.dotx ist der Standardspeicherort für Schnellbausteine. Sie können im Dialog **Neuen Baustein erstellen** aber auch eine andere Dokumentvorlage wählen, mit der der Baustein gespeichert werden soll.

Die Seite einrichten

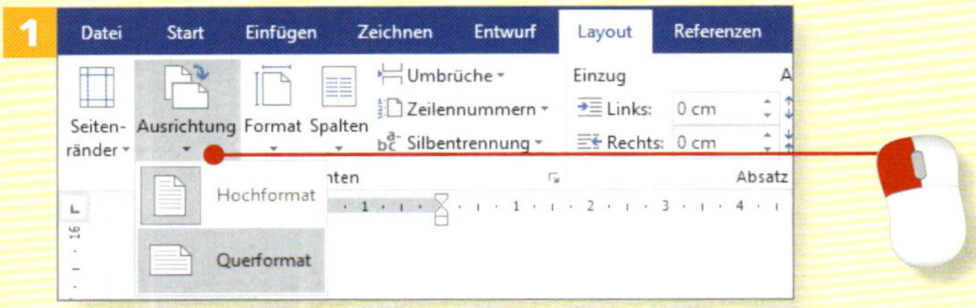

Word bietet Ihnen eine Standardseite, mit der Sie sofort arbeiten können. Sie können sich eine Seite aber auch ganz nach Ihrem Geschmack einrichten.

Schritt 1

Im Standard schreiben Sie auf einem Blatt mit der Einstellung **Hochformat**. Auf einer Seite mit einer vielspaltigen Tabelle ist aber z. B. das Querformat passender. Um die Ausrichtung zu ändern, aktivieren Sie die Registerkarte **Layout** und klicken auf die Schaltfläche **Ausrichtung**. Wählen Sie **Querformat**.

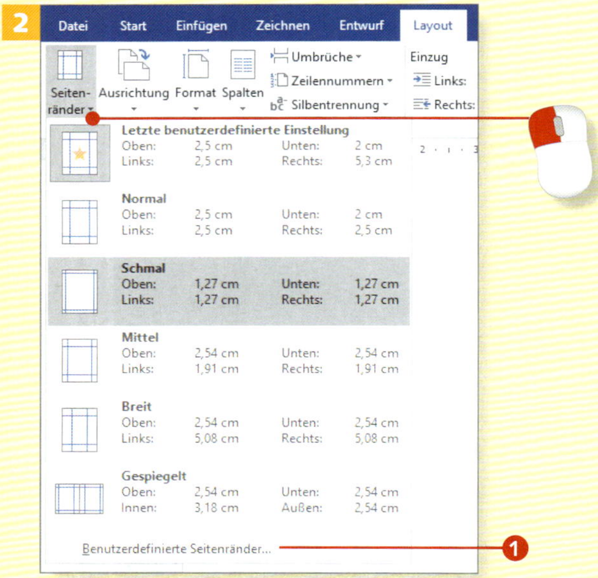

Schritt 2

Selbstverständlich können Sie die Standardseitenränder verändern. Aktivieren Sie die Registerkarte **Layout**, und klicken Sie auf **Seitenränder**. Im Menü suchen Sie sich ein passendes Layout aus und klicken es an.

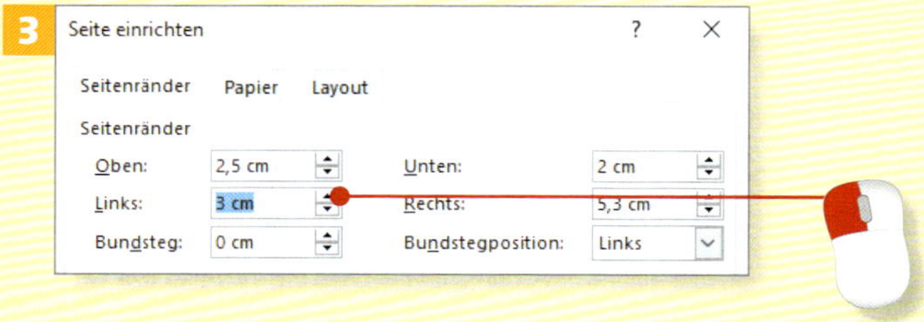

Schritt 3

Um die Breite der Seitenränder frei zu bestimmen, klicken Sie unten im Menü auf **Benutzerdefinierte Seitenränder** ❶ (oder auf den Pfeil an der Gruppe **Seite einrichten**). Beides öffnet den Dialog **Seite einrichten**, in dem Sie die passenden Maße manuell angeben können.

Schritt 4

In der Standardeinstellung schreiben Sie einspaltig. Wenn Sie Ihrem Blatt eine Art Zeitungslayout verpassen wollen, richten Sie mehrere Spalten ein. Klicken Sie auf der Registerkarte **Layout** auf **Spalten**, und wählen Sie die Anzahl der Spalten.

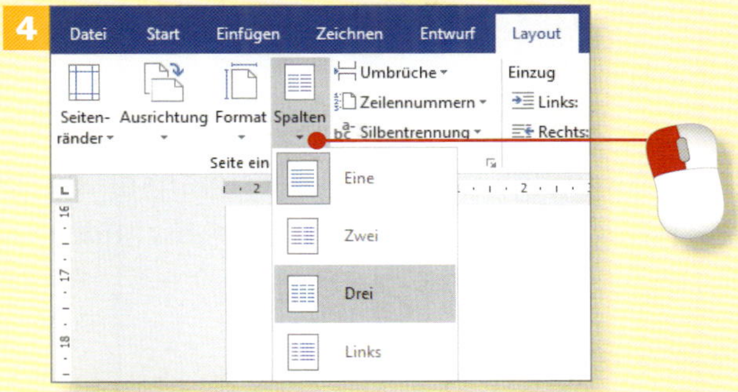

Schritt 5

Sie können die Spalten und Seitenränder auch im Lineal mit der Maus verändern. Blenden Sie die Lineale über **Ansicht ▸ Lineal** ein, sollten sie nicht bereits angezeigt werden.

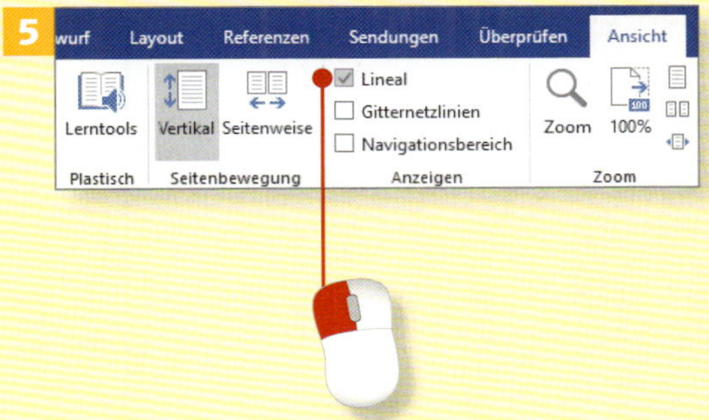

Schritt 6

Wenn Sie die Maus jetzt auf den farblich angedeuteten Seitenrändern im Lineal positionieren, wird der Mauszeiger zum Doppelpfeil, und Sie können die Ränder mit gedrückter Maustaste verschieben. Übrigens: Die »Sanduhren« ❷ zeigen die Absatzeinzüge an (mehr dazu erfahren Sie in Kapitel 5, »Text gestalten und formatieren«, ab Seite 88).

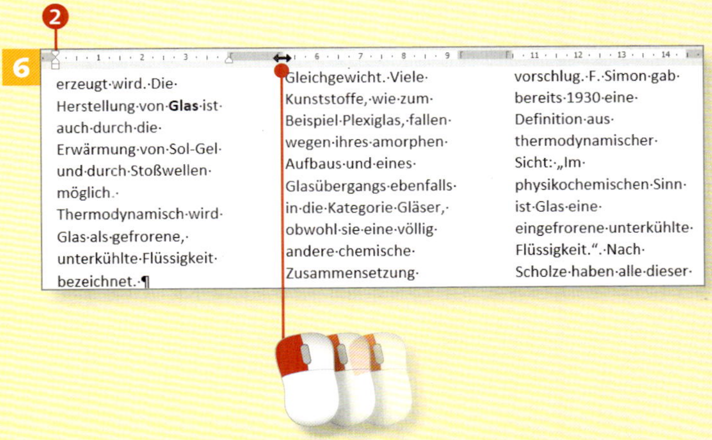

Kapitel 5
Text gestalten und formatieren

Wie Sie Formatierungen in Word realisieren, erfahren Sie in diesem Kapitel. So lässt sich die Seite schön gestalten, und wichtige Abschnitte können hervorgehoben werden.

Schriften und Texteffekte
Sie können die Schriftart, ihre Größe oder Farbe selbst verändern oder aber auf fertige Formatvorlagen zurückgreifen. Versehen Sie den Text z. B. mit einem Rahmen oder einer Hintergrundfarbe. Darüber hinaus gibt es (jedoch nur im Dateiformat *.docx*) erweiterte Effekte wie Schattierungen oder Spiegelungen.

Ordnung in den Text bringen
Normalerweise orientiert sich der Text am linken Blattrand. Sie können ihn aber auch rechtsbündig ausrichten, Blocksatz einstellen oder z. B. einzelne Textteile zentrieren. Um die Lesbarkeit zu erhöhen, lässt sich u. a. der Zeilenabstand anpassen.

Ergänzungen
Wenn Sie nicht als Einziger an einem Dokument arbeiten, ist der Änderungsmodus sehr nützlich. Damit können Sie Textkorrekturen kenntlich machen und Kommentare ergänzen. Ebenfalls nützlich ist die Registerkarte **Referenzen**, über die sich Fußnoten oder auch ein automatisches Inhaltsverzeichnis einfügen lassen.

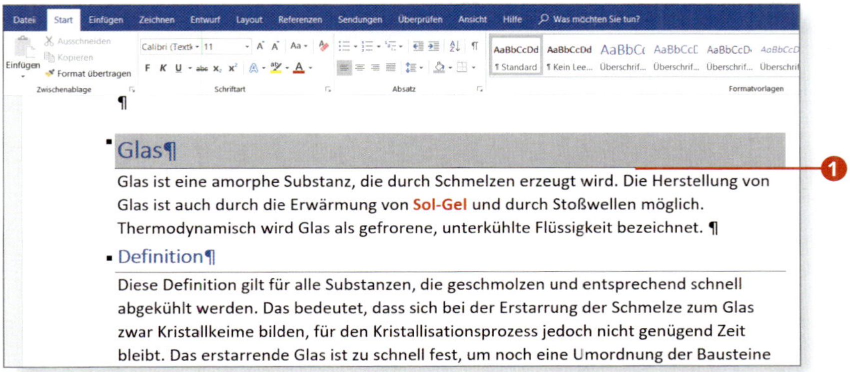

1 Texte lassen sich in Word 2019 vielfach gestalten. Sie können die Schriftart, die Schriftgröße, Farbe und vieles mehr ändern. Auch Texteffekte stehen Ihnen zur Verfügung.

2 Auch Textausrichtung und Zeilenabstand lassen sich schnell und einfach anpassen.

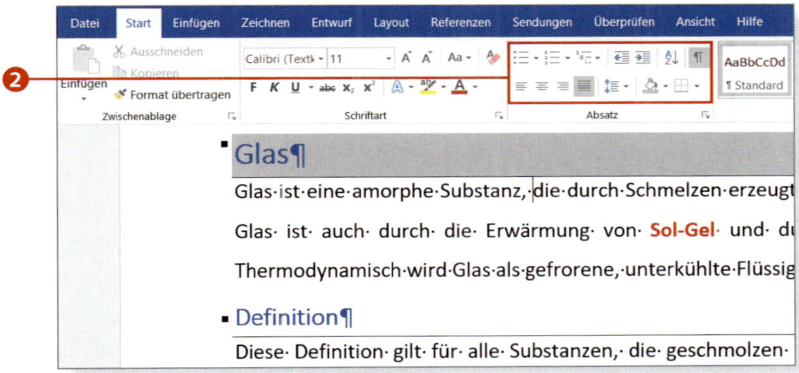

3 Der Änderungsmodus ist sehr hilfreich: Hiermit können Sie z. B. Textkorrekturen kenntlich machen und Kommentare ergänzen.

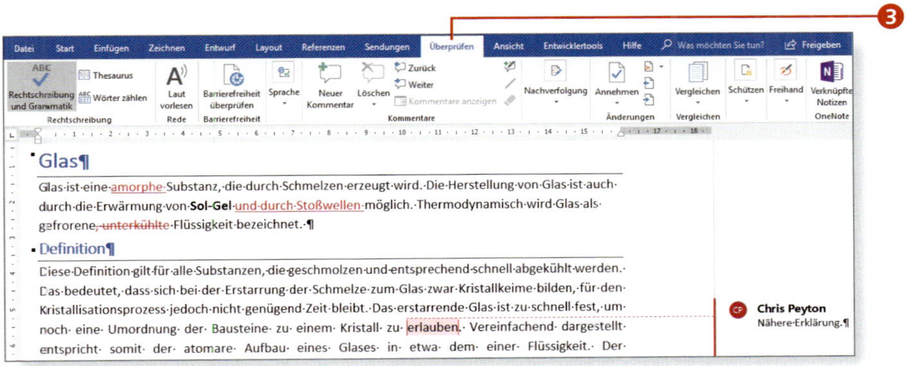

Die Schriftart festlegen

Word bietet Schriftarten in Hülle und Fülle. Für jeden Geschmack und jeden Zweck ist etwas dabei.

1

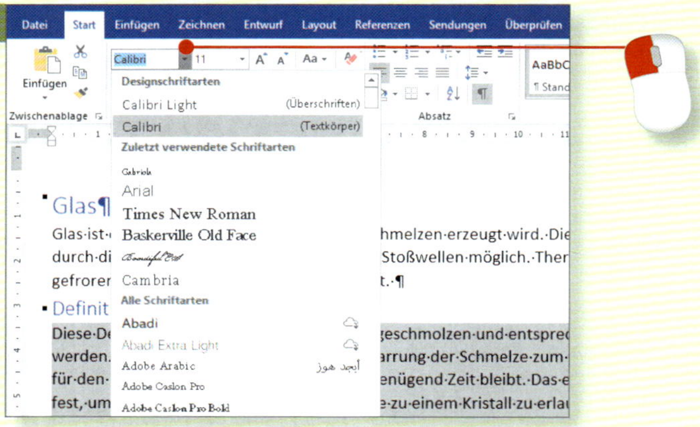

Schritt 1

Um die Schriftart zu verändern, markieren Sie den relevanten Textteil. Klicken Sie dann auf der Registerkarte **Start** auf den Pfeil neben **Schriftart**. Aus der Liste wählen Sie per Mausklick die gewünschte Schriftart aus.

2

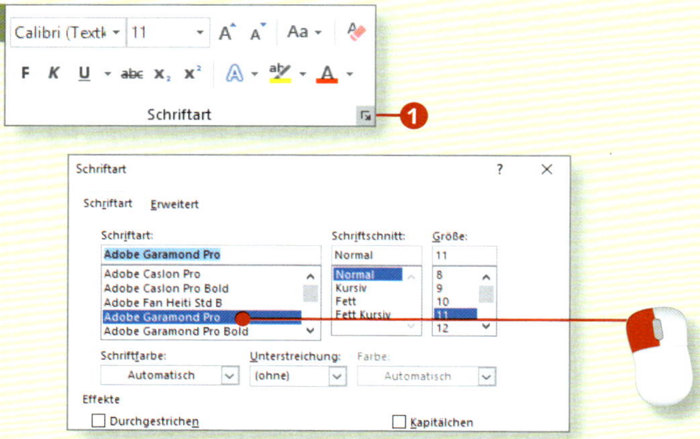

Schritt 2

Die Schriftart lässt sich auch im Dialog einstellen. Klicken Sie auf den Pfeil **1** an der Gruppe **Schriftart**. Im Dialog klicken Sie im gleichnamigen Feld auf die gewünschte Schriftart. Achten Sie dabei auf die Vorschau unten **2**.

3

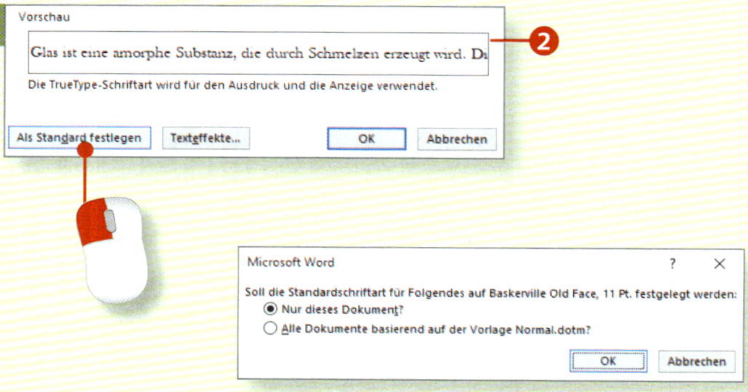

Schritt 3

Im Dialog **Schriftart** können Sie auch eine Schriftart zur Standardschriftart machen. Wählen Sie eine Schrift aus, und klicken Sie auf die Schaltfläche **Als Standard festlegen**. Im nächsten Dialog aktivieren Sie eine der beiden Optionen und klicken auf **OK**.

Schritt 4

Sie können auch mit der rechten Maustaste arbeiten. Markieren Sie den relevanten Text, und rufen Sie per Rechtsklick das Kontextmenü auf. Wählen Sie **Schriftart**, um den gleichnamigen Dialog aufzurufen.

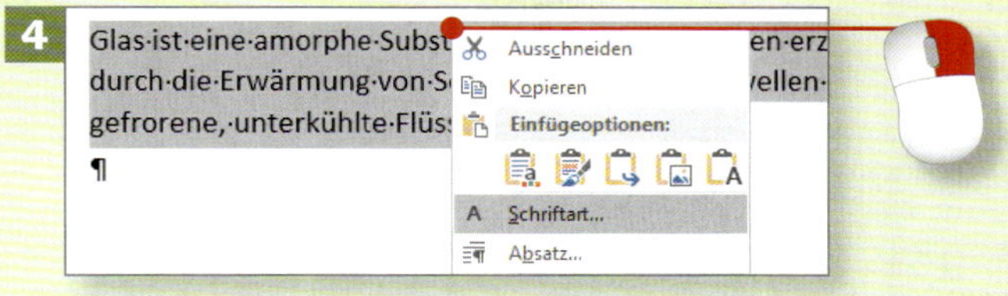

Schritt 5

Schriftzeichen anderer Sprachen, z. B. das spanische ñ, finden Sie auf der Registerkarte **Einfügen** über **Symbol ▸ Weitere Symbole**. Diese *Tilde* wird in der Auswahl **Adobe Caslon Pro** ❸ angeboten. Markieren Sie das Symbol ❹, und klicken Sie auf **Einfügen** ❺.

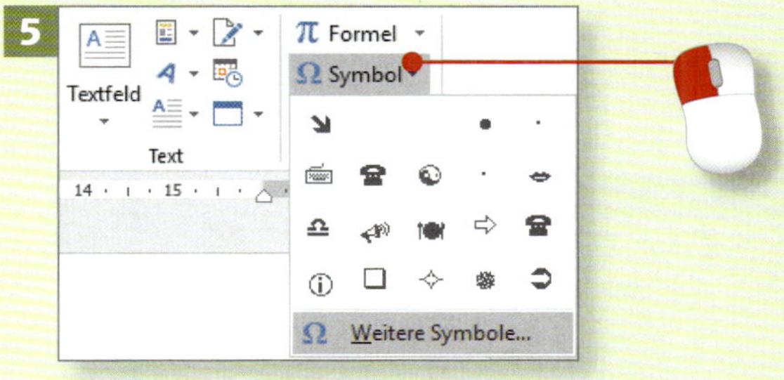

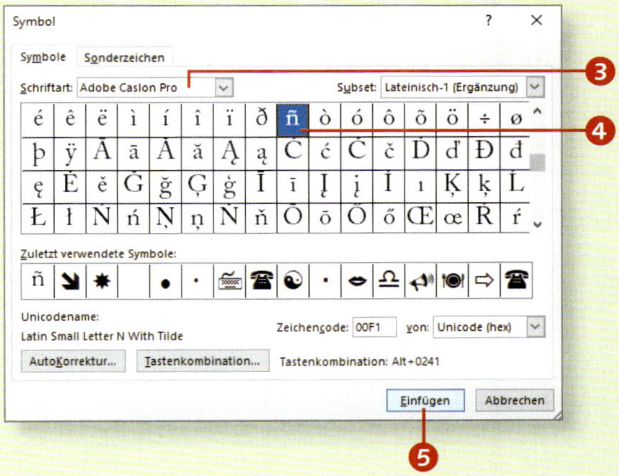

Schritt 6

Bei Schriftarten für Windows handelt es sich normalerweise um **.ttf*-Dateien. Wenn Sie eine solche Datei haben (z. B. durch einen Download), klicken Sie sie im Explorer mit der rechten Maustaste an und wählen im Kontextmenü den Eintrag **Installieren**.

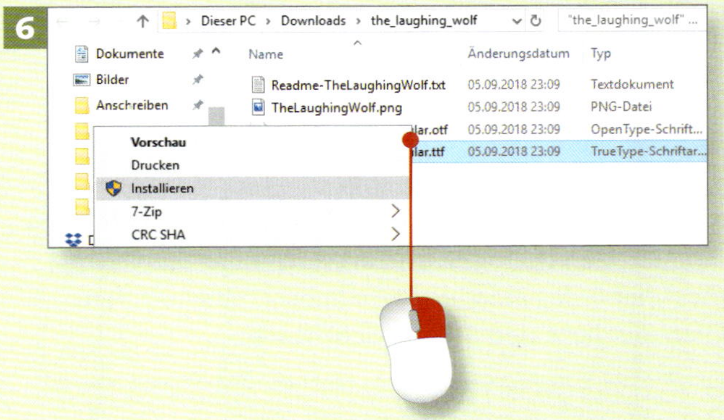

Accent aigu und Accent grave

Sie möchten z. B. »Coupé« schreiben? Ganz einfach: Drücken Sie die Taste [´] (bzw. [⇧]+[`]), und schreiben Sie erst dann »e«.

Die Schriftgröße festlegen

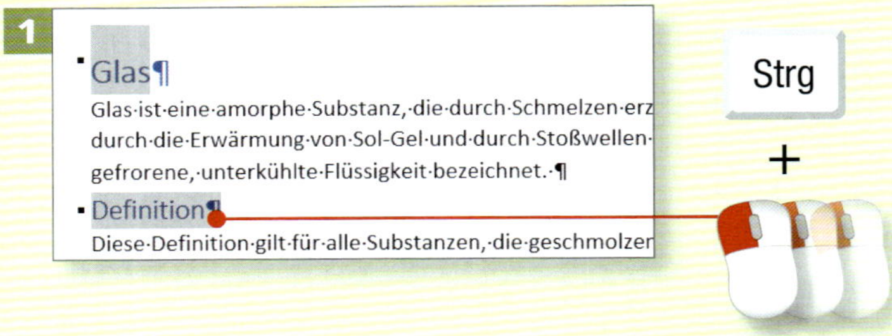

Die Schriftgröße wird in der Einheit Punkt gemessen. Je höher die Zahl, desto größer die Schrift. In Word heißt es übrigens »Schriftgrad«, nicht »Schriftgröße«.

Schritt 1

Um die Schrift einer Textpassage zu vergrößern, markieren Sie zunächst den Text. Denken Sie daran, dass Sie auch nicht zusammenhängende Textpassagen mithilfe der Strg-Taste markieren können (siehe Seite 75).

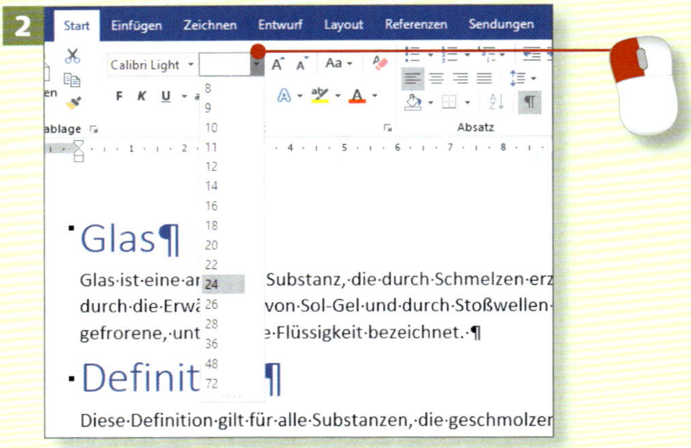

Schritt 2

Klicken Sie auf der Registerkarte **Start** auf den Pfeil am Feld **Schriftgrad**. In der Liste wählen Sie die gewünschte Schriftgröße aus und übernehmen sie per Mausklick.

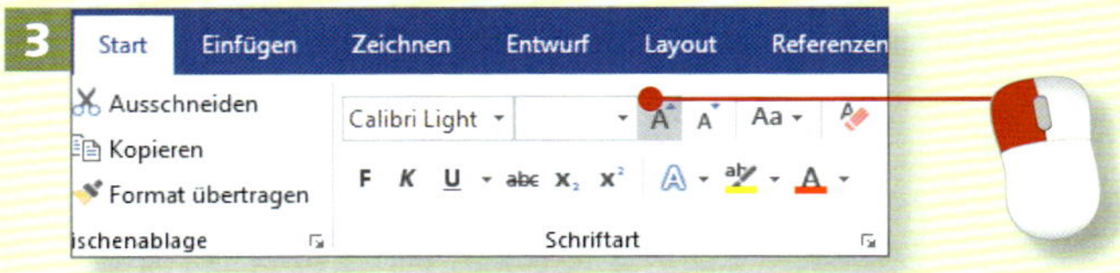

Schritt 3

Sie können auch mit den Schaltflächen **Schriftart vergrößern** und **Schriftart verkleinern** arbeiten. Klicken Sie nach dem Markieren auf eine der beiden Schaltflächen. Die Schrift wird jeweils um einen Punkt vergrößert bzw. verkleinert.

Den Dialog »Schriftart« im Kontextmenü aufrufen
Sie können den Dialog **Schriftart** auch über das Kontextmenü des markierten Textabschnitts aufrufen. Wählen Sie darin den Eintrag **Schriftart**.

Schritt 4

Wenn Sie eine Standardschriftgröße einstellen bzw. die Standardeinstellung ändern möchten, klicken Sie auf der Registerkarte **Start** auf den Pfeil an der Gruppe **Schriftart**, um den gleichnamigen Dialog zu öffnen.

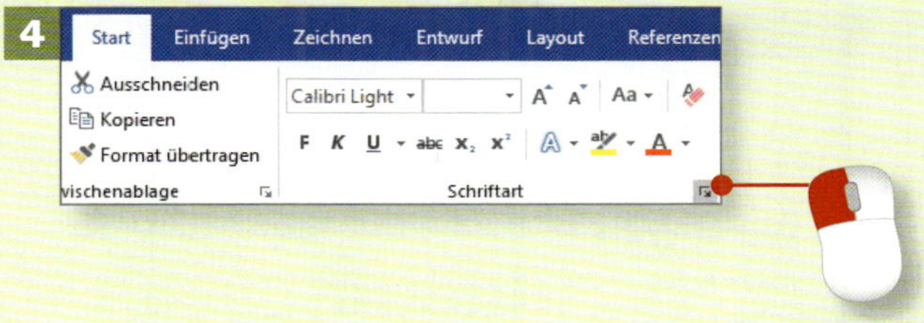

Schritt 5

Wählen Sie im Dialog **Schriftart** die von Ihnen gewünschte Schriftgröße aus, und klicken Sie anschließend unten auf die Schaltfläche **Als Standard festlegen**.

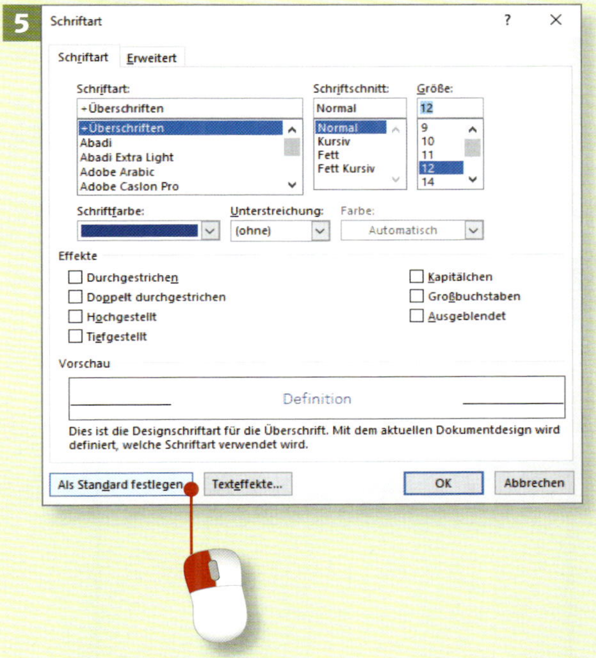

Schritt 6

Bestimmen Sie im nächsten Fenster, ob der Standard nur für das gerade aktive Dokument gelten soll oder für alle Dokumente, die auf der genutzten Formatvorlage basieren. Klicken Sie dann auf **OK**.

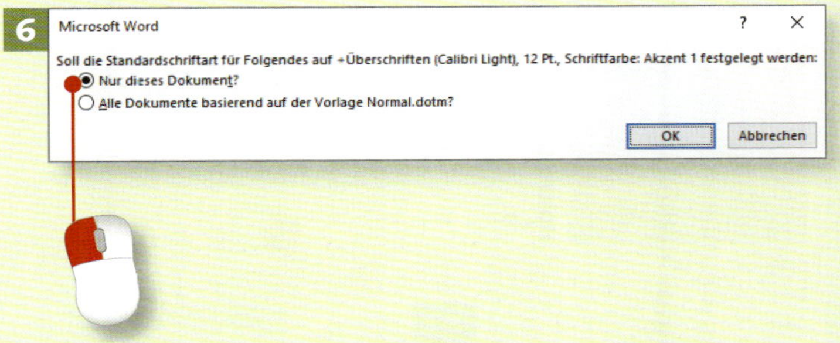

Standard festlegen

Mit der Schaltfläche **Als Standard festlegen** legen Sie nicht nur die Schriftgröße, sondern alle im Dialog gewählten Einstellungen als Standard fest!

Eine Schriftfarbe festlegen

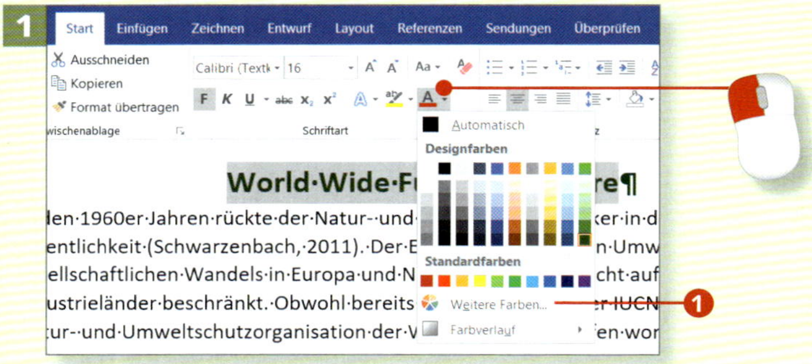

Schriftfarben können einen Text optisch lebendiger machen. Aber greifen Sie nicht zu tief in den Farbtopf – weniger ist oft mehr!

Schritt 1

Wie bei den bisherigen Aktionen markieren Sie zunächst den Text. Klicken Sie dann auf den Pfeil an der Schaltfläche **Schriftfarbe**, und wählen Sie per Mausklick die gewünschte Farbe aus der Palette aus.

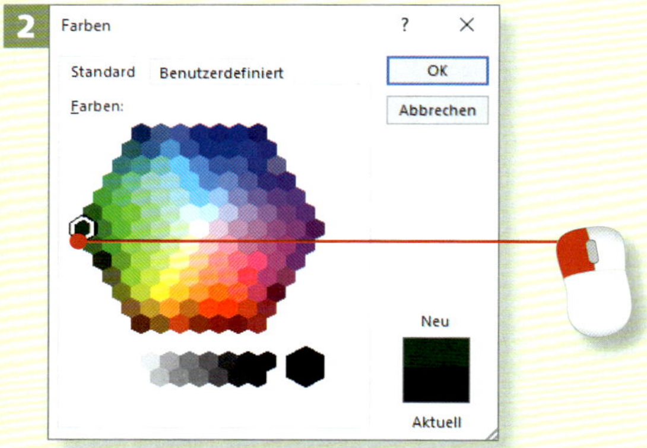

Schritt 2

Eine noch größere Auswahl an Farben erhalten Sie, wenn Sie auf die Option **Weitere Farben** ① im Menü **Schriftfarbe** klicken. Im Dialog wählen Sie eine Farbe aus dem Sechseck aus.

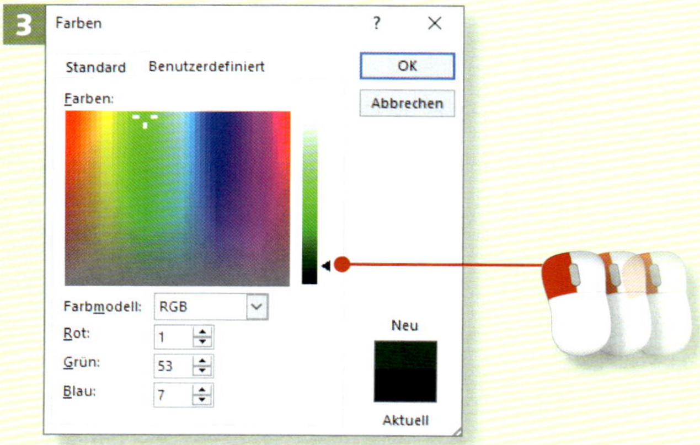

Schritt 3

Auf der Registerkarte **Benutzerdefiniert** des Dialogs **Farben** stellen Sie per Klick auf das Farbfeld die Grundfarbe ein, die Sie mittels des Schiebereglers rechts daneben verfeinern können. Ziehen Sie dafür mit gedrückter Maustaste am Farbbalken.

Schritt 4

Für Schriftzüge lässt sich auch ein Farbverlauf einstellen. Führen Sie den Mauszeiger auf **Farbverlauf** im Menü der Schaltfläche **Schriftfarbe**, und fahren Sie mit der Maus über die verschiedenen Varianten. Der Effekt zeigt sich im Text. Per Klick übernehmen Sie eine Variante. Übrigens: Die Funktion **Farbverlauf** gibt es nur für *.docx*-Dokumente.

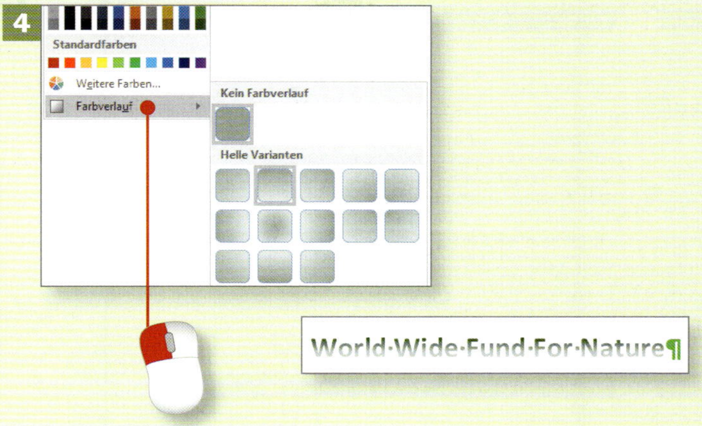

Schritt 5

Ein Farbverlauf lässt sich verfeinern, wenn Sie im Untermenü zu **Farbverlauf** auf **Weitere Farbverläufe** klicken. Im Aufgabenbereich **Texteffekte formatieren** ist die Option **Farbverlauf** bereits aktiviert. Am einfachsten machen Sie es sich mit einem voreingestellten Farbverlauf. Klicken Sie auf den Pfeil an der Schaltfläche, und wählen Sie eine Variante aus.

Schritt 6

Für einen individuellen Farbverlauf klicken Sie einen *Farbverlaufstopp* an 2 und wählen über die Schaltfläche **Farbe** eine Farbe. Dann klicken Sie den zweiten Farbverlaufstopp an und wählen die nächste Farbe. Über die Stopps dazwischen steuern Sie den Verlauf.

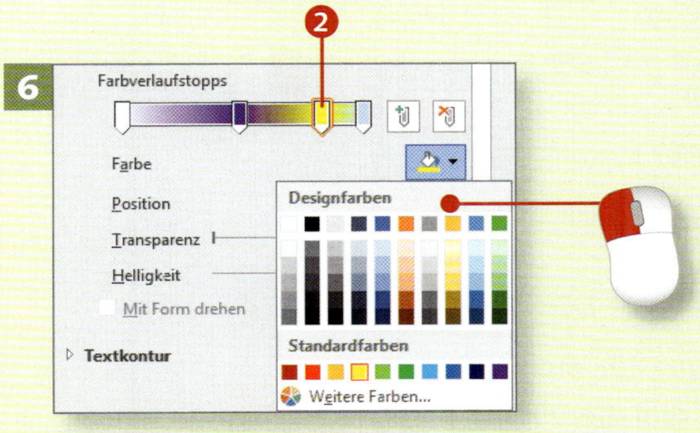

Textabschnitte ordentlich ausrichten

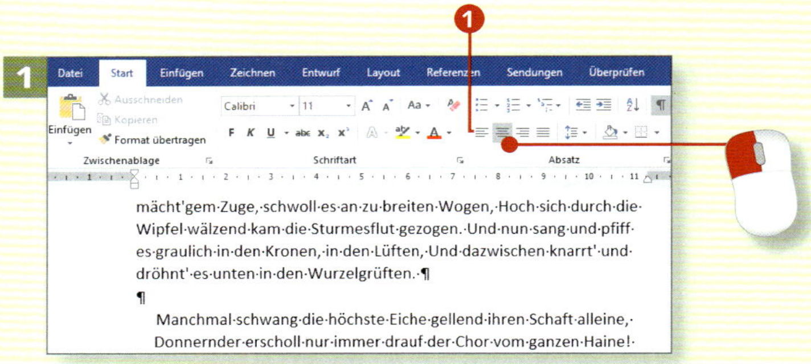

Sie kennen linksbündigen Text, zentrierte Überschriften oder Blocksatz? Nichts anderes verbirgt sich hinter den Befehlen zur Ausrichtung. Auch mit Einzügen werden Absätze angeordnet.

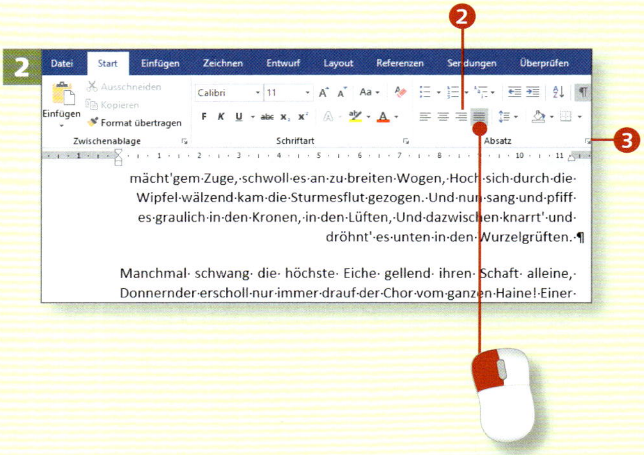

Schritt 1

Standardmäßig ist ein Dokument linksbündig ❶ ausgerichtet. Um einen Absatz z. B. mittig auszurichten, setzen Sie den Cursor (irgendwo) in den Absatz und klicken auf **Zentriert** (auf der Registerkarte **Start**).

Schritt 2

Genauso verfahren Sie, wenn Sie einen Absatz rechtsbündig ausrichten oder in Blocksatz setzen möchten. Klicken Sie einfach auf **Rechtsbündig** ❷ bzw. auf **Blocksatz**.

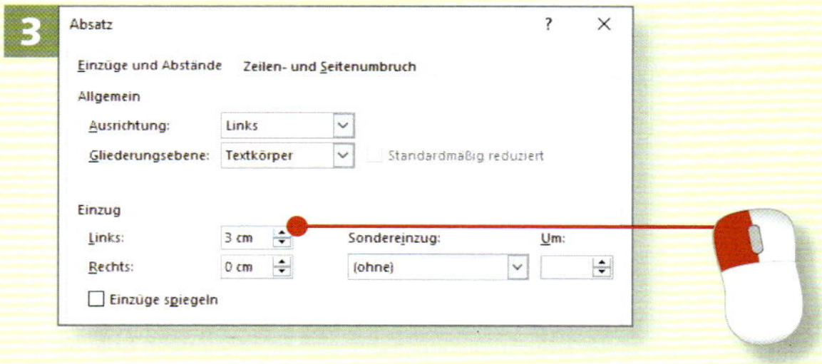

Schritt 3

Absätze lassen sich auch vom Rand ein wenig nach rechts einrücken – man nennt das *Einzug*. Klicken Sie auf der Registerkarte **Start** auf den Pfeil an der Gruppe **Absatz** ❸. Im Dialog **Absatz** geben Sie im Feld **Einzug Links** das Maß für den Einzug ein, z. B. »3 cm«. Bestätigen Sie mit **OK**.

Formatierung für mehrere Absätze

Wenn die Formatierung für mehrere Absätze gelten soll, müssen Sie diese Absätze vorher alle markieren.

Schritt 4

Neben normalen Einzügen bietet Word auch *Sondereinzüge*. Dazu gehören der *Erstzeileneinzug* (nur die erste Zeile des Absatzes wird eingerückt) und ein *hängender Einzug* (alle Zeilen des Absatzes mit Ausnahme der ersten Zeile werden eingerückt).

4

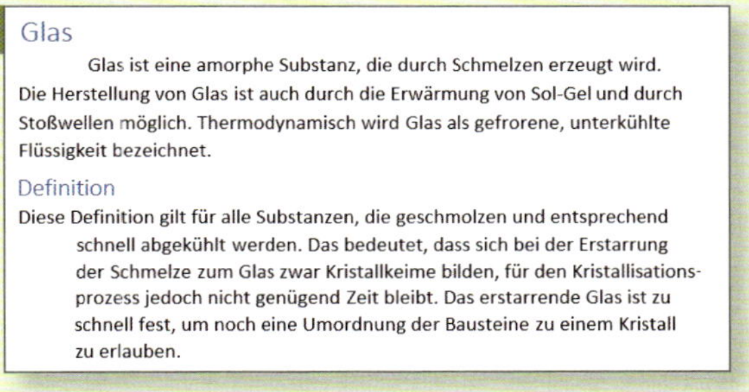
Glas

Glas ist eine amorphe Substanz, die durch Schmelzen erzeugt wird. Die Herstellung von Glas ist auch durch die Erwärmung von Sol-Gel und durch Stoßwellen möglich. Thermodynamisch wird Glas als gefrorene, unterkühlte Flüssigkeit bezeichnet.

Definition

Diese Definition gilt für alle Substanzen, die geschmolzen und entsprechend schnell abgekühlt werden. Das bedeutet, dass sich bei der Erstarrung der Schmelze zum Glas zwar Kristallkeime bilden, für den Kristallisationsprozess jedoch nicht genügend Zeit bleibt. Das erstarrende Glas ist zu schnell fest, um noch eine Umordnung der Bausteine zu einem Kristall zu erlauben.

Schritt 5

Für den Erstzeileneinzug wählen Sie im Dialog **Absatz** im Feld **Sondereinzug** die Option **Erste Zeile**. Dann geben Sie daneben im Feld **Um** ❹ an, um viele Zentimeter die erste Zeile eingerückt werden soll. Achten Sie auf die Vorschau ❺.

5

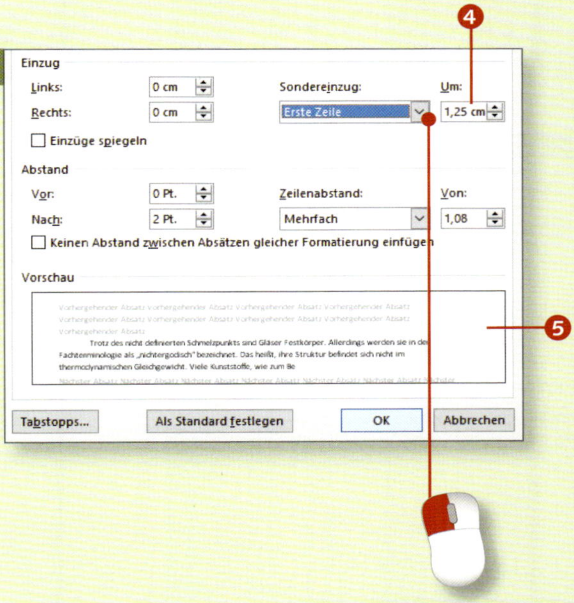

Schritt 6

Für einen hängenden Einzug wählen Sie im Dialog **Absatz** im Feld **Sondereinzug** die Option **Hängend**. Im Feld **Um** geben Sie an, um viele Zentimeter die Zeilen des Absatzes eingerückt werden sollen.

6

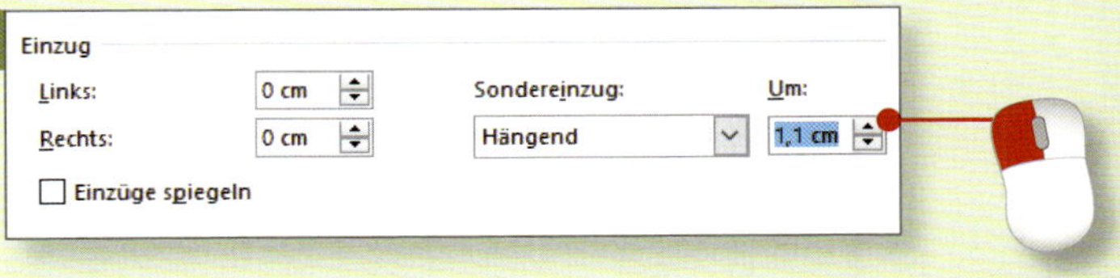

Einzüge mit dem Lineal

Ziehen Sie am unteren Teil der »Sanduhr« im Lineal, um den ganzen Absatz einzuziehen, am oberen Teil für den Erstzeileneinzug und am mittleren Dreieck für den hängenden Einzug.

Abstände zwischen Absätzen festlegen

1

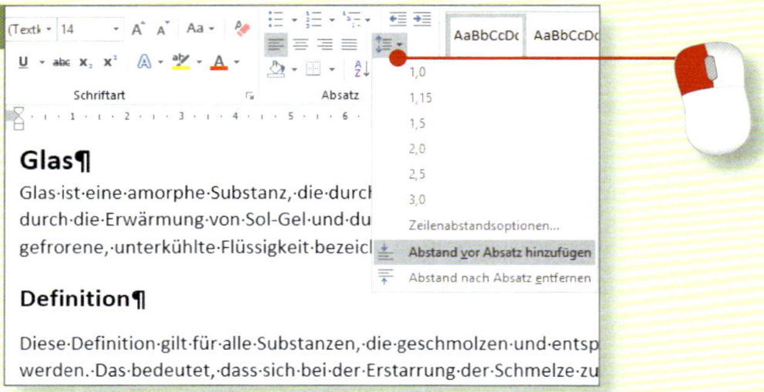

2

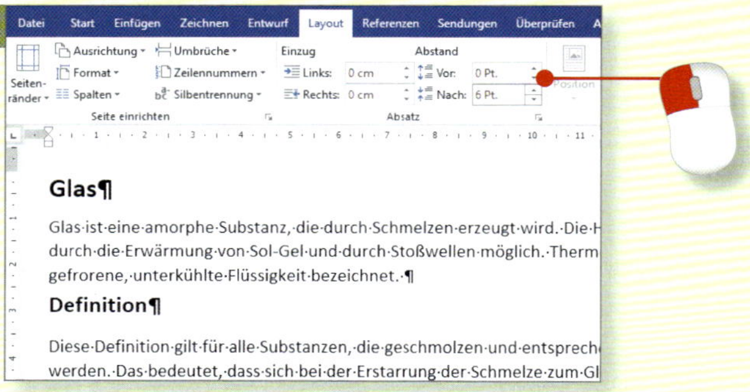

3

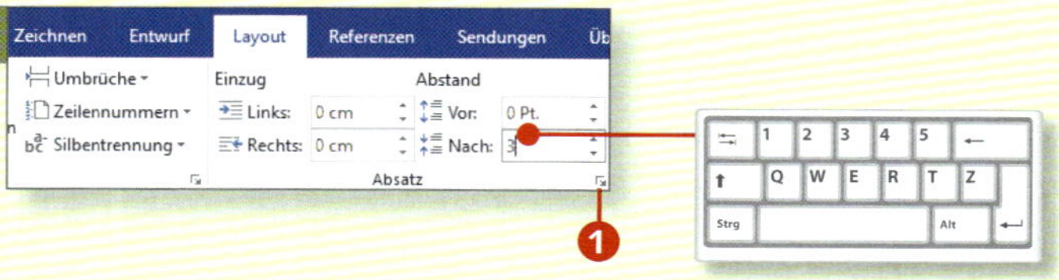

Sie können einen Abstand zwischen Absätzen mit der [↵] *-Taste erzeugen, aber eleganter ist es, wenn Sie die Abstände festlegen.*

Schritt 1

Standardmäßig wird beim Schreiben ein Abstand von 8 Punkt (Pt.) nach einem Absatz erzeugt. Auf die Schnelle können Sie einen größeren Abstand (12 Pt.) erzeugen, indem Sie auf der Registerkarte **Start** auf die Schaltfläche **Zeilen- und Absatzabstand** klicken und im Menü **Abstand vor Absatz hinzufügen** wählen.

Schritt 2

Möchten Sie den Abstand genauer einstellen, aktivieren Sie die Registerkarte **Layout**. In der Gruppe **Absatz** klicken Sie auf einen der Pfeile neben **Vor** oder **Nach** und wählen den gewünschten Abstand aus.

Schritt 3

Sie müssen sich nicht an die Sprünge der Felder **Vor** bzw. **Nach** halten. Wenn Ihnen 6 Pt. zu viel sind, klicken Sie einfach in das Feld und geben einen anderen Wert ein, z. B. »3 Pt.«.

Absätze markieren

Wenn der Absatzabstand für das ganze Dokument gelten soll, müssen Sie alles markieren.

Schritt 4

Auch im Dialog **Absatz** können Sie Absatzabstände festlegen. Sie öffnen ihn auf der Registerkarte **Start** über einen Klick auf den kleinen Pfeil ❶ an der Gruppe **Absatz** oder über das Kontextmenü eines Absatzes.

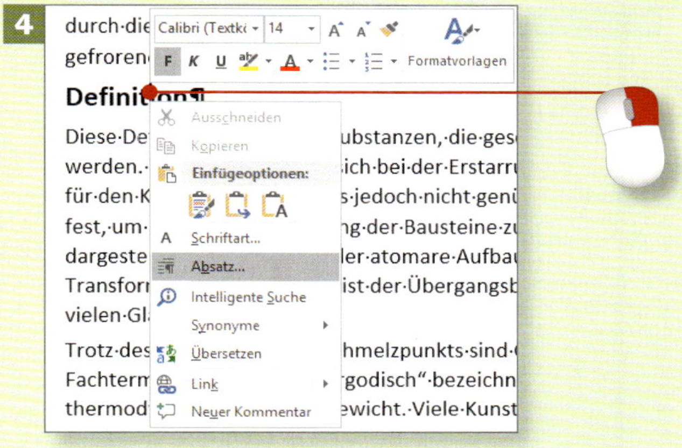

Schritt 5

Im Dialog verfahren Sie genauso wie auf der Registerkarte **Layout**. Legen Sie den gewünschten Abstand in den Feldern **Vor** oder **Nach** im Bereich **Abstand** fest.

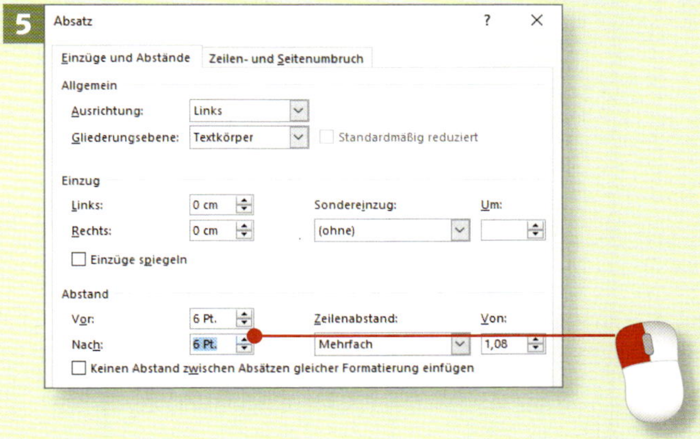

Schritt 6

Einige wichtige Einstellungen zum Umgang mit Absätzen finden Sie auf der Registerkarte **Zeilen- und Seitenumbruch** ❷ des Dialogs **Absatz**. Haken Sie hier z. B. die Option **Diesen Absatz zusammenhalten** an, wenn ein Teil eines Absatzes nicht auf die nächste Seite rutschen soll.

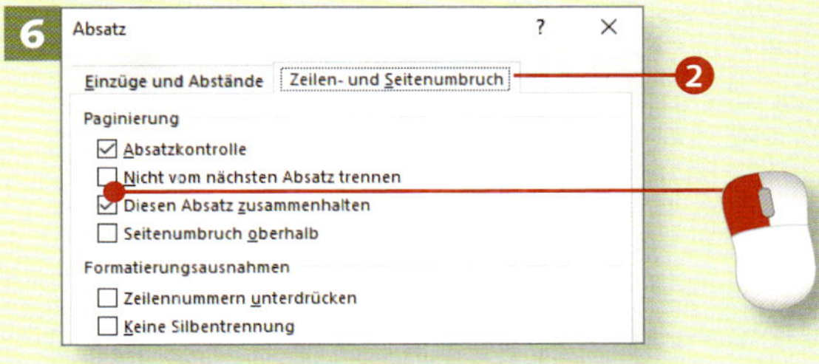

Abstände zwischen Absätzen

Wenn Sie einem Absatz einen Abstand **Nach** von 12 Pt. geben und dem folgenden Absatz einen Abstand **Vor** von 6 Pt., addiert Word diese beiden Abstände nicht, sondern wählt den größeren Wert (12 Pt.) als maßgeblich aus.

Abstände zwischen Zeilen festlegen

1

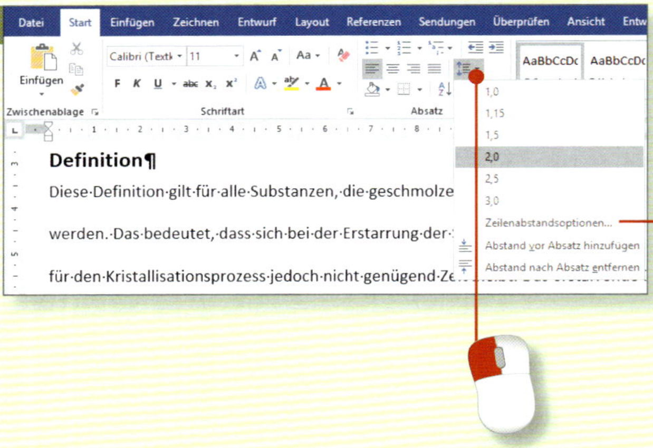

2

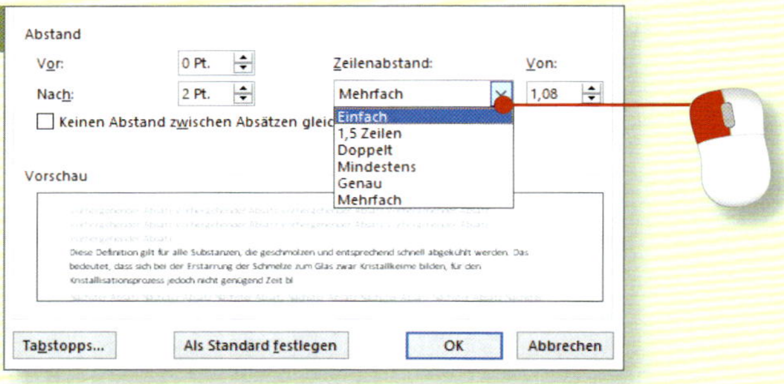

3

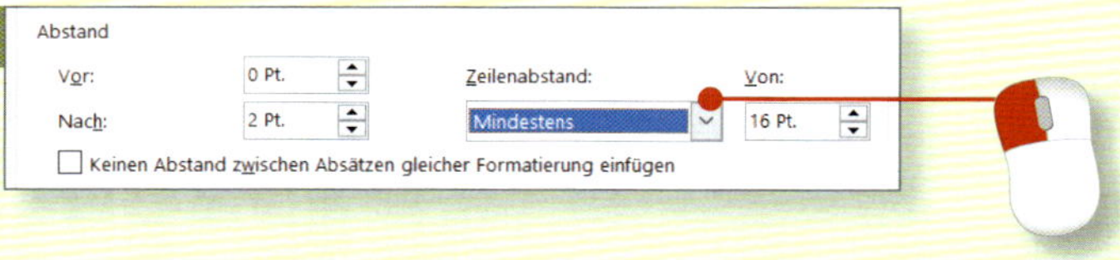

Standardmäßig wird in Word 2019 ein Zeilenabstand von 1,08 verwendet, mitunter ist jedoch ein anderer Abstand gewünscht.

Schritt 1

Der Zeilenabstand ist schnell geändert. Setzen Sie den Cursor in den entsprechenden Absatz, und klicken Sie auf der Registerkarte **Start** auf **Zeilen- und Absatzabstand**. Aus der Liste wählen Sie per Mausklick den gewünschten Zeilenabstand aus.

Schritt 2

Weitere Optionen für den Zeilenabstand erhalten Sie im Dialog **Absatz**. Wählen Sie in der Liste der Schaltfläche **Zeilen- und Absatzabstand** den Eintrag **Zeilenabstandsoptionen** 1. Im Dialog klicken Sie auf den Pfeil am Feld **Zeilenabstand**.

Schritt 3

Wählen Sie die Option **Mindestens**, um für das größte Schriftzeichen (oder eine Grafik) in einer Zeile den nötigen Abstand zwischen den Zeilen festzulegen. Für den Beispieltext gilt ein Abstand von 16 Pt., nur die Zeile mit den großen Buchstaben erhält automatisch einen größeren Zeilenabstand.

Schritt 4

Mithilfe der Option **Einfach** wird der vom größten Schriftzeichen in einer Zeile abhängige Zeilenabstand festgelegt und zusätzlich ein kleiner Zwischenraum gelassen. Der Zwischenraum variiert je nach verwendeter Schriftart.

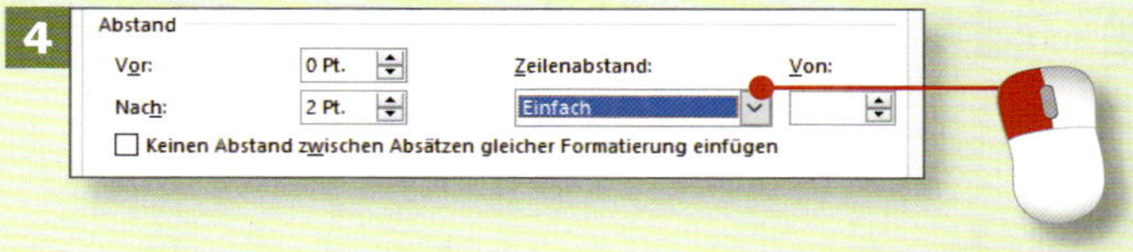

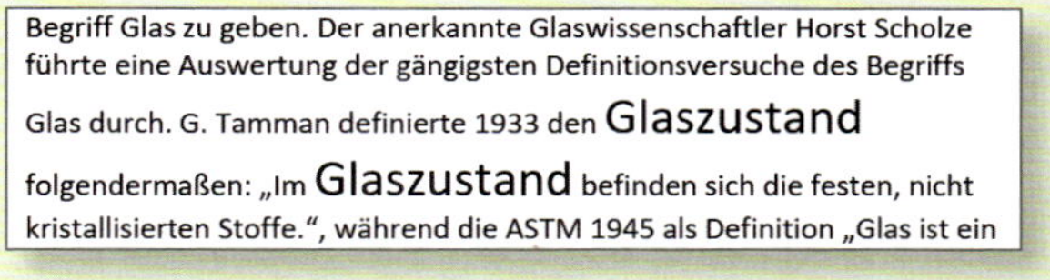

Schritt 5

Mit der Option **Genau** legen Sie einen festen Zeilenabstand fest, der von Word nicht angepasst wird. So können Sie den Zeilenabstand optimal an die gewählte Schriftgröße anpassen. Bei variierenden Schriftgrößen empfiehlt sich diese Einstellung nicht.

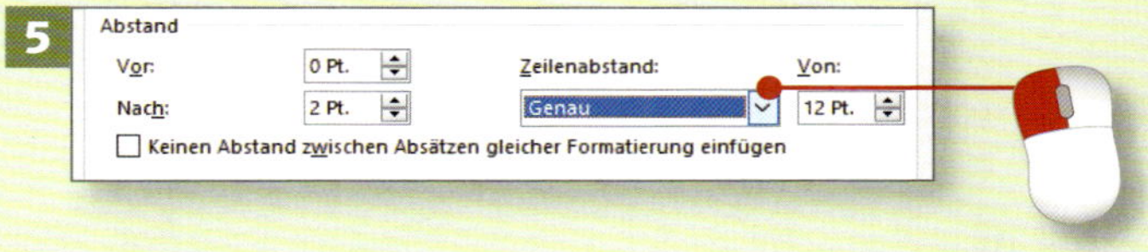

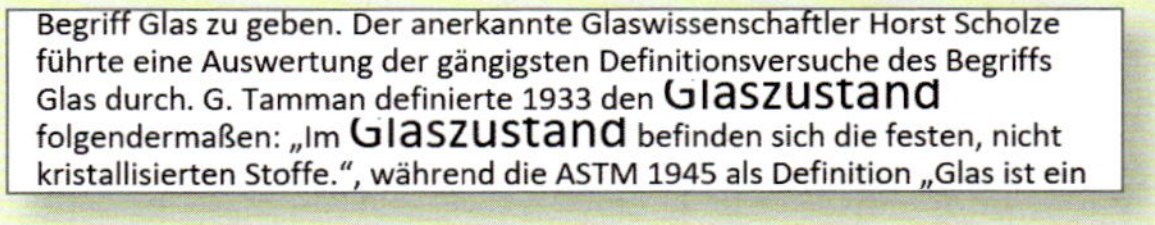

Schritt 6

Wenn der eingegebene Zeilenabstand bei **Mehrfach** identisch mit den Werten der Zeilenabstände **Einfach**, **1,5 Zeilen** oder **Doppelt** ist, ändert Word die Einträge nach einem Klick auf **OK** entsprechend: Aus **Mehrfach** mit dem Wert »2« wird dann z. B. automatisch der Zeilenabstand **Doppelt**.

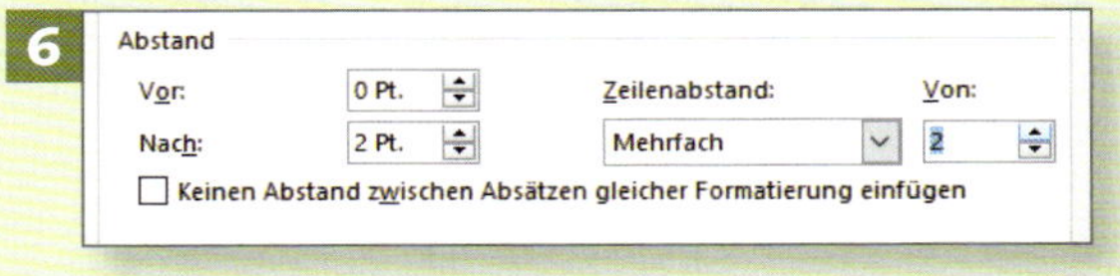

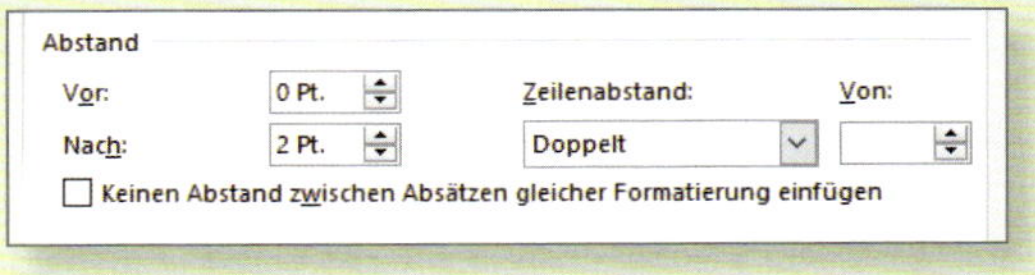

Markieren oder nur einen Absatz formatieren?
Beachten Sie bei allen Änderungen des Zeilenabstands, dass der betreffende Text bzw. das Dokument markiert sein muss. Für Änderungen an einem Absatz reicht es, den Cursor in diesen Absatz zu setzen.

Text mit Hervorhebungen und Effekten versehen

1

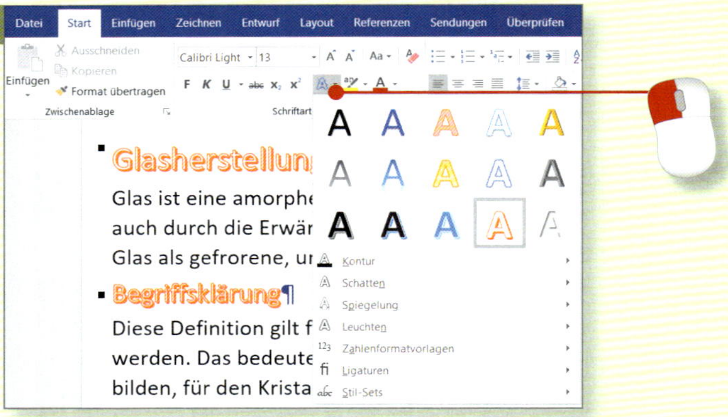

2

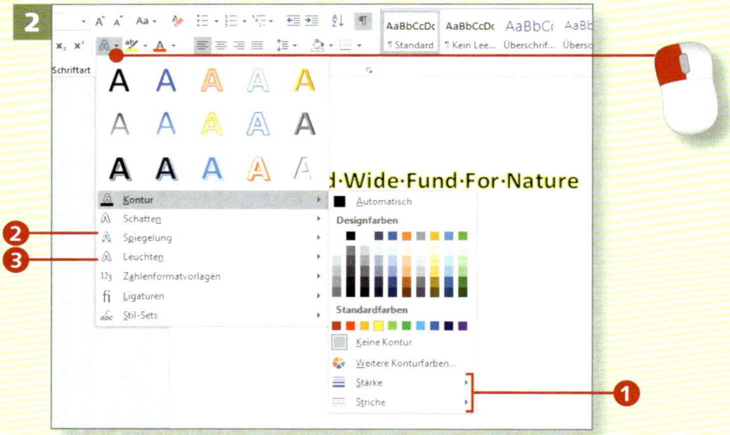

3

Es gibt weitere Möglichkeiten, einen Text optisch aufzuwerten. Die Texteffekte bieten Schattierungen, Spiegelungen und vieles mehr.

Schritt 1

Markieren Sie den relevanten Text, und klicken Sie auf den Pfeil an der Schaltfläche **Texteffekte und Typografie**. Das Menü bietet eine Reihe von Füllungen, die Sie per Mausklick übertragen können. Sie stehen jedoch nur beim Dateiformat *.docx* zur Verfügung.

Schritt 2

Im Menü gibt es zahlreiche Effekte. Wenn Sie den Mauszeiger auf **Kontur** führen, erhalten Sie eine Farbpalette, um eine Farbe für die Kontur der Buchstaben auszuwählen. Auch Breite und Art der Kontur lassen sich ändern (Menüpunkte **Stärke** und **Striche** ①).

Schritt 3

Durchaus interessant ist der Effekt **Spiegelung** ②. Der ausgewählte Text taucht als angedeutete Spiegelung auf. Wählen Sie per Mausklick eine der Varianten.

Schritt 4

Sie können Texte auch zum Strahlen bringen. Klicken Sie im Menü auf **Leuchten** ❸, und wählen Sie per Mausklick eine Variante.

4

Schritt 5

Haben Sie zu tief in den Effekte-Topf gegriffen? Dann klicken Sie in den Untermenüs auf die Einträge **Keine Kontur**, **Keine Spiegelung** etc. Denken Sie daran, den betreffenden Text vorher zu markieren.

5
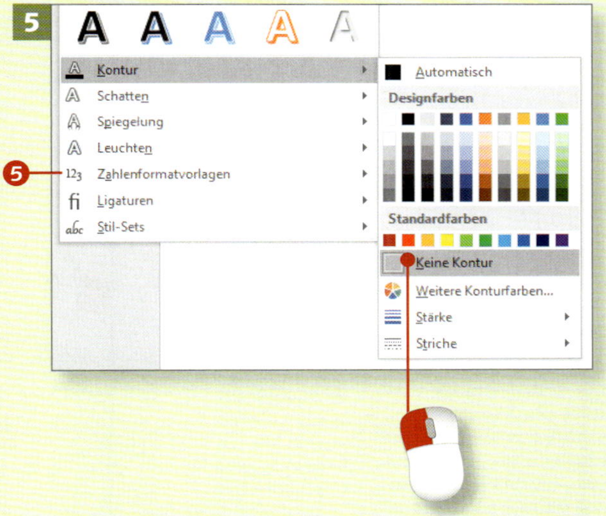

Schritt 6

Achten Sie auf die Einträge **Leuchteffektoptionen**, **Spiegelungsoptionen** usw. in den Untermenüs. Sie öffnen den Aufgabenbereich **Texteffekte formatieren**, der in der Rubrik **Texteffekte** ❹ zahlreiche Einstellungen für den Feinschliff bietet.

6
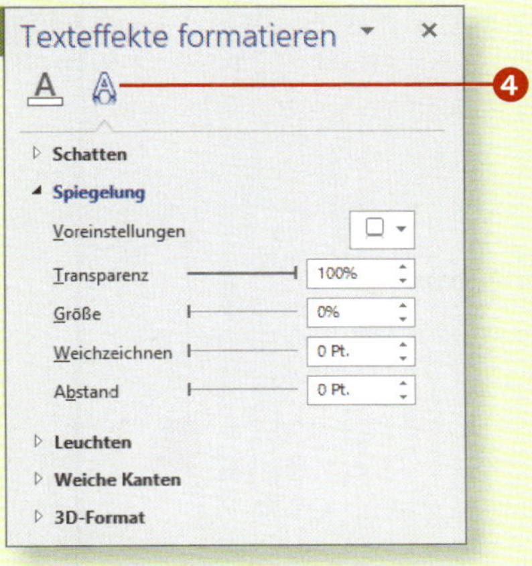

Effekte für Zahlen

Im Menü der Schaltfläche **Texteffekte** wird auch die Option **Zahlenformatvorlagen** ❺ angeboten. In ihrem Untermenü finden Sie Formatierungen für Zahlen, z. B. **Proportionale Lineatur**. Damit wird der Abstand zwischen Zahlen je nach dem Platz, den eine Zahl benötigt, angepasst.

Rahmen und Linien um Texte setzen

Text zu umranden oder einzelne Linien zu ziehen sind tolle Möglichkeiten, um bestimmte Passagen vom Rest des Textes abzugrenzen.

1
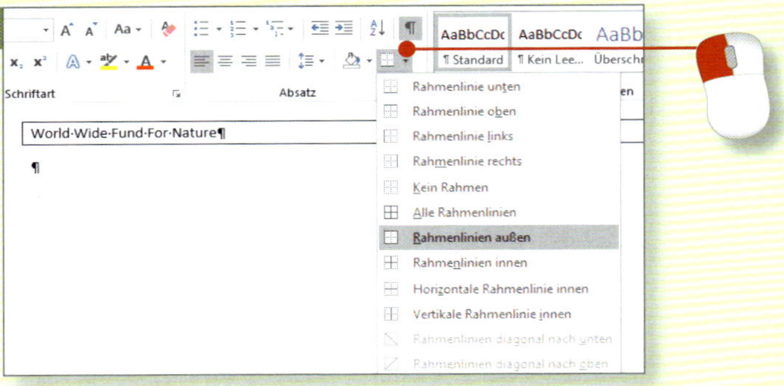

Schritt 1

Um einem ganzen Absatz einen Rahmen zu geben, setzen Sie den Cursor in diesen Absatz. Klicken Sie auf der Registerkarte **Start** auf den Pfeil an der Schaltfläche **Rahmen**. Im Menü wählen Sie **Rahmenlinien außen**.

2
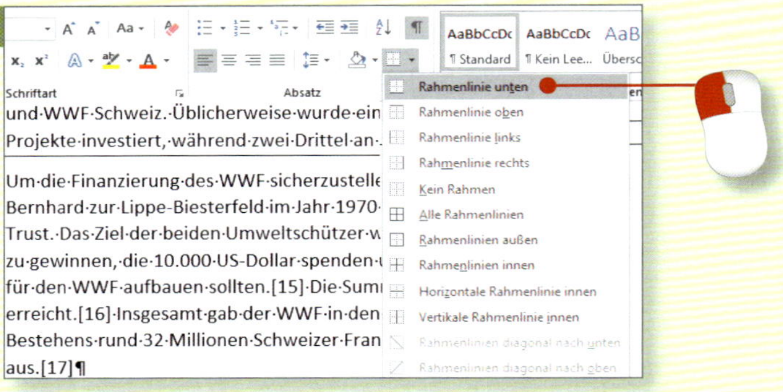

Schritt 2

Mit den Optionen im Menü **Rahmen** können Sie nicht nur einen geschlossenen Rahmen um eine Textpassage setzen, sondern auch einzelne Linien ziehen. Um z. B. eine Linie unterhalb eines Absatzes zu erzeugen (in dem der Cursor stehen muss), klicken Sie auf **Rahmenlinie unten**.

3
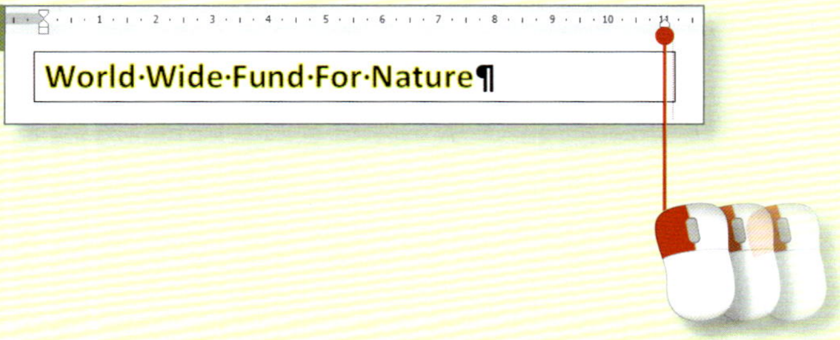

Schritt 3

Sie möchten eine linksbündige Überschrift einrahmen und stellen fest, dass der Rahmen zu groß ist? Kein Problem! Klicken Sie im Lineal auf das nach oben weisende Dreieck, das den rechten Einzug repräsentiert, und ziehen Sie es ein wenig nach links.

Schritt 4

Um einen Rahmen zu setzen, der sich exakt um ein Stück Text legt, markieren Sie den betreffenden Text. Wenn Sie das letzte Wort eines Absatzes einrahmen möchten, achten Sie darauf, dass Sie die Absatzmarke nicht mit markieren (sonst wird der ganze Absatz umrandet). Dann klicken Sie im Menü der Schaltfläche **Rahmen** auf **Rahmenlinien außen**.

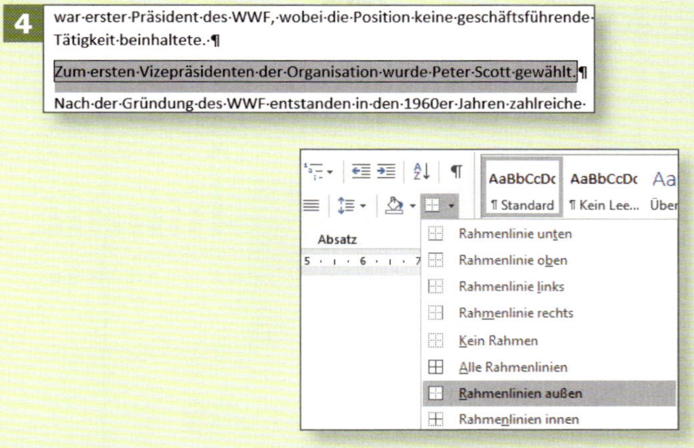

Schritt 5

Um weitere Optionen für Rahmen und Linien zu sehen, klicken Sie unten im Menü **Rahmen** auf **Rahmen und Schattierung**. Im zugehörigen Dialog können Sie u.a. die Linienart und die Farbe des Rahmens einstellen.

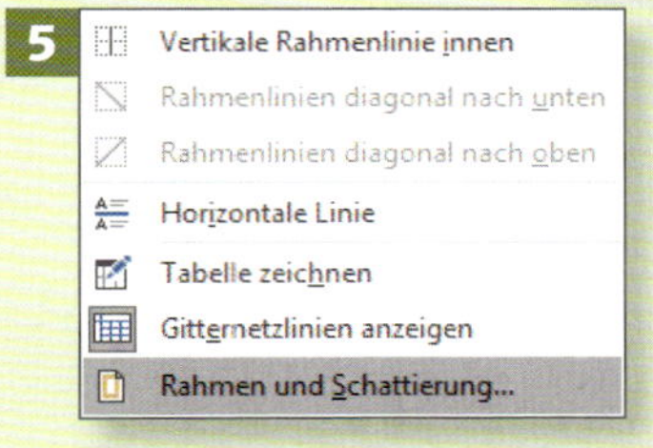

Schritt 6

Wählen Sie in der Liste **Formatvorlage** zunächst z.B. eine gestrichelte Linie ❶ und dann eine Farbe aus der Farbpalette. Klicken Sie nach diesen Einstellungen gegebenenfalls auf **Kontur** ❷. Im Bereich **Vorschau** ❸ rechts wird der Effekt vorab gezeigt.

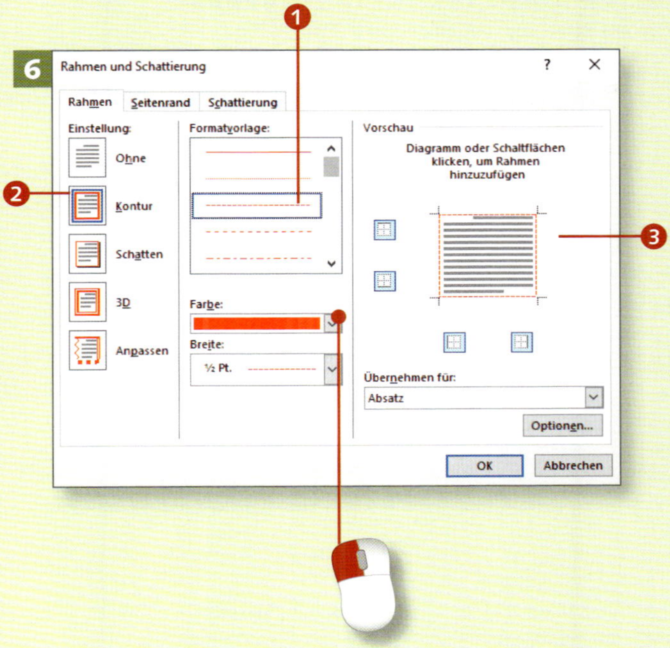

Schattierungen zuweisen

Den Hintergrund von Textpassagen zu schattieren ist ein weiteres optisches Gestaltungsmittel; wenn es sparsam eingesetzt wird, kann es sehr wirkungsvoll sein.

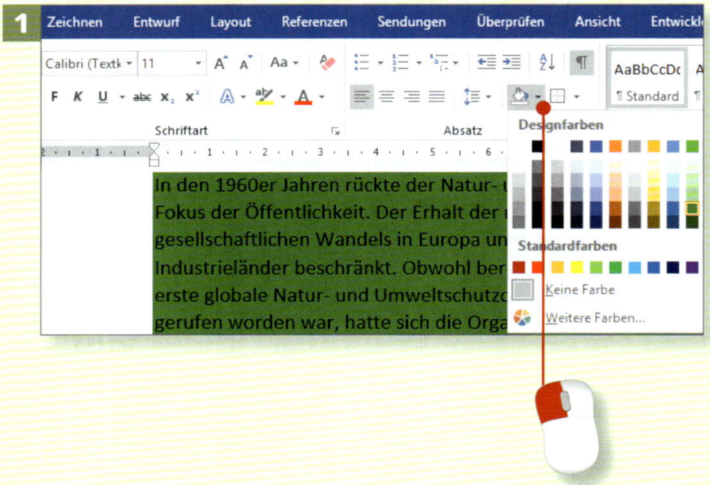

Schritt 1

Der Hintergrund eines Absatzes kann auch mit einer Farbe gefüllt werden. Wenn der Cursor im richtigen Absatz steht, klicken Sie auf der Registerkarte **Start** auf den Pfeil an der Schaltfläche **Schattierung**. In der Palette wählen Sie eine Farbe aus.

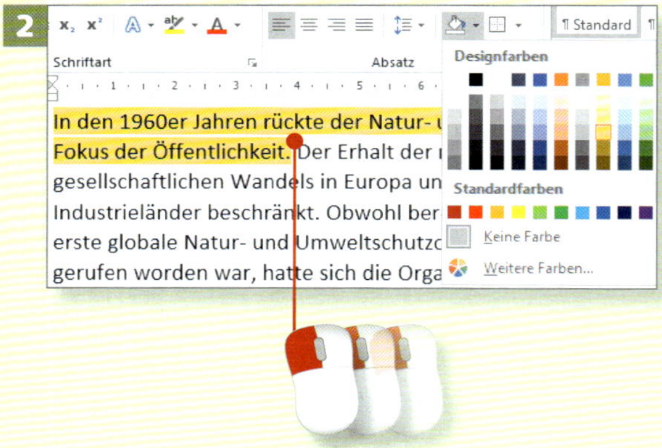

Schritt 2

Wenn Sie den Hintergrund einer beliebig langen Textpassage farbig hinterlegen möchten, müssen Sie den Text zunächst markieren. Dann wiederholen Sie Schritt 1.

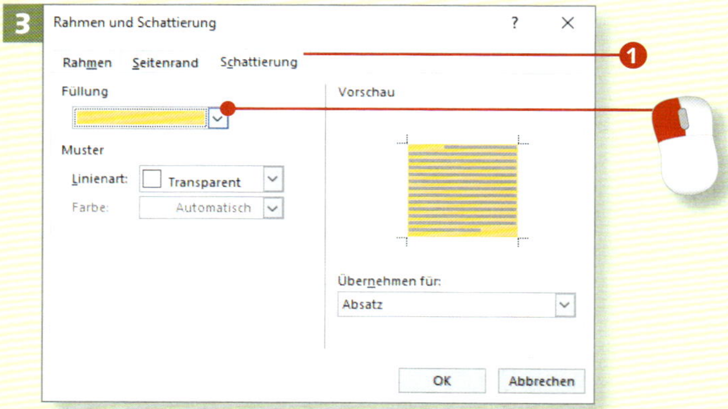

Schritt 3

Genauso können Sie einen Rahmen mit einer Farbe füllen. Öffnen Sie den Dialog **Rahmen und Schattierung**, und stellen Sie **Kontur** ein (siehe Seite 105). Dann wechseln Sie zur Registerkarte **Schattierung** ❶ und wählen über das Feld **Füllung** eine Farbe aus.

Schritt 4

Für eine größere Auswahl an Farben klicken Sie im Menü der Schaltfläche **Schattierung** oder – wenn Sie im Dialog arbeiten – im Menü des Feldes **Füllung** auf **Weitere Farben**. Im Dialog **Farben** wählen Sie etwas Passendes aus.

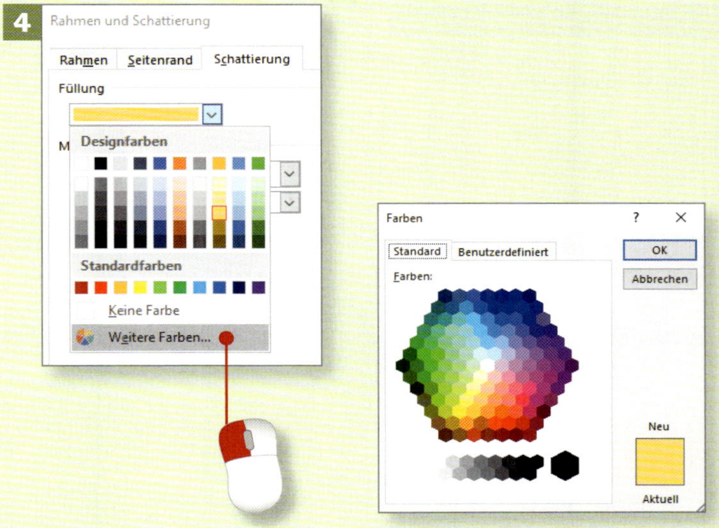

Schritt 5

Effektvoll sind farbig hinterlegte Überschriften: Zentrieren Sie die Überschrift, und setzen Sie den Cursor hinein. Im Menü der Schaltfläche **Schattierung** entscheiden Sie sich für eine Farbe.

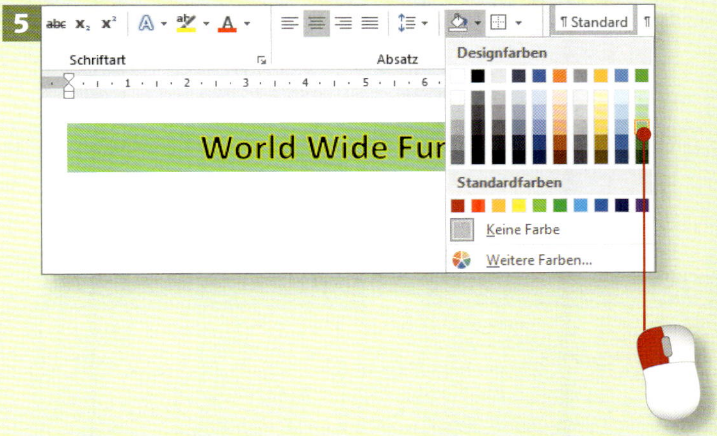

Schritt 6

Verkürzen Sie die Schattierung auf beiden Seiten. Anstatt im Lineal an den entsprechenden Dreiecken zu ziehen, klicken Sie auf den Pfeil an der Gruppe **Absatz** und stellen in den Feldern **Einzug Links** und **Einzug Rechts** jeweils einen geeigneten Wert ein, z. B. »2 cm«. Klicken Sie auf **OK**.

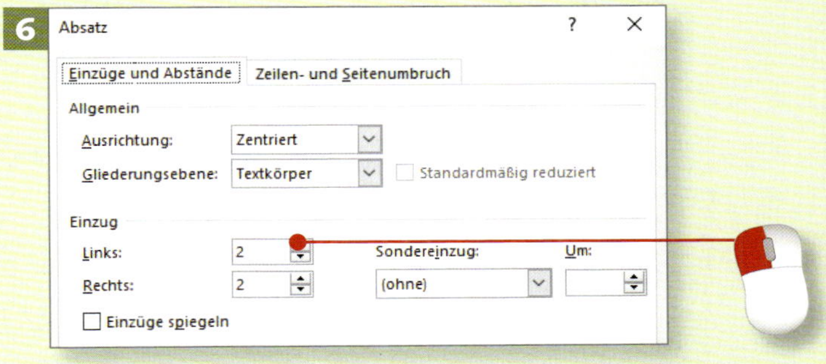

Schattierung entfernen

Auch Schattierungen werden Sie mit der Schaltfläche **Formatierung löschen** auf der Registerkarte **Start** wieder los.

Seiten unterschiedlich formatieren – Abschnittswechsel

1

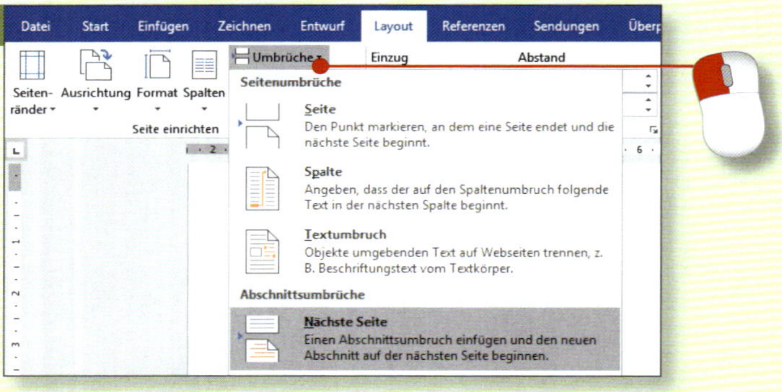

2

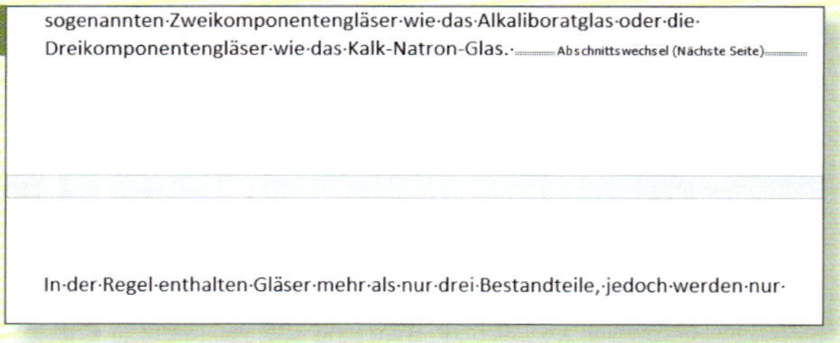

3

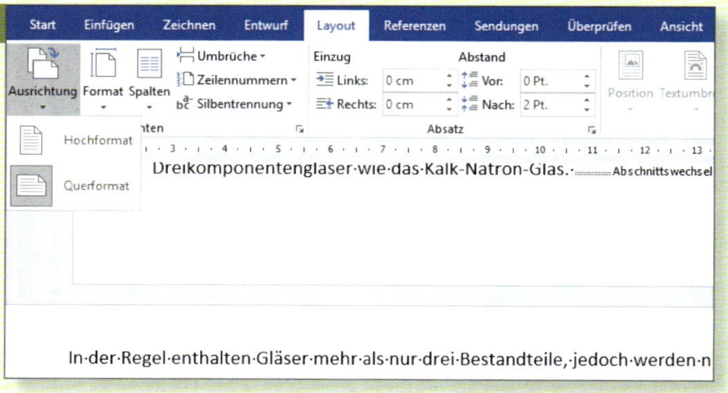

Für unterschiedliche Seitenformatierungen in einem Dokument, z. B. Kopf- und Fußzeilen, Spalten, Seitenränder oder die Seitenausrichtung, benötigen Sie Abschnitte.

Schritt 1

Setzen Sie den Cursor an die Position, an der der Abschnittswechsel eingefügt werden soll. Wechseln Sie zur Registerkarte **Layout**. Klicken Sie dann auf den Auswahlpfeil der Schaltfläche **Umbrüche**.

Schritt 2

Um z. B. für die folgende Seite eine andere Ausrichtung einzustellen, wählen Sie in der Auswahlliste den Eintrag **Nächste Seite**. Im Dokument wird der Abschnittswechsel mit einer doppelt gepunkteten Linie dargestellt.

Schritt 3

Setzen Sie den Cursor in den Abschnitt nach dem Wechsel, und wählen Sie auf der Registerkarte **Layout** die Option **Ausrichtung ▸ Querformat** (siehe Seite 86). Die Wirkung zeigt sich sofort: Die Seite vor dem Wechsel hat Hochformat, die danach Querformat.

Schritt 4

Wenn die Überschrift eines Dokuments einspaltig bleiben, der Text darunter aber zweispaltig angeordnet werden soll, benötigen Sie einen *fortlaufenden Abschnittswechsel*. Positionieren Sie den Cursor dort, wo das zweispaltige Layout beginnen soll.

4

Schritt 5

Klicken Sie auf der Registerkarte **Layout** im Menü der Schaltfläche **Umbrüche** auf die Option **Fortlaufend**. Auch der fortlaufende Abschnittswechsel wird als doppelt gepunktete Linie angezeigt.

5
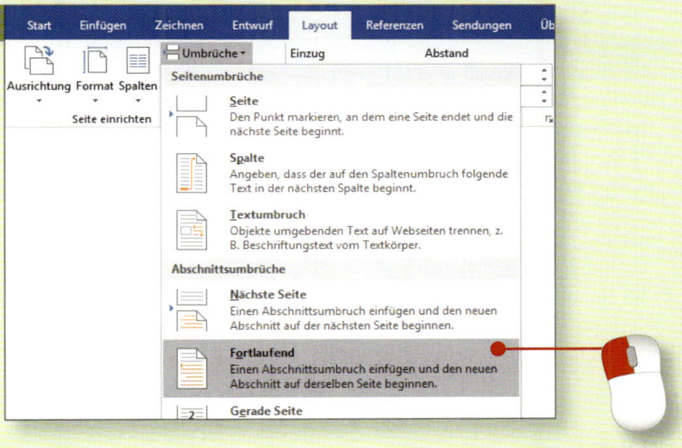

Schritt 6

Um den neuen Abschnitt zweispaltig zu setzen, setzen Sie den Cursor in diesen Abschnitt und wählen auf der Registerkarte **Layout** im Menü zu **Spalten** die Option **Zwei**.

6
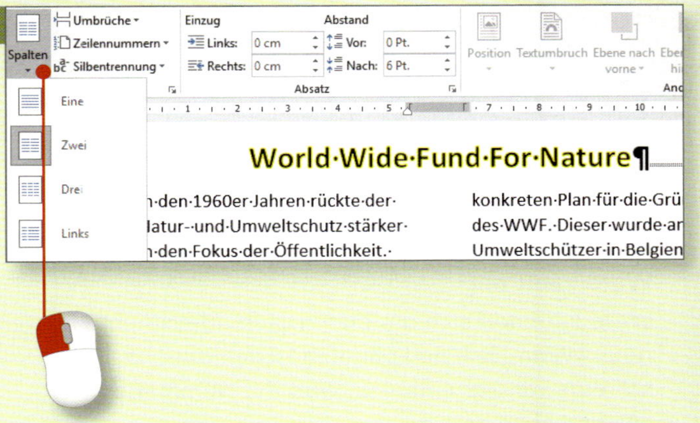

Abschnitte formatieren

Um Abschnitte zu formatieren, klicken Sie in den bekannten Dialogen auf **Übernehmen für**. Dort bestimmen Sie z. B., ob die Formatierung für das gesamte Dokument oder den ausgewählten Abschnitt (der, in dem der Cursor steht) gelten soll.

Fußnoten einfügen

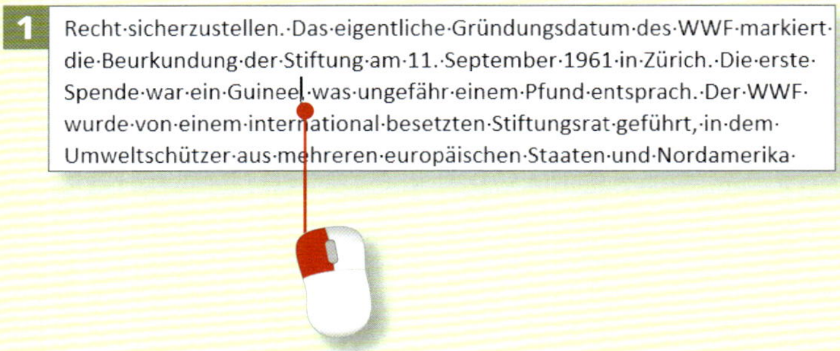

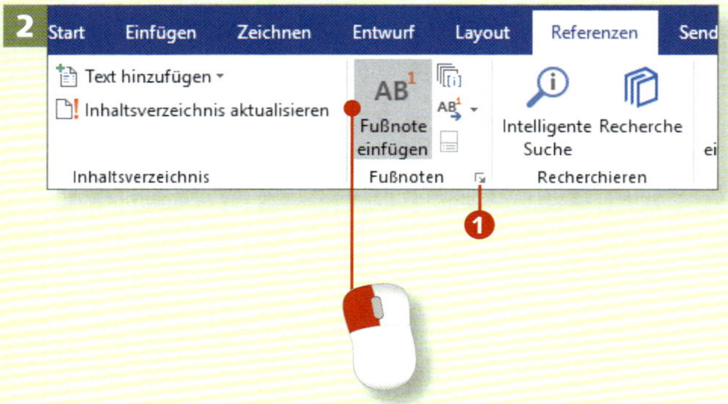

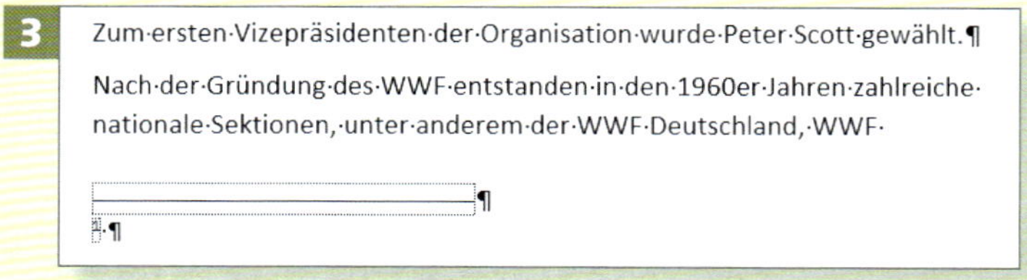

Word zählt mit!
Word kümmert sich um die fortlaufende Nummerierung. Wenn Sie eine Fußnote löschen oder nachträglich eine weitere einfügen, wird die Nummerierung entsprechend angepasst.

Anmerkungen, Literaturhinweise, Quellenangaben etc. gehören in Fußnoten, die in der Regel durchnummeriert werden. Mit Word lassen sich solche Anforderungen bestens umsetzen.

Schritt 1

Zuerst setzen Sie den Cursor genau dorthin, wo das Fußnotenzeichen im Text erscheinen soll. Achten Sie darauf, dass Sie den Cursor direkt, also ohne Leerstelle, hinter das Zeichen setzen.

Schritt 2

Aktivieren Sie nun die Registerkarte **Referenzen**. Wenn Sie keine Einstellungen vornehmen möchten (für das Fußnotenzeichen o. Ä.), klicken Sie auf **Fußnote einfügen**.

Schritt 3

Dadurch springt der Cursor direkt in den Fußnotenbereich, der automatisch durch eine kurze Linie vom Rest des Textes abgegrenzt wird. Am Anfang der Zeile sehen Sie eine hochgestellte 1 (für die erste Fußnote). Im Text erscheint ebenfalls eine hochgestellte 1 (siehe Schritt 6).

Schritt 4

Schreiben Sie nun Ihren Text in die Fußnote. Ist er länger als eine Zeile, sieht es besser aus, wenn Sie einen hängenden Einzug (für alle Zeilen bis auf die erste) einstellen. Ziehen Sie dazu am entsprechenden Symbol auf dem Lineal (siehe dazu den Abschnitt »Textabschnitte ordentlich ausrichten« auf Seite 96).

4
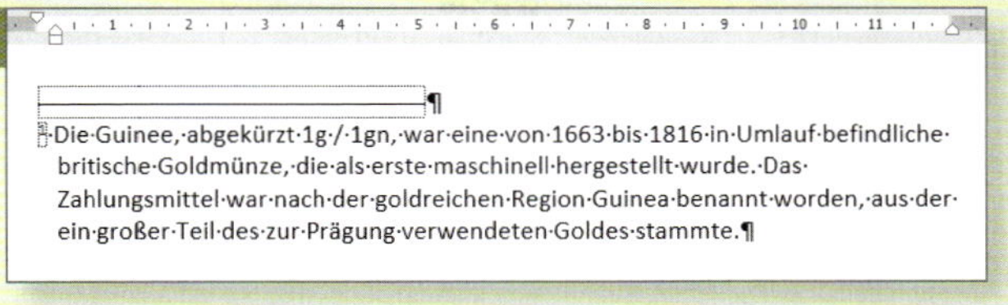

Schritt 5

Um weitere Einstellungen für Fußnoten vorzunehmen, klicken Sie auf der Registerkarte **Referenzen** auf den Pfeil an der Gruppe **Fußnoten** (1 auf Seite 110). Im Dialog könnten Sie sich z. B. auch für Endnoten (»Fußnoten« am Ende des Dokuments) entscheiden 2 oder ein anderes Zahlenformat 3 wählen. Zum Abschluss klicken Sie auf **Einfügen**.

5
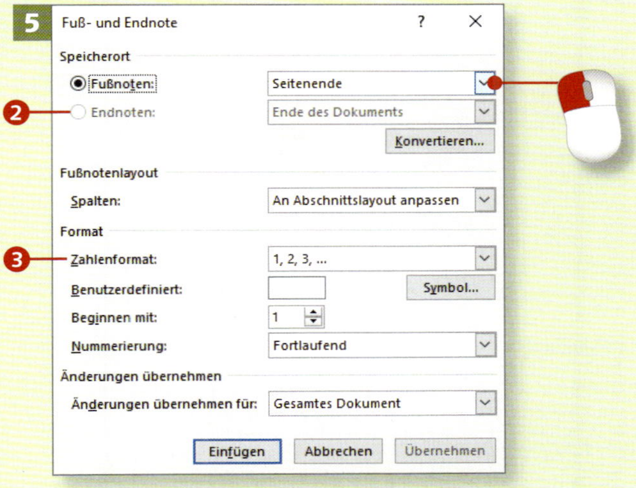

Schritt 6

Sie werden Fußnoten auch leicht wieder los. Markieren Sie das kleine Fußnotenzeichen im Text, und drücken Sie `Entf`. Dadurch wird die gesamte Fußnote gelöscht.

6
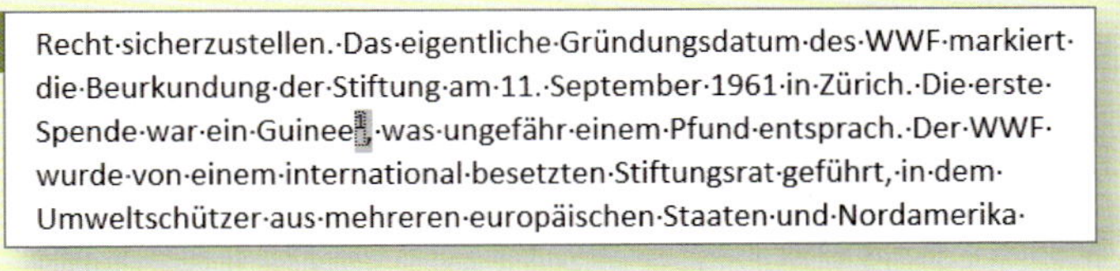

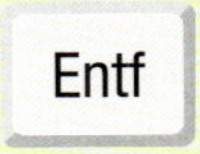

Kopf- und Fußzeilen anlegen und bearbeiten

Kopfzeilen und Fußzeilen erscheinen automatisch auf jeder neuen Seite des Dokuments. Sie werden gern für Kapitelüberschriften, Firmennamen, Briefköpfe etc. eingesetzt. Wir beschreiben hier Kopfzeilen, der Umgang mit Fußzeilen ist identisch.

1

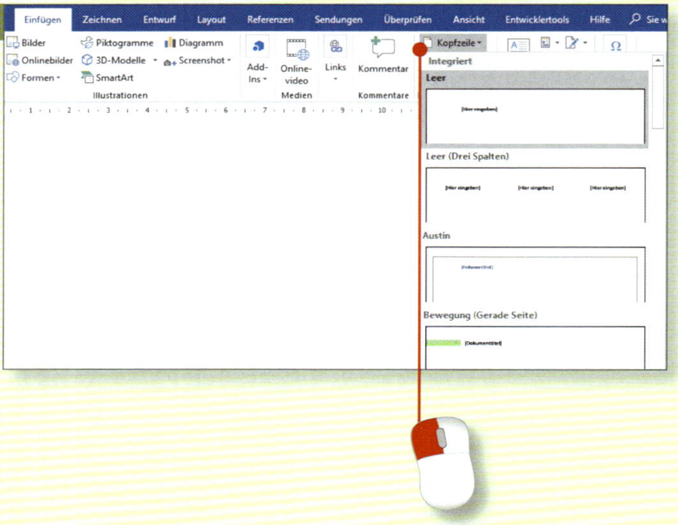

Schritt 1

Aktivieren Sie die Registerkarte **Einfügen**. Hier klicken Sie auf den Pfeil an der Schaltfläche **Kopfzeile**. Um eine Kopfzeile ohne weitere Formatierung einzufügen, wählen Sie **Leer**.

2

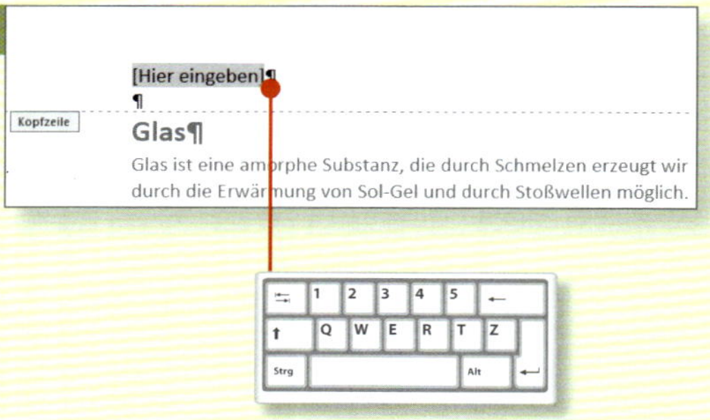

Schritt 2

Daraufhin erscheint oberhalb des Dokuments ein neuer Bereich mit dem Platzhaltertext **[Hier eingeben]**. Geben Sie den Text für die Kopfzeile einfach dort ein.

3

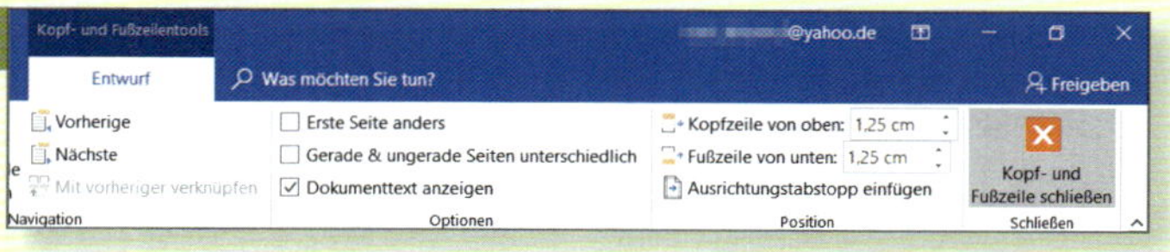

Schritt 3

Wenn Sie keine weiteren Formatierungen für die Kopfzeile festlegen möchten, war's das schon. Klicken Sie doppelt in den normalen Text oder auf die Schaltfläche **Kopf- und Fußzeile schließen** ganz rechts auf der Registerkarte **Kopf- und Fußzeilentools**.

Kopfzeilenbereich wieder einblenden

Um die Kopfzeile erneut zu bearbeiten, doppelklicken Sie im Dokument auf den Bereich.

Schritt 4

Sie können den Text einer Kopfzeile aber auch formatieren wie jeden anderen Text. Aktivieren Sie die Registerkarte **Start**, und nehmen Sie die gewünschten Formatierungen vor. Weisen Sie z. B. das Attribut **Fett** ❶ zu, und zentrieren Sie den Text.

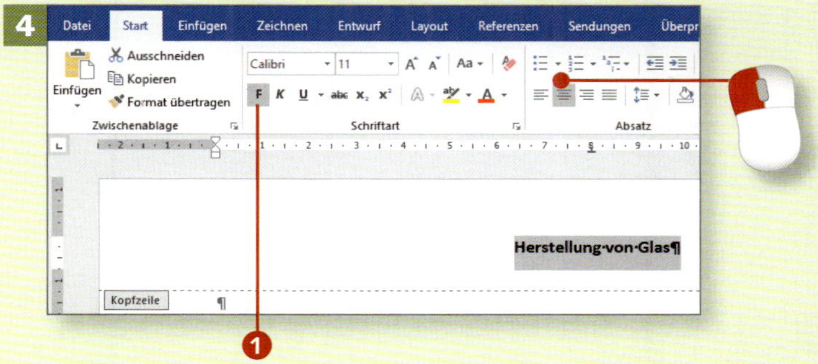

Schritt 5

Solange der Bereich der Kopfzeile geöffnet ist, wird die Registerkarte **Kopf- und Fußzeilentools/Entwurf** eingeblendet. Sie finden hier diverse Schaltflächen/Funktionen zur Bearbeitung der Kopfzeile.

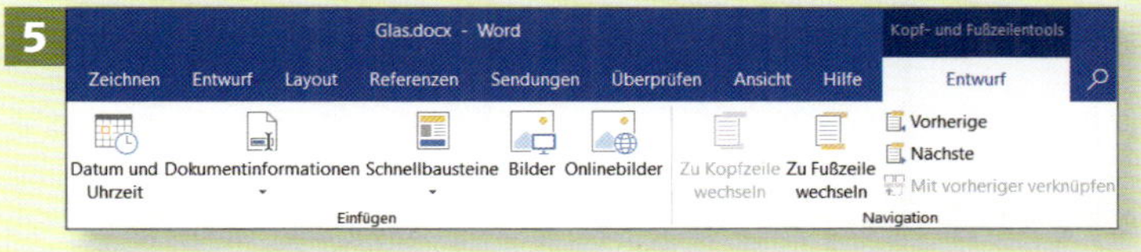

Schritt 6

Wenn Sie z. B. das Datum in die Kopfzeile einfügen möchten, klicken Sie in der Gruppe **Einfügen** auf **Datum und Uhrzeit**. Im Dialog wählen Sie das Format für das Datum aus ❷ und klicken auf **OK**. Setzen Sie das Datum mithilfe der ↹-Taste z. B. nach rechts.

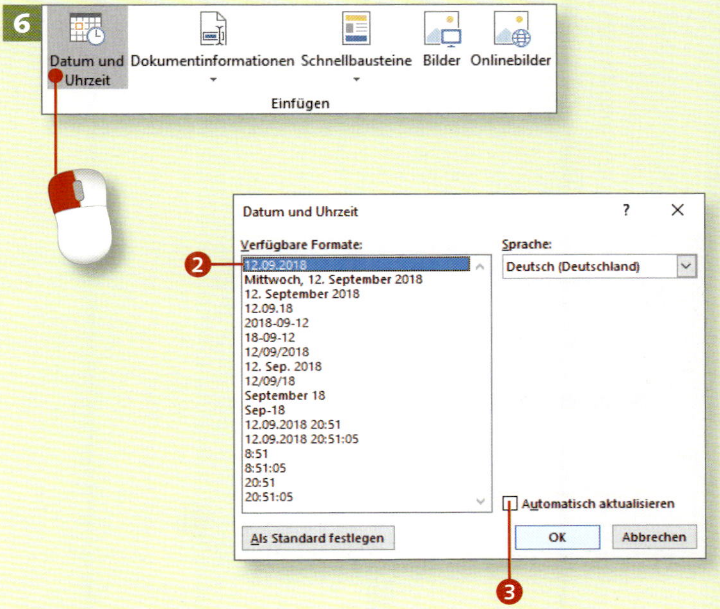

Datum aktualisieren

Wenn Sie im Dialog **Datum und Uhrzeit** die Option **Automatisch aktualisieren** ❸ anhaken, wird das Datum bei jedem Öffnen des Dokuments aktualisiert.

Kopf- und Fußzeilen anlegen und bearbeiten (Forts.)

Schritt 7

Oftmals soll auf der ersten Seite des Dokuments die Kopfzeile nicht auftauchen bzw. anders gestaltet sein. Das zu gewährleisten ist ganz einfach: Aktivieren Sie die Option **Erste Seite anders**.

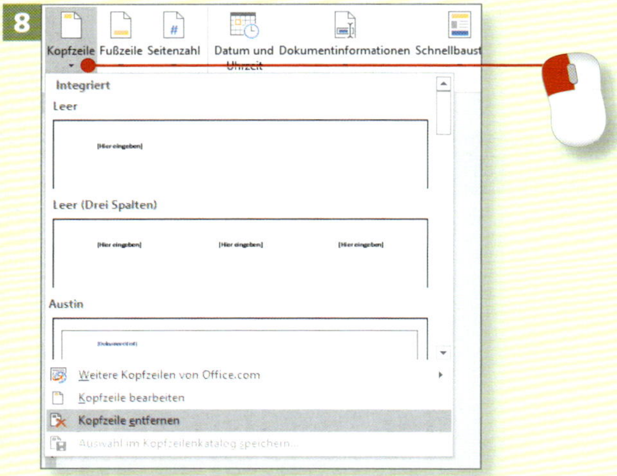

Schritt 8

Sie können Kopfzeilen auch wieder entfernen. Klicken Sie auf der Registerkarte **Einfügen** auf den Pfeil an der Schaltfläche **Kopfzeile**. (Wenn die Kopfzeile geöffnet ist, finden Sie diese Schaltfläche auch ganz links auf der Registerkarte **Kopf- und Fußzeilentools/Entwurf**.) Im Menü wählen Sie **Kopfzeile entfernen**.

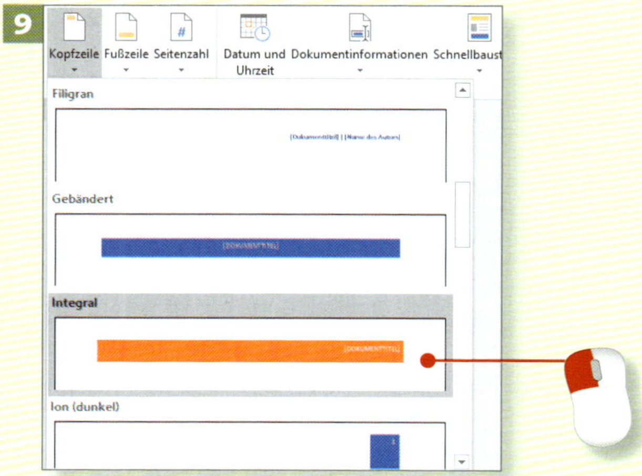

Schritt 9

Wenn Sie es sich bequem machen wollen, fügen Sie eine Kopfzeile mit einem Design ein. Öffnen Sie das Menü der Schaltfläche **Kopfzeile**, und klicken Sie auf eine Vorschau, die Ihnen gefällt.

Von Kopf bis Fuß

Um von der Kopfzeile in die Fußzeile zu springen, klicken Sie auf der Registerkarte **Kopf- und Fußzeilentools/Entwurf** auf **Zu Fußzeile wechseln**.

Schritt 10

Sie finden im Menü der Schaltfläche **Kopfzeile** auch Kopfzeilen, bei denen zwischen gerader und ungerader Seite unterschieden wird, z. B. **Facette**.

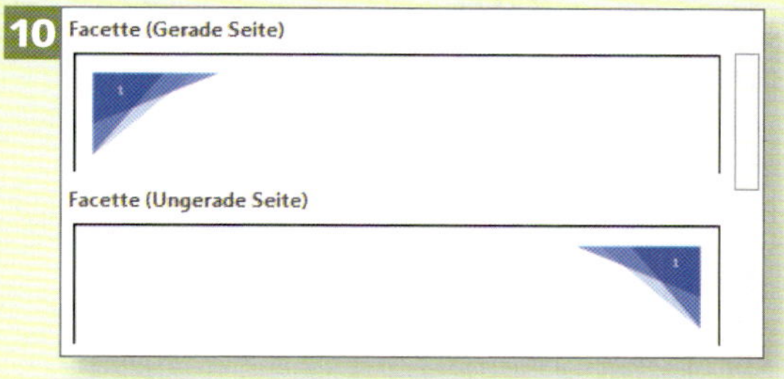

Schritt 11

Fügen Sie auf der ersten Seite die Kopfzeile **Facette (Ungerade Seite)** ein. Aktivieren Sie dann die Option **Gerade & ungerade Seiten unterschiedlich**. Mit den Schaltflächen **Vorherige** und **Nächste** ❶ können Sie zwischen den geraden und ungeraden Kopfzeilen wechseln.

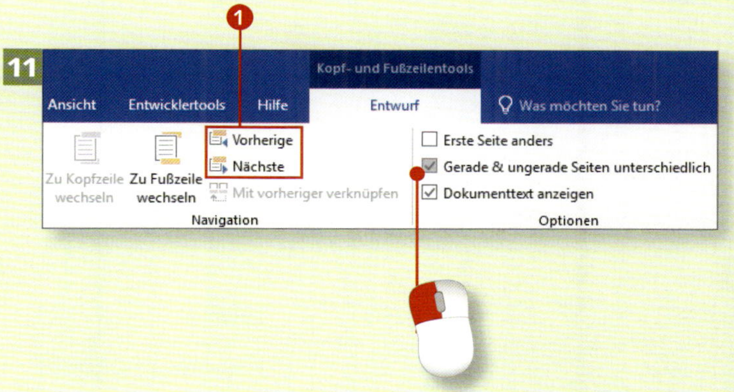

Schritt 12

Springen Sie also zur nächsten Kopfzeile, und klicken Sie auf der Registerkarte **Kopf- und Fußzeilentools/Entwurf** auf **Kopfzeile**. Aus dem Menü fügen Sie nun das Pendant ein, in unserem Beispiel **Facette (Gerade Seite)**.

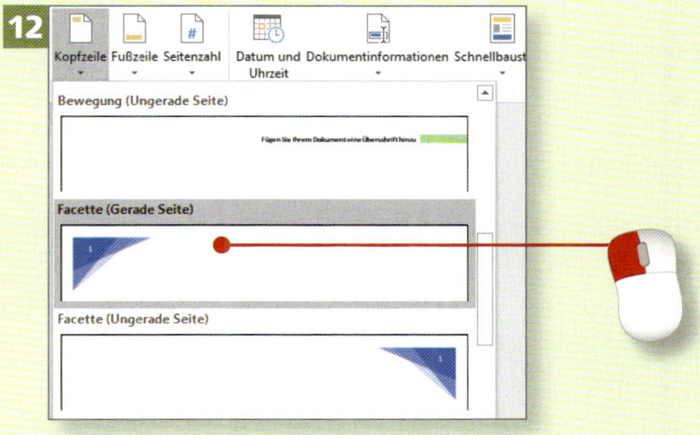

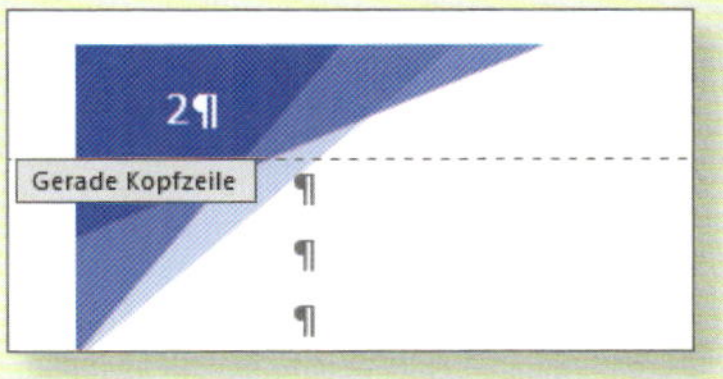

> **!**
> **Gerade und ungerade Kopfzeilen**
> Wenn Sie verschiedene Kopfzeilen nutzen und die Option **Gerade & ungerade Seiten unterschiedlich** deaktivieren, verschwindet die »gerade« Kopfzeile, und alle Seiten erhalten die »ungerade« Kopfzeile.

Seitenzahlen einfügen

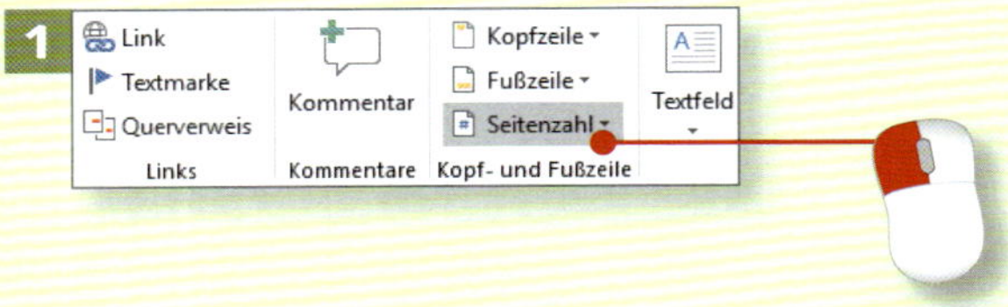

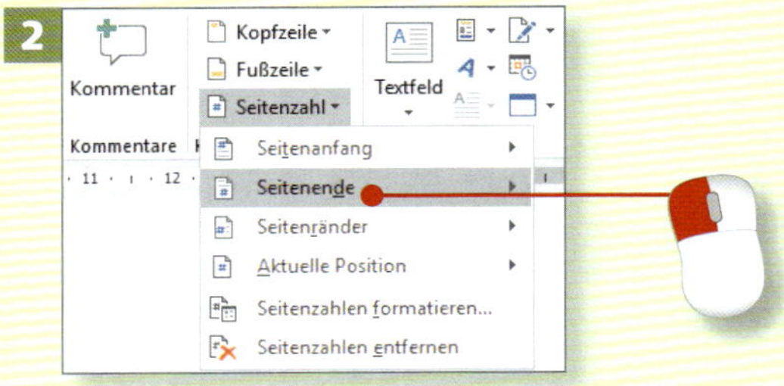

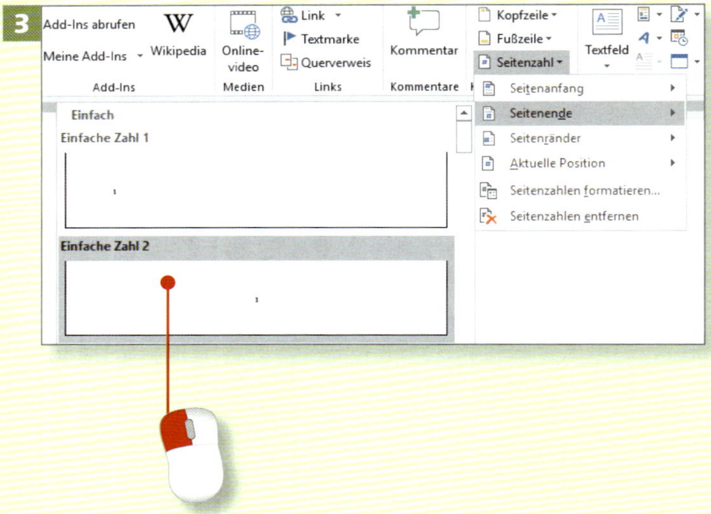

Lange Texte sind mit Seitenzahlen besser zu handhaben, vor allem, wenn sie ausgedruckt werden sollen. Es wäre sehr mühselig, einen Stapel Papier ohne Seitenzahlen wieder zu sortieren, wenn er auf dem Fußboden gelandet ist.

Schritt 1

Mehrseitige Dokumente sollten Seitenzahlen haben. Dafür finden Sie auf der Registerkarte **Einfügen** die Funktion **Seitenzahl**. Klicken Sie auf den Pfeil an der Schaltfläche.

Schritt 2

Im Menü wählen Sie zunächst, wo die Seitenzahlen platziert werden sollen. **Seitenanfang**, **Seitenende** und **Seitenränder** stehen zur Verfügung. In der Regel werden Sie hier **Seitenende** wählen.

Schritt 3

Im Untermenü wandern Sie durch die Auswahl. Neben einer einfachen Zahl stehen Ihnen zahlreiche Formatierungen zur Verfügung. Für eine schlichte Seitenzahl in der Mitte klicken Sie auf **Einfache Zahl 2**.

Fußzeilen und Seitenzahlen

Wenn Sie vor dem Einfügen von Seitenzahlen bereits eine Fußzeile mit Text erstellt hatten, verschwindet dieser Text wieder.

Schritt 4

Nun erscheint im unteren Bereich des Dokuments der Fußzeilenbereich mit der Seitenzahl.

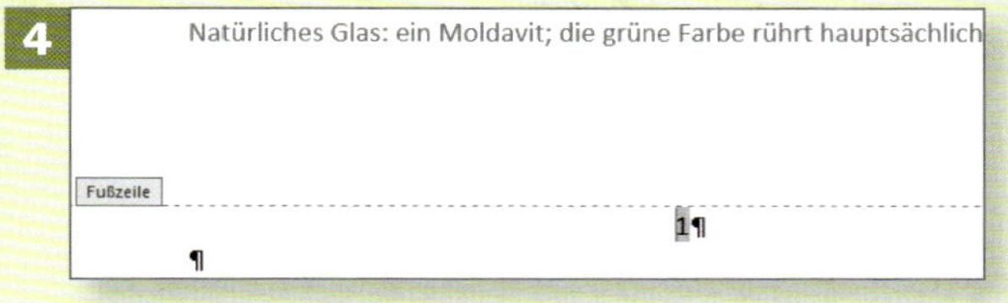

Schritt 5

Sie können aber auch ohne große Mühe für ein anderes Layout sorgen. Wie wäre es z. B. mit einer Linie über der Seitenzahl? Wählen Sie dazu im Auswahlmenü des Eintrags **Seitenende** die Option **Dünne Linie**.

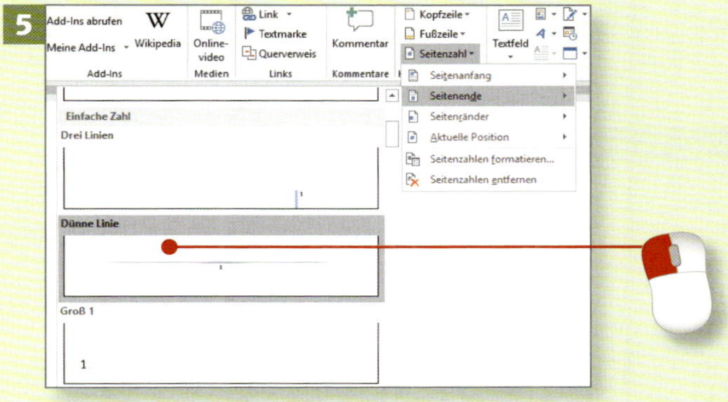

Schritt 6

Um das Format der Seitenzahlen zu ändern, klicken Sie auf **Seitenzahl ▸ Seitenzahlen formatieren** ❶. Der Dialog **Seitenzahlenformat** öffnet sich. Klicken Sie auf den Pfeil am Feld **Zahlenformat**, und wählen Sie eine Option.

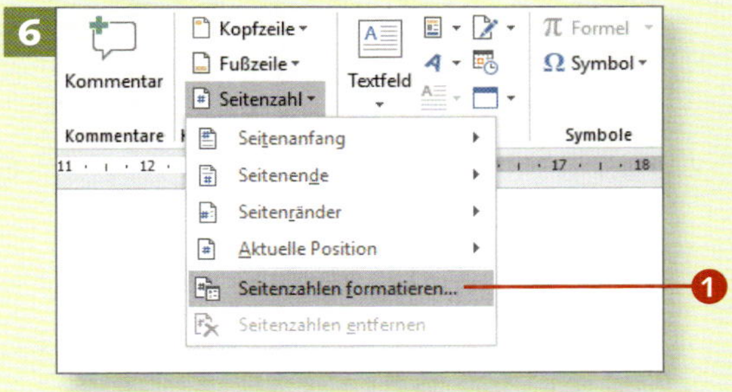

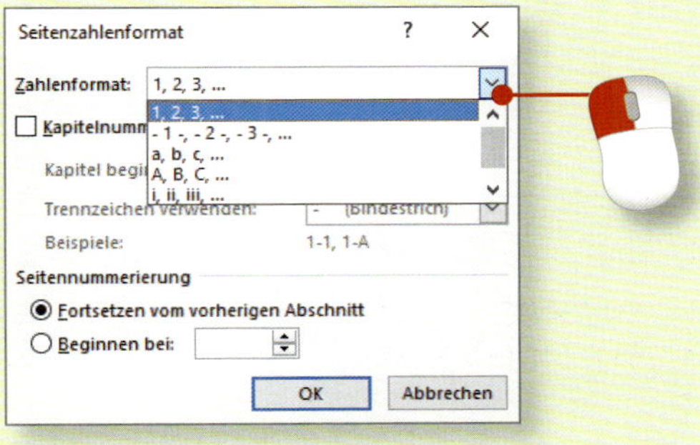

Eine 1 auf der 2. Seite

Um auf der ersten Seite keine Seitenzahl auftauchen zu lassen, aktivieren Sie auf der Registerkarte **Kopf- und Fußzeilentools/Entwurf** die Option **Erste Seite anders**. Öffnen Sie die Fußzeile der ersten Seite, und wählen Sie **Seitenzahl ▸ Seitenzahlen formatieren**. Geben Sie im Feld **Beginnen bei** des Dialogs **Seitenzahlenformat** »0« ein.

Kopfzeilen für einzelne Kapitel anlegen

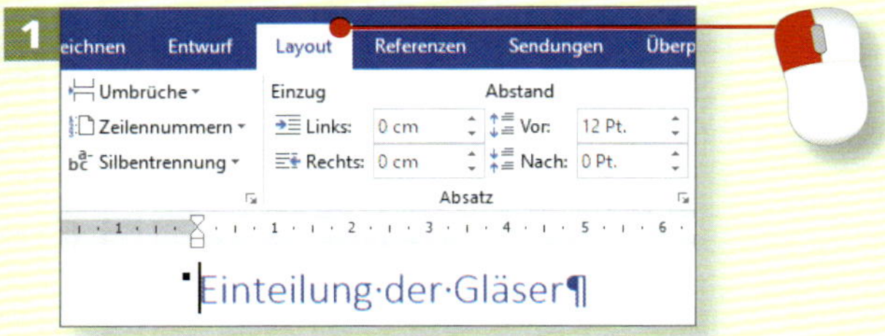

Längere Texte enthalten oft Kapitel- oder Zwischenüberschriften. Dann macht es sich gut, wenn Sie keine einheitliche, sondern pro Kapitel eine passende Kopfzeile anlegen.

Schritt 1

Setzen Sie den Cursor an die Stelle, an der Sie eine neue Kopfzeile erstellen möchten, in der Regel also vor eine Überschrift. Wechseln Sie dann zur Registerkarte **Layout**.

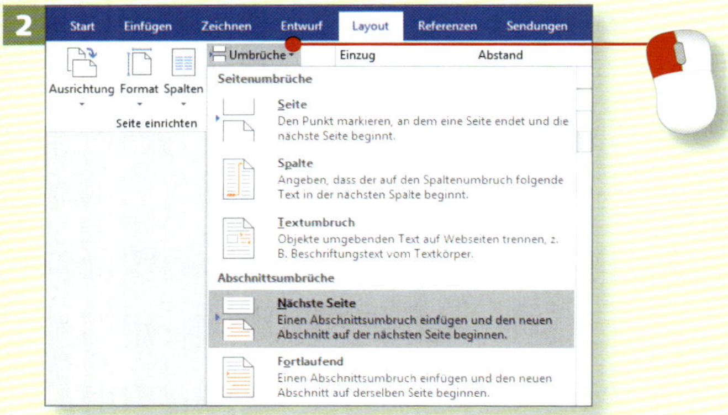

Schritt 2

Öffnen Sie das Menü **Umbrüche**, und klicken Sie im Bereich **Abschnittsumbrüche** auf die Option **Nächste Seite**. Fügen Sie auf diese Weise an passenden Stellen weitere Abschnitte in Ihr Dokument ein.

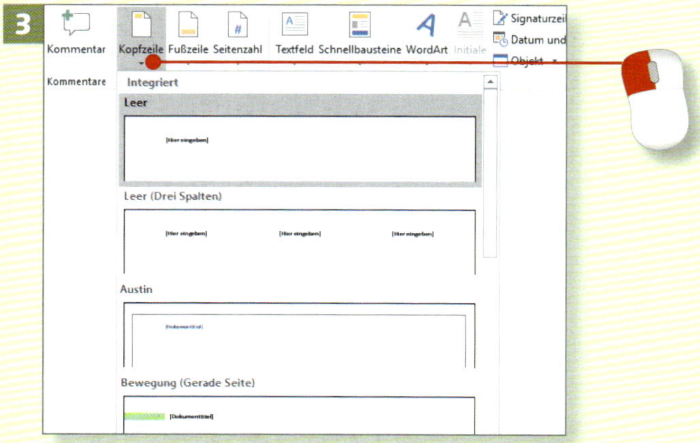

Schritt 3

Gehen Sie an den Anfang des Dokuments und fügen Sie die erste Kopfzeile ein, wie im Abschnitt »Kopf- und Fußzeilen anlegen und bearbeiten« auf Seite 112 beschrieben.

Schritt 4

Klicken Sie auf der Registerkarte **Kopf- und Fußzeilentools/Entwurf** auf die Schaltfläche **Nächste**. Sie erkennen an der aktivierten Schaltfläche **Mit vorheriger verknüpfen** ❶ und an der Angabe **Wie vorherige** in der Kopfzeile ❷, dass die Kopfzeile den Inhalt der Kopfzeile von Abschnitt 1 übernimmt.

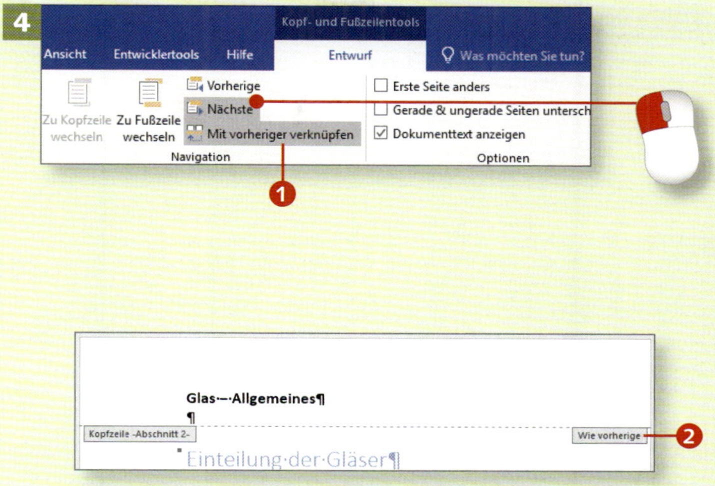

Schritt 5

Klicken Sie auf die Schaltfläche **Mit vorheriger verknüpfen** ❸, um sie zu deaktivieren. Löschen Sie den Text der Kopfzeile und geben Sie einen zum aktuellen Abschnitt passenden Text ein.

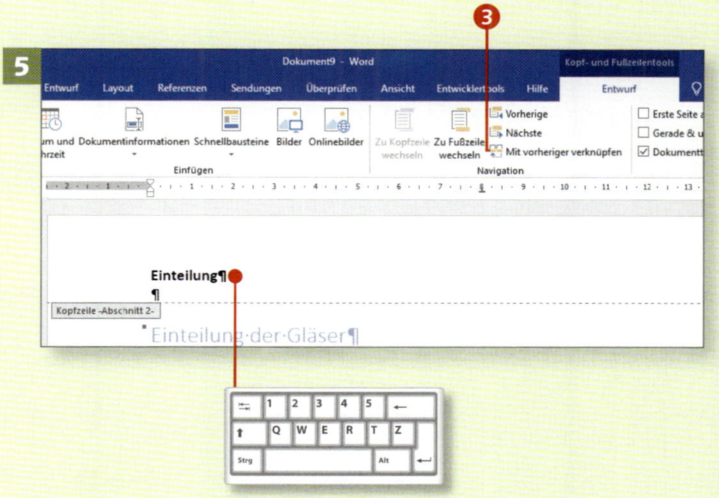

Schritt 6

Auf diese Weise gehen Sie Abschnitt für Abschnitt durch Ihr Dokument. Wenn ein Abschnitt doch den Inhalt der vorherigen Kopfzeile übernehmen soll, klicken Sie in den Kopfzeilenbereich dieses Abschnitts und aktivieren erneut die Schaltfläche **Mit vorheriger verknüpfen**. Im Nachfragedialog klicken Sie auf **Ja**.

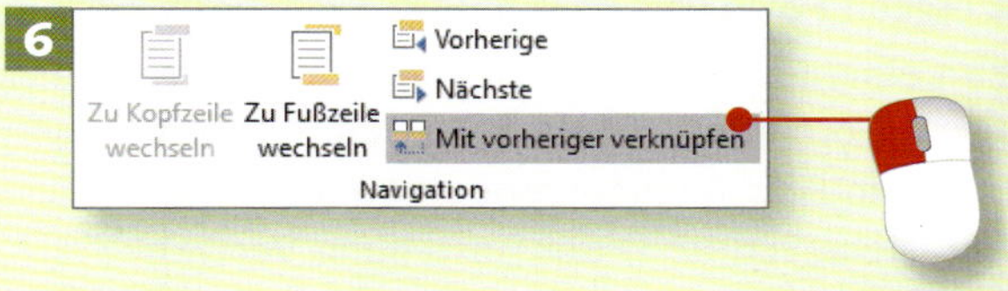

Mit Formatvorlagen arbeiten

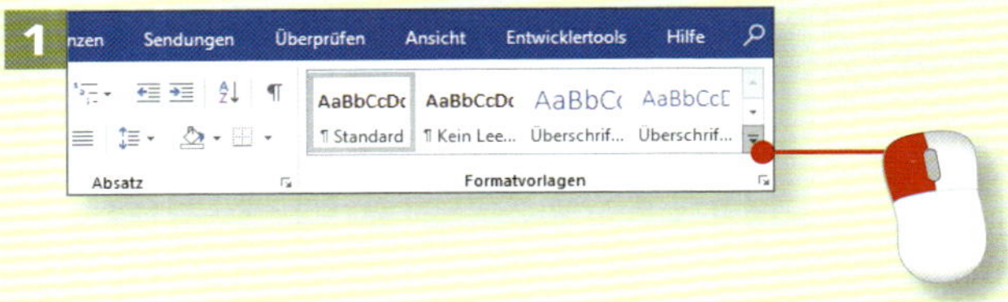

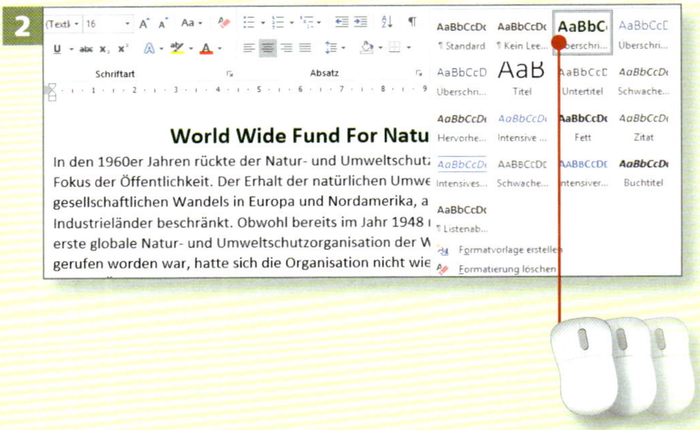

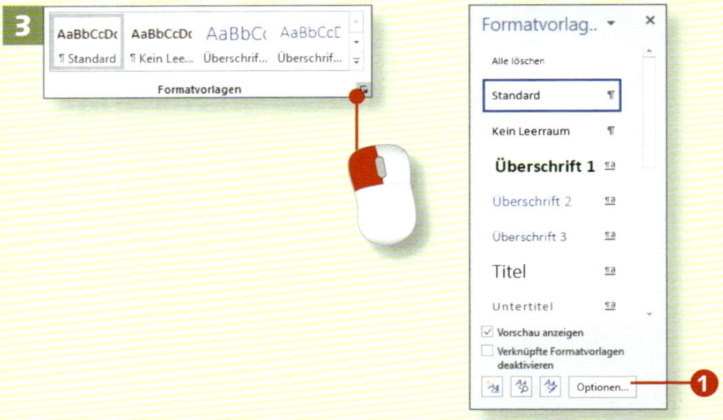

Eine praktische Sache: Formatvorlagen bündeln diverse Formatierungen in Vorlagen, die Sie Absätzen einfach per Mausklick zuweisen können.

Schritt 1

Um eine Formatvorlage zuzuweisen, setzen Sie den Cursor in den entsprechenden Absatz und klicken auf der Registerkarte **Start** auf den untersten Pfeil des Auswahlbereichs **Formatvorlagen**.

Schritt 2

Im Menü sehen Sie eine Auswahl der Formatvorlagen, die *Schnellformatvorlagen*. Fahren Sie mit der Maus über die Bezeichnungen, dann sehen Sie die Auswirkungen direkt im Text. Klicken Sie auf eine Vorlage, um sie zu übernehmen.

Schritt 3

Um eine Auswahl der Formatvorlagen als Liste zu erhalten und zu weiteren Optionen zu gelangen, klicken Sie auf den Pfeil an der Befehlsgruppe **Formatvorlagen**. Daraufhin wird der Aufgabenbereich **Formatvorlagen** eingeblendet.

Die angezeigten Formatvorlagen
Wenn Sie an einem Dokument arbeiten, in dem Sie nur bestimmte Formatvorlagen verwenden möchten, ist es sinnvoll, im Feld **Anzuzeigende Formatvorlagen wählen** (siehe Schritt 4) die Einstellung **Verwendet** zu wählen.

Schritt 4

Um alle vorhandenen Formatvorlagen zu sehen, klicken Sie ganz unten auf den Link **Optionen** ❶. Im Dialog wählen Sie im Feld **Anzuzeigende Formatvorlagen auswählen** die Option **Alle Formatvorlagen** und bestätigen mit **OK**.

4

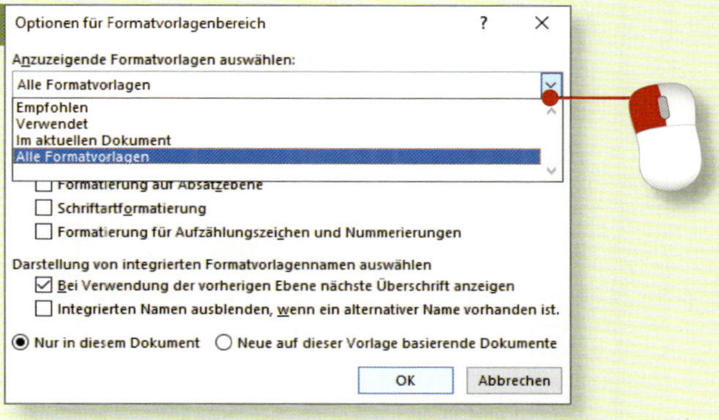

Schritt 5

Wenn Sie mit der Maus auf eine der Formatvorlagen im Aufgabenbereich zeigen (nicht klicken!), werden die Formatierungseinstellungen eingeblendet.

5

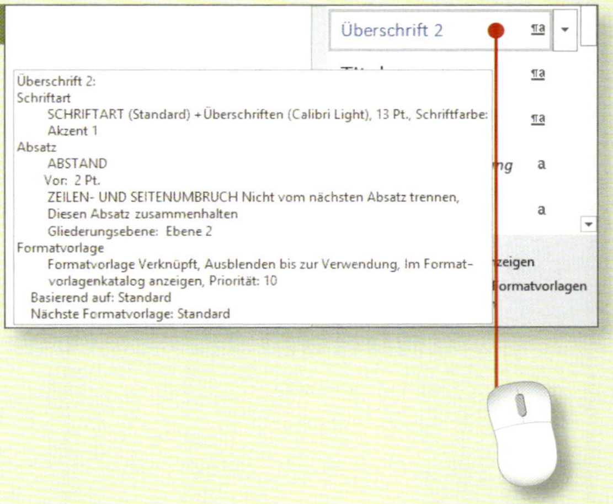

Schritt 6

Um sich die Formatierung eines Absatzes anzeigen zu lassen, sodass Sie sehen, welche Formatierungen zusätzlich zu den Formatvorlagen vergeben sind, bietet sich der *Formatinspektor* an. Sie rufen ihn über die gleichnamige Schaltfläche im Aufgabenbereich **Formatvorlagen** auf.

6

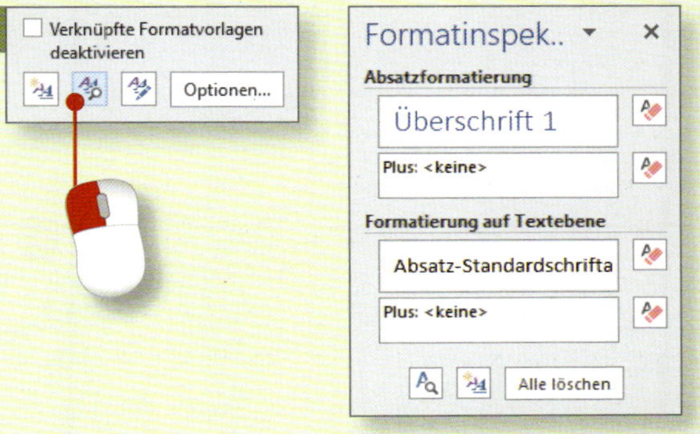

Vorteile der Formatvorlagen
Insbesondere bei längeren Dokumenten sind Formatvorlagen nützlich, weil Sie wiederkehrende Formatierungen einfach mit einem Mausklick zuweisen können.

Vorhandene Formatvorlagen ändern

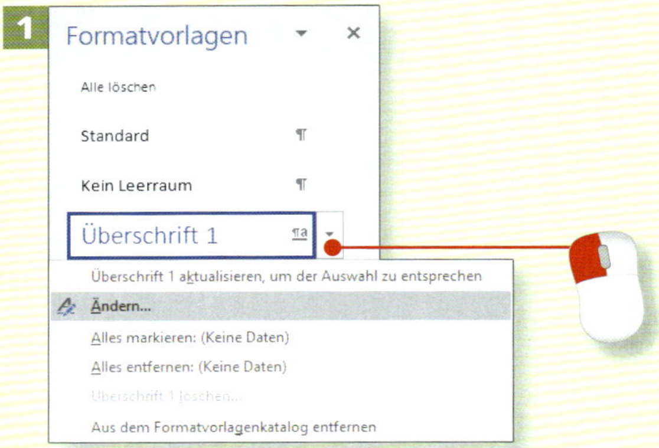

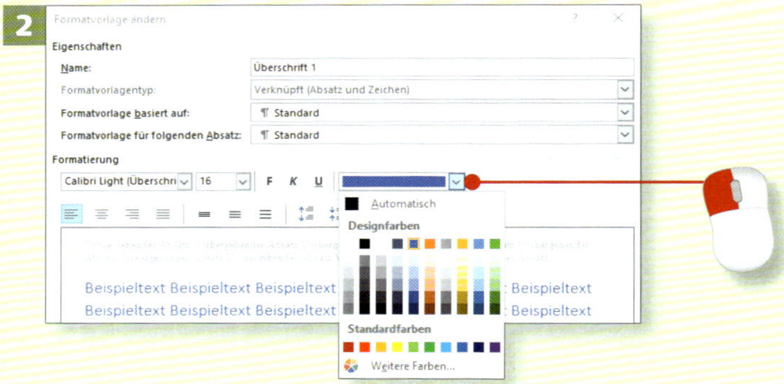

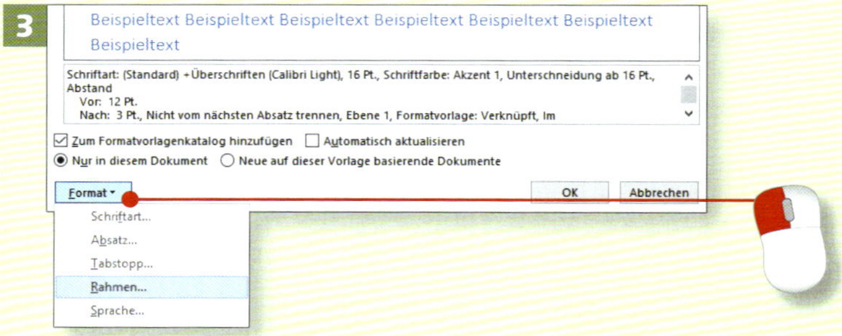

Wenn Sie mit den Eigenschaften einer Vorlage nicht vollkommen zufrieden sind, können Sie sie auch verändern und an Ihre Vorstellungen anpassen. Wir zeigen Ihnen, wie das geht.

Schritt 1

Öffnen Sie den Aufgabenbereich, indem Sie auf den Pfeil an der Gruppe **Formatvorlagen** klicken (siehe Seite 120). In der Liste klicken Sie auf den Pfeil rechts an der Vorlage, die Sie ändern möchten (z. B. **Überschrift 1**). Im Menü wählen Sie **Ändern**.

Schritt 2

Der Dialog **Formatvorlage ändern** öffnet sich. Einige Formatierungseinstellungen können Sie unmittelbar im Dialog ändern, z. B. Schriftgröße und/oder Farbe.

Schritt 3

Für andere Einstellungen, z. B. einen Rahmen, klicken Sie unten im Dialogfenster **Formatvorlage ändern** auf **Format** und wählen im Menü **Rahmen**. Dies öffnet den Dialog **Rahmen und Schattierung**.

Schritt 4

Wenn Sie dafür sorgen möchten, dass die (geänderte) Formatvorlage in der Gruppe **Schnellformatvorlagen** auf der Registerkarte **Start** auftaucht, aktivieren Sie die Option **Zum Formatvorlagenkatalog hinzufügen**.

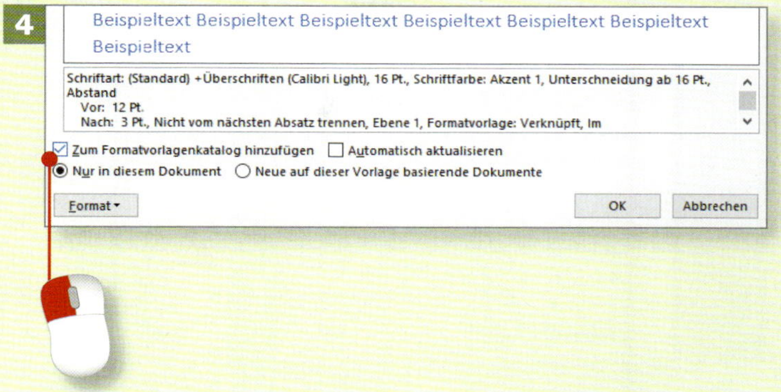

Schritt 5

Sollen die Veränderungen an der Formatvorlage nur im aktuellen Dokument gelten, aktivieren Sie die Option **Nur in diesem Dokument**. In neuen Dokumenten hat die Formatvorlage dann wieder die Standardeinstellungen (gemäß der Dokumentvorlage).

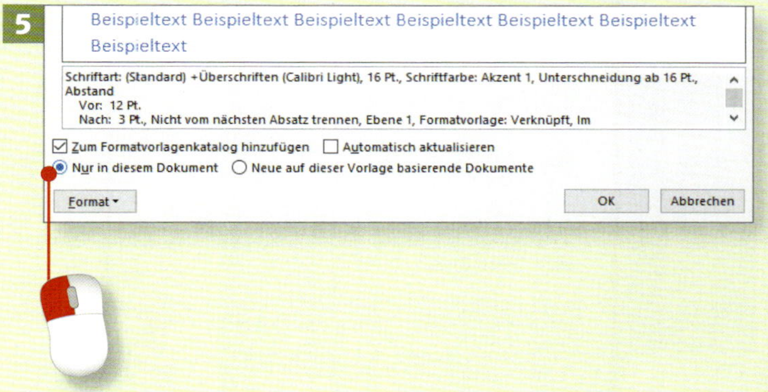

Schritt 6

Achten Sie auch auf das Feld **Formatvorlage für folgenden Absatz**. Hier stellen Sie ein, in welcher Formatvorlage Sie nach dem Drücken der [↵]-Taste weiterschreiben.

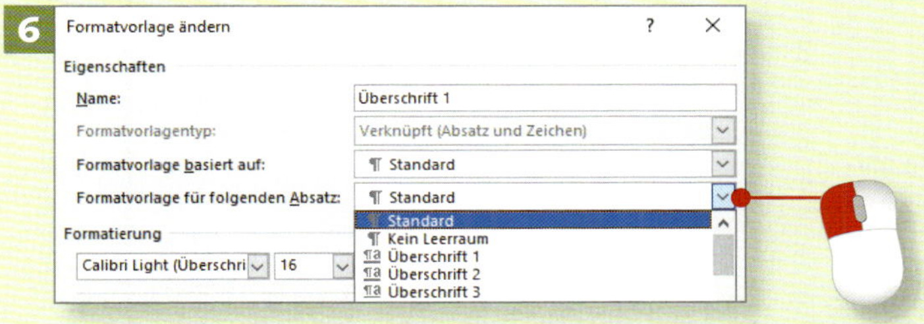

Vorlage für folgenden Absatz

Die Einstellung **Formatvorlage für folgenden Absatz** ist sehr wichtig. Es wäre lästig, wenn Sie nach dem Drücken von [↵] erst immer zur gewünschten Formatvorlage wechseln müssten.

Eigene Dokumentvorlagen erstellen

Eine Dokumentvorlage enthält alle Einstellungen, die Sie benötigen: Seitenlayout, Formatierungen, Formatvorlagen etc. Wir beschreiben hier ihre Erstellung.

Schritt 1

Für ein Protokoll der wöchentlichen Teamsitzung sparen Sie sich mit einer Dokumentvorlage viel Arbeit. Beginnen Sie damit, das Grundgerüst Ihrer Vorlage wie eine normale Datei zu erstellen. Klicken Sie dazu auf **Datei ▸ Neu** und in der Auswahl auf **Leeres Dokument**.

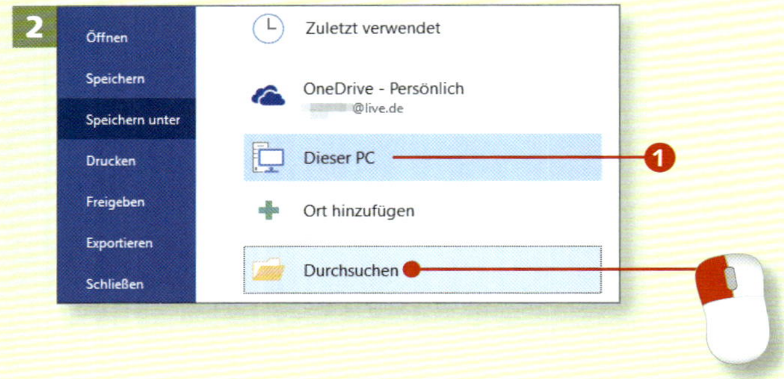

Schritt 2

Nun speichern Sie das Dokument als Dokumentvorlage ab. Klicken Sie auf **Datei ▸ Speichern unter**, und markieren Sie **Dieser PC** ❶. Dann klicken Sie auf **Durchsuchen**.

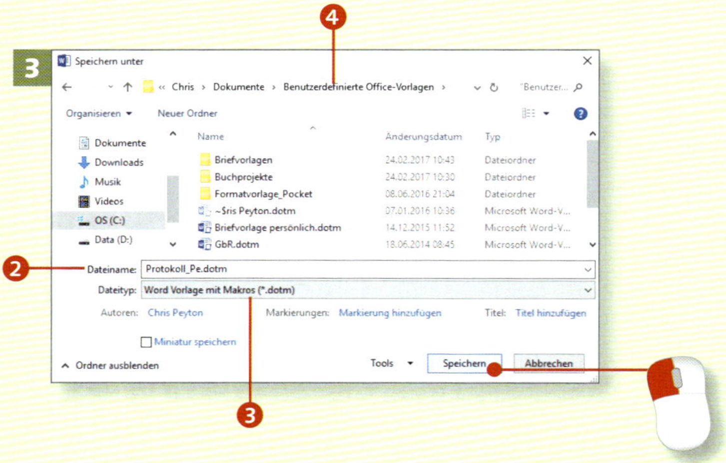

Schritt 3

Geben Sie der Vorlage im Dialog **Speichern unter** einen Namen ❷. Klicken Sie dann auf den Pfeil am Feld **Dateityp**, und markieren Sie in der Liste **Word Vorlage mit Makros (*.dotm)** bzw. **Word-Vorlage** ❸. Der Ordner für **Benutzerdefinierte Office-Vorlagen** wird geöffnet ❹. Klicken Sie dann auf **Speichern**.

Schritt 4

Nehmen Sie die Einstellungen für Ihre neue Dokumentvorlage vor. Sie können z. B. Texte und Formatierungen einbinden. All diese Eigenschaften sind später in den Dokumenten, die auf dieser Dokumentvorlage basieren, bereits vorhanden.

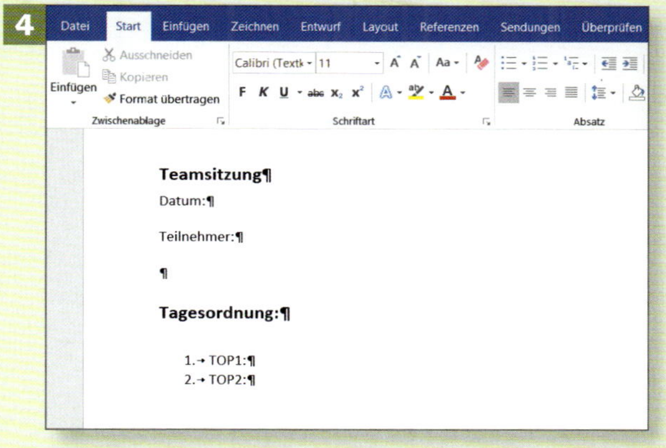

Schritt 5

Gönnen Sie der Vorlage z. B. auch eine Kopfzeile. Klicken Sie dazu auf der Registerkarte **Einfügen** auf die Schaltfläche **Kopfzeile**, und wählen Sie im Untermenü ein Layout, z. B. **Facette** (wie im Beispiel).

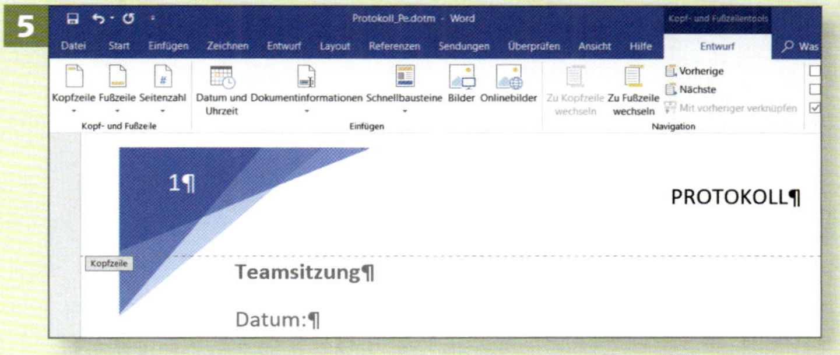

Schritt 6

Wenn Sie alle Einstellungen für die Dokumentvorlage vorgenommen haben und zufrieden sind, speichern Sie sie ab, indem Sie oben links auf das **Speichern**-Symbol klicken. Aber denken Sie daran, Elemente zu löschen, die in späteren Dokumenten nicht zu sehen sein sollen.

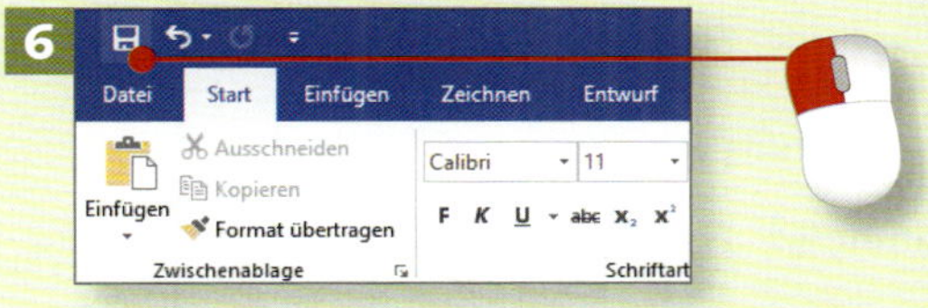

Ordner für persönliche Vorlagen

In der Kategorie **Speichern** der Word-Optionen sehen Sie im Feld **Standardspeicherort für persönliche Vorlagen**, wo benutzerdefinierte Vorlagen gespeichert werden.

Eigene Dokumentvorlagen aufrufen

Nachdem Sie nun – wie im vorangegangenen Abschnitt beschrieben – eine Dokumentvorlage für das Protokoll einer Teamsitzung erstellt haben, können Sie sie schnell einsetzen.

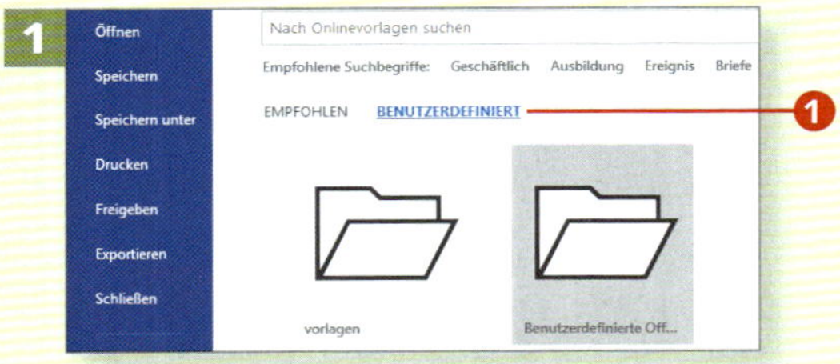

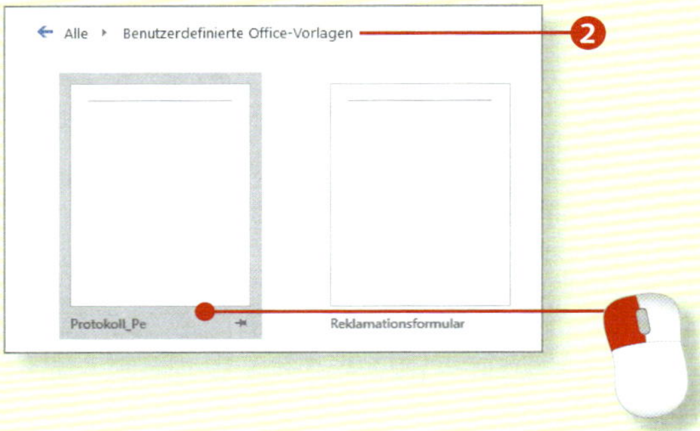

Schritt 1

Eigene Dokumentvorlagen finden Sie, wie auch die Vorlagen von Microsoft, unter **Datei ▸ Neu**. Im Fenster **Neu** klicken Sie auf den Link **Benutzerdefiniert** ❶ und im nächsten Fenster auf **Benutzerdefinierte Office-Vorlagen** ❷. Per Klick rufen Sie die Vorlage auf.

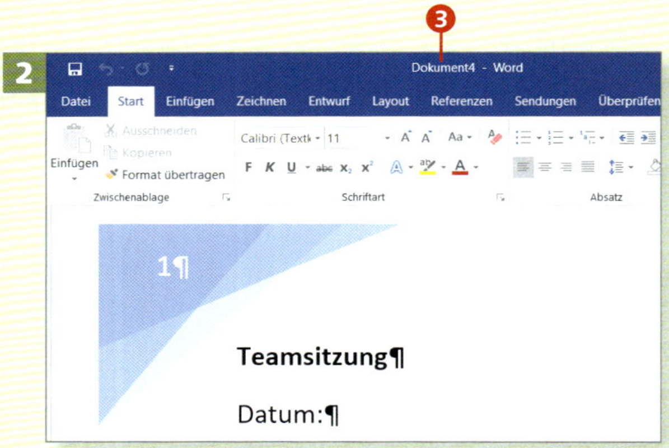

Schritt 2

Word legt ein neues Dokument auf Basis der Dokumentvorlage an. Sie sehen das in der Titelleiste ❸. Das Dokument ist mit den Elementen der Vorlage gefüllt. Sie können es nun für neue Eingaben verwenden.

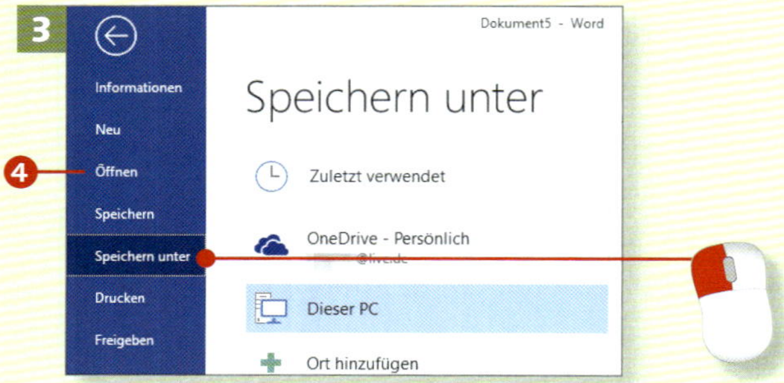

Schritt 3

Sie speichern das Protokoll wie jedes andere Dokument; klicken Sie also auf **Datei ▸ Speichern unter** oder auf **Speichern** in der Symbolleiste für den Schnellzugriff. Anschließend legen Sie über den Dialog **Speichern unter** den Speicherort fest.

Schritt 4

Um eine vorhandene Dokumentvorlage zu bearbeiten, müssen Sie sie öffnen ❹. Wählen Sie im Dialog **Öffnen** den Ordner, in dem Sie Ihre Vorlagen abgelegt haben, normalerweise **Dieser PC ▸ Dokumente ▸ Benutzerdefinierte Office-Vorlagen**.

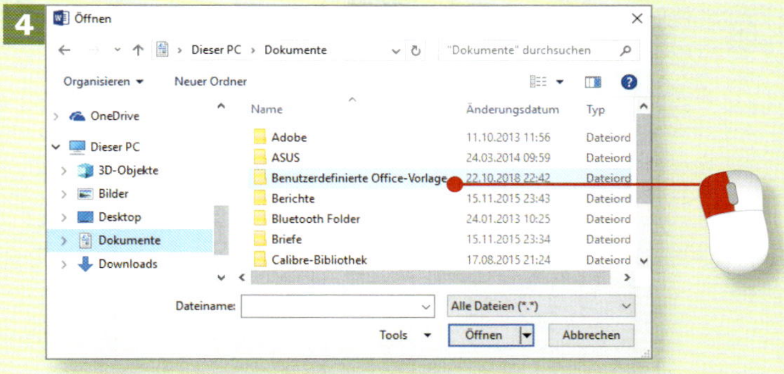

Schritt 5

Da die Dateiendungen standardmäßig nicht angezeigt werden, gehen Sie auf Nummer sicher und wählen in der Auswahlliste neben dem Feld **Dateiname** den Eintrag **Word-Vorlagen mit Makros**. Mit dieser Einstellung werden normale Word-Dokumente nicht angezeigt, sondern nur die Word-Vorlagen.

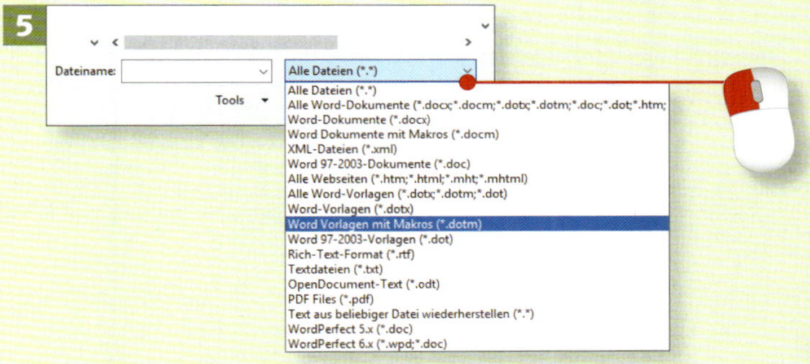

Schritt 6

Markieren Sie nun die gewünschte Dokumentvorlage ❺, und klicken Sie auf **Öffnen**. Anschließend können Sie die Vorlage ändern und bearbeiten. Vergessen Sie das Speichern nicht! Alle neuen Dokumente auf Basis dieser Vorlage werden das neue Aussehen annehmen.

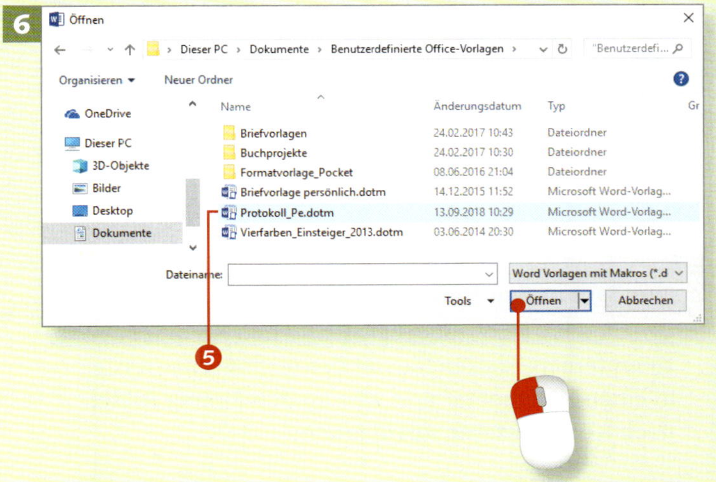

Arbeit im Team – Kommentare

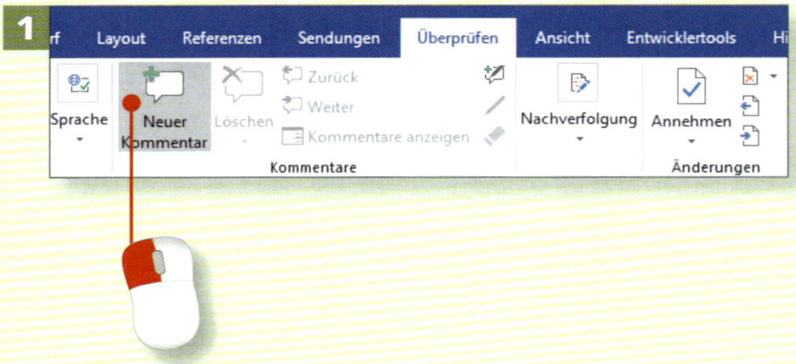

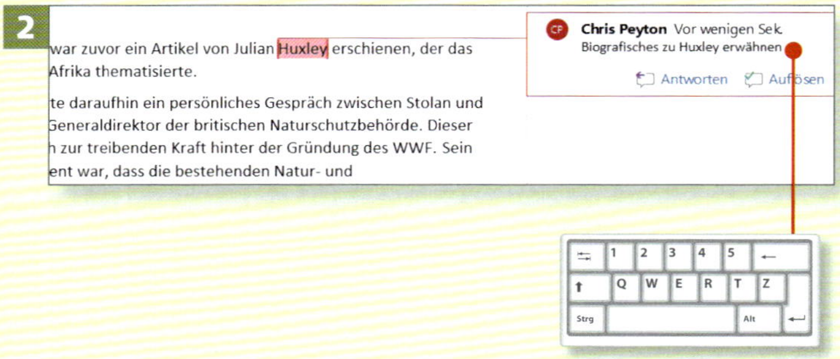

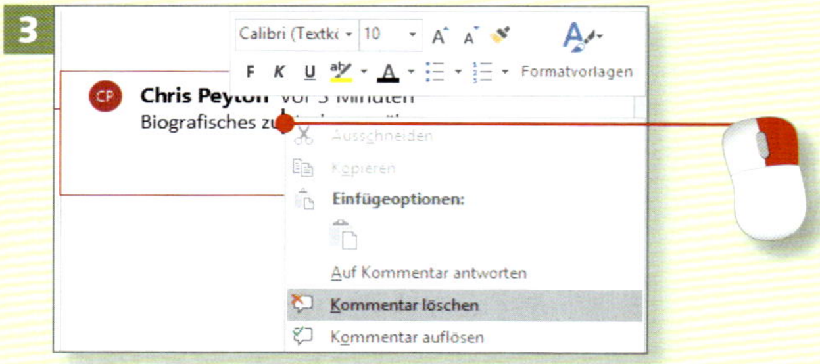

Teamwork wird überall großgeschrieben! Word geht mit diesem Trend und bietet zahlreiche Möglichkeiten der Zusammenarbeit.

Schritt 1

Um einen Text mit einem Kommentar zu versehen, aktivieren Sie die Registerkarte **Überprüfen**. Setzen Sie den Cursor vor das Textstückchen, das Sie kommentieren möchten, und klicken Sie auf **Neuer Kommentar**.

Schritt 2

Am rechten Rand des Dokuments wird in der Ansicht **Drucklayout** eine Art »Sprechblase« eingeblendet. In die Sprechblase schreiben Sie Ihren Kommentar, z. B. einen Änderungsvorschlag.

Schritt 3

Wenn Sie einen Kommentar entfernen möchten, klicken Sie mit der rechten Maustaste in die Sprechblase und wählen den Befehl **Kommentar löschen**. Alternativ dazu finden Sie auf der Registerkarte **Überprüfen** die Schaltfläche **Löschen**.

Nur Text in den Kommentaren

Um die Platzhalter der Bildchen in den Kommentaren zu entfernen, klicken Sie mit der rechten Maustaste in einen Kommentar und wählen den Eintrag **Bilder nach Kommentaren ausblenden**.

Schritt 4

Um alle Kommentare in einem Rutsch aus dem Dokument zu entfernen, klicken Sie auf den Pfeil an der Schaltfläche **Löschen** und dann auf **Alle Kommentare im Dokument löschen**.

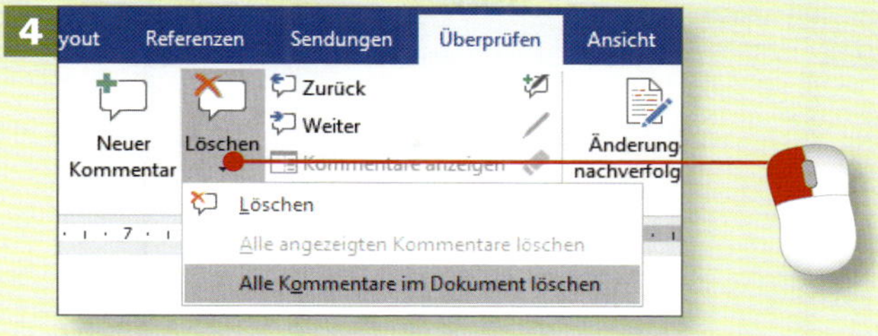

Schritt 5

Sie können im Dokument auch von einem Kommentar zum nächsten springen. Dazu setzen Sie den Cursor in die erste Sprechblase und klicken auf **Weiter**.

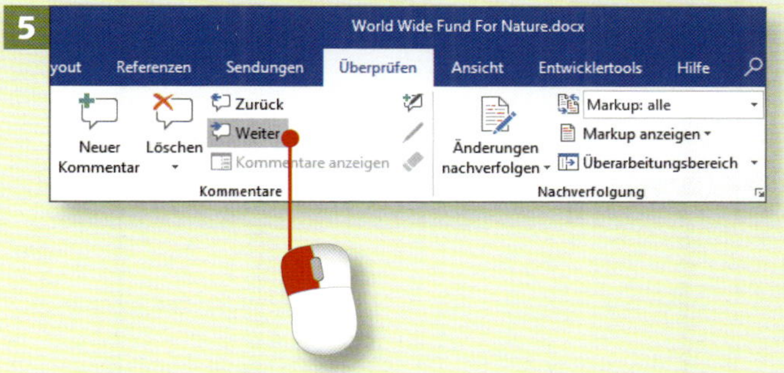

Schritt 6

Kommentare können Sie sich auch der Reihe nach im Überarbeitungsbereich anzeigen lassen. Sie blenden diesen Bereich über das Menü der Schaltfläche **Überarbeitungsbereich** ein und schließen ihn wieder mit einem Klick auf das Schließkreuz ❶.

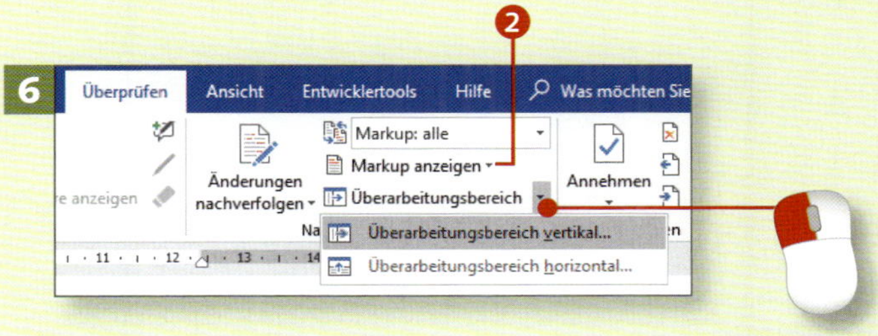

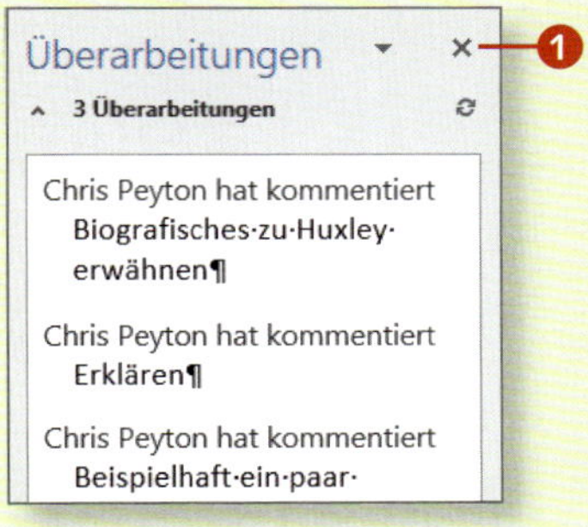

Anzeige von Änderungen

Wie Änderungen im Dokument angezeigt werden, können Sie auf der Registerkarte **Überprüfen** über **Markup anzeigen** ❷ ▸ **Sprechblasen** festlegen.

Kommentare kommentieren

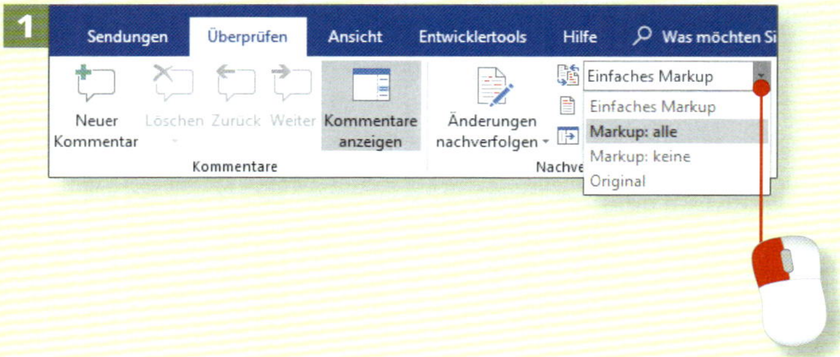

Kommentare können oft nicht unkommentiert bleiben! Sie dürfen antworten und »Ihren Senf« dazugeben.

Schritt 1

Zunächst müssen Sie die Kommentare, die einem Dokument hinzugefügt wurden, sichtbar machen. Klicken Sie dazu auf der Registerkarte **Überprüfen** auf den Pfeil am Feld **Anzeige zur Überarbeitung**, und wählen Sie im Menü **Markup: alle**.

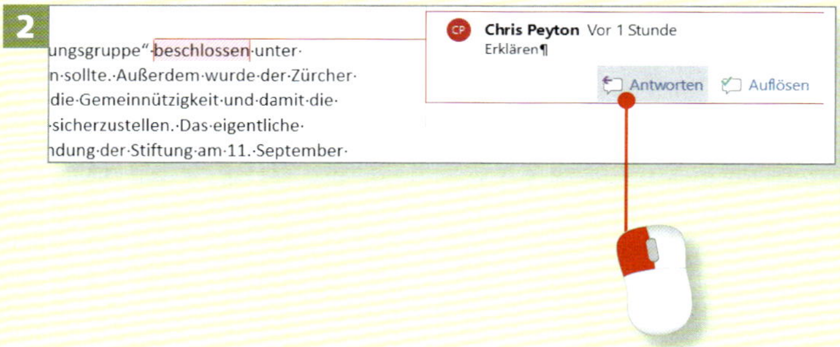

Schritt 2

Klicken Sie in die Sprechblase des Kommentars, den Sie kommentieren möchten und dann auf **Antworten**. Alternativ drücken Sie die rechte Maustaste und wählen im Kontextmenü **Auf Kommentar antworten**.

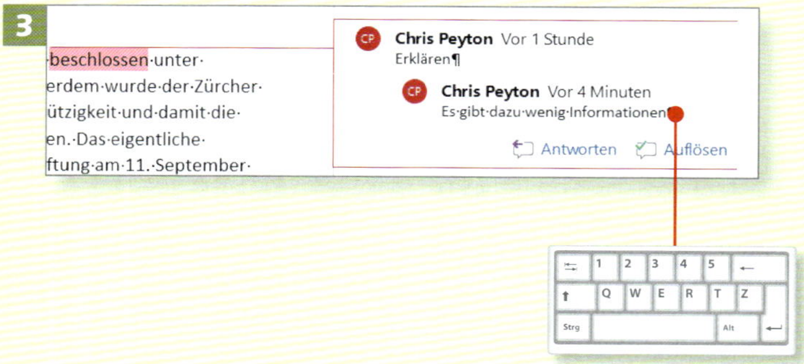

Schritt 3

Nun erscheint etwas eingerückt unter dem ursprünglichen Kommentar eine neue Zeile in der Sprechblase, in der Sie Ihrerseits einen Kommentar eingeben können.

Schritt 4

Um schnell zu erkennen, welche Kommentare Sie bereits bearbeitet haben, können Sie sie anders darstellen. Dazu setzen Sie den Cursor in den entsprechenden Kommentar und klicken auf **Auflösen**.

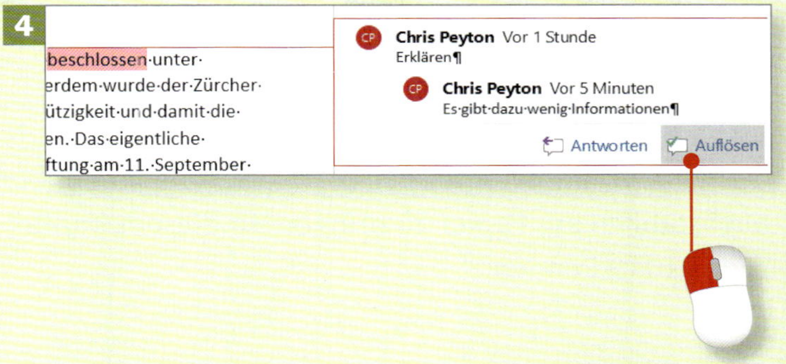

Schritt 5

Wurde ein Kommentar als »aufgelöst« gekennzeichnet, wird der Text des Kommentars ausgegraut und nur noch blass dargestellt, ist aber noch zu lesen.

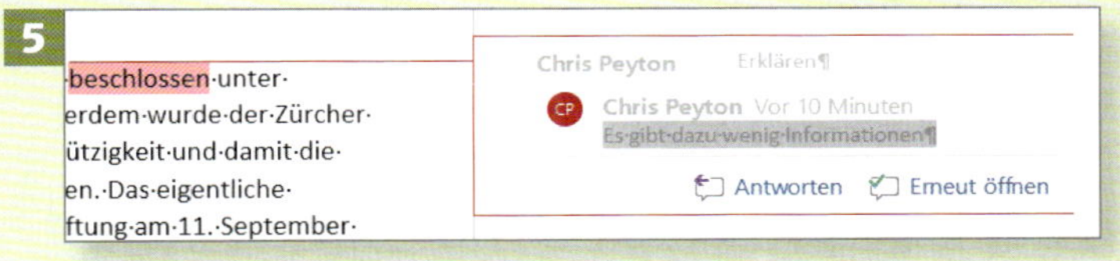

Schritt 6

Um sich einen aufgelösten Kommentar erneut »normal« anzeigen zu lassen, klicken Sie in die Sprechblase und dann auf das Symbol **Erneut öffnen**.

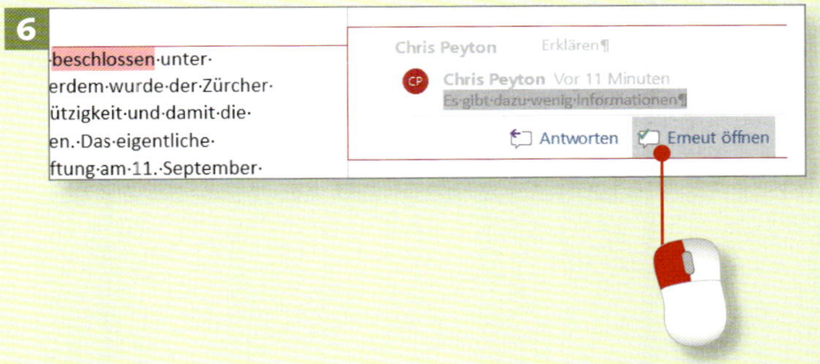

Hierarchie der Kommentare

Wenn Sie einen Kommentar als »aufgelöst« kennzeichnen, werden alle Antworten ebenfalls als »aufgelöst« markiert.

Kapitel 6
Drucken

Obwohl wir im Zeitalter der Digitalisierung leben, kommt man oft nicht umhin, Texte buchstäblich auf Papier zu bringen. In diesem Kapitel lernen Sie die Druckfunktion von Word 2019 kennen.

Die Druckvorschau
Über die Registerkarte **Datei** können Sie sich eine Vorschau anzeigen lassen, die dem späteren Ausdruck entspricht. Hier nehmen Sie zudem sämtliche Druckereinstellungen vor.

Praktische Hinweise
Ein paar praktische Ratschläge dürfen hier auch nicht fehlen: Woran sollten Sie vor dem Drucken denken, wie können Sie Tinte sparen, und was machen Sie, wenn der Drucker nicht tut, was er soll?

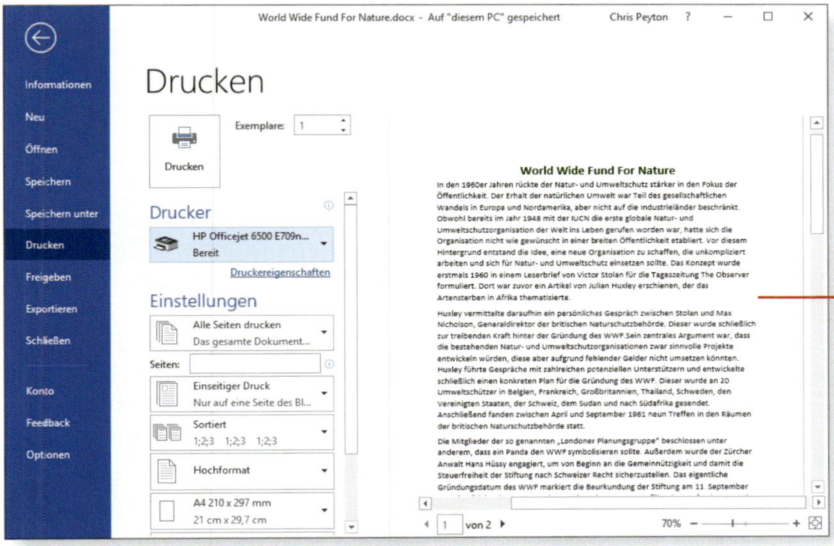

1 Auf der Registerkarte **Datei** können Sie sich eine Druckvorschau Ihres Dokuments anzeigen lassen.

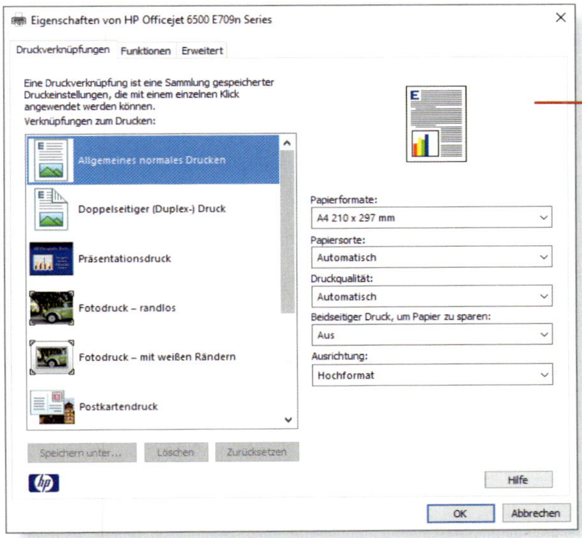

2 Stolpersteine, die beim Ausdrucken von Dokumenten im Weg liegen, lassen sich mit den richtigen Tipps und Tricks meist schnell beseitigen.

Die Druckvorschau im Dialog »Drucken«

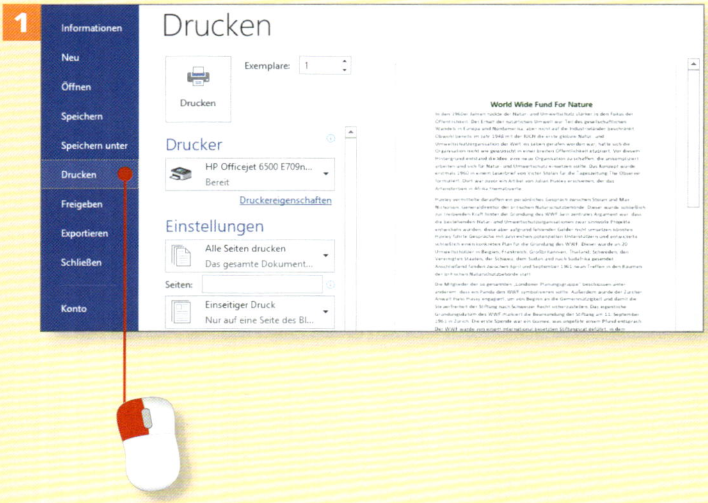

Auch Word 2019 bietet eine Druckvorschau. Wie Sie die Vorschau finden und was Sie darüber einstellen können, zeigen wir Ihnen in diesem Abschnitt.

Schritt 1

Klicken Sie im Menü **Datei** auf **Drucken**. Die Druckvorschau wird automatisch im rechten Bereich angezeigt.

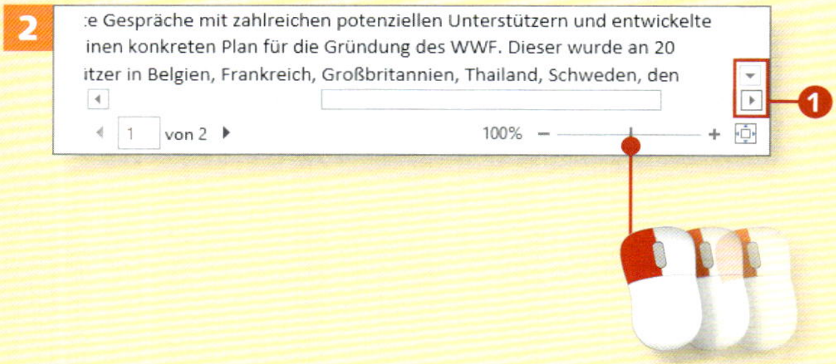

Schritt 2

Mit dem Zoomregler unten rechts am Bildschirm vergrößern (oder verkleinern) Sie die Ansicht; mit den Pfeilen der Bildlaufleisten ❶ können Sie durch das Dokument wandern.

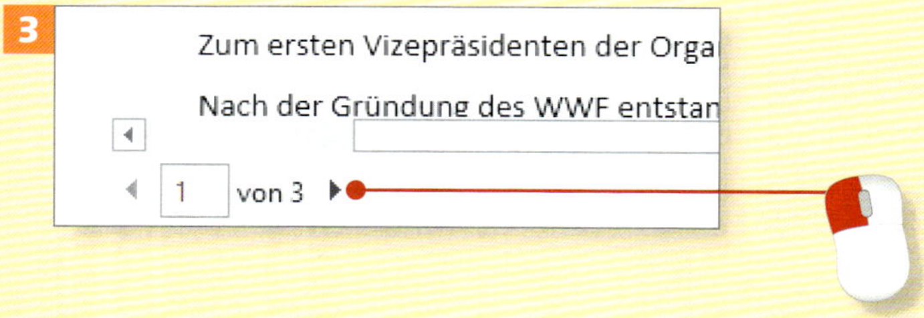

Schritt 3

Zum Wandern durch das Dokument können Sie auch die Schaltflächen **Vorherige Seite** bzw. **Nächste Seite** unten am Bildschirm nutzen. Klicken Sie einfach auf die Pfeile.

Schritt 4

Wenn Sie eine Seite auch in der Vorschau komplett auf einer Seite sehen wollen, klicken Sie auf die Schaltfläche **Auf Seite zoomen**. Der Zoomfaktor wird dann automatisch so angepasst, dass die Seite möglichst groß angezeigt wird.

4

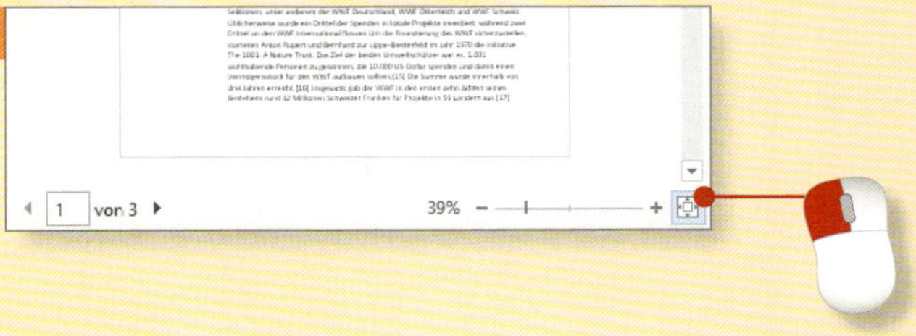

Schritt 5

Vermissen Sie die »klassische« Seitenansicht? Öffnen Sie das Menü der Symbolleiste für den Schnellzugriff, und wählen Sie **Weitere Befehle**. In den Word-Optionen wählen Sie unter **Befehle auswählen** den Eintrag **Alle Befehle** 2. In der Liste markieren Sie **Seitenansicht-Bearbeitungsmodus** 3. Klicken Sie dann auf **Hinzufügen** 4.

5

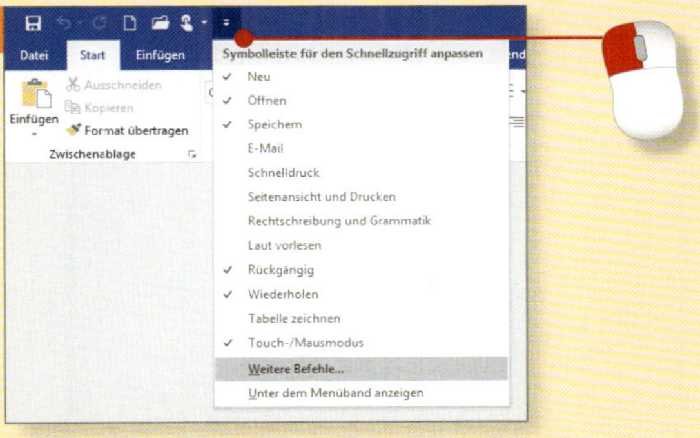

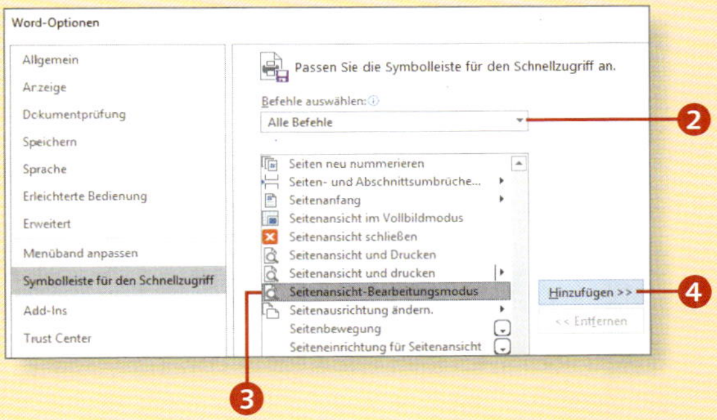

Schritt 6

Klicken Sie auf die eben hinzugefügte Schaltfläche, um die Seitenansicht aufzurufen. Auf der Registerkarte **Seitenansicht** finden Sie etliche Befehle zum Umgang mit dieser Ansicht. Wenn Sie die Option **Lupe** 5 deaktivieren, können Sie den Cursor in das Dokument setzen und es bearbeiten. Um die Seitenansicht zu schließen, drücken Sie die Taste Esc.

6

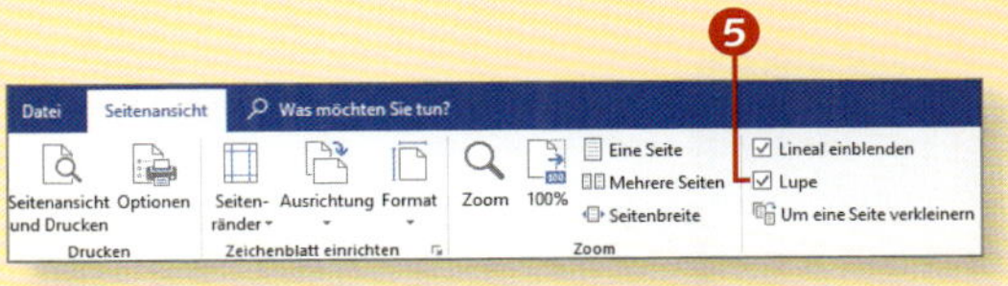

Optionen für den Ausdruck

Der Dialog »Drucken« bietet eine Reihe von Einstellungsmöglichkeiten. Die wichtigsten stellen wir Ihnen in diesem Abschnitt vor.

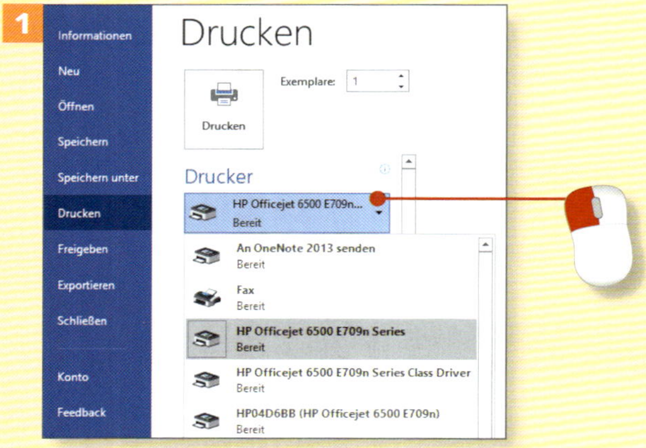

Schritt 1

Rufen Sie über **Datei ▸ Drucken** das Fenster zum Drucken auf. Prüfen Sie zunächst, ob Sie den richtigen Drucker ausgewählt haben. Klicken Sie gegebenenfalls auf den Pfeil im Bereich **Drucker**, um den Drucker zu wechseln.

Schritt 2

Sie können auch gleich mehrere Exemplare des Dokuments ausdrucken. Im Feld **Exemplare** stellen Sie ein, wie oft Sie das Dokument drucken möchten.

Schritt 3

Standardmäßig werden alle Seiten des geöffneten Dokuments ausgedruckt. Um dies zu ändern, klicken Sie im Bereich **Einstellungen** auf den Pfeil am ersten Feld **Alle Seiten drucken**.

Schritt 4

Möchten Sie nur einen ganz bestimmten Bereich eines Dokuments drucken? Dann markieren Sie ihn, und wählen Sie in der Auswahlliste der **Einstellungen** die Option **Auswahl drucken**.

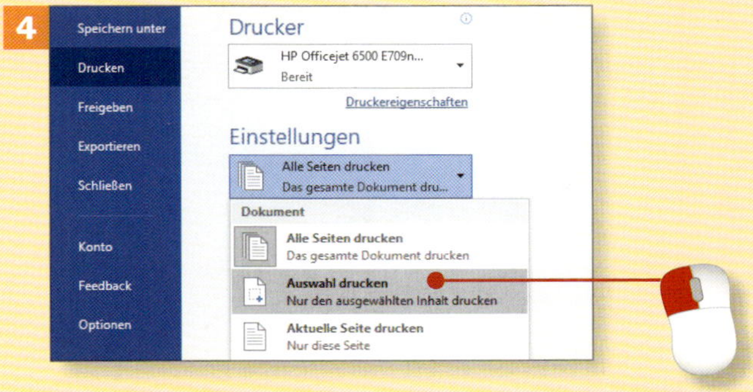

Schritt 5

In einem mehrseitigen Dokument können Sie bequem die aktuelle Seite ausdrucken, d.h. die Seite, in der der Cursor steht. Wählen Sie dazu im Menü des ersten Feldes der **Einstellungen** die Option **Aktuelle Seite drucken**.

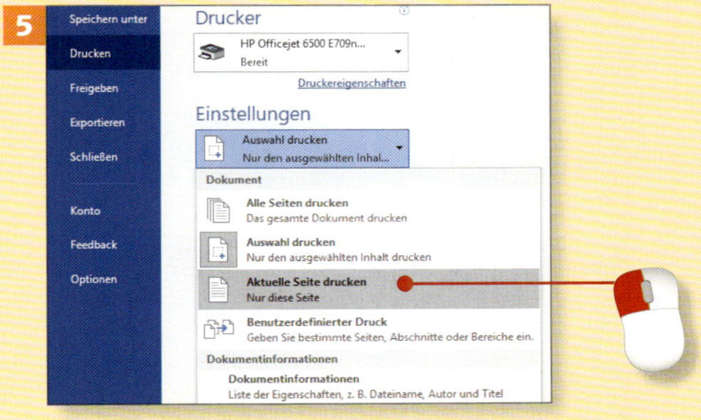

Schritt 6

Wenn Sie viel mit AutoTexten arbeiten (siehe dazu den Abschnitt »Mit Schnellbausteinen arbeiten« auf Seite 84) und Gefahr laufen, den Überblick zu verlieren, hilft eine ausgedruckte Liste. Dazu wählen Sie im Menü die Option **AutoText-Einträge**.

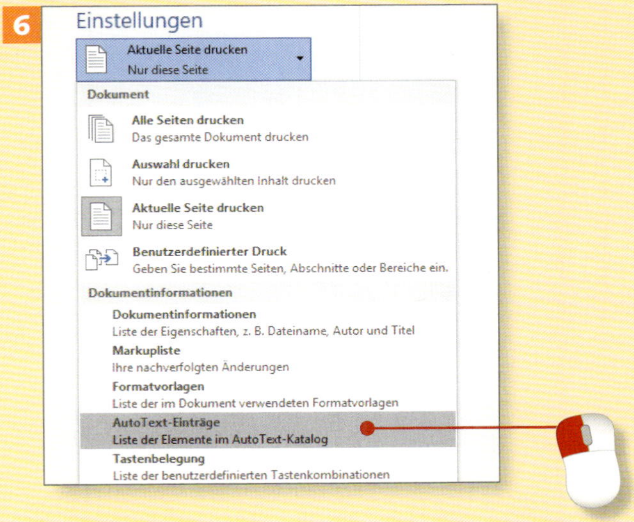

Optionen für den Ausdruck (Forts.)

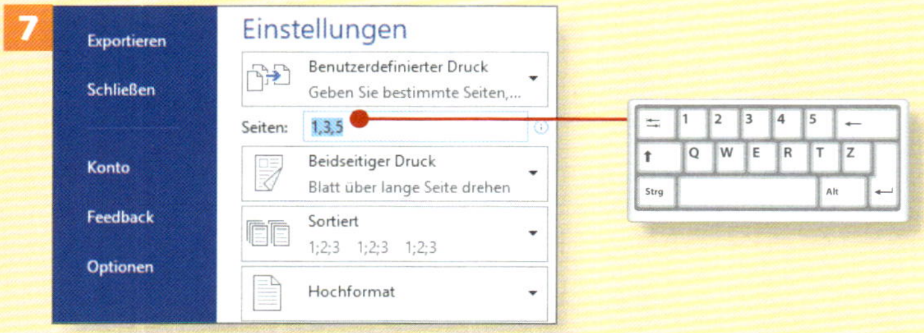

Schritt 7

Um bestimmte Seiten auszudrucken, nutzen Sie das Feld **Seiten**. Geben Sie hier die Seitenzahlen durch Komma getrennt ein, z. B. »1, 3, 5«. Auch die Eingabe »3-5« (die Seiten 3 bis 5) funktioniert. Näheres dazu erfahren Sie im Abschnitt »Einzelne Seiten drucken« auf Seite 140.

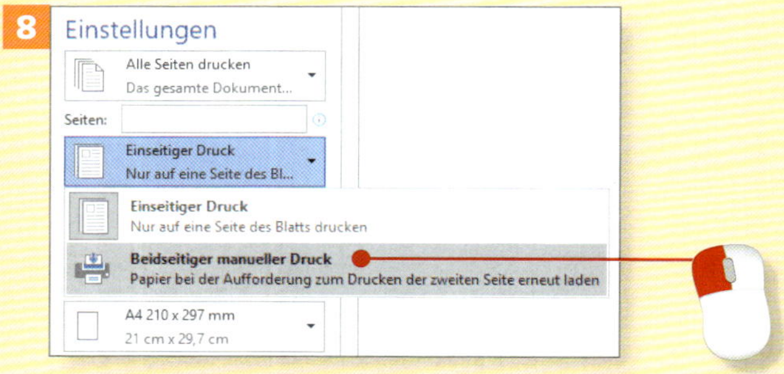

Schritt 8

Standardmäßig wird einseitig gedruckt. Sie können für einen beidseitigen Ausdruck sorgen, wenn Sie auf den Pfeil am Feld **Einseitiger Druck** klicken und die gewünschte Option wählen (siehe dazu auch den Kasten »Beidseitiger Druck« unten).

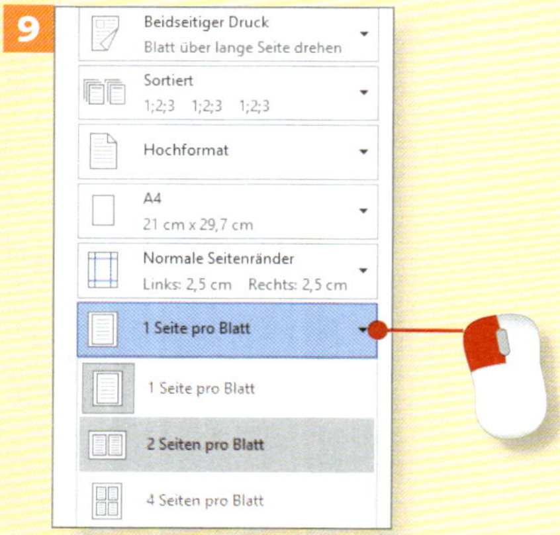

Schritt 9

Pfiffig ist die Möglichkeit, auch mehrere Dokumentseiten auf einer einzigen Seite auszudrucken. Klicken Sie auf den Pfeil am Feld **1 Seite pro Blatt**, und legen Sie im Menü die gewünschte Anzahl fest.

Beidseitiger Druck

Wenn Ihr Drucker nicht mit beidseitigem Druck umgehen kann, müssen Sie **Beidseitiger manueller Druck** wählen und das Papier von Hand umdrehen.

Schritt 10

Sie können auch im Dialog **Drucken** die Seitenränder ändern. Klicken Sie dazu auf den Pfeil am vorletzten Feld; Sie sehen hier die aktuelle Einstellung für die Seitenränder. Treffen Sie im Menü Ihre Auswahl.

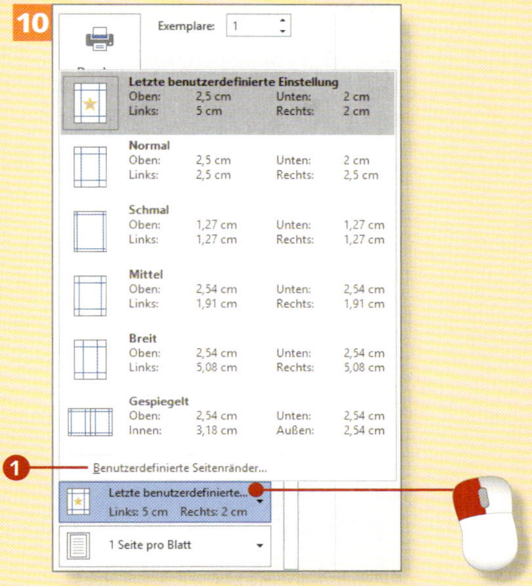

Schritt 11

Über **Benutzerdefinierte Seitenränder** ❶ rufen Sie den Dialog **Seite einrichten** auf, in dem Sie die Maße für die Ränder manuell angeben. Diesen Dialog öffnen Sie auch per Klick auf den Link **Seite einrichten** ganz unten im Fenster **Drucken**.

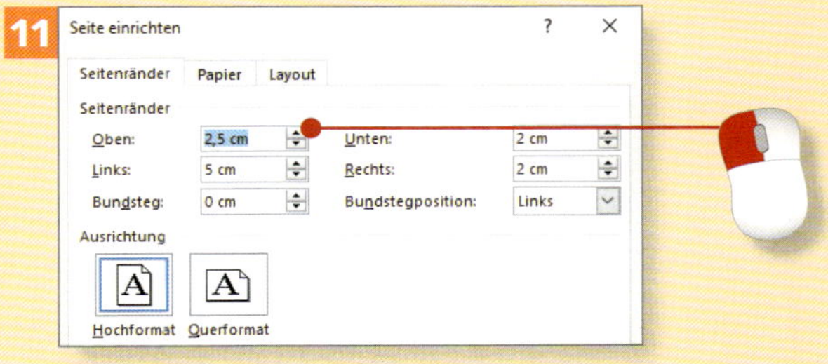

Schritt 12

Wenn Sie mehrere Exemplare eines mehrseitigen Dokuments drucken, können Sie schließlich über das Menü **Sortiert** auswählen, in welcher Reihenfolge die Seiten aus dem Drucker kommen.

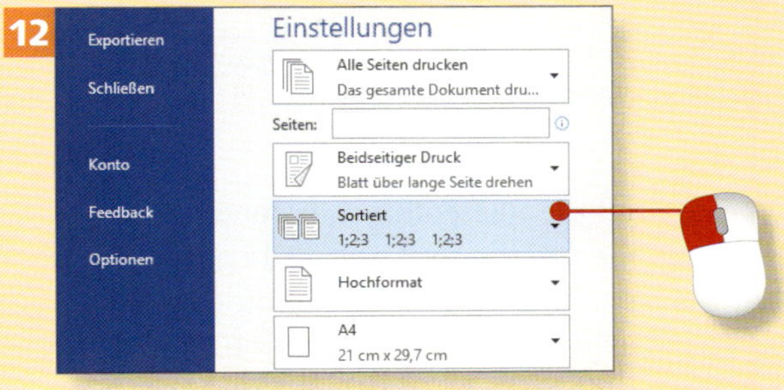

Machen Sie Ihrem Drucker Beine

Bei vielen Druckern beschleunigen Sie den Ausdruck mehrerer Exemplare, wenn Sie die Sortierung **Getrennt** wählen, sodass erst alle Exemplare der Seite 1, dann alle Exemplare der Seite 2 etc. ausgedruckt werden.

Einzelne Seiten drucken

Es gibt viele Möglichkeiten, einzelne Seiten zu drucken. Sogar abschnittsweise können Sie differenzieren.

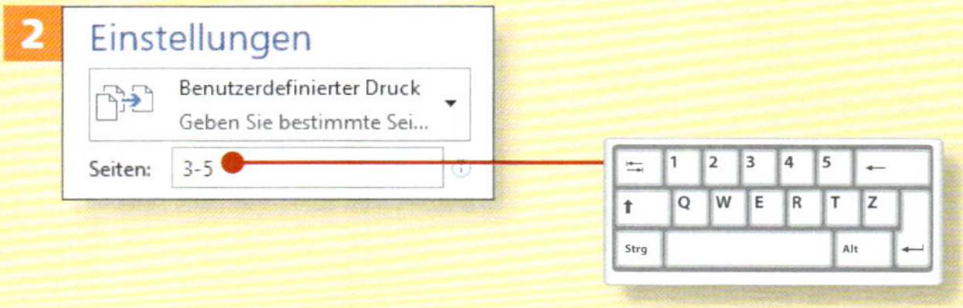

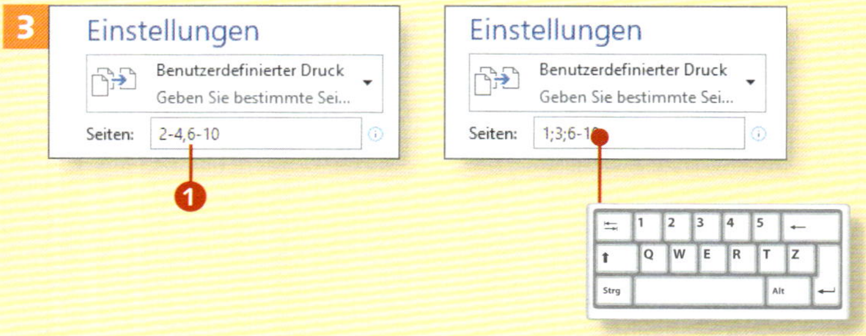

Schritt 1

Es kommt vor, dass Sie nur bestimmte Seiten eines Dokuments ausdrucken möchten. Öffnen Sie das Fenster **Drucken**, und geben Sie im Feld **Seiten** die Seitenzahlen durch Komma (oder Semikolon) getrennt ein.

Schritt 2

Wenn die Seiten, die Sie ausdrucken möchten, hintereinanderliegen, ist es schneller, den ganzen Bereich anzugeben. Schreiben Sie im Feld **Seiten** einfach »3-5«, im Klartext bedeutet dies: Seite 3 bis Seite 5.

Schritt 3

Solche Bereiche können Sie auch kombinieren. Trennen Sie die einzelnen Bereiche mit einem Komma oder Semikolon. Schreiben Sie z. B. »2-4,6-10« (1). Auch die Kombination »1;3;6-10« funktioniert.

Sortiert drucken

Word berücksichtigt die Reihenfolge, in der Sie die Seitenzahlen angeben. Geben Sie z. B. »3,1« ein, druckt Word zuerst die Seite 3 und dann die Seite 1. Auch bei Bereichen verfährt Word so, bei »10-7« kommt z. B. zuerst die Seite 10 aus dem Drucker.

Schritt 4

Sie haben ein Dokument in mehrere Abschnitte unterteilt und möchten nur Seiten bestimmter Abschnitte (die jeweils wieder mit Seite 1 beginnen) drucken? Geben Sie z. B. Folgendes ein: »1$2«. So wird die Seite 1 des zweiten Abschnitts im Dokument ausgedruckt.

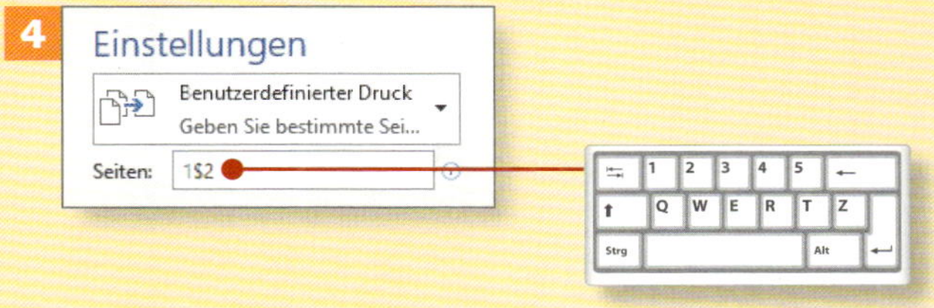

Schritt 5

Sie können Word auch anweisen, einen ganzen Abschnitt zu drucken. Sie lassen dann einfach die Seitenzahl weg und schreiben »$2«. Damit drucken Sie den gesamten Abschnitt 2. Auch bei Abschnitten können Sie Minuszeichen, Komma und Semikolon zur Trennung verwenden ❷.

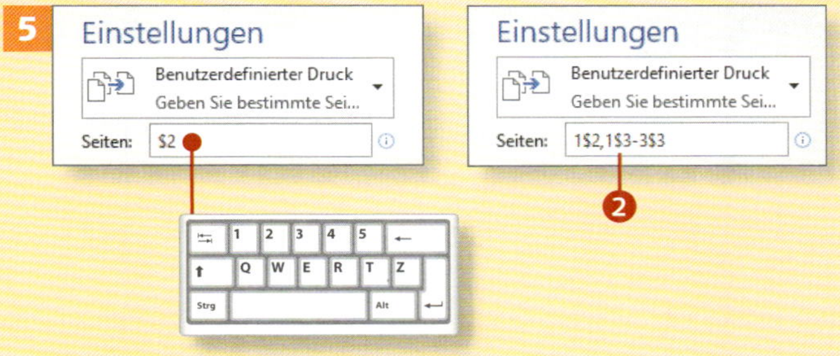

Schritt 6

Standardmäßig wird der Abschnitt nicht in der Statuszeile angezeigt. Klicken Sie sie mit rechts an, und wählen Sie **Abschnitt**. Fortan erscheint auch diese Angabe in der Statuszeile ❸.

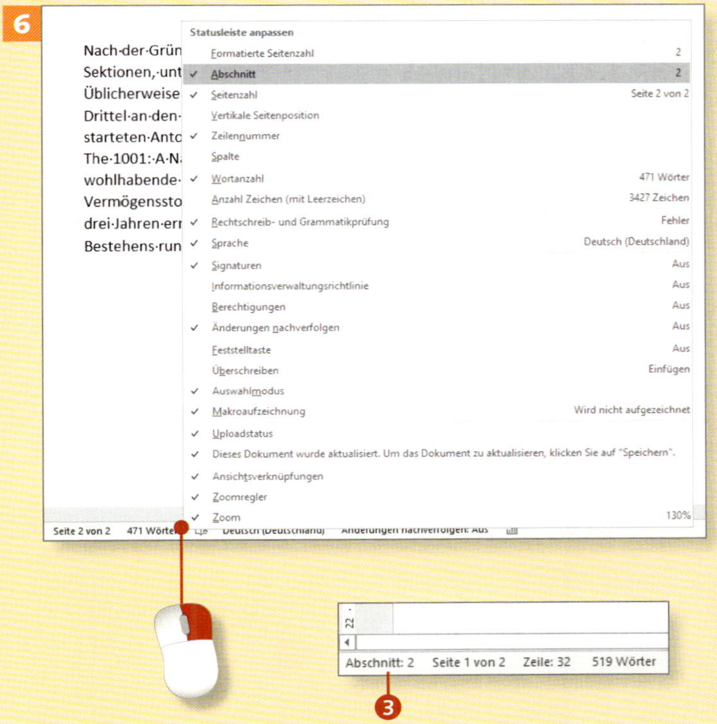

Tipps und Tricks beim Drucken

1

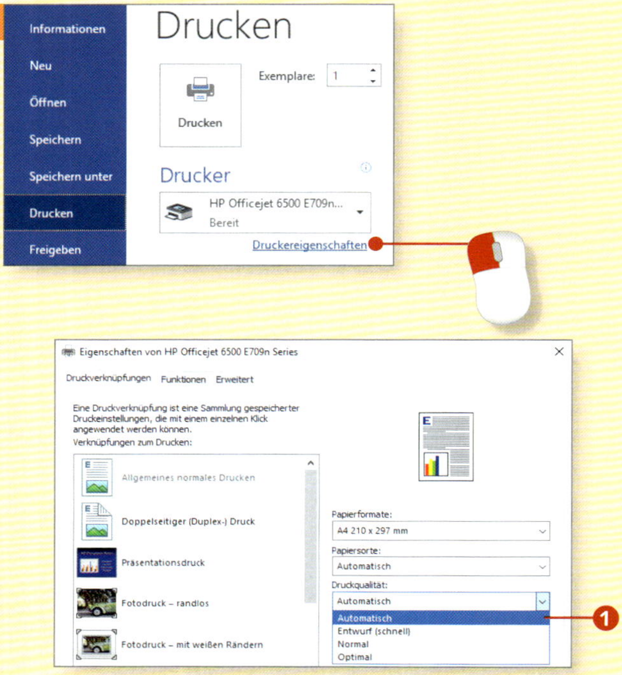

2

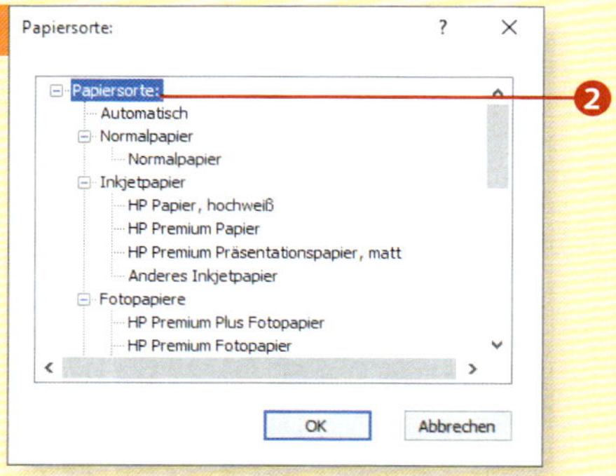

3

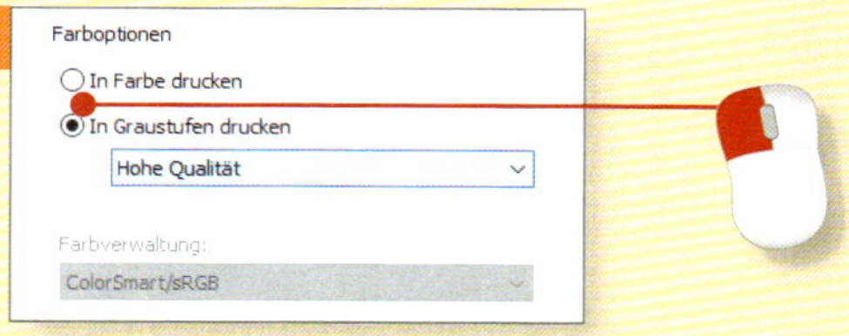

Beim Drucken von Dokumenten gibt es manchmal Stolpersteine, die den Ausdruck vermiesen. Hier ein paar Tipps für gute Ergebnisse.

Schritt 1

Die meisten Drucker bieten unterschiedliche Betriebsmodi für spezielle Ausdrucke und Papiere. Achten Sie darauf, den entsprechenden Modus zu wählen. Rufen Sie dazu die **Druckereigenschaften** auf, und wählen Sie die gewünschte Qualitätsstufe ❶.

Schritt 2

Achten Sie auch auf den richtigen Papiertyp ❷ (im Beispiel auf der Registerkarte **Funktionen**). Insbesondere bei Tintenstrahldruckern ist das wichtig. Was nutzt das teure Papier für ein optimales Druckergebnis, wenn Sie es Ihrem Drucker nicht anbieten?

Schritt 3

Wenn die Qualität des Ausdrucks nicht von Bedeutung ist und/oder Sie auf Farbe verzichten können, aktivieren Sie **Entwurf**, und/oder aktivieren Sie die Option **In Graustufen drucken**. Das beschleunigt den Ausdruck und spart Tinte.

Schritt 4

Ärgern Sie sich darüber, dass das Nachfüllen der Tintenpatronen teurer ist als der Drucker selbst? Versuchen Sie, Tinte zu sparen. Dabei hilft die Auswahl der Schriftart: Nehmen Sie z. B. *Century Gothic* anstelle von *Arial*. Auch *Times New Roman* ist sparsam. Oder Sie installieren eine frei verfügbare Eco-Font-Schrift.

4

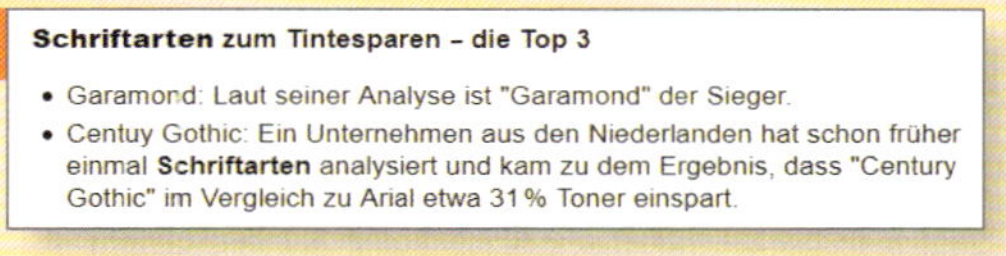

Schritt 5

Wenn der Ausdruck nicht optimal wirkt, hilft es bei Tintenstrahldruckern oft, die Druckpatronen zu reinigen bzw. neu zu justieren. Dazu nutzen Sie die *Utility-Verwaltung* (auch als *Druckerdienste* zu finden). Rufen Sie sie über die App Ihres Druckerherstellers oder über den Dialog **Eigenschaften von** auf.

5

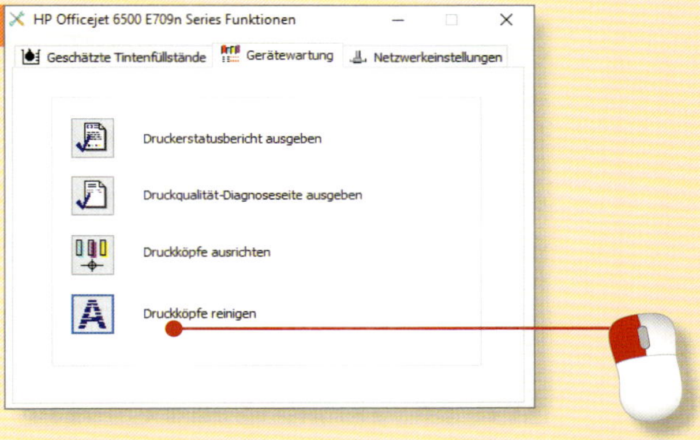

Schritt 6

Wenn Ihr Drucker einmal komplett spinnt und z. B. nur noch wilde Steuerzeichen druckt, nehmen Sie ihn vom Stromnetz, damit intern gespeicherte Druckaufträge gelöscht werden. Löschen Sie dann mit einem Klick auf **Dokument ▸ Abbrechen** den Auftrag in der Druckerwarteschlange.

6

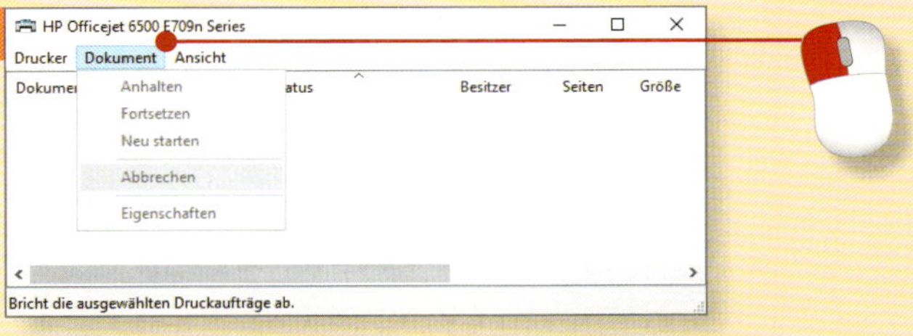

Druckereigenschaften

Der Dialog für die Druckereigenschaften sieht bei jedem Drucker bzw. Hersteller anders aus. Auch die genauen Einstellungsmöglichkeiten unterscheiden sich, doch fast alle Hersteller bieten die genannten Grundfunktionen an.

Word-Dokumente extern drucken

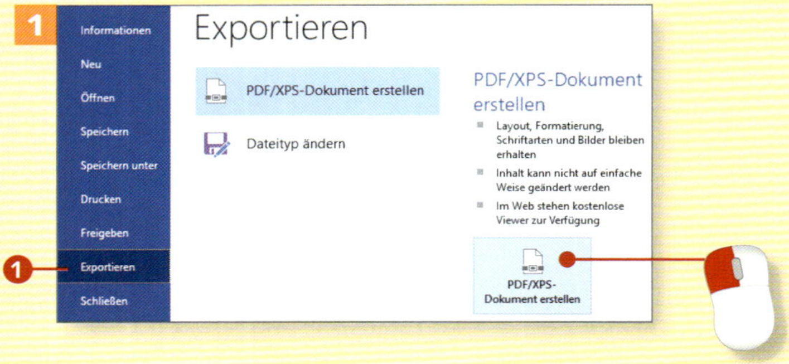

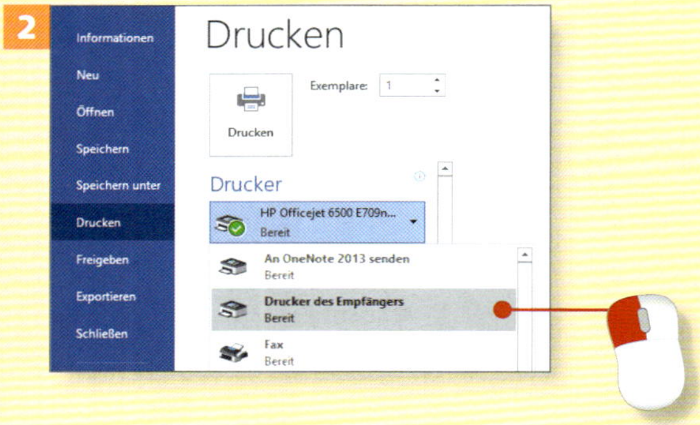

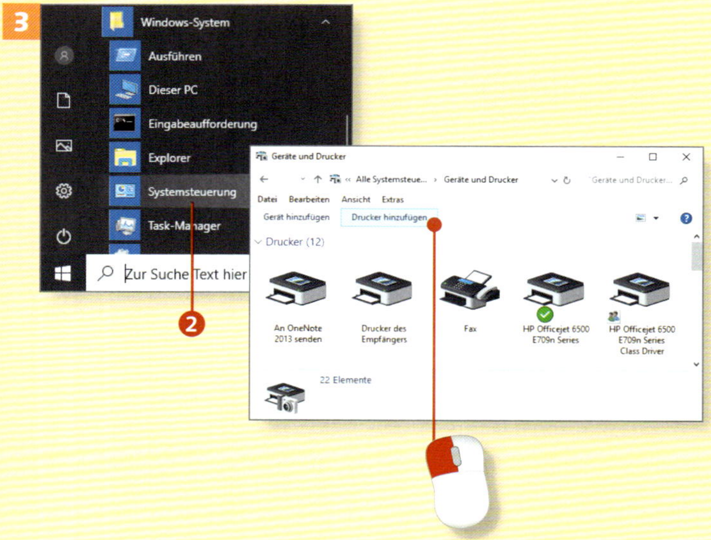

Dokumente sehen im Ausdruck verschiedener Drucker oft unterschiedlich aus. Dafür gibt es Lösungen.

Schritt 1

Der einfachste Weg, Word-Dokumente per E-Mail zu verschicken, ist, sie im PDF-Format zu speichern. So kann der Empfänger das Dokument leicht ausdrucken. Klicken Sie auf **Datei ▸ Exportieren** 1 und dann auf **PDF/XPS-Dokument erstellen**.

Schritt 2

Die nächste Variante ist etwas aufwendiger. Wenn Sie den gleichen Druckertreiber wie der Empfänger installieren und diesen Drucker auswählen, bevor Sie mit der Formatierung des Dokuments beginnen, wird es genauso aussehen wie nachher im Ausdruck.

Schritt 3

Um den Treiber zu installieren, öffnen Sie das Startmenü, klicken auf **Windows-System ▸ Systemsteuerung** 2 und wählen im nächsten Fenster **Geräte und Drucker** (gegebenenfalls finden Sie diesen Eintrag auch direkt im Startmenü). Im nächsten Dialog klicken Sie auf **Drucker hinzufügen**.

Schritt 4

Zunächst werden vorhandene Drucker gesucht. Klicken Sie hier auf **Weiter**, da der Drucker ja nicht bei Ihnen angeschlossen ist. Geben Sie an, dass Sie einen lokalen Drucker hinzufügen möchten ❸, und wählen Sie einen beliebigen Anschluss. Klicken Sie erneut auf **Weiter**.

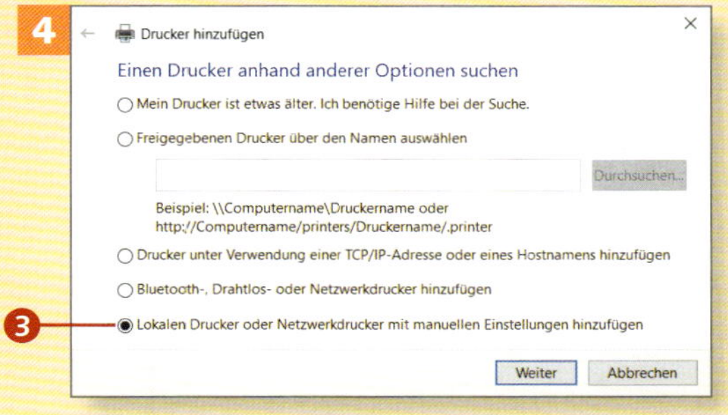

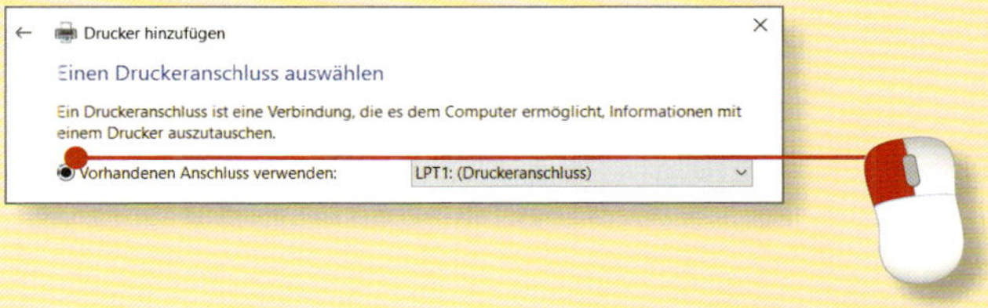

Schritt 5

Wählen Sie das Modell des Druckers ❹, um den richtigen Treiber zu installieren, oder klicken Sie – wenn Sie einen Treiber aus dem Internet gezogen haben – auf **Datenträger**, und geben Sie an, wo der Treiber gespeichert ist.

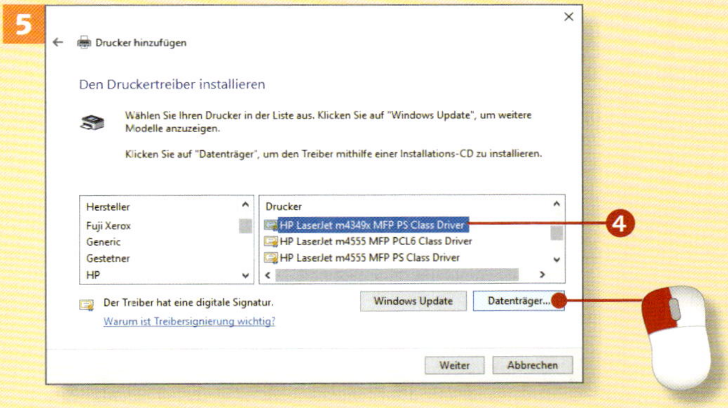

Schritt 6

Geben Sie dem Drucker einen Namen, lassen Sie ihn *nicht* im Netzwerk ❺ freigeben und erklären sie ihn *nicht* zum Standarddrucker. Nach der Installation erhalten Sie eine Erfolgsmeldung. Klicken Sie auf **Fertig stellen**. Jetzt wird Ihr Dokument so aussehen wie im Ausdruck des Empfängers.

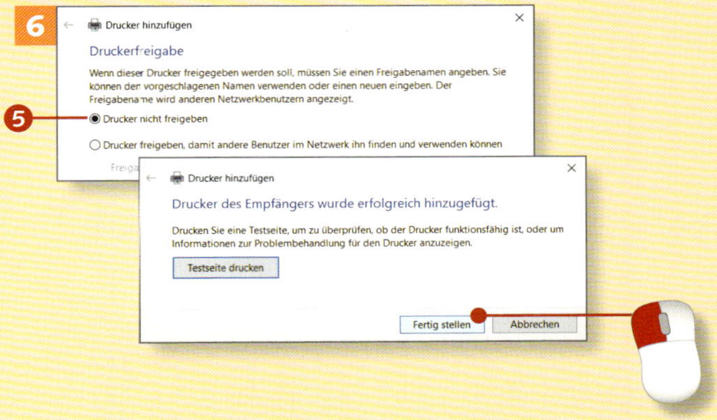

Kapitel 7
Nummerierungen und Aufzählungen

Inhaltsverzeichnisse und Listen sind hilfreich für das Textverständnis, jedoch nur, wenn sie übersichtlich gegliedert sind. Welche Möglichkeiten Ihnen Word 2019 dazu bietet, erfahren Sie in diesem Kapitel.

Aufzählungszeichen
Sie können zwischen fortlaufenden Nummerierungen oder symbolhaften Aufzählungszeichen wählen, die nicht mit Zahlen arbeiten. Natürlich gibt es auch die Möglichkeit, selbst Symbole anstelle der üblichen Spiegelstriche einzufügen oder sie z. B. andersfarbig zu gestalten.

Schöne Listen
Für die Übersicht ist es sehr nützlich, Listen mit mehreren Ebenen zu erstellen, also z. B. 1.1, 1.1.1 etc. Diese lassen sich in Word 2019 automatisch einfügen. Wenn Sie Formatvorlagen wie **Überschrift 1**, **Überschrift 2** etc. genutzt haben, können Sie auch nachträglich leicht eine Nummerierung für alle Überschriften ergänzen.

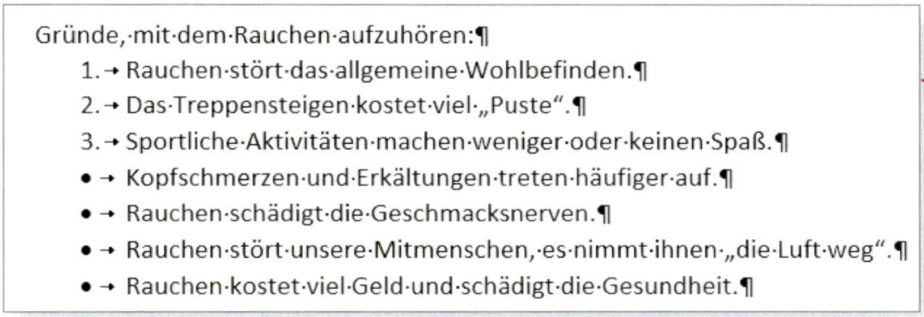
Gründe,·mit·dem·Rauchen·aufzuhören:¶

1.→ Rauchen·stört·das·allgemeine·Wohlbefinden.¶
2.→ Das·Treppensteigen·kostet·viel·„Puste“.¶
3.→ Sportliche·Aktivitäten·machen·weniger·oder·keinen·Spaß.¶

- → Kopfschmerzen·und·Erkältungen·treten·häufiger·auf.¶
- → Rauchen·schädigt·die·Geschmacksnerven.¶
- → Rauchen·stört·unsere·Mitmenschen,·es·nimmt·ihnen·„die·Luft·weg“.¶
- → Rauchen·kostet·viel·Geld·und·schädigt·die·Gesundheit.¶

1 Sie können Listen mit fortlaufender Nummerierung oder einfachen Aufzählungszeichen anlegen.

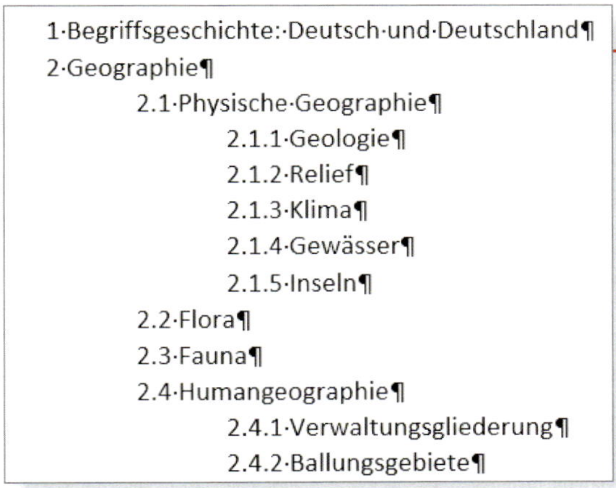
1·Begriffsgeschichte:·Deutsch·und·Deutschland¶
2·Geographie¶
2.1·Physische·Geographie¶
2.1.1·Geologie¶
2.1.2·Relief¶
2.1.3·Klima¶
2.1.4·Gewässer¶
2.1.5·Inseln¶
2.2·Flora¶
2.3·Fauna¶
2.4·Humangeographie¶
2.4.1·Verwaltungsgliederung¶
2.4.2·Ballungsgebiete¶

2 Listen mit mehreren Ebenen dienen der Übersicht und lassen sich in Word 2019 schnell einfügen.

Eine einfache Nummerierung einfügen

Überschriften oder Listen durchzunummerieren gehört zur gängigen Strukturierung eines Textes. Damit dies reibungslos klappt, zeigen wir Ihnen in diesem Abschnitt die wichtigsten Schritte und erklären Ihnen, was Sie beachten sollten.

1

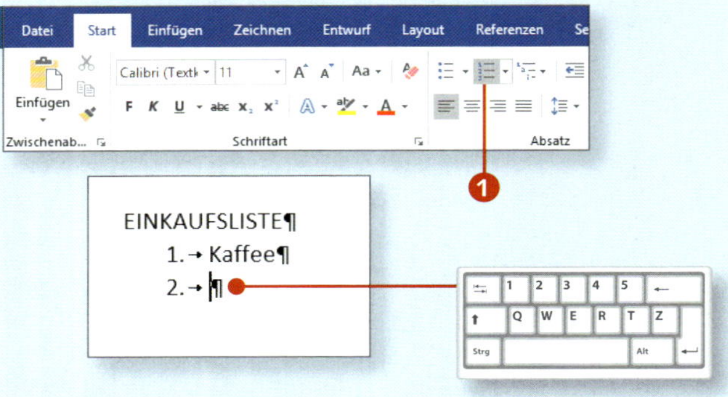

Schritt 1

Für eine einfache Nummerierung klicken Sie auf der Registerkarte **Start** auf die Schaltfläche **Nummerierung** ❶. Es erscheint eine eingerückte 1. Schreiben Sie Ihren Text. Sobald Sie ↵ drücken, wird die Nummerierung fortgesetzt.

2

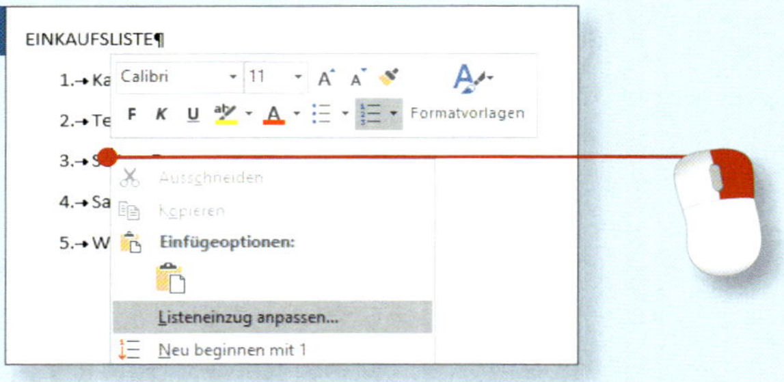

Schritt 2

Sowohl die Zahl als auch der Text werden etwas eingerückt. Sie können diese Einzüge verändern. Klicken Sie den betreffenden Absatz mit rechts an, und wählen Sie **Listeneinzug anpassen**.

3

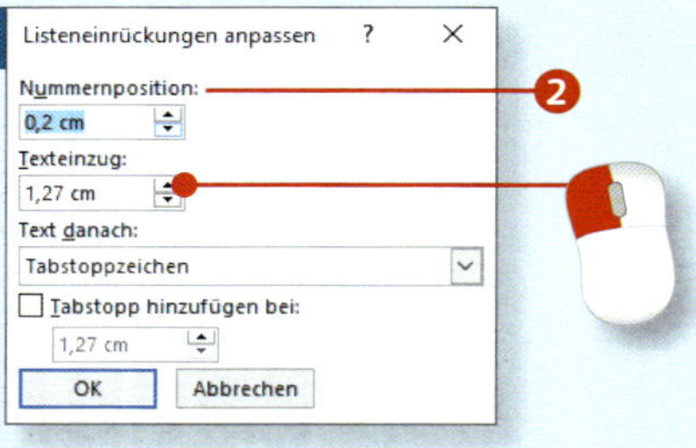

Schritt 3

Im Dialog **Listeneinrückungen anpassen** geben Sie die gewünschten Maße in die Felder **Nummernposition** ❷ und **Texteinzug** ein. Bestätigen Sie Ihre Eingabe, indem Sie auf **OK** klicken.

Einzüge im Lineal verändern

Sie können die Einzüge auch mithilfe der Markierungen im Lineal verändern. Verschieben Sie einfach die Symbole für den Einzug nach links bzw. rechts.

Schritt 4

Andere Nummerierungszeichen erhalten Sie, wenn Sie auf den Pfeil an der Schaltfläche **Nummerierung** klicken. Wählen Sie aus der **Nummerierungsbibliothek** per Mausklick die gewünschte Art der Nummerierung, z. B. eine Ziffer mit Klammer.

Schritt 5

Wenn die Auswahl nichts Passendes anbietet und Sie ein eigenes Format bzw. eine andere Formatierung erstellen möchten, klicken Sie unten im Menü auf den Eintrag **Neues Zahlenformat definieren** ❸. Im gleichnamigen Dialog gibt es u. a. die Schaltfläche **Schriftart**. Klicken Sie darauf.

Schritt 6

Daraufhin erscheint der Dialog mit den üblichen Zeichenformatierungen. Hier können Sie z. B. eine Farbe für die Nummerierung einstellen.

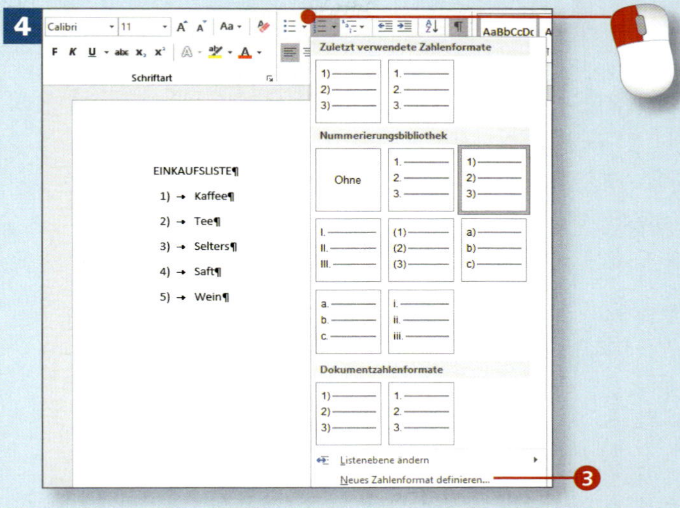

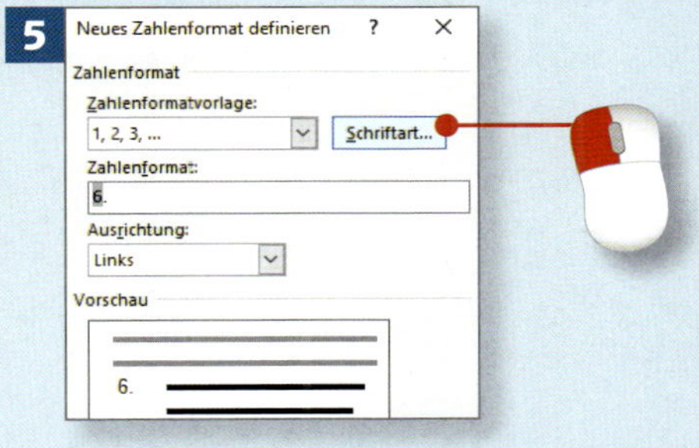

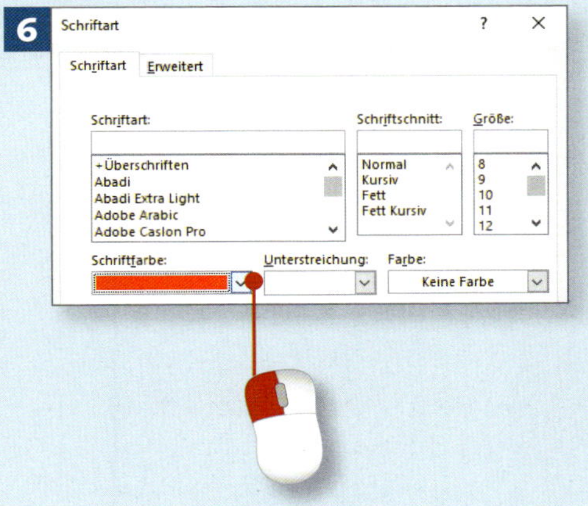

Nummerierungszeichen

Wenn Sie eine Liste schreiben und die Schaltfläche **Nummerierung** aktivieren, nutzt Word automatisch das zuletzt verwendete Zeichen.

Die automatische Nummerierung ausschalten

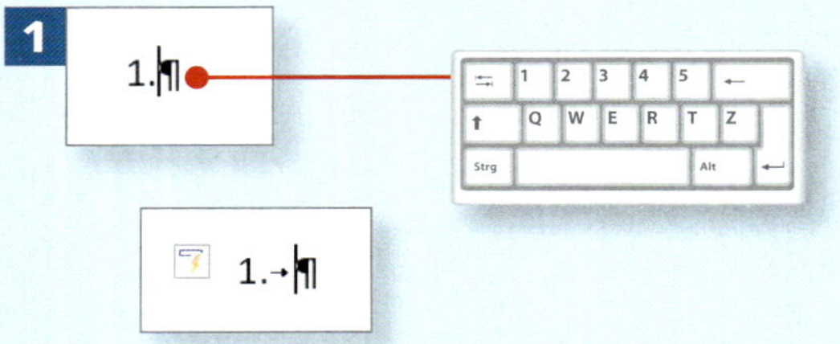

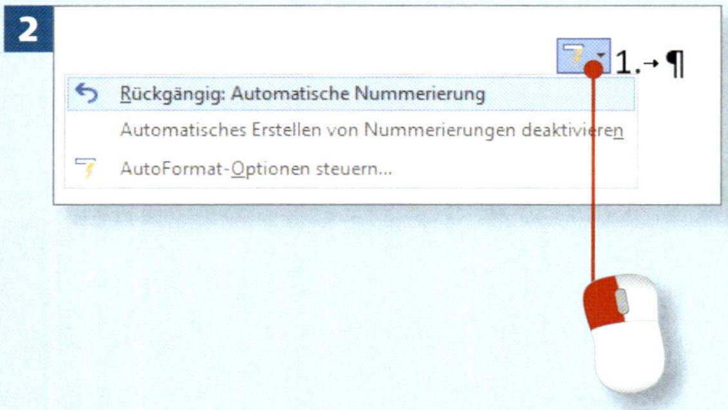

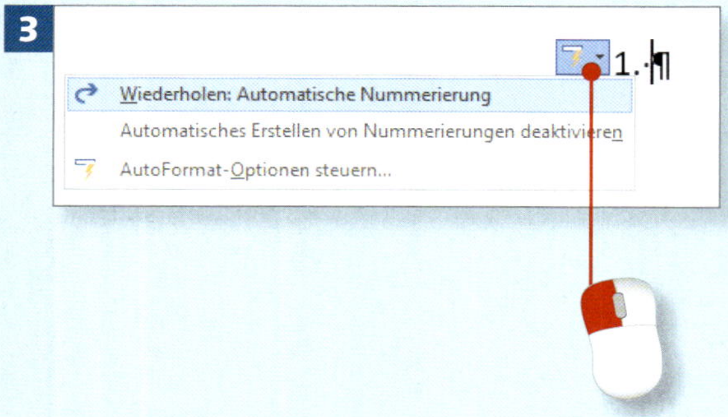

Word nummeriert automatisch, sobald Sie »1.« schreiben und die Leertaste drücken. Das kann mitunter störend sein. Sie können es abstellen.

Schritt 1

Wenn Sie eine Zeile mit einer Ordinalzahl (wie »1.«) beginnen (oder z. B. mit »a.«), erkennt Word, sobald Sie daraufhin ein Leerzeichen eingeben, eine Nummerierung/Liste und stellt automatisch die entsprechende Formatierung für Nummerierungen ein.

Schritt 2

Diese automatische Nummerierung können Sie zurücknehmen. Klicken Sie dazu auf das *Smarttag* **Auto-Korrektur-Optionen**, und wählen Sie im zugehörigen Menü den Eintrag **Rückgängig: Automatische Nummerierung**.

Schritt 3

Mithilfe des Smarttags können Sie die zuvor entfernte Nummerierung auch wieder »zurückholen«. Dazu klicken Sie auf **Wiederholen: Automatische Nummerierung**.

Schritt 4

Im Menü des Smarttags finden Sie zudem die Option, die automatische Nummerierung regelrecht auszuschalten. Klicken Sie dazu auf **Automatisches Erstellen von Nummerierungen deaktivieren**.

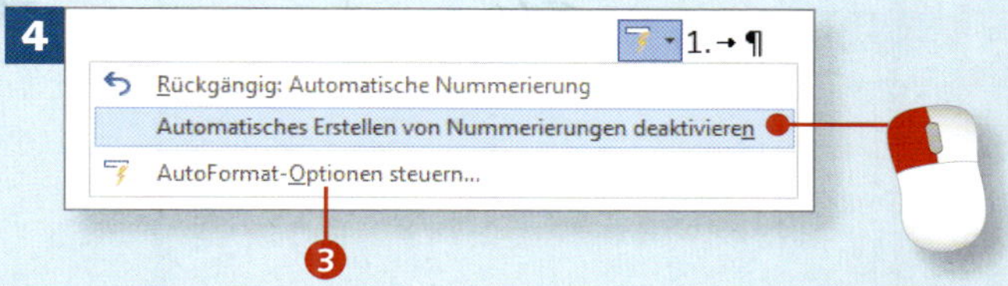

Schritt 5

Sie können die automatische Nummerierung auch in den Word-Optionen deaktivieren (falls das Smarttag nicht auftaucht). Klicken Sie auf **Datei ▸ Optionen ▸ Dokumentprüfung** ❶. Hier finden Sie die Schaltfläche **AutoKorrektur-Optionen**. Klicken Sie darauf.

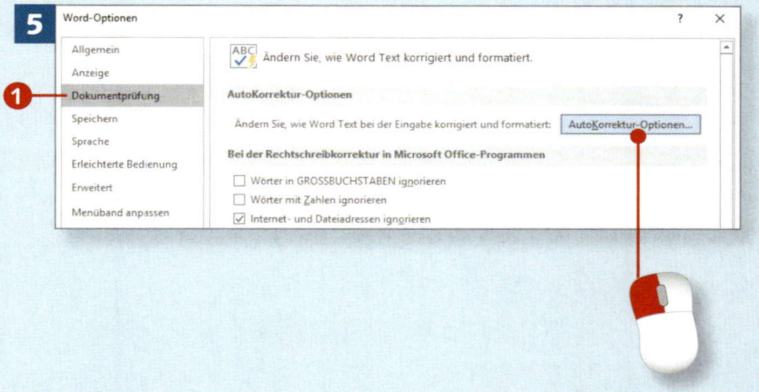

Schritt 6

Dies öffnet den Dialog **AutoKorrektur**. Wechseln Sie zur Registerkarte **AutoFormat während der Eingabe** ❷. Hier deaktivieren Sie die Option **Automatische Nummerierung**. Bestätigen Sie dies mit **OK**.

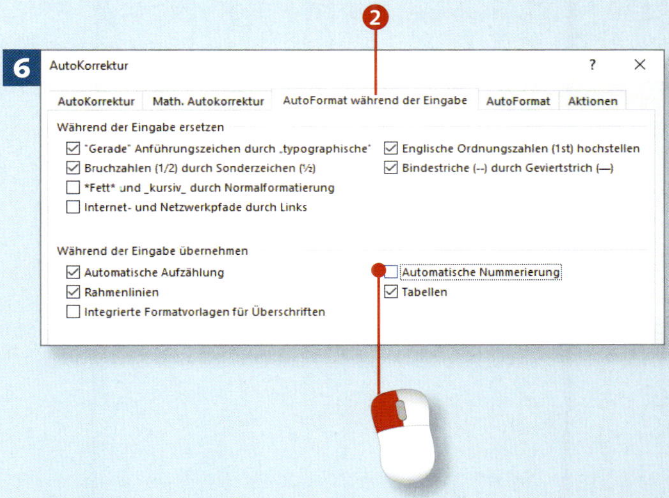

AutoFormat-Optionen

Die Optionen der AutoKorrektur können Sie auch mithilfe des Smarttags aufrufen. Klicken Sie einfach auf den Eintrag **AutoFormat-Optionen steuern** ❸.

Nummerierungen fortsetzen

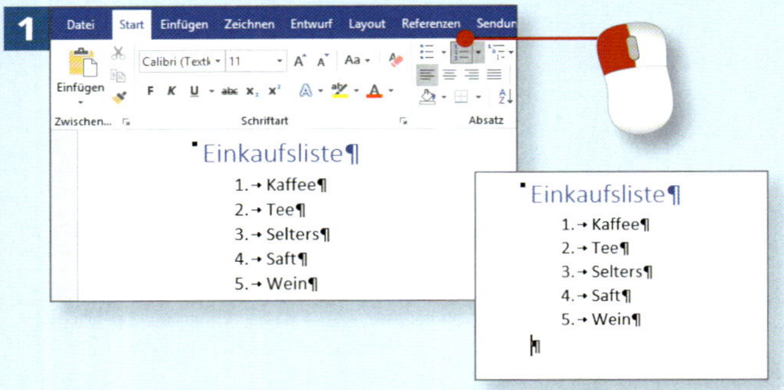

Word setzt Nummerierungen zwar automatisch fort, aber was ist, wenn Sie die Liste unterbrechen und Word beginnt, wieder von vorn zu zählen?

Schritt 1

Sie beenden eine Nummerierung, indem Sie den Cursor in neue Zeile setzen und einfach erneut auf die Schaltfläche **Nummerierung** klicken. Die Liste wird abgeschlossen, und Sie können jetzt wieder ganz normalen Text eingeben.

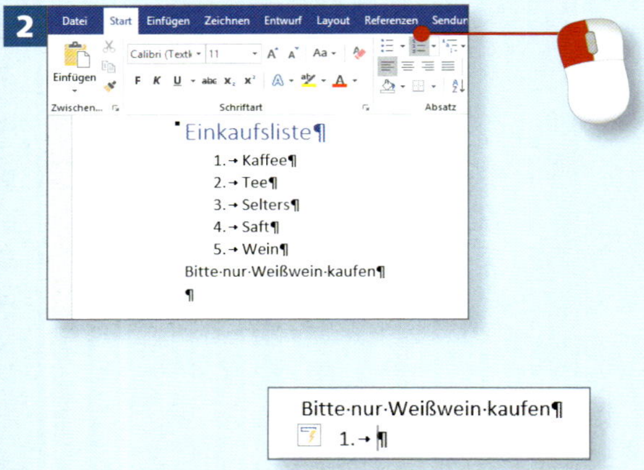

Schritt 2

Möchten Sie die begonnene Liste nach einem normalen Absatz fortsetzen? Setzen Sie den Cursor in eine neue Zeile, und klicken Sie auf **Nummerierung**. Anschließend erhalten Sie eine Nummerierung, die wieder mit »1.« beginnt.

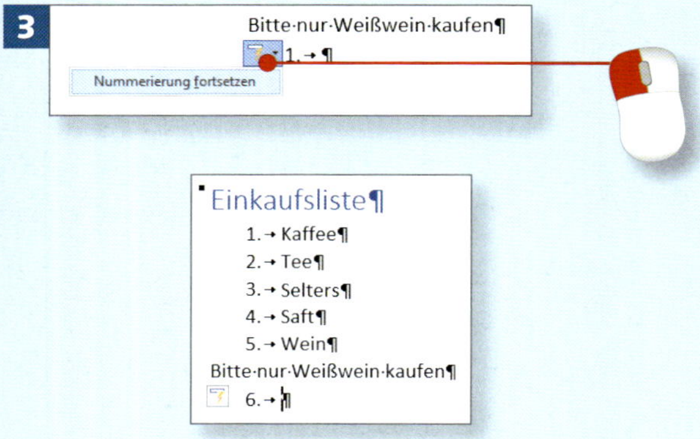

Schritt 3

Um die vorangegangene Nummerierung fortzusetzen, wählen Sie in dem Menü des Smarttags den Eintrag **Nummerierung fortsetzen**.

Schritt 4

Wenn Ihnen das Smarttag abhandengekommen ist, können Sie die Fortsetzung der Nummerierung auch über das Menü der Schaltfläche **Nummerierung** bestimmen. Klicken Sie hier auf **Nummerierungswert festlegen**.

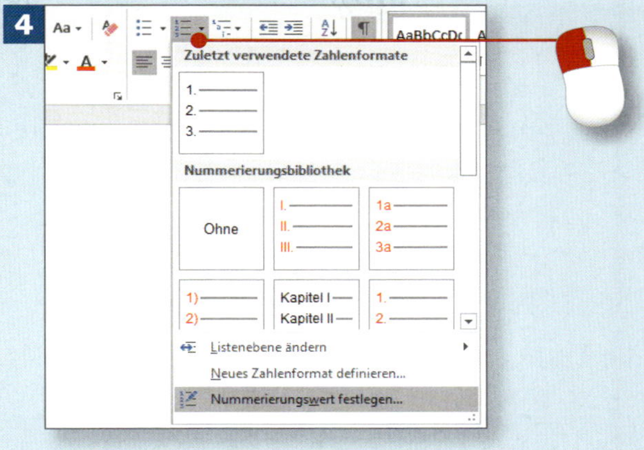

Schritt 5

Im Dialog aktivieren Sie die Option **Vorherige Liste fortsetzen**. Sie könnten in diesem Dialog übrigens auch einen anderen Anfangswert für die Nummerierung festlegen ❶, wenn Sie den Punkt **Neue Liste beginnen** angehakt haben.

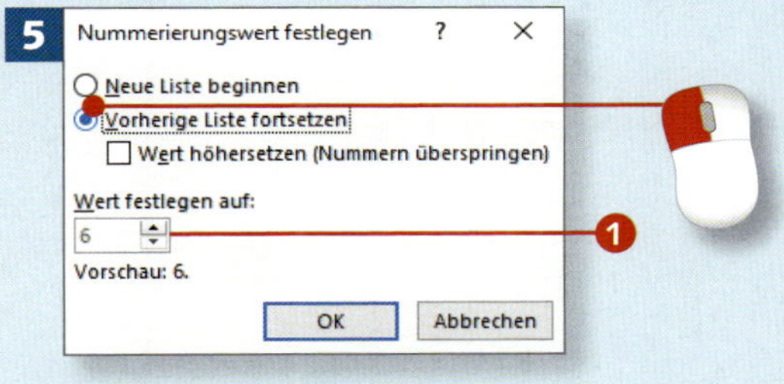

Schritt 6

Auch über das Kontextmenü können Sie steuern, ob eine Nummerierung fortgesetzt werden soll oder nicht. Klicken Sie die Nummerierung mit der rechten Maustaste an, und wählen Sie **Nummerierung fortsetzen**.

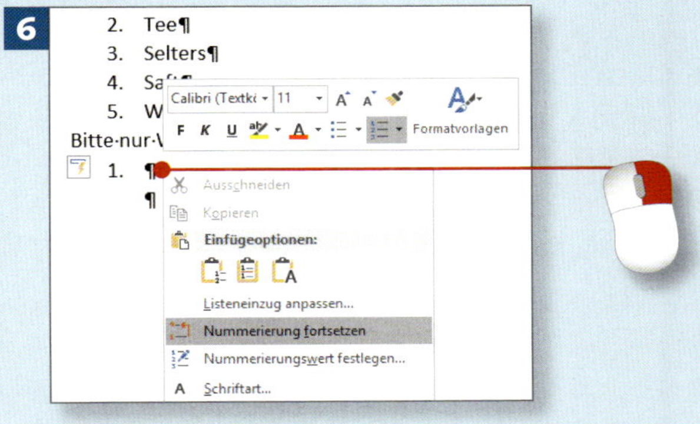

!

Word hört nicht immer

Mitunter ignoriert Word die Ansage, dass die Nummerierung fortgesetzt werden soll, wenn Sie diese Option – wie in Schritt 5 beschrieben – im Dialog wählen. Nutzen Sie dann das Kontextmenü.

Aufzählungszeichen einfügen und ändern

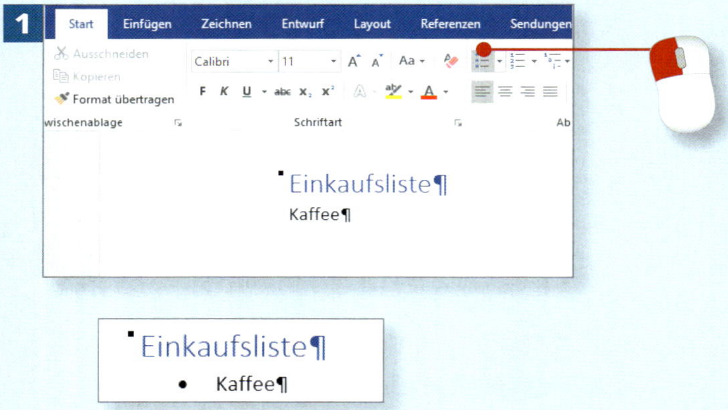

Auch Aufzählungszeichen strukturieren einen Text bzw. eine Liste. Ähnlich wie Nummerierungen lassen sie sich per Mausklick zuweisen.

Schritt 1

Auf der Registerkarte **Start** finden Sie die Schaltfläche **Aufzählungszeichen**. Wenn Sie darauf klicken, wird dem Absatz, in dem der Cursor steht, das zuletzt verwendete Aufzählungszeichen zugewiesen. Der nächste Punkt erscheint, sobald Sie [↵] drücken.

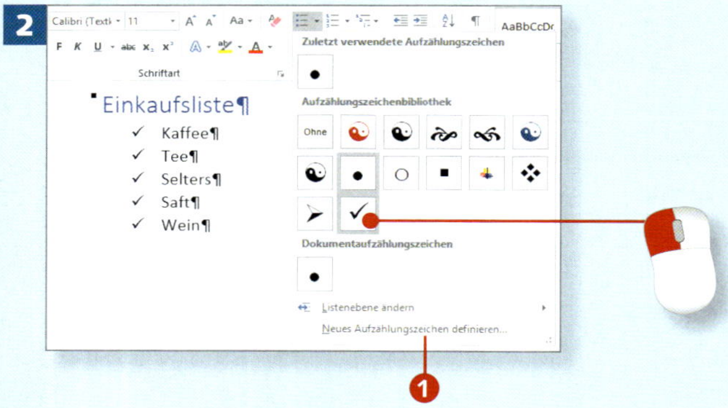

Schritt 2

Um ein anderes Aufzählungszeichen einzufügen, klicken Sie auf den Pfeil an der Schaltfläche **Aufzählungszeichen**. Wählen Sie per Mausklick ein Zeichen aus der **Aufzählungszeichenbibliothek**, in der die zuletzt genutzten Zeichen gesammelt sind.

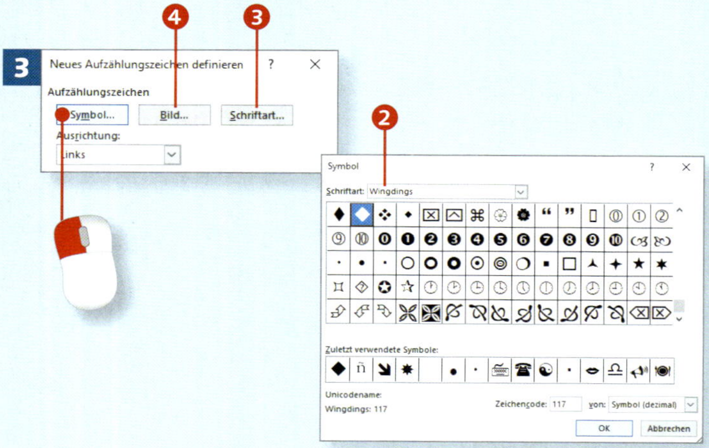

Schritt 3

Um aus einem größeren Angebot wählen zu können, klicken Sie auf **Neues Aufzählungszeichen definieren** 1 und im zugehörigen Dialog auf die Schaltfläche **Symbol**. Der Dialog **Symbol** bietet dann je nach eingestellter Schriftart 2 eine Fülle unterschiedlichster Zeichen.

Schritt 4

Um die Aufzählungszeichen zu formatieren (größer, kleiner, farbig etc.), klicken Sie im Dialog **Neues Aufzählungszeichen definieren** auf **Schriftart** (❸ im Bild zu Schritt 3). Nehmen Sie im zugehörigen Dialog die gewünschten Einstellungen vor, und bestätigen Sie sie mit **OK**.

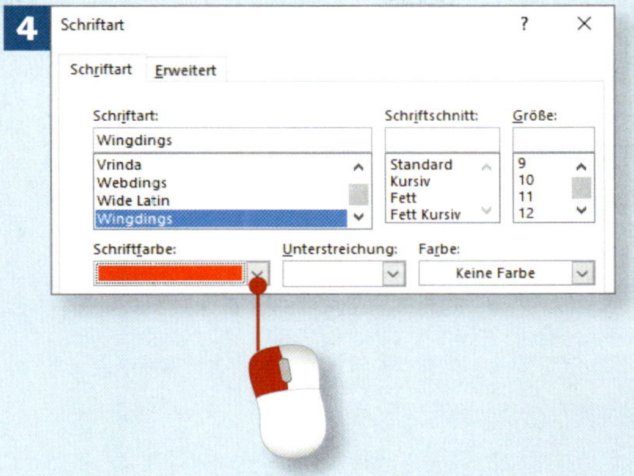

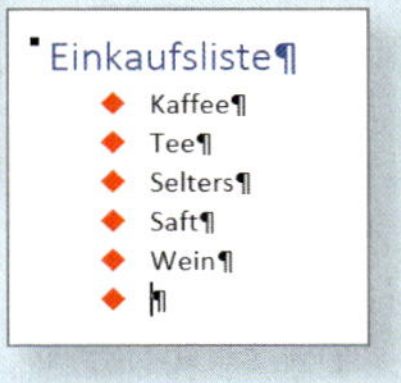

Schritt 5

Sie können auch kleine Bilder verwenden. Klicken Sie dazu im Dialog **Neues Aufzählungszeichen definieren** auf **Bild** ❹. Im nächsten Fenster bestimmen Sie, wo und wonach Sie suchen möchten, und klicken auf die Lupe ❺ am Suchfeld. Anschließend wählen Sie ein Bild aus ❻ und klicken auf **Einfügen**.

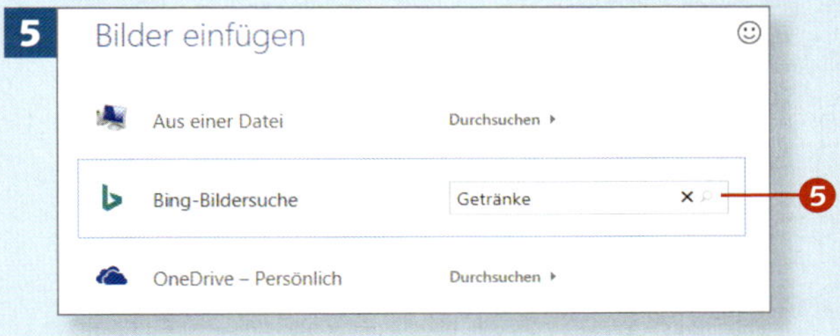

Schritt 6

Um die Aufzählungszeichen wieder zu löschen, markieren Sie die Liste und klicken erneut auf die Schaltfläche **Aufzählungszeichen**. Der Einzug bleibt allerdings erhalten.

Grafische Symbole

Besondere Symbole finden Sie vor allem in den Schriftarten *Wingdings* und *Webdings*.

Listen mit mehreren Ebenen

Word bietet auch die Möglichkeit, Text und Gliederungen so zu strukturieren, wie es oft in wissenschaftlichen Texten erforderlich ist. Üblich ist die dezimale Gliederung nach dem Muster 1., 1.1, 1.2, 1.3 etc.

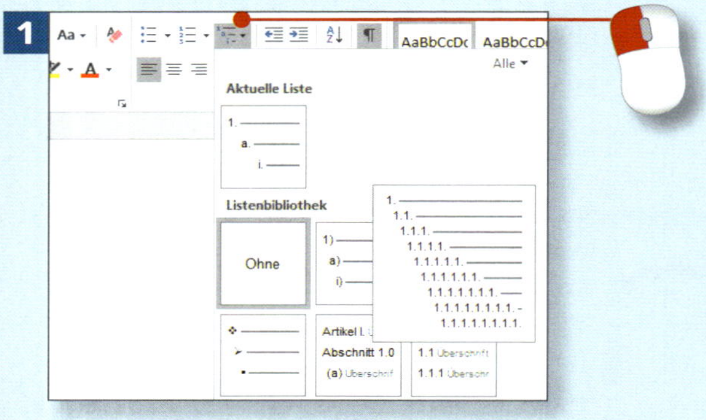

Schritt 1

Wenn Sie eine dezimale Gliederung verwenden möchten, klicken Sie auf der Registerkarte **Start** auf **Liste mit mehreren Ebenen**, und wählen Sie eine Option aus der **Listenbibliothek**.

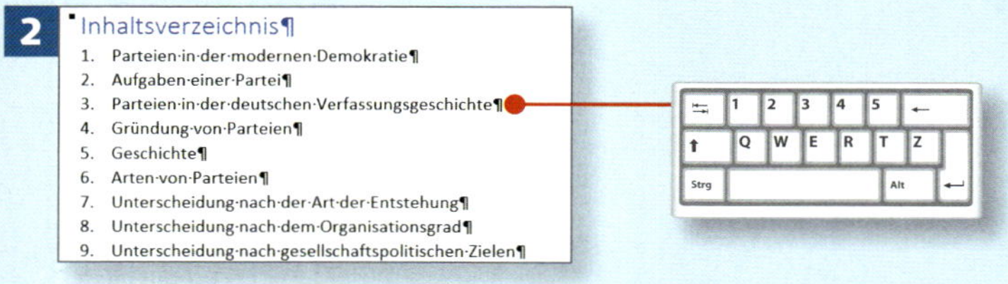

Schritt 2

Geben Sie die Überschriften ein, und drücken Sie dazwischen immer [↵]. Zunächst stehen alle Punkte nummeriert untereinander. Im Menüband wird die Schaltfläche **Nummerierung** hervorgehoben.

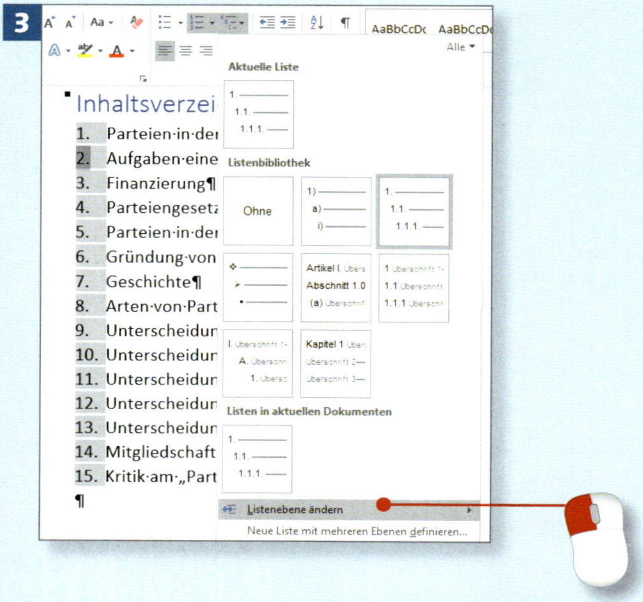

Schritt 3

Danach beginnen Sie, die Überschriften hierarchisch zu gliedern. Setzen Sie den Cursor in die Zeile mit der zweiten Überschrift, und klicken Sie im Menü auf **Listenebene ändern**.

Schritt 4

Im Untermenü wählen Sie die Ebene **1.1**, um die Überschrift eine Ebene herunterzustufen. Falls die nächste Überschrift (wie im Beispiel) eine Überschrift der gleichen Hierarchiestufe ist, wiederholen Sie den Schritt. Diese Überschrift wird dann mit der Nummer 1.2 versehen.

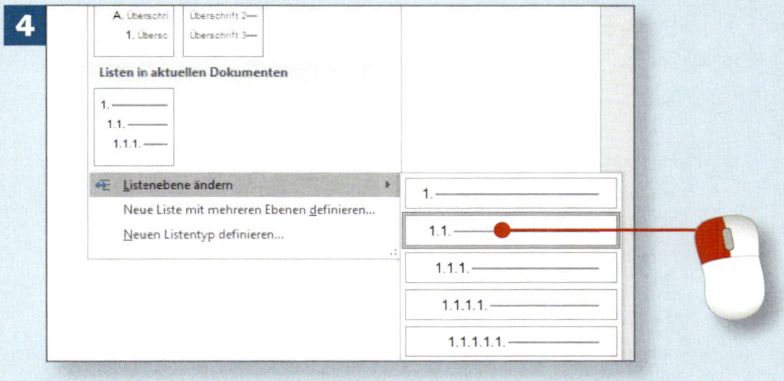

Schritt 5

Wenn die folgende Überschrift ein Unterpunkt von 1.2 ist, öffnen Sie das Menü erneut und wählen die nächste Ebene. Klicken Sie also auf **1.1.1**. Die Überschrift wird eingerückt und erhält die Nummer 1.2.1.

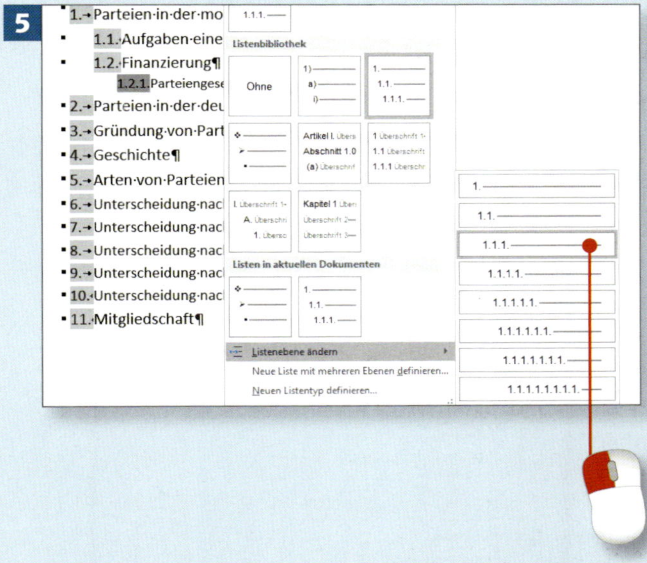

Schritt 6

Auf diese Weise strukturieren Sie die gesamte Gliederung. Die jeweilige Hierarchie können Sie auch mithilfe der Schaltflächen **Einzug verkleinern** und **Einzug vergrößern** ❶ ändern.

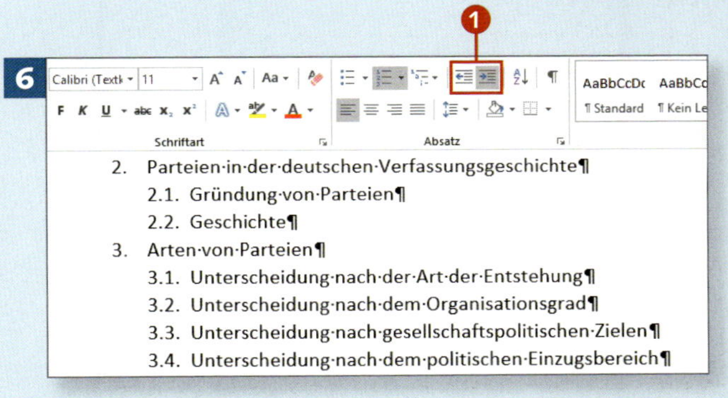

Neu strukturieren

Falls Sie sich bezüglich der gewählten Hierarchie nicht sicher sind, können Sie alles rückgängig machen. Markieren Sie den gesamten Text, und wählen Sie im Menü **Listenebene ändern** den Eintrag **1.** aus.

Listen formatieren

Wenn Ihnen die Angebote in der Listenbibliothek nicht ausreichen, können Sie Ihre Listen an Ihre Anforderungen anpassen. Die neu formatierten Listen werden im Bereich »Listen im aktuellen Dokument« im Listen-Menü angezeigt.

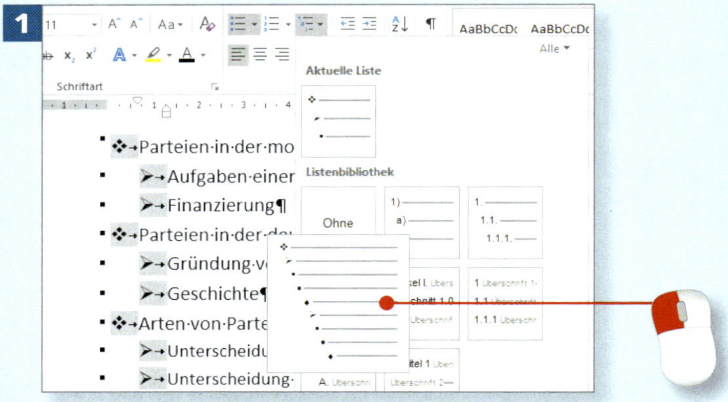

Schritt 1

Sie können auch das Layout Ihrer Gliederung bearbeiten. Einige Möglichkeiten bietet das Menü der Schaltfläche **Liste mit mehreren Ebenen** auf der Registerkarte **Start**. Setzen Sie den Cursor einfach irgendwo in den Text, und treffen Sie im Bereich **Listenbibliothek** Ihre Auswahl.

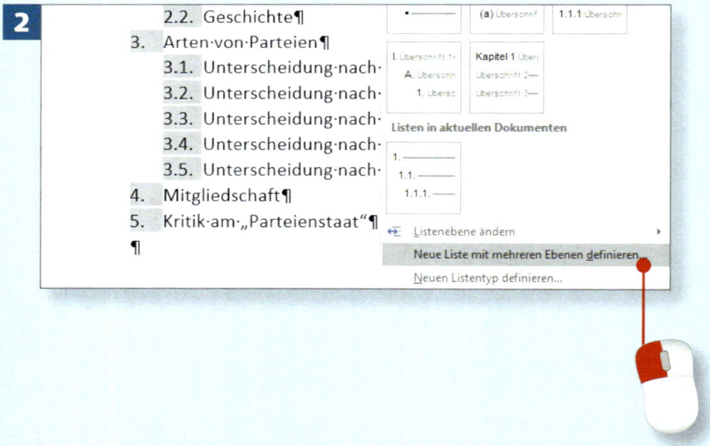

Schritt 2

Um das Aussehen einzelner Zeilen oder Ebenen zu ändern, setzen Sie den Cursor in die betreffende Zeile und wählen **Liste mit mehreren Ebenen ▸ Neue Liste mit mehreren Ebenen definieren**.

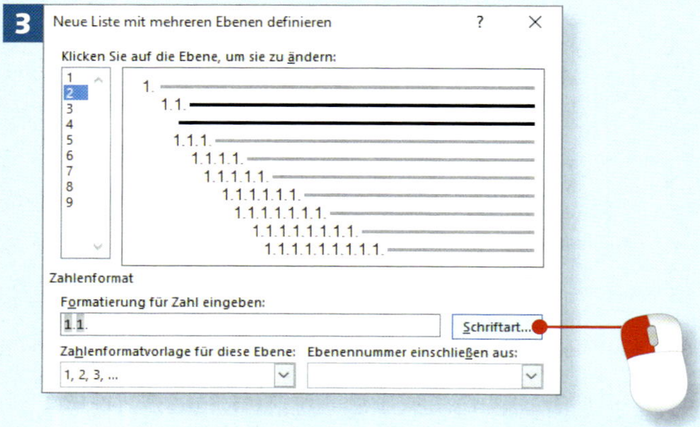

Schritt 3

Im gleichnamigen Dialog klicken Sie auf **Schriftart**, wenn Sie die Formatierung der Zahlen dieser Ebene bearbeiten möchten (Farbe, Schriftgröße, Schriftart etc.).

Schritt 4

Im Dialog **Schriftart** nehmen Sie die gewünschten Einstellungen vor. Sie können also z. B. die Schrift selbst, ihre Größe oder ihre Farbe ändern. Die Einstellungen wirken sich nach zwei Klicks auf **OK** auf alle Texte der aktuellen Ebene aus.

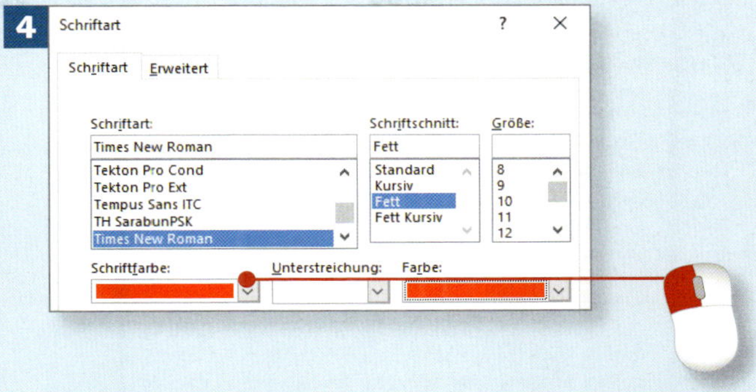

Schritt 5

Die Einzüge der jeweiligen Listenebene können Sie ebenfalls ändern. Im Dialog **Neue Liste mit mehreren Ebenen definieren** legen Sie im Bereich **Position** fest, an welcher Stelle die Nummerierung (**Ausrichtung**) und wo der nachfolgende Text (**Texteinzug bei** ❶) beginnt. Beide Werte werden vom Seitenrand aus gemessen.

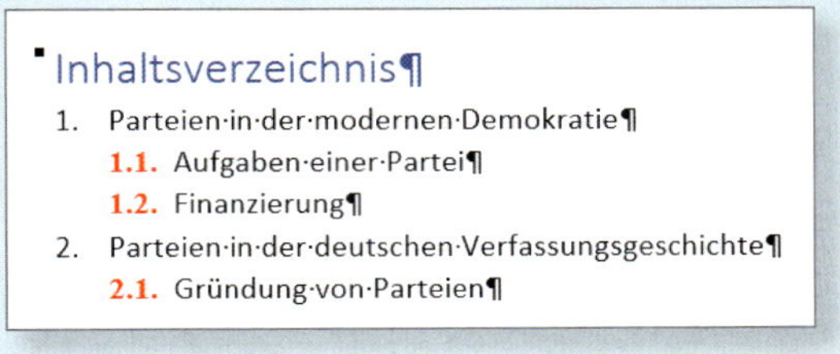

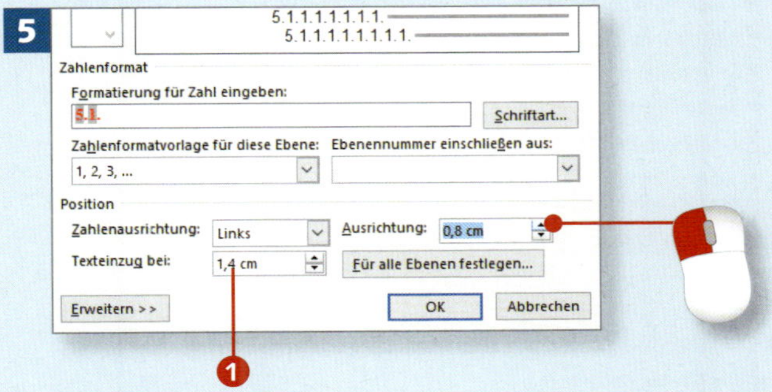

Schritt 6

Um die Formatierung für mehrere Ebenen vorzunehmen, müssen Sie den Dialog nicht jedes Mal schließen, um den Cursor neu zu positionieren. Sie können die zu formatierende Ebene oben links im Dialog auswählen. In der Vorschau rechts wird die ausgewählte Ebene hervorgehoben.

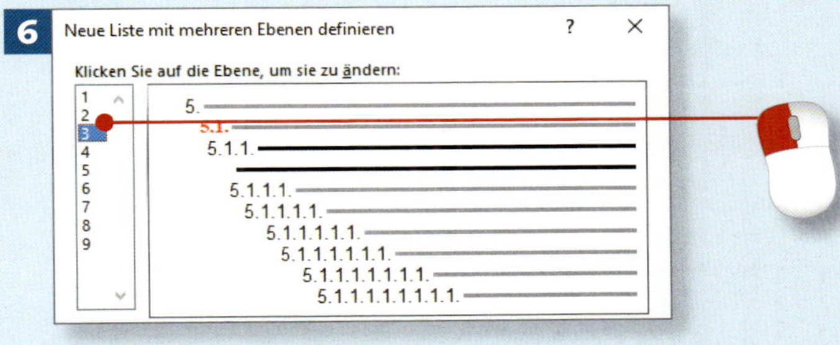

Überschriften durchzählen

1

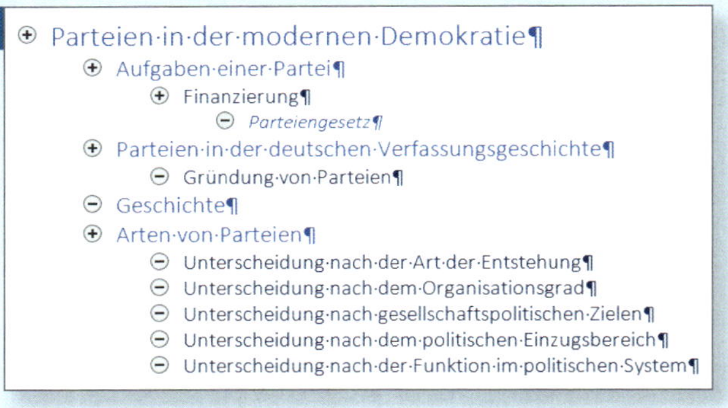

2

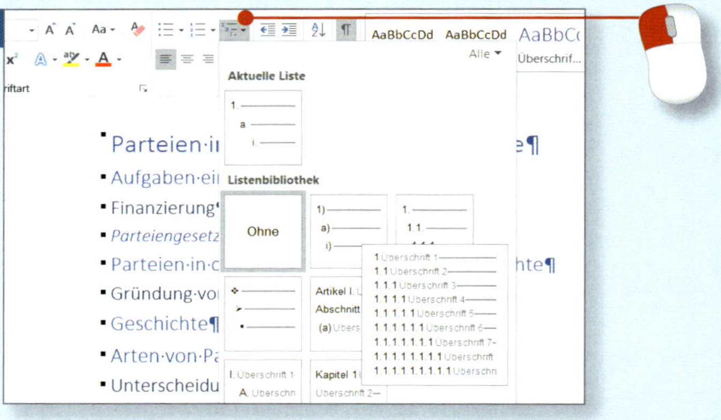

3

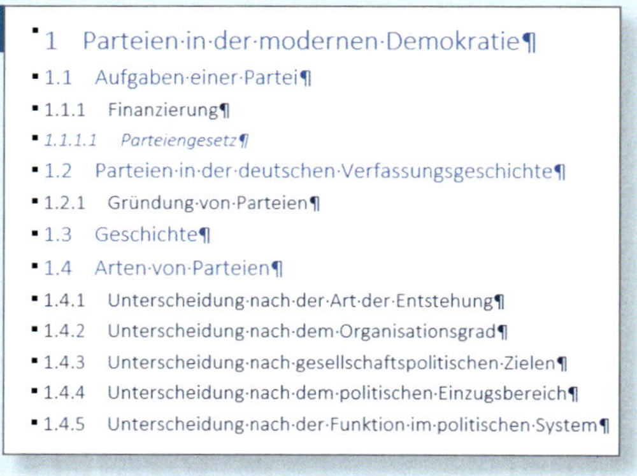

Wenn Sie die Listenfunktion für die Nummerierung von Überschriften einsetzen möchten, können Sie auf vorgefertigte Formate zurückgreifen oder eine bestehende Liste anpassen.

Schritt 1

Wenn Sie Ihren Text geschrieben und die Überschriften mit den Formatvorlagen **Überschrift 1**, **Überschrift 2** etc. formatiert haben, reichen wenige Mausklicks, um die Nummerierung für alle Überschriften zu übernehmen. Die Abbildung zeigt das Dokument in der Gliederungsansicht.

Schritt 2

Verlassen Sie die Gliederungsansicht, und klicken Sie auf der Registerkarte **Start** auf die Schaltfläche **Liste mit mehreren Ebenen**. In der Listenbibliothek wählen Sie eine Variante, in der die Bezeichnung **Überschrift** auftaucht.

Schritt 3

Alle Überschriften, deren Formatvorlagen in die Listendefinition aufgenommen sind, werden jetzt mit der Nummerierung versehen.

Schritt 4

Wenn Sie jetzt eine neue Überschrift schreiben und ihr die entsprechende Formatvorlage zuweisen, z. B. **Überschrift 2** ❶, wird automatisch die Nummerierung der gewählten Liste angewandt.

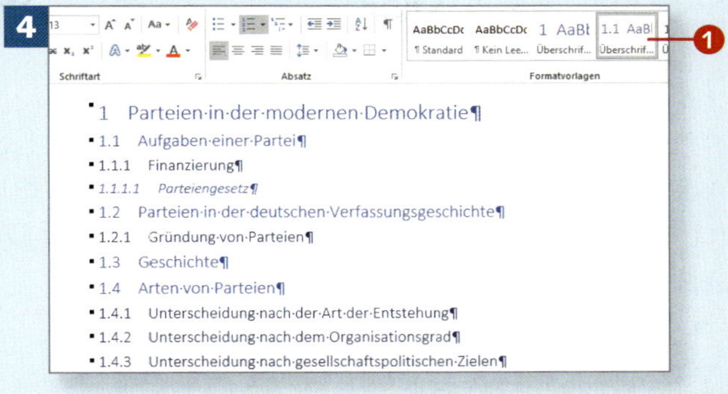

Schritt 5

Um eine eigene Formatliste zu erstellen, wählen Sie im Menü der Schaltfläche **Liste mit mehreren Ebenen** den Punkt **Neue Liste mit mehreren Ebenen definieren** (siehe Seite 158). Erweitern Sie den Dialog mit einem Klick auf **Erweitern**.

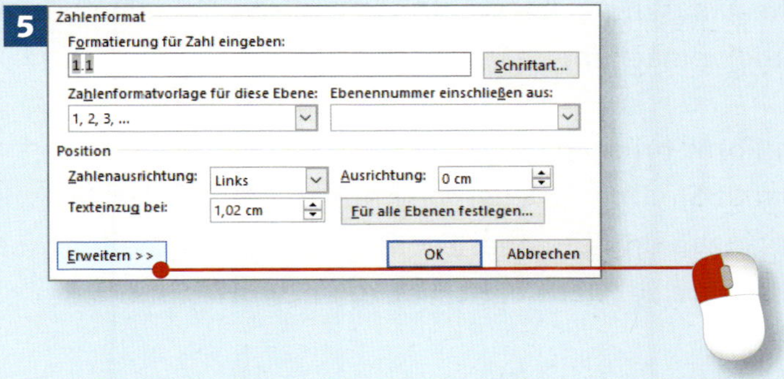

Schritt 6

Wählen Sie links oben im Dialog zunächst eine Ebene aus. Im Feld **Verbinden mit Formatvorlage** ❷ legen Sie fest, welche Formatvorlage nummeriert werden soll. Dann geben Sie die Nummerierung vor ❸. Wiederholen Sie das für alle Ebenen Ihrer Liste. Ab der zweiten Ebene müssen Sie mithilfe der Felder **Formatierung für Zahl eingeben** ❹ und **Ebenennummer einschließen aus** ❺ die Nummern der übergeordneten Ebenen aufnehmen.

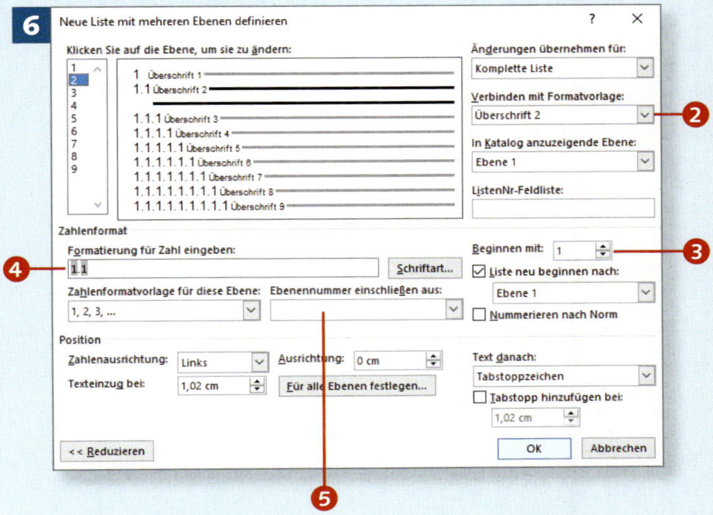

Kapitel 8
Tabellen erstellen und bearbeiten

Auch wenn in Word die Arbeit mit Tabellen nicht vorrangig ist, bietet das Programm natürlich diese Möglichkeit. Wie Sie Tabellen in Ihr Dokument einfügen und anschaulich gestalten, zeigen wir Ihnen in diesem Kapitel.

Erstellen oder übernehmen?
Es könnte kaum leichter sein, eine Tabelle einzufügen, denn es geschieht über zwei einfache Mausklicks. Sie können auch Excel-Tabellen mit Word verknüpfen oder aus Text eine Tabelle machen.

In Form bringen
Damit Sie Ihre Tabellen bearbeiten können, zeigen wir Ihnen, wie Sie Zeilen und Spalten ergänzen und löschen. Die Registerkarte **Tabellentools** bietet zahlreiche Gestaltungsoptionen, und auf der Registerkarte **Entwurf** gibt es spezielle Tabellenformatvorlagen für eilige Fälle.

Eine Tabelle in Word 2019 einzufügen ist ganz einfach. Nur zwei Mausklicks, und die Tabelle steht. **1**

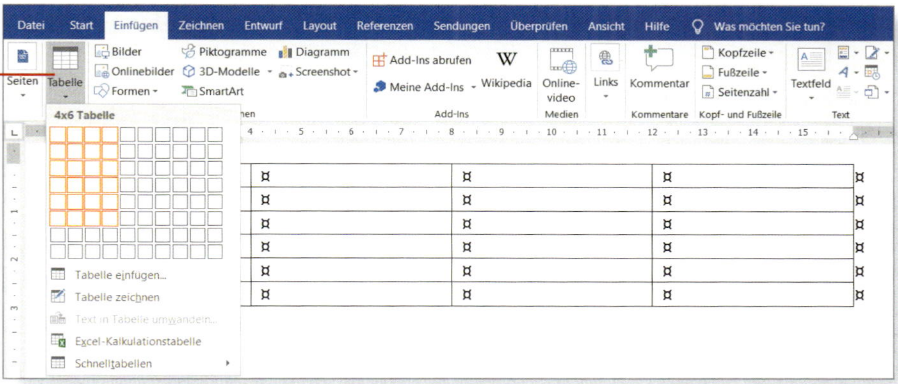

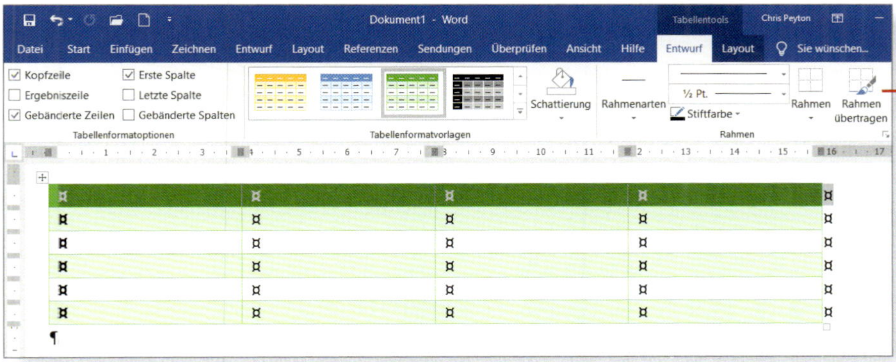

2 Das Aussehen der Tabelle können Sie vielfältig gestalten. Dazu finden Sie auf der Registerkarte **Tabellentools** zahlreiche Gestaltungsoptionen.

Eine Tabelle per Klick erzeugen

1
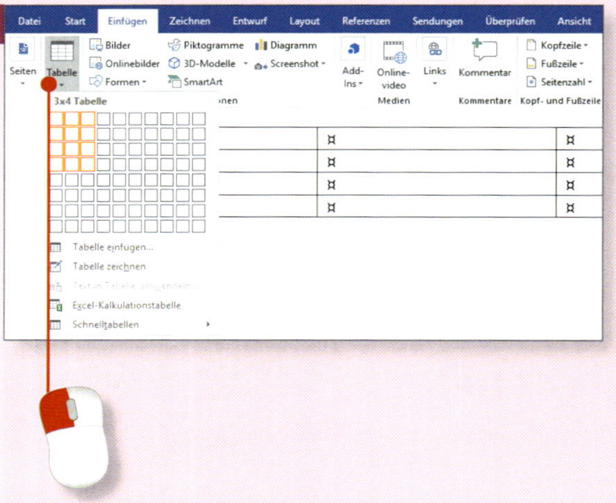

2
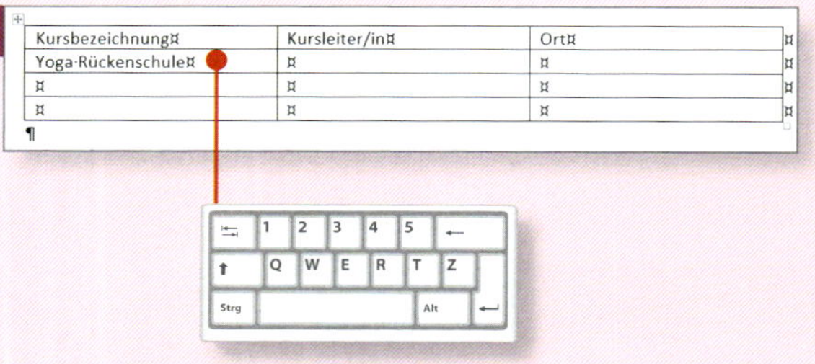

3
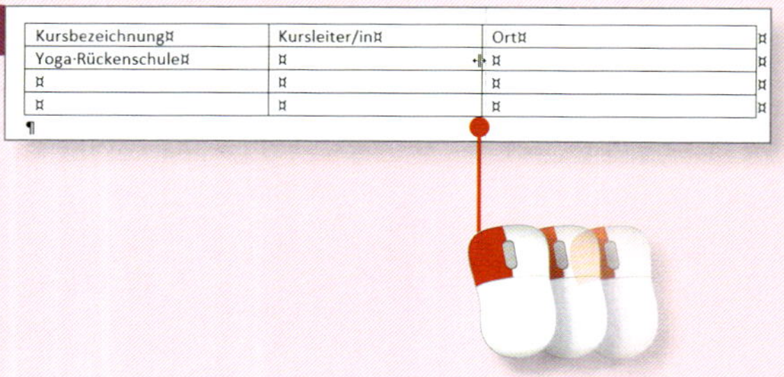

Sollen Texteinträge geordnet untereinander und nebeneinander in Spalten und Zeilen stehen, sind Tabellen dafür das geeignete Mittel. Sie lassen sich blitzschnell einfügen!

Schritt 1

Klicken Sie auf der Registerkarte **Einfügen** auf die Schaltfläche **Tabelle**. Fahren Sie im Menü über die Anzahl der Spalten und Zeilen, die Sie einfügen möchten (die Kästchen werden farbig umrandet), und klicken Sie darauf.

Schritt 2

Sie können also sofort losschreiben. Mit ⇆ oder → springen Sie bequem in die nächste Zelle, Sie können aber auch die Maus benutzen oder – bei einem Touchbildschirm – einfach die Zelle antippen.

Schritt 3

Um die Spaltenbreite zu verändern, führen Sie den Mauszeiger an die vertikale Linie zwischen zwei Spalten. Der Mauszeiger verwandelt sich in einen Strich mit zwei Pfeilen. Ziehen Sie die Linie nach links oder rechts. Genauso verändern Sie die Zeilenhöhe, nur dass Sie hier an der horizontalen Linie ziehen.

Tabelleneigenschaften aufrufen

Den Dialog **Tabelleneigenschaften** können Sie auf verschiedenen Wegen aufrufen. Zum Beispiel finden Sie auch im Kontextmenü der Tabelle den Eintrag **Tabelleneigenschaften**.

Schritt 4

Sie können auch eine exakte Spaltenbreite und Zeilenhöhe eingeben. Auf der Regiserkarte **Tabellentools/ Layout** sehen Sie die Felder **Tabellenzeilenhöhe** und **Tabellenspaltenbreite** ❶. Hier können Sie die Maße für die Zeile oder Spalte eingeben, in der der Cursor steht.

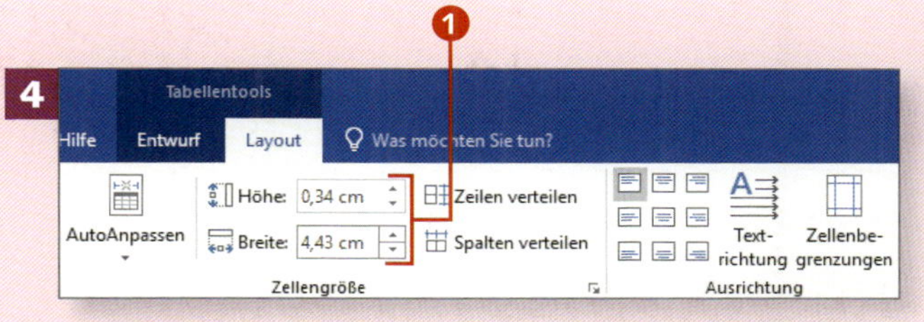

Schritt 5

In der Standardeinstellung werden Tabellen mit fester Spaltenbreite eingefügt, längerer Text wird umbrochen. Man kann die Spaltenbreite aber bis zu einem gewissen Grad auch an den Text anpassen. Dazu klicken Sie auf der Registerkarte **Tabellentools/Layout** auf **AutoAnpassen ▸ Automatisch an Inhalt anpassen**.

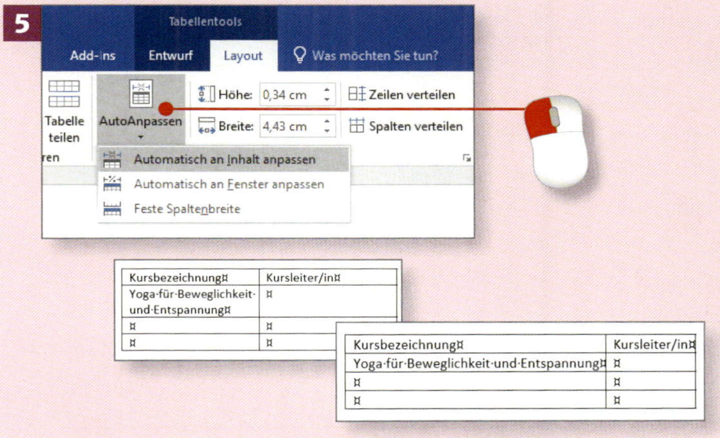

Schritt 6

Spaltenbreite, Zeilenhöhe sowie die Ausrichtung der Tabelle und des Textes in einer Tabelle lassen sich auch in einem Rutsch im Dialog **Tabelleneigenschaften** festlegen. Klicken Sie links auf der Registerkarte **Tabellentools/Layout** auf **Eigenschaften**. Im Dialog **Tabelleneigenschaften** wechseln Sie zwischen den benötigten Registerkarten ❷.

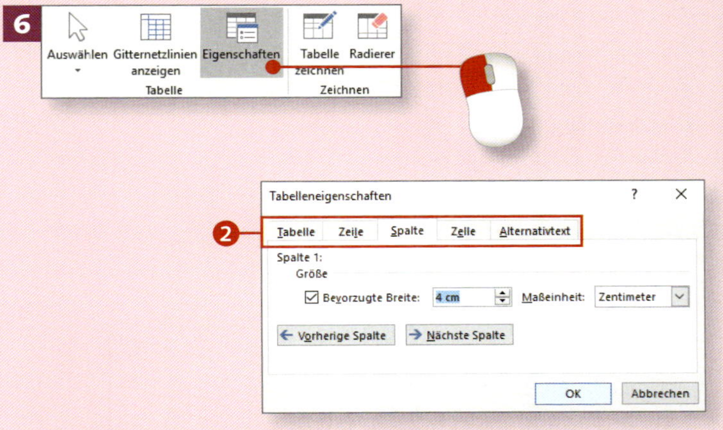

Zeilen und Spalten einfügen/löschen

1

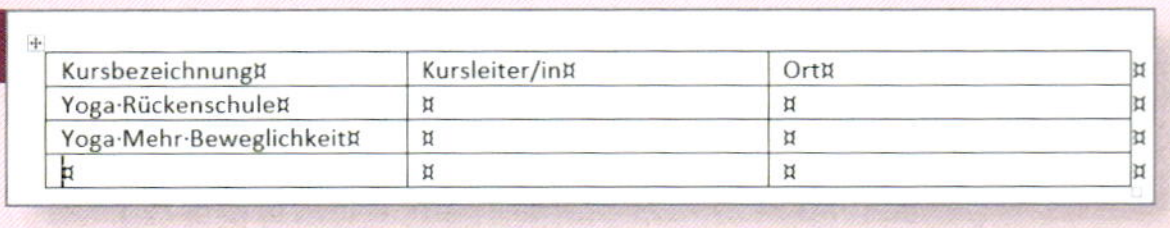

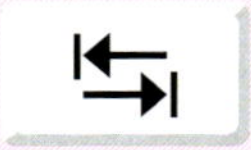

2

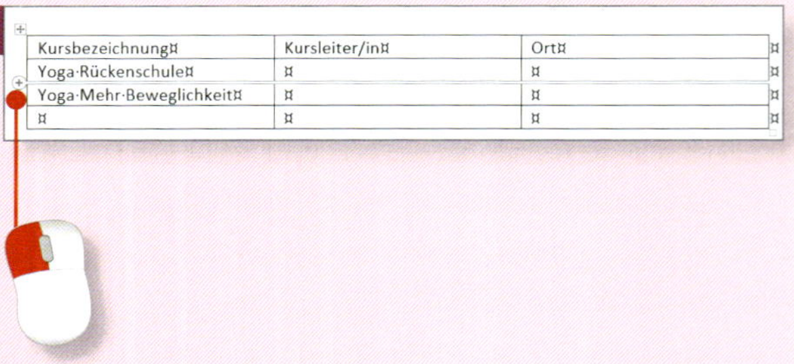

3

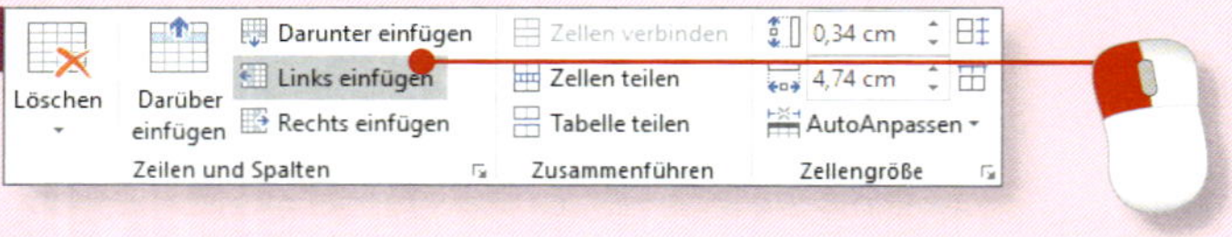

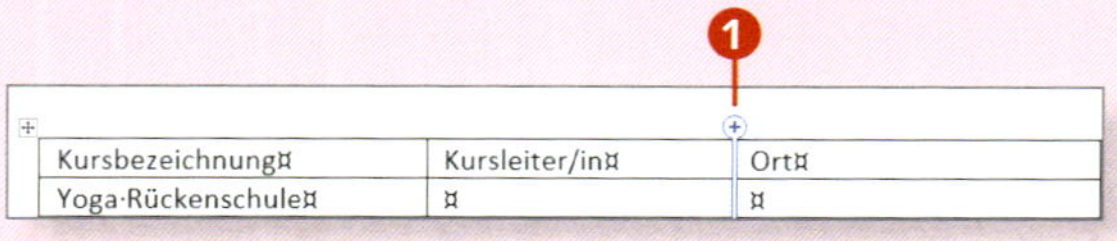

Sie haben eine Tabelle eingefügt und brauchen später doch mehr Spalten und/oder Zeilen? Das ist kein Grund, eine neue Tabelle einzufügen – ergänzen Sie einfach die vorhandene.

Schritt 1

Es ist ganz leicht, die Tabelle durch weitere Zeilen zu verlängern. Setzen Sie den Cursor in die letzte Zelle der Tabelle, und drücken Sie [Tab]. Dadurch erzeugen Sie eine weitere Tabellenzeile.

Schritt 2

Brauchen Sie eine neue Zeile mitten in der Tabelle, zeigen Sie mit der Maus auf den linken Rand der Zeile, *unter* der Sie eine Zeile einfügen möchten. Es erscheint eine Linie mit einem Pluszeichen. Klicken Sie darauf, wird eine Zeile eingefügt.

Schritt 3

Fehlt eine Spalte, setzen Sie den Cursor in die Spalte, *neben* der Sie eine Spalte einfügen möchten. Klicken Sie dann auf der Registerkarte **Tabellentools/Layout** z. B. auf **Links einfügen**. Sie können auch die Linie mit dem Pluszeichen verwenden (1): Zeigen Sie mit der Maus an den oberen Rand einer vertikalen Linie.

Zeilen einfügen

Sie können natürlich auch Zeilen oberhalb und unterhalb der Tabelle einfügen. Setzen Sie den Cursor in die Zeile, über oder unter der Sie eine Zeile einfügen möchten, und klicken Sie auf der Registerkarte **Tabellentools/Layout** z. B. auf **Darüber einfügen**.

Schritt 4

Es ist auch möglich, eine Zelle in weitere Spalten (oder Zeilen) aufzuteilen. Setzen Sie den Cursor in die Zelle, und klicken Sie auf **Zellen teilen**. Im Dialog geben Sie an, in wie viele Spalten (oder Zeilen) die Zelle unterteilt werden soll ❷.

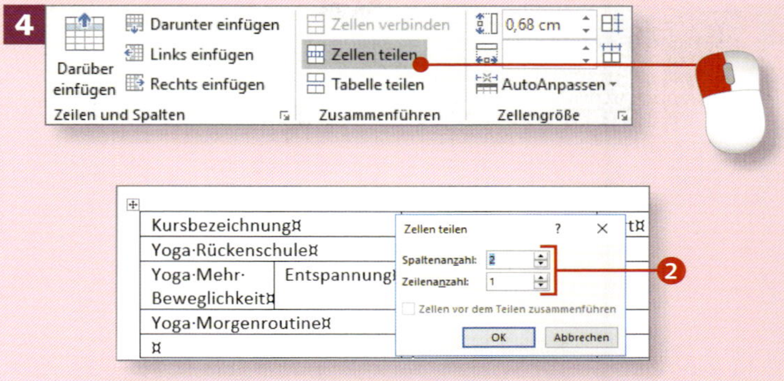

Schritt 5

Sie können Zeilen oder Spalten auch wieder loswerden. Platzieren Sie den Cursor entsprechend, und klicken Sie auf **Löschen**. Entscheiden Sie im Menü, was Sie löschen möchten, z. B. **Zeilen löschen**. Damit wird die Zeile gelöscht, in der der Cursor steht.

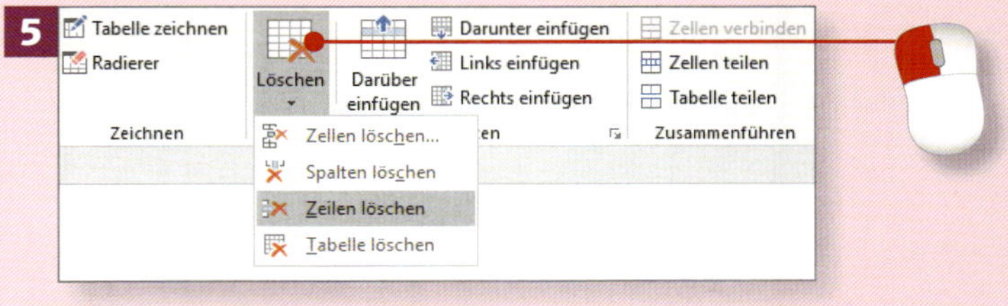

Schritt 6

Es gibt auch einen Radierer ❸, mit dem Sie löschen können, z. B. einzelne Linien zwischen den Zellen. Klicken Sie auf **Radierer**, und klicken Sie damit auf eine Linie.

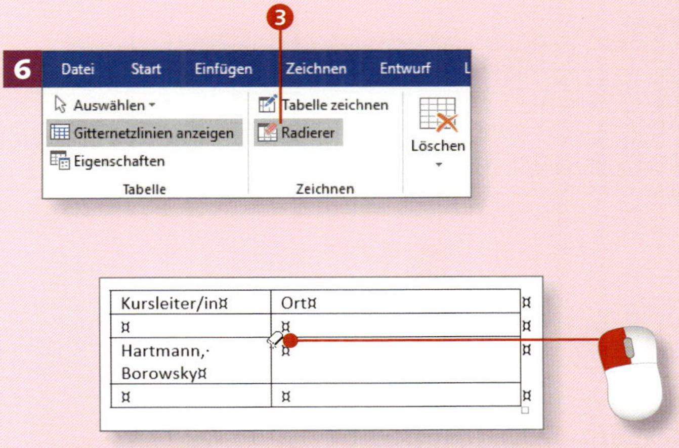

Tabellen in Tabellen

Sie können auch eine neue Tabelle in eine Zelle einfügen. Gehen Sie dabei genauso vor wie beim Einfügen von Tabellen (siehe den Abschnitt »Eine Tabelle per Klick erzeugen« auf Seite 164).

Die Tabelle formatieren

1

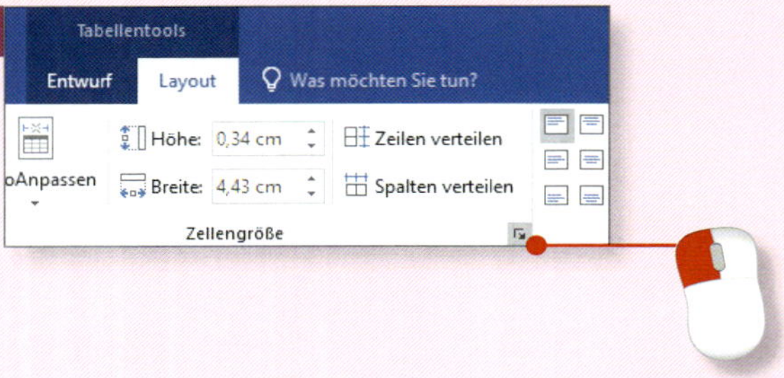

2

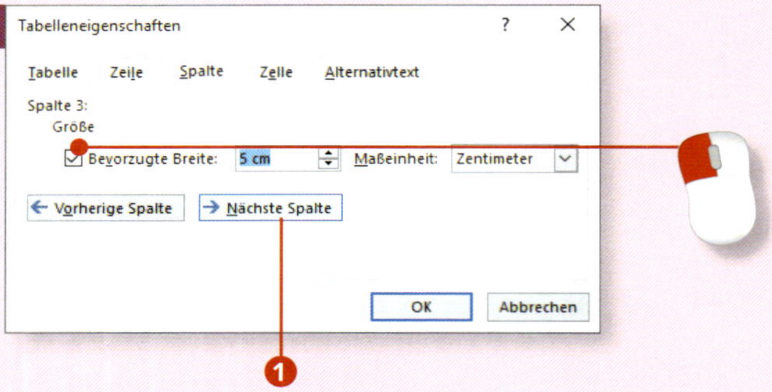

3

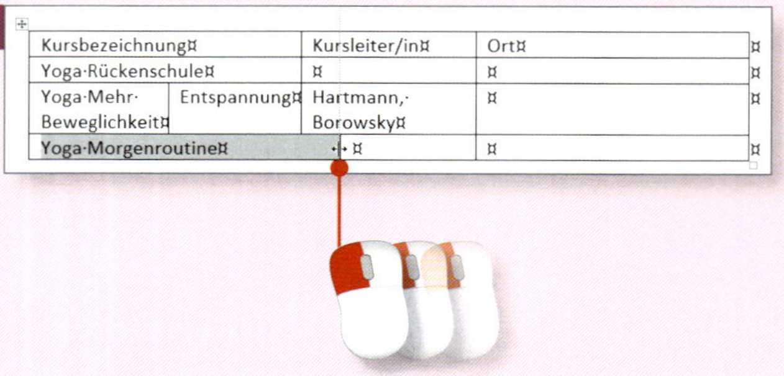

Text in Tabellen formatieren

Den Text in Tabellen können Sie natürlich auch formatieren. Sie markieren den Text und nutzen die üblichen Formatierungsbefehle.

Tabellen lassen sich optisch auf vielerlei Art und Weise gestalten. Aus einer schlichten Tabelle kann mit wenigen Handgriffen ein eindrucksvolles Werk werden.

Schritt 1

Um die Breite der Spalten nicht »Pi mal Daumen« mit der Maus, sondern exakt festzulegen, klicken Sie auf der Registerkarte **Tabellentools/ Layout** auf den Pfeil an der Gruppe **Zellengröße** und öffnen so den Dialog **Tabelleneigenschaften**.

Schritt 2

Auf der Registerkarte **Spalte** haken Sie die Option **Bevorzugte Breite** an und geben im Feld daneben das gewünschte Maß ein. Dann klicken Sie auf die Schaltfläche **Nächste Spalte** ❶ und geben das Maß für diese Spalte ein etc.

Schritt 3

Wenn Sie eine Spalte verbreitern und dazu mit gedrückter Maustaste an der vertikalen Linie ziehen, wird die gesamte Spalte verbreitert. Um die Breite einer einzigen Zelle zu vergrößern, müssen Sie die Zelle zunächst markieren. Dann ziehen Sie an der Linie.

Schritt 4

Farbige Hintergründe für einzelne Zellen weisen Sie zu, indem Sie auf der Registerkarte **Tabellentools/Entwurf** eine Farbe im Menü **Schattierung** wählen. Sollen ganze Spalten oder Zeilen eingefärbt werden, müssen Sie sie vorher markieren.

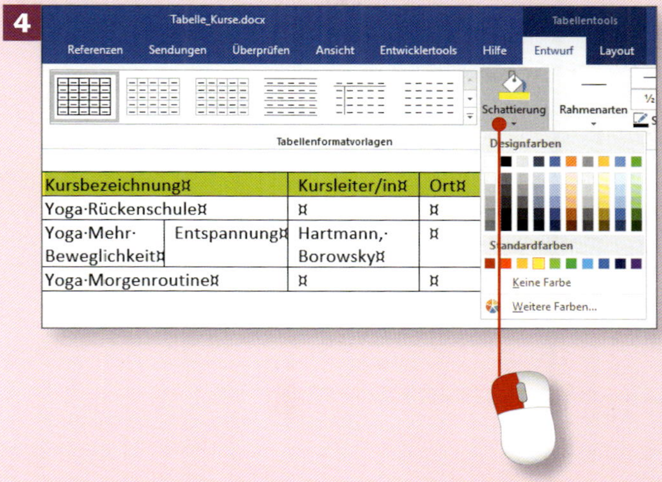

Schritt 5

Die eingefügte Tabelle hat Rahmenlinien innen und außen. Sie können diese Rahmenlinien komplett oder teilweise entfernen. Alle Rahmenlinien werden unsichtbar, wenn Sie die Tabelle markieren und auf **Rahmen ▸ Kein Rahmen** klicken.

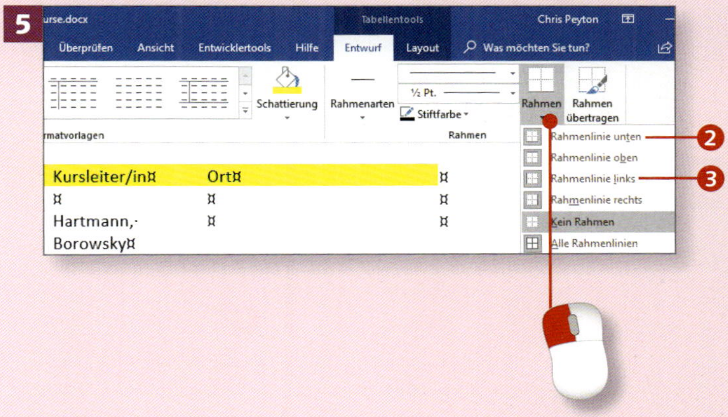

Schritt 6

Einzelne Linien setzen Sie folgendermaßen: Markieren Sie die oberste Zeile; klicken Sie dann auf **Rahmen ▸ Rahmenlinie unten** ❷. Markieren Sie nun die erste Spalte, und wählen Sie **Rahmenlinie rechts** ❸.

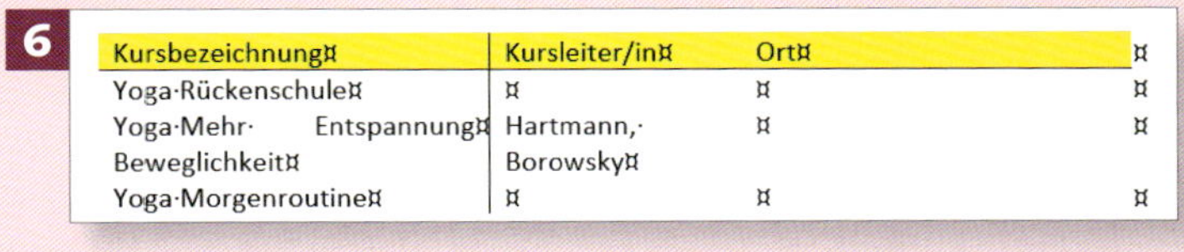

Spalten/Zeilen markieren

Eine Spalte markieren Sie bequem, indem Sie mit der Maus auf den oberen Rand der Spalte zeigen (es erscheint ein kleiner schwarzer Pfeil) und dann klicken; um eine Zeile zu markieren, zeigen Sie auf den linken Rand neben der Zeile.

Die Tabelle formatieren (Forts.)

7

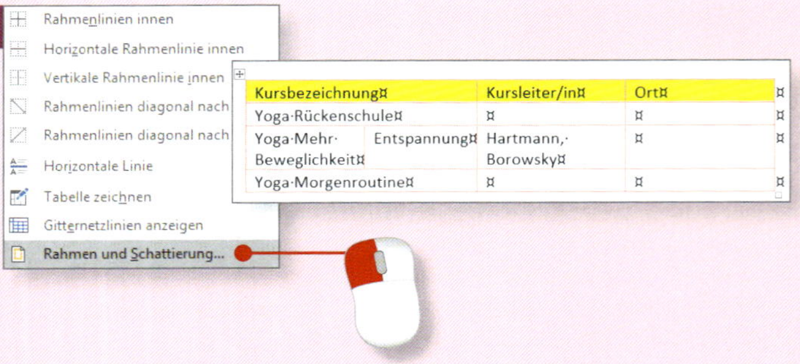

8

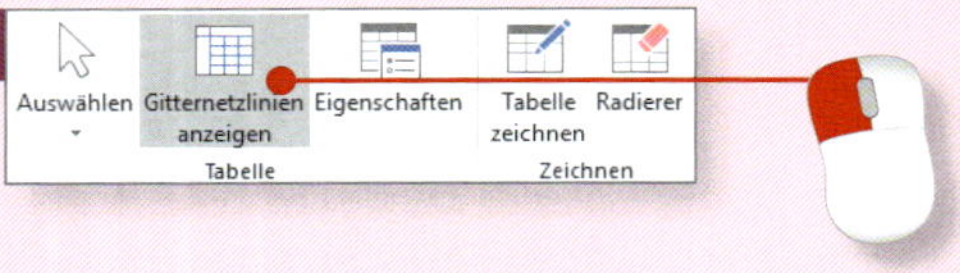

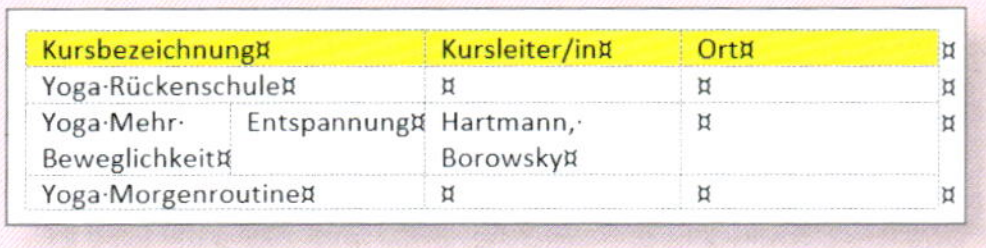

9

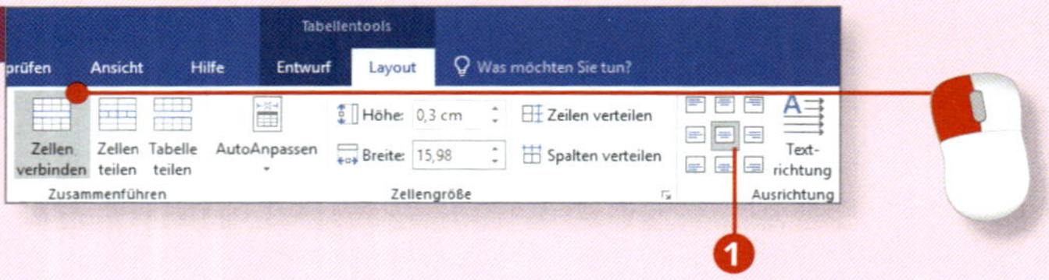

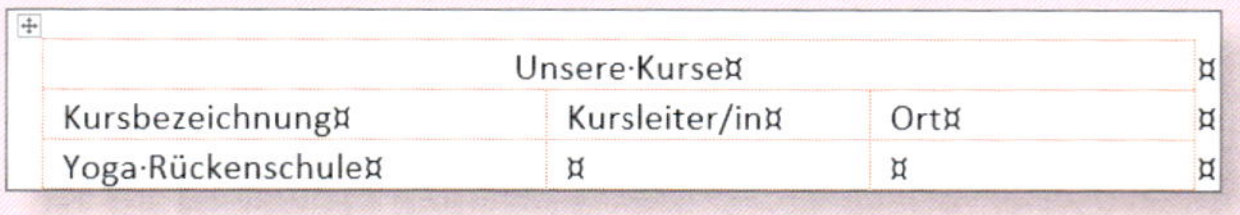

Designrahmen

Im Menü **Rahmenarten** (Registerkarte **Entwurf**) werden diverse Designrahmen angeboten. Nach Auswahl einer solchen Linienart wird der Mauszeiger zu einem Stift. Klicken Sie einfach an die Linien der Zellen, um die Formatierung zuzuweisen.

Schritt 7

Für farbige Rahmenlinien oder andere Stricharten öffnen Sie über **Rahmen ▸ Rahmen und Schattierung** den gleichnamigen Dialog. Hier können Sie eine Formatvorlage für die Linienart wählen, sowie eine andere Farbe und die Breite der Linien anpassen (siehe dazu den Abschnitt »Rahmen und Linien um Texte setzen« auf Seite 104). Denken Sie daran, die Spalten/Zeilen zuvor zu markieren.

Schritt 8

Auch wenn Sie alle Rahmenlinien ausgeschaltet haben (siehe Schritt 2), ist die Arbeit in der Tabelle oft angenehmer, wenn weiterhin Linien sichtbar sind. Aktivieren Sie auf der Registerkarte **Tabellentools/Layout** die Option **Gitternetzlinien anzeigen**. Die Gitternetzlinien sind nur auf dem Bildschirm zu sehen.

Schritt 9

In der ersten Zeile soll eine zentrierte Überschrift stehen? Markieren Sie die Zeile, und klicken Sie auf **Zellen verbinden**. Um nun den Text der Überschrift zu zentrieren, klicken Sie auf die Schaltfläche **Zentriert ausrichten** ❶.

Schritt 10

Zwischen den Rahmenlinien der Zellen gibt es standardmäßig keinen Abstand. Möchten Sie einen Abstand einstellen, klicken Sie auf **Zellenbegrenzungen**.

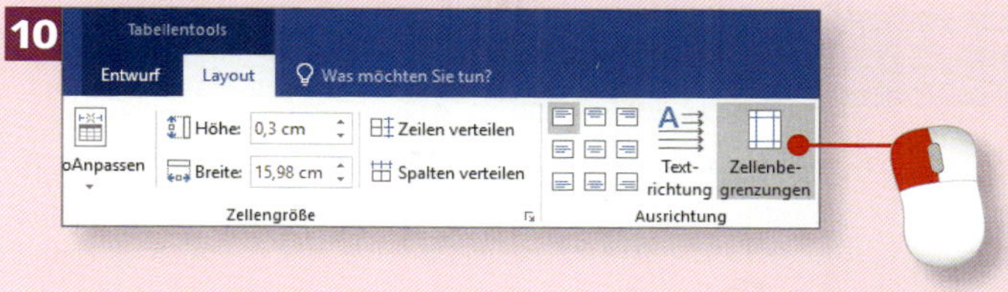

Schritt 11

Im Dialog **Tabellenoptionen** aktivieren Sie zunächst **Abstand zwischen Zellen zulassen**. Im Feld daneben geben Sie dann einen Wert für den Abstand ein, z. B. »0,1 cm«.

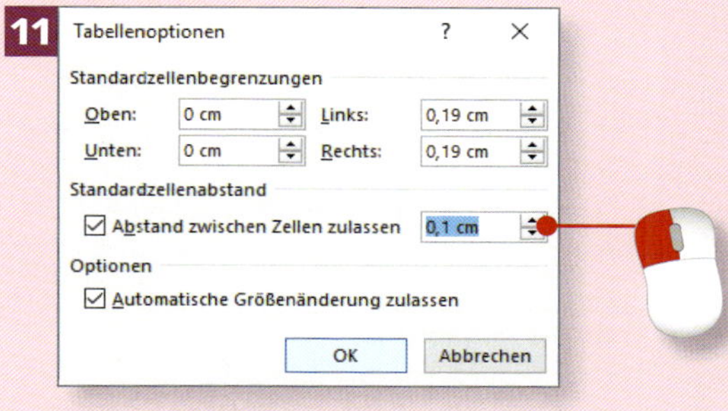

Schritt 12

Der Text in Zellen lässt sich unterschiedlich horizontal/vertikal ausrichten. Die entsprechenden Schaltflächen finden Sie in der Gruppe **Ausrichtung**. Standardmäßig ist **Oben links ausrichten** ❷ eingestellt. Wählen Sie z. B. **Zentriert ausrichten**. Damit rutscht der Text horizontal und vertikal in die Mitte der Zelle.

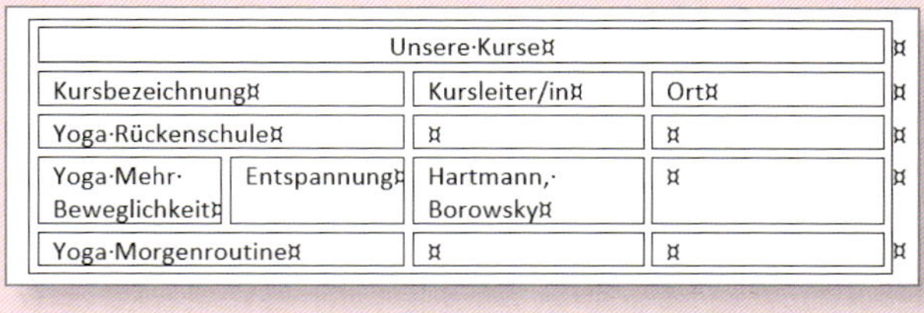

Unsere·Kurse¤			
Kursbezeichnung¤		Kursleiter/in¤	Ort¤
Yoga·Rückenschule¤		¤	¤
Yoga·Mehr·Beweglichkeit¤	Entspannung¤	Hartmann,·Borowsky¤	¤
Yoga·Morgenroutine¤		¤	¤

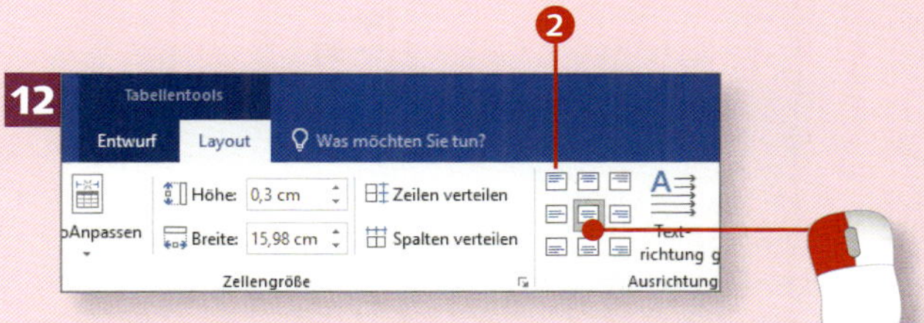

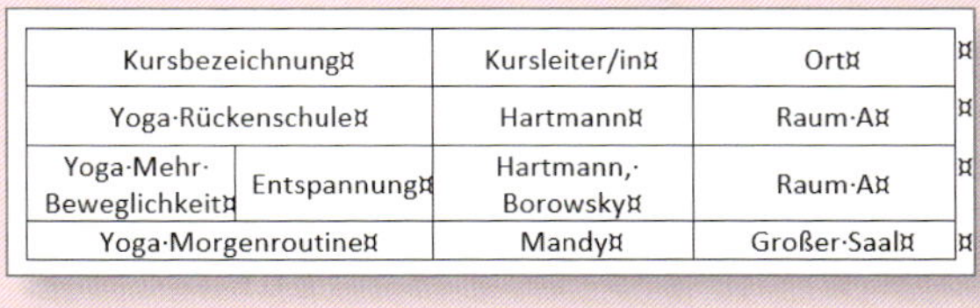

Kursbezeichnung¤		Kursleiter/in¤	Ort¤
Yoga·Rückenschule¤		Hartmann¤	Raum·A¤
Yoga·Mehr·Beweglichkeit¤	Entspannung¤	Hartmann,·Borowsky¤	Raum·A¤
Yoga·Morgenroutine¤		Mandy¤	Großer·Saal¤

Zellenbegrenzungen
Mit den Feldern unter **Standardzellenbegrenzungen** im Dialog **Tabellenoptionen** legen Sie fest, wie groß der Abstand zwischen dem Text und der Zelllinie ist.

Formatvorlagen für Tabellen nutzen

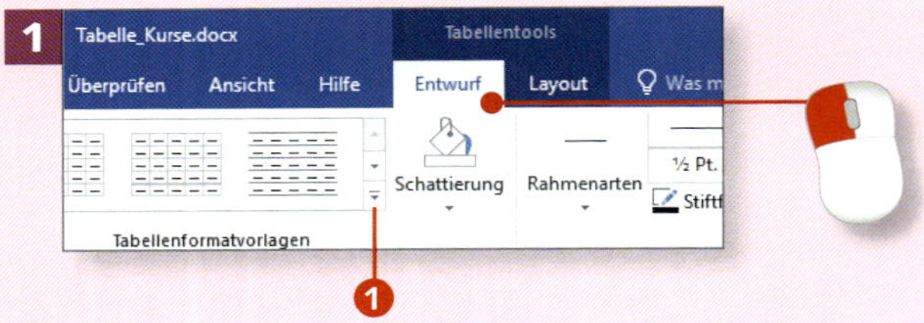

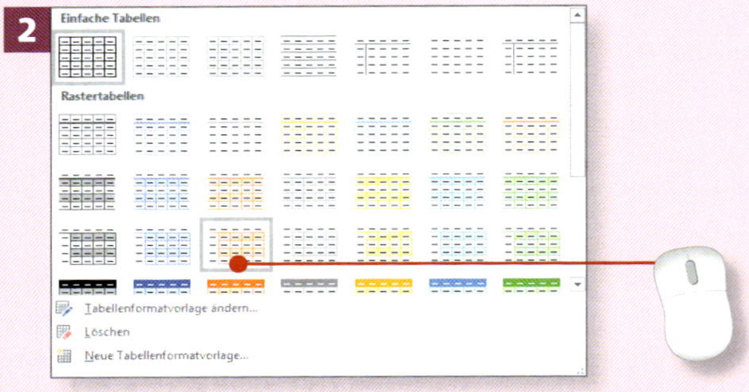

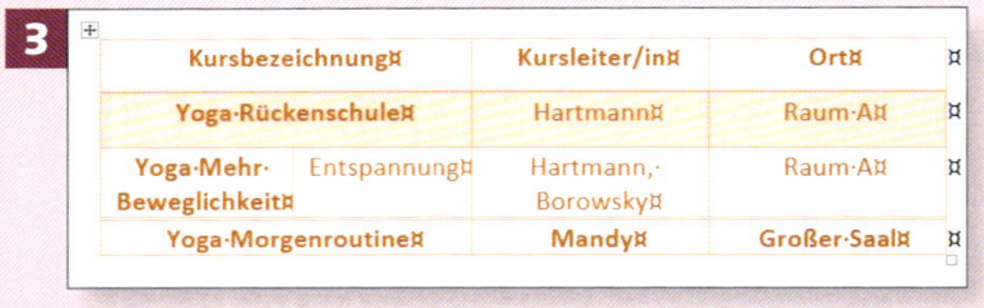

Kursbezeichnung		Kursleiter/in	Ort
Yoga-Rückenschule		Hartmann	Raum A
Yoga Mehr Beweglichkeit	Entspannung	Hartmann, Borowsky	Raum A
Yoga Morgenroutine		Mandy	Großer Saal

Mit speziellen Tabellenformatvorlagen können Sie Tabellen quasi per Mausklick gestalten. Wählen Sie einfach ein schickes Layout aus.

Schritt 1

Am wenigsten Arbeit ist es, die Tabelle mithilfe einer Vorlage zu formatieren. Setzen Sie den Cursor irgendwo in die Tabelle, und aktivieren Sie die Registerkarte **Tabellentools/Entwurf**.

Schritt 2

Klicken Sie auf den Pfeil 1 an der Auswahl der Tabellenformatvorlagen, und fahren Sie über die Vorschauen. Klicken Sie auf das gewünschte Format.

Schritt 3

Die Tabelle nimmt das Aussehen der Formatvorlage an. Auch wenn Sie z. B. mit der [Tab]-Taste eine Zeile hinzufügen, wird die Formatierung fortgesetzt, und das einheitliche Layout der Tabelle bleibt erhalten.

Eigene Vorlagen für Tabellen

Um eine eigene Formatvorlage zu erstellen, wählen Sie im Menü der Tabellenvorlagen **Neue Tabellenformatvorlage**. Im zugehörigen Dialog geben Sie der Vorlage einen Namen und nehmen alle Einstellungen für die Elemente der Tabelle vor. Nachdem Sie alles mit **OK** bestätigt haben, finden Sie Ihre Vorlage im Menü der Tabellenformatvorlagen in der Rubrik **Benutzerdefiniert**.

Schritt 4

Wenn Sie mit dem gewählten Tabellenformat nicht hundertprozentig zufrieden sind, können Sie es bearbeiten. Öffnen Sie das Menü der Tabellenformatvorlagen, und klicken Sie darin auf **Tabellenformatvorlage ändern**.

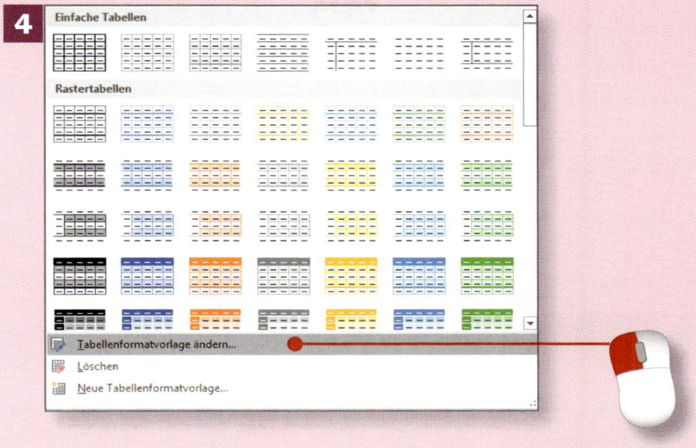

Schritt 5

Im Dialog **Formatvorlage ändern** können Sie andere Einstellungen für einzelne Elemente der Vorlage vornehmen. Klicken Sie z. B. auf den Pfeil am Feld **Rahmenfarbe**, und wählen Sie eine andere Farbe. Diese Änderung wirkt sich auf die Rahmenlinie und die inneren Linien der Tabelle aus.

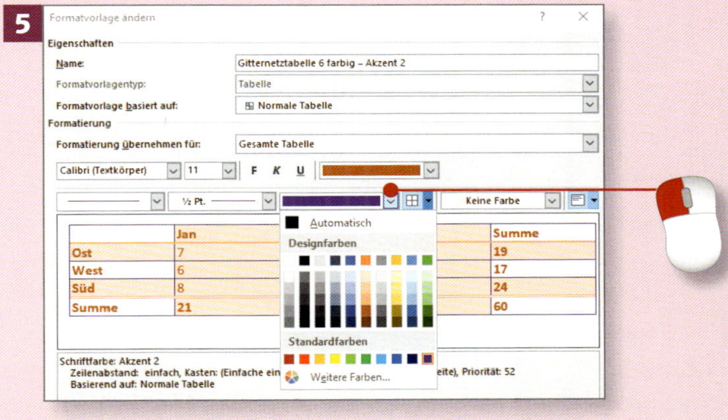

Schritt 6

Um die Formatierung einer Tabelle mit einer Vorlage wieder zurückzunehmen, klicken Sie im Menü der Tabellenformatvorlagen auf den vorletzten Eintrag **Löschen**.

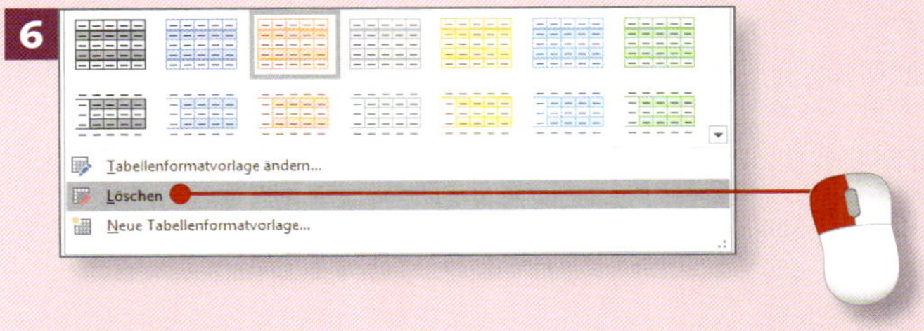

Text in Tabellen umwandeln

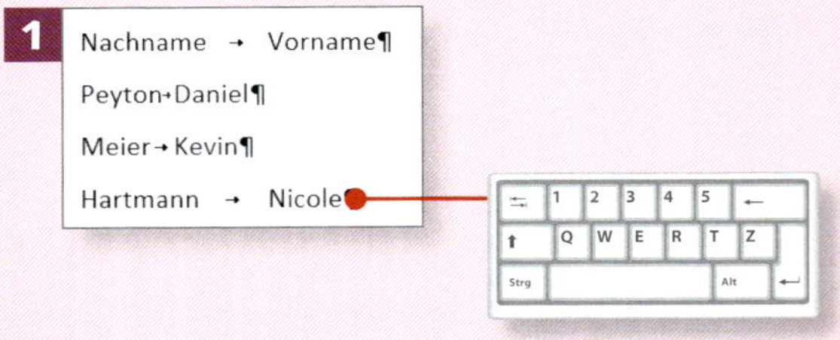

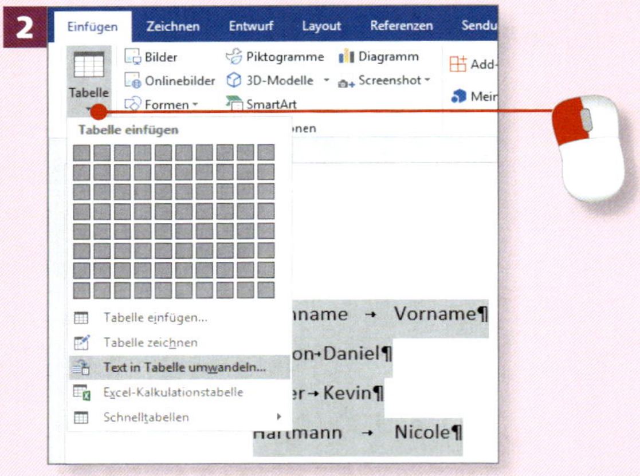

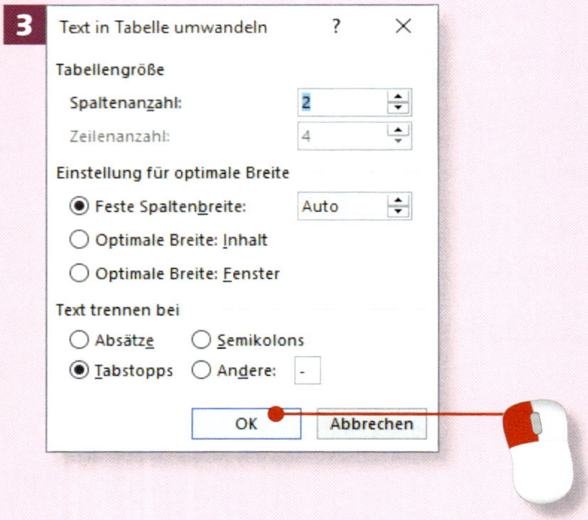

Text lässt sich auch nachträglich in eine Tabellenform bringen. Das geht problemlos, wenn Sie nur ein paar Regeln beachten.

Schritt 1

Text, der nachträglich in eine Tabelle umgewandelt werden soll, muss mit bestimmten Trennzeichen geschrieben werden. Die Umwandlung funktioniert gut, wenn Sie die (zukünftigen) Spalteneinträge durch Tabstopps trennen. Schreiben Sie also z. B. »Vorname ⭾ Nachname«.

Schritt 2

Markieren Sie den mit Tabstopps geschriebenen Text. Klicken Sie dann auf der Registerkarte **Einfügen** auf **Tabelle ▸ Text in Tabelle umwandeln**.

Schritt 3

Im zugehörigen Dialog sollte die passende Spalten- und Zeilenanzahl bereits eingetragen sein, da Word die festgelegten Trennzeichen erkennt. Klicken Sie also einfach auf **OK**.

Schritt 4

Ihr Text wird umgehend in eine normale Tabelle verwandelt. Wahrscheinlich müssen Sie die Breite der Spalten noch anpassen, da diese meist zu großzügig ausfällt.

Schritt 5

Sie können den Text auch durch ein anderes Zeichen trennen, z. B. durch ein Komma (am besten ohne Leerzeichen nach dem Komma). Dies müssen Sie aber im Dialog **Text in Tabelle umwandeln** angeben, falls Word das Trennzeichen in Ihrem Text nicht automatisch erkannt hat.

Schritt 6

Um das Komma als Trennzeichen einzusetzen, verfahren Sie, wie in Schritt 2 beschrieben. Aktivieren Sie im Dialog **Text in Tabelle umwandeln** die Option **Andere**, und geben Sie ein Komma in das Kästchen daneben ein.

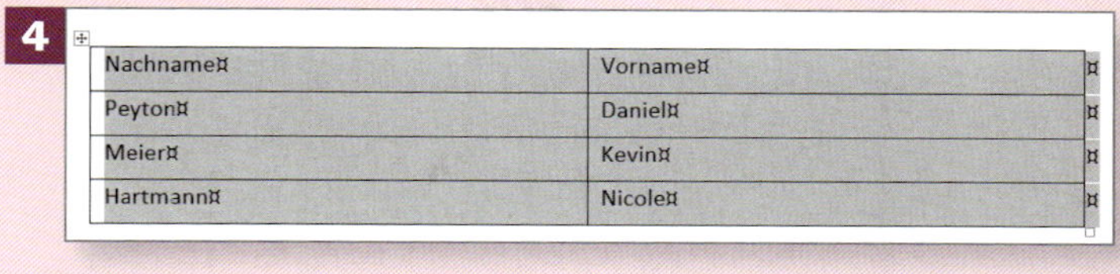

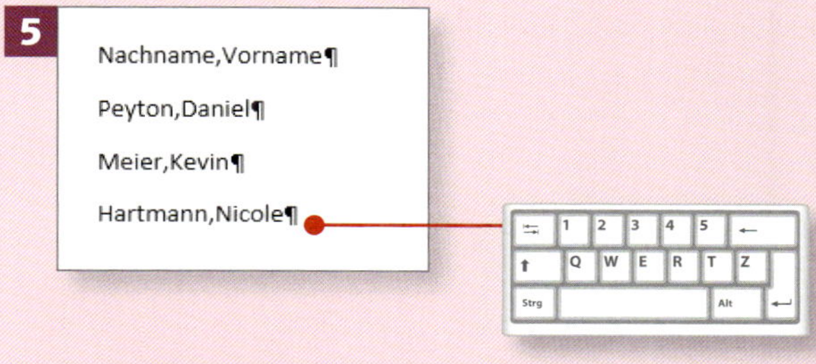

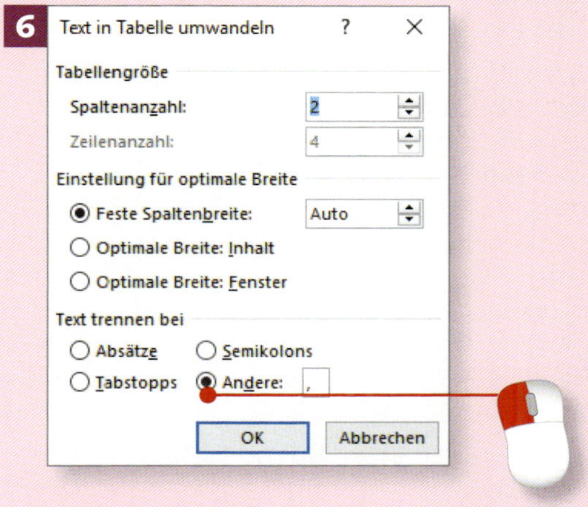

! Von Hand korrigieren

Wenn der Text, den Sie in eine Tabelle umwandeln möchten, nicht sauber mit Trennzeichen versehen ist (also z. B. ein Trennzeichen in der Überschrift fehlt), müssen Sie die Spaltenzahl von Hand eingeben.

Tabellen in Text umwandeln

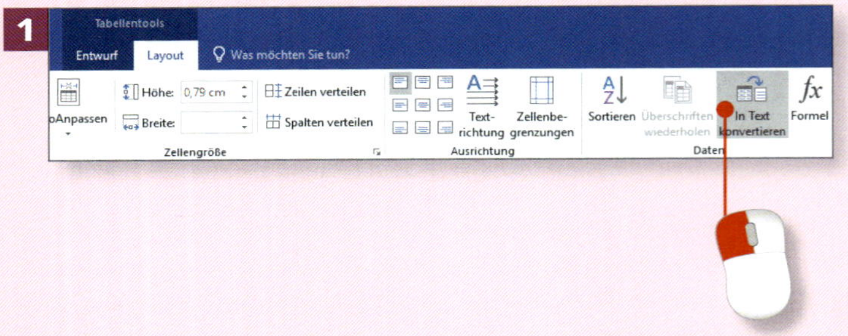

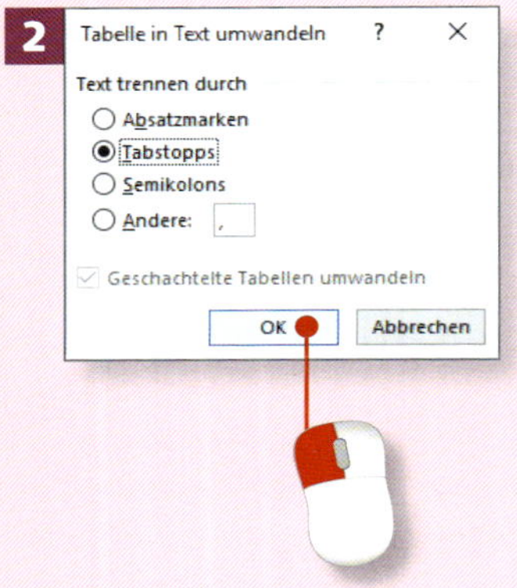

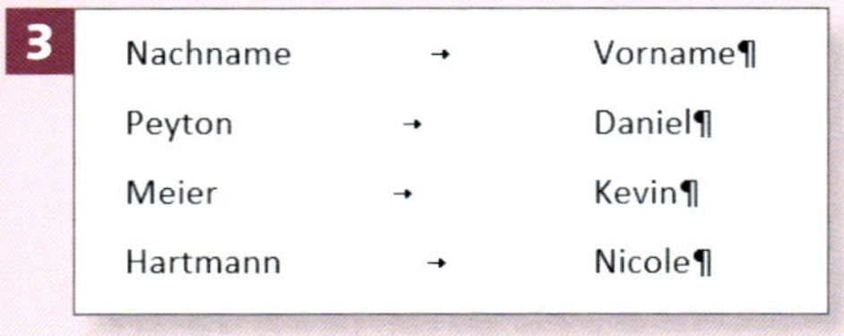

Nachname →	Vorname¶
Peyton →	Daniel¶
Meier →	Kevin¶
Hartmann →	Nicole¶

Tabellen sind wandlungsfähig – Sie können aus einer Tabelle auch mit wenigen Klicks normalen Text machen.

Schritt 1

Sie brauchen eine Tabelle als normalen Text? Setzen Sie den Cursor in die Tabelle. Aktivieren Sie die Registerkarte **Tabellentools/Layout**, und klicken Sie auf die Schaltfläche **In Text konvertieren**.

Schritt 2

Im zugehörigen Dialog belassen Sie es am besten bei **Tabstopps** oder wählen ein anderes von Ihnen gewünschtes Trennzeichen aus und klicken auf **OK**. Daraufhin verschwindet die Tabelle, und der Text steht mit dem Trennzeichen solo da.

Schritt 3

Aus der hier verwendeten Tabelle mit den Namen wird eine einfache Liste, in der Vornamen und Nachnamen durch Tabstopps getrennt sind. Jede Tabellenzeile wird eine Zeile im Text.

Tabstopps in Tabellenzellen

Wenn Sie innerhalb einer Tabellenzelle einen Tabstopp setzen möchten, müssen Sie Strg gedrückt halten und dann ⭾ drücken.

Schritt 4

Wenn in der Tabelle eine Zelle in zwei Spalten unterteilt war, ergibt das Umwandeln in Text an dieser Stelle ein zusätzliches Trennzeichen (in dem gezeigten Beispiel wird ein zusätzlicher Tabstopp erzeugt).

4

Kursbezeichnung¤		Kursleiter/in¤
Yoga·Rückenschule¤		Hartmann¤
Yoga·Mehr·Beweglichkeit¤	Entspannung¤	Hartmann,·Borowsky¤
Yoga·Morgenroutine¤		Mandy¤

```
Kursbezeichnung        →  Kursleiter/in¶
Yoga·Rückenschule      →  Hartmann¶
Yoga·Mehr·Beweglichkeit → Entspannung → Hartmann,·Borowsky¶
Yoga·Morgenroutine     →  Mandy¶
```

Schritt 5

Wenn in der Tabelle eine Zelle in zwei Zeilen unterteilt wurde, erhalten Sie nach dem Umwandeln eine Liste mit einer zusätzlichen Zeile.

5

Kursbezeichnung¤	Kursleiter/in¤
Yoga·Rückenschule¤	Hartmann¤
Yoga·Mehr·Beweglichkeit¤	Hartmann,·Borowsky¤
Entspannung¤	
Yoga·Morgenroutine¤	Mandy¤

```
Kursbezeichnung        →  Kursleiter/in¶
Yoga·Rückenschule      →  Hartmann¶
Yoga·Mehr·Beweglichkeit → Hartmann,·Borowsky¶
Entspannung            →  ¶
Yoga·Morgenroutine     →  Mandy¶
```

Schritt 6

Achten Sie darauf, dass das verwendete Trennzeichen nicht in der Tabelle vorkommt (im Beispiel das Semikolon). Ansonsten können Sie später nicht mehr zuordnen, welche Inhalte in welcher Spalte gestanden haben. Für leere Tabellenzeilen erhalten Sie eine leere Textzeile, gefüllt mit den Trennzeichen.

6

Kursbezeichnung¤	Kursleiter/in¤
Yoga·Rückenschule¤	Hartmann¤
Yoga·Mehr·Beweglichkeit¤	Hartmann;·Borowsky¤
Yoga·Morgenroutine¤	Mandy¤
¤	¤

```
Kursbezeichnung;·Kursleiter/in¶
Yoga·Rückenschule;·Hartmann¶
Yoga·Mehr·Beweglichkeit;·Hartmann;·Borowsky¶
Yoga·Morgenroutine;·Mandy¶
;·¶
```

!

Tabellen importieren

Da das Umwandeln in Text oft verwendet wird, um Informationen, die in Word-Tabellen vorliegen, in Datenbanken zu importieren, ist es wichtig, die in den Schritten 4 bis 6 gezeigten Besonderheiten zu vermeiden.

Tabellen aus Excel übernehmen

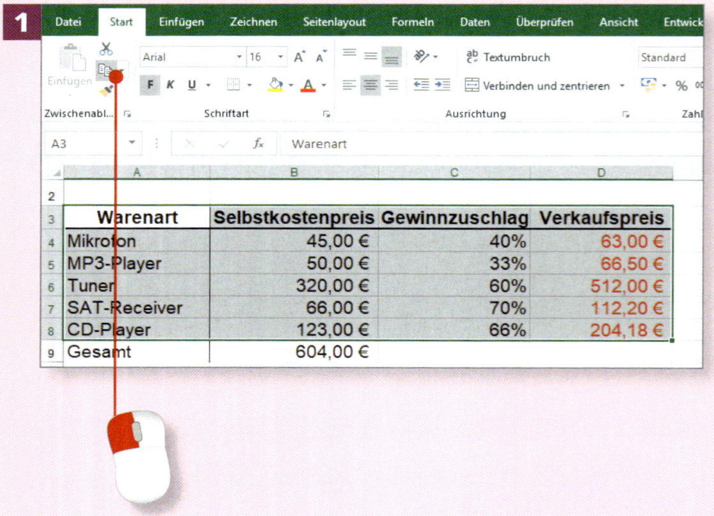

Als Programm zur Tabellenkalkulation bietet Excel sich zwar für die Arbeit mit Tabellen an, doch mitunter möchte man diese Tabellen in ein Word-Dokument einfügen. Das ist auf verschiedenen Wegen möglich.

Schritt 1

Markieren Sie in Excel die Daten, die Sie in Ihr Word-Dokument einfügen möchten, und klicken Sie auf der Registerkarte **Start** auf die Schaltfläche **Kopieren**.

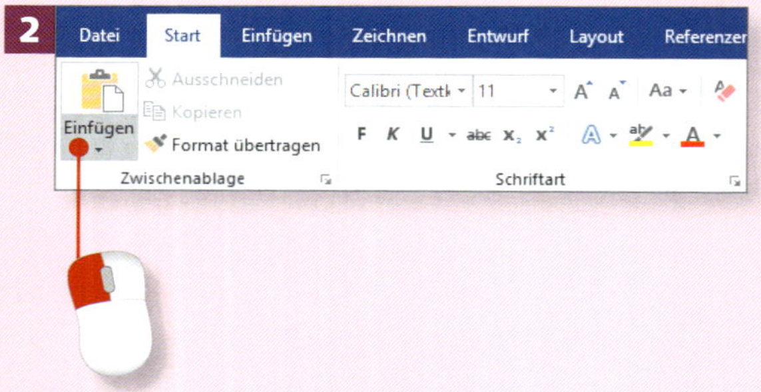

Schritt 2

Wechseln Sie in Ihr Word-Dokument, und setzen Sie den Cursor an die Position, an der die Tabellendaten eingefügt werden sollen. Klicken Sie dann auf der Registerkarte **Start** auf den Pfeil an der Schaltfläche **Einfügen**.

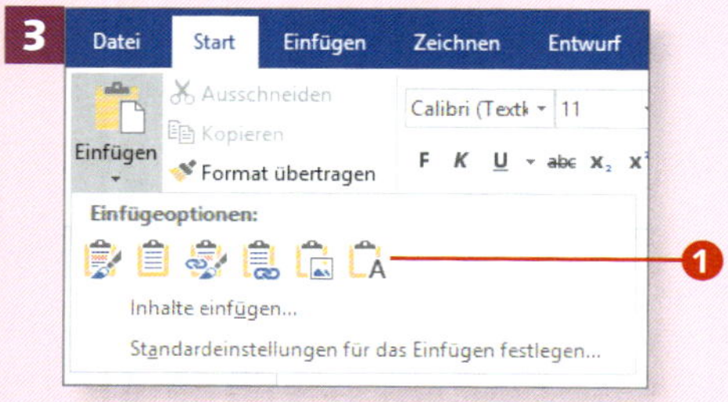

Schritt 3

Im Untermenü entscheiden Sie, wie die Daten eingefügt werden sollen **1**. Prinzipiell müssen Sie festlegen, ob die Daten verknüpft werden oder nicht, wie sie formatiert sein sollen und ob die Daten als Grafik oder als reiner Text eingefügt werden.

Schritt 4

Wenn Sie den Cursor in Word direkt unter eine bestehende Tabelle mit gleicher Struktur setzen, können Sie diese Word-Tabelle einfach um die Excel-Daten ergänzen, indem Sie auf **Tabelle zusammenführen** klicken. Dieses Symbol ist nur zu sehen, wenn der Cursor direkt unter einer Tabelle steht (dafür fehlen die anderen Einfügeoptionen).

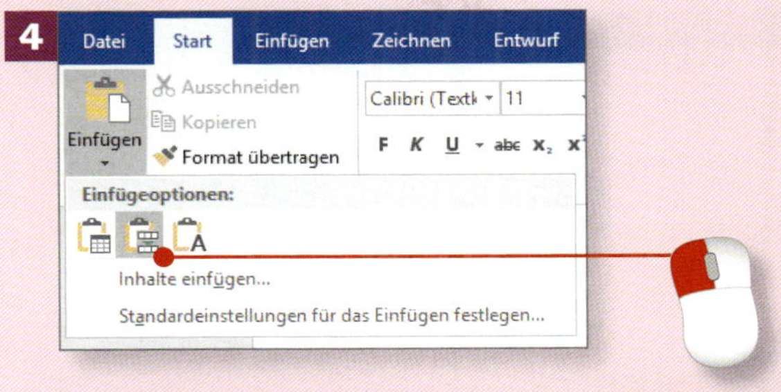

Schritt 5

Wenn Sie die Excel-Daten als Grafik in Ihr Word-Dokument einfügen möchten, markieren Sie den Zellbereich und klicken dann im Auswahlmenü der Schaltfläche **Kopieren** auf **Als Bild kopieren**.

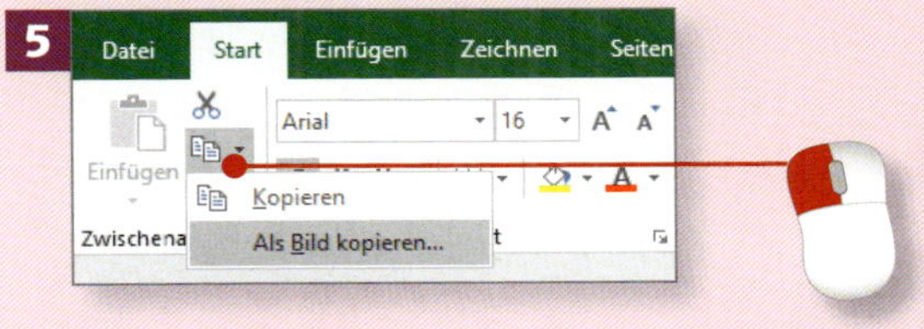

Schritt 6

Anschließend können Sie festlegen, wie die Grafik erstellt werden soll. Wenn Sie z. B. die Option **Wie ausgedruckt** wählen, werden die Gitternetzlinien, die in Excel angezeigt werden, in der Grafik ausgeblendet. Fügen Sie die Grafik dann ganz normal in Word ein.

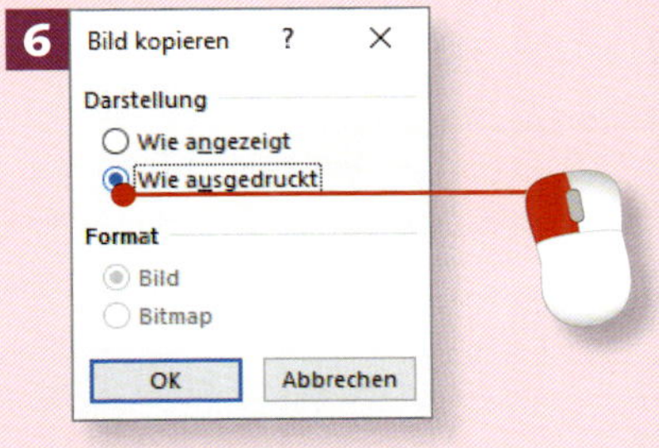

Smarttags am Text

Nachdem Sie die Daten eingefügt haben, erscheint am Text ein *Smarttag*. In dessen Menü können Sie die Art und Weise des Einfügens nachträglich ändern.

Profitipps für Tabellen

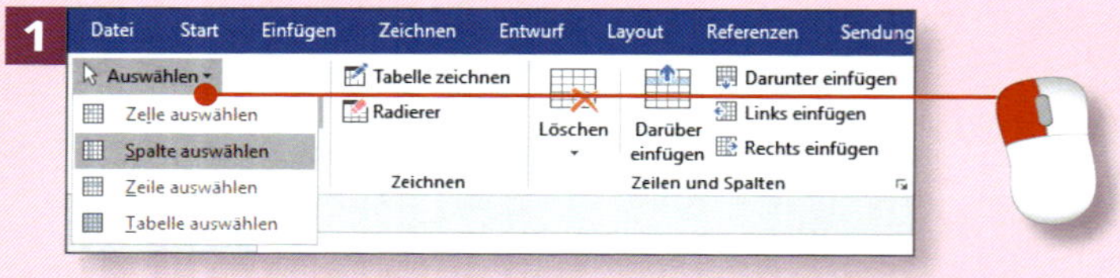

Tabellen sind ein tolles Instrument, um Texteinträge sorgfältig untereinanderzusetzen. Der Umgang mit Tabellen ist sogar noch einfacher, wenn Sie ein paar Kniffe kennen.

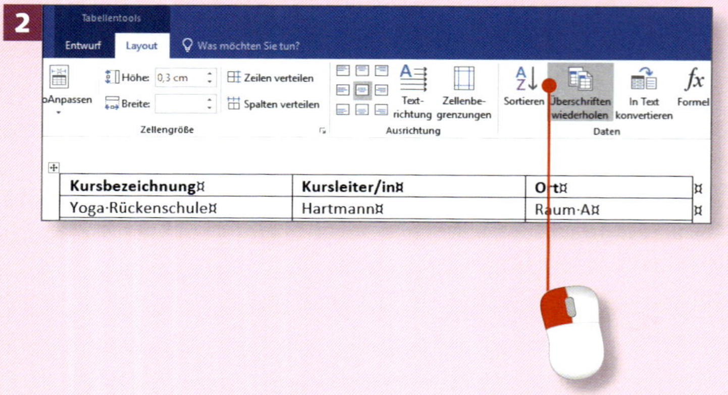

Schritt 1

Ganze Tabellen oder einzelne Spalten und Zeilen lassen sich sehr einfach markieren. Klicken Sie ganz links auf der Registerkarte **Tabellentools/Layout** auf **Auswählen**. Im Menü klicken Sie z. B. auf **Spalte auswählen**, um die Spalte zu markieren, in der der Cursor steht.

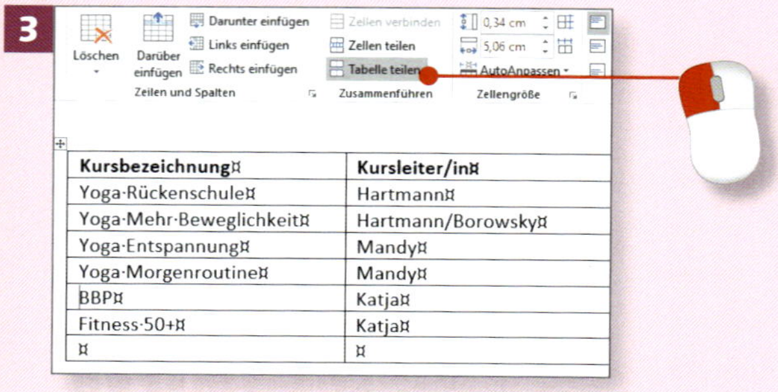

Schritt 2

Bei einer Tabelle, die sich über mehrere Seiten erstreckt, ist es praktisch, wenn sich die Spaltenüberschriften auf jeder Seite wiederholen. Klicken Sie in die Zeile mit der Überschrift und dann auf die Funktion **Überschriften wiederholen**.

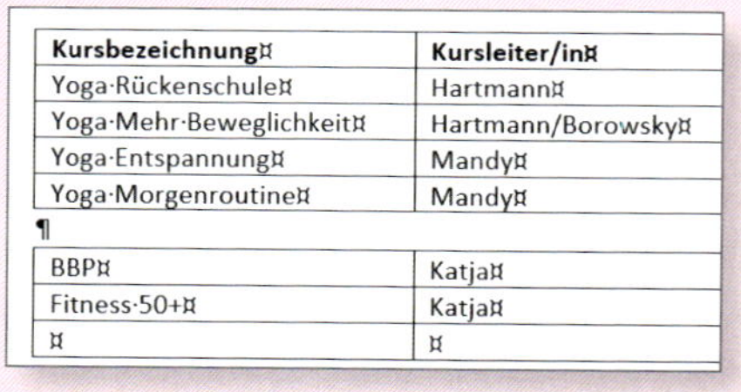

Schritt 3

Um eine Tabelle in zwei Teile zu splitten, klicken Sie auf die Zeile, die als erste Zeile in der zweiten Tabelle angezeigt werden soll. Dann klicken Sie auf **Tabelle teilen**.

Schritt 4

Um Text in einer Zelle vertikal auszurichten, klicken Sie in der Gruppe **Ausrichtung** (mehrfach) auf die Schaltfläche **Textrichtung**.

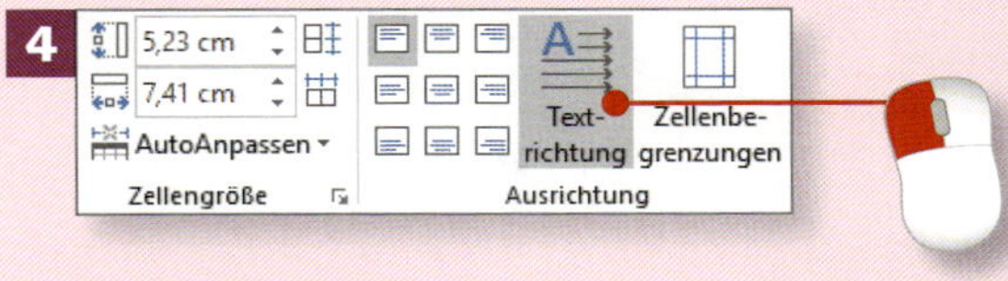

Schritt 5

Auch bei vertikaler Textrichtung gibt es verschiedene Ausrichtungen, mit denen Sie festlegen, wo der Text in der Zelle steht. Die entsprechenden Schaltflächen finden Sie ebenfalls in der Gruppe **Ausrichtung**.

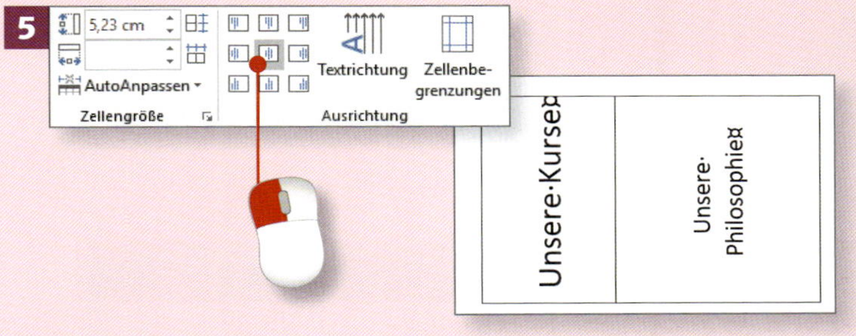

Schritt 6

Wenn die Einträge der Tabelle alphabetisch geordnet werden sollen, kann Word das übernehmen. Markieren Sie die Spalte mit den zu sortierenden Einträgen. Klicken Sie dann auf **Sortieren** und im Dialog – sofern Sie die Einstellungen übernehmen wollen – auf **OK**.

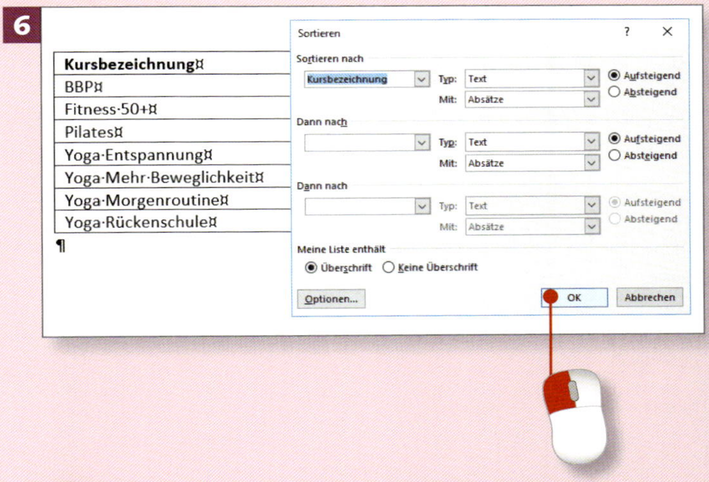

Höhe der Zelle verringern

Wenn Sie eine vertikale Textrichtung gewählt haben, wird die Zelle sehr groß. Diese Größe bleibt auch erhalten, wenn Sie den Text wieder horizontal setzen. Öffnen Sie über das Kontextmenü (oder über den Pfeil an der Gruppe **Zellengröße**) den Dialog **Tabelleneigenschaften**, und deaktivieren Sie auf der Registerkarte **Zeile** die Option **Höhe definieren**.

Profitipps für Tabellen (Forts.)

7

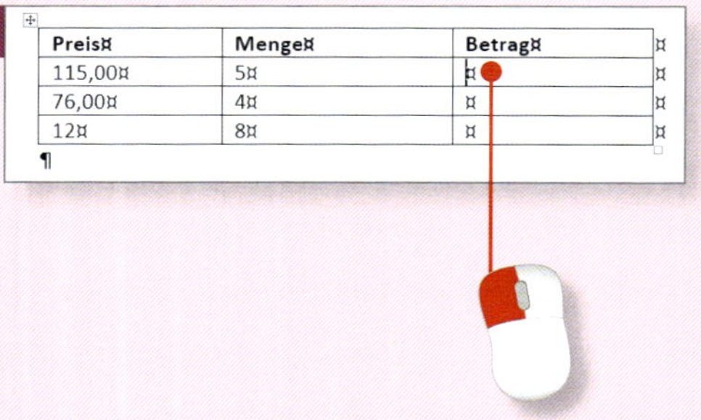

Schritt 7

Für einfache Berechnungen müssen Sie nicht Excel bemühen. Schreiben Sie z. B. eine einfache Rechnung mithilfe einer Word-Tabelle. Setzen Sie den Cursor in die Zelle, in der das Ergebnis berechnet werden soll.

8

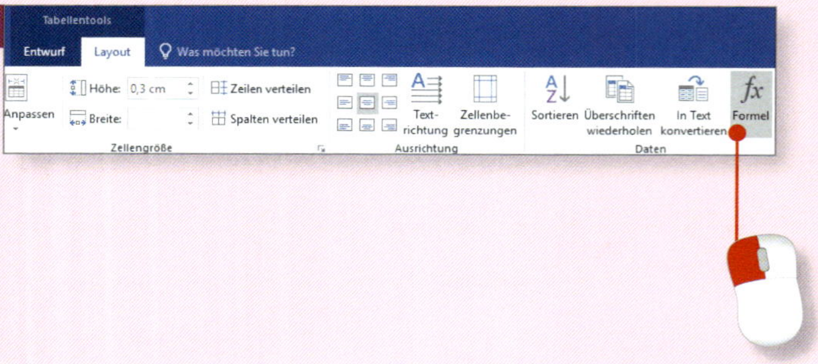

Schritt 8

Klicken Sie auf der Registerkarte **Tabellentools/Layout** auf die Schaltfläche **Formel**, um den Dialog zum Zusammenstellen der Formel zu öffnen.

9

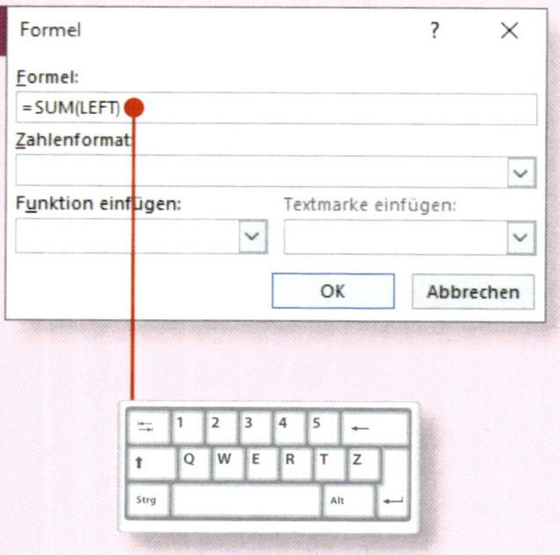

Schritt 9

Im Dialog **Formel** steht vermutlich die Formel =*SUM()*, wobei in der Klammer die Position der Zahlen steht, mit denen gerechnet werden soll (vom Cursor aus gesehen): LEFT, RIGHT, ABOVE oder BELOW. Wenn die Formel stimmt, klicken Sie auf **OK**, ansonsten passen Sie sie an (siehe Schritt 10). Das Ergebnis erscheint in der Zelle.

Word versteht auch Deutsch!

In den Formeln müssen Sie nicht die englischen Begriffe verwenden. Die Position der Zahlen können Sie auch mit »links«, »rechts«, »über« und »unter« angeben.

Schritt 10

Um z. B. eine Multiplikation durchführen zu lassen, löschen Sie *SUM* (das Gleichheitszeichen muss stehen bleiben) und wählen in der Auswahlliste des Feldes **Funktion einfügen** den Eintrag **PRODUCT**. In Klammern schreiben Sie die Position der Zahlen, z. B. »left« (oder »links«).

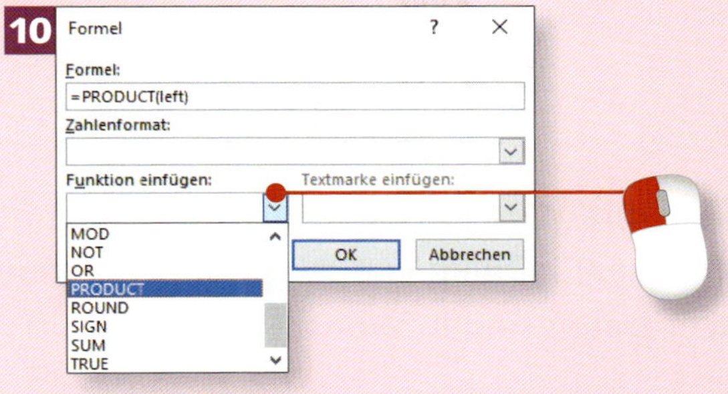

Schritt 11

Wählen Sie dann über die Auswahlliste ein Zahlenformat, z. B. **#.##0,00**, und klicken Sie auf **OK** (siehe dazu den Kasten »Zahlenformate« unten auf dieser Seite). Voilà, das Ergebnis wird präsentiert. Die graue Unterlegung besagt, dass es sich um ein Feld handelt, dessen Inhalt aktualisiert werden kann.

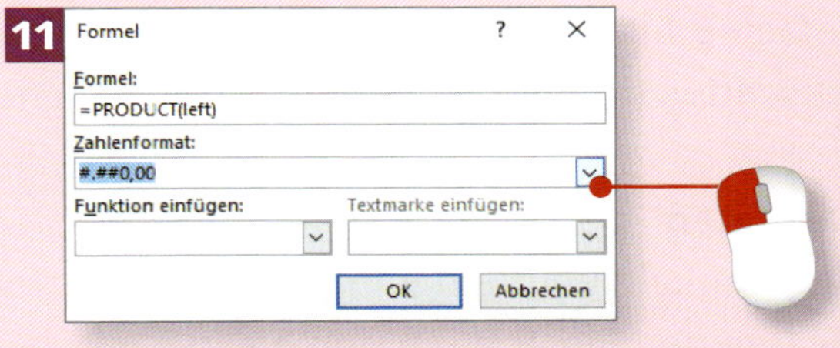

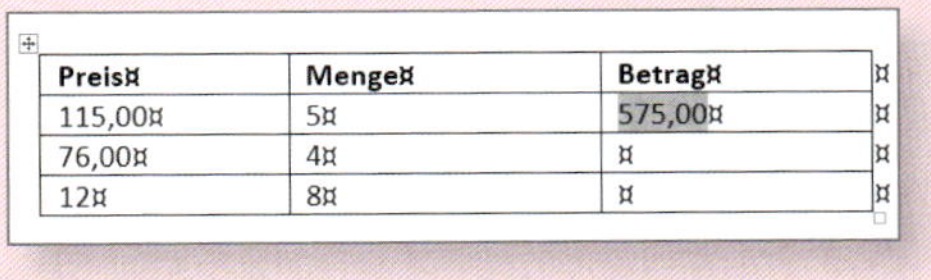

Schritt 12

Zwei Tabellen nebeneinander erhalten Sie, indem Sie zunächst eine zweispaltige Tabelle einfügen. Markieren Sie diese Tabelle, und klicken Sie auf der Registerkarte **Tabellentools/Entwurf** auf die Schaltfläche **Rahmen ▸ Kein Rahmen**. Dann fügen Sie in die linke Zelle und in die rechte Zelle jeweils eine neue Tabelle ein.

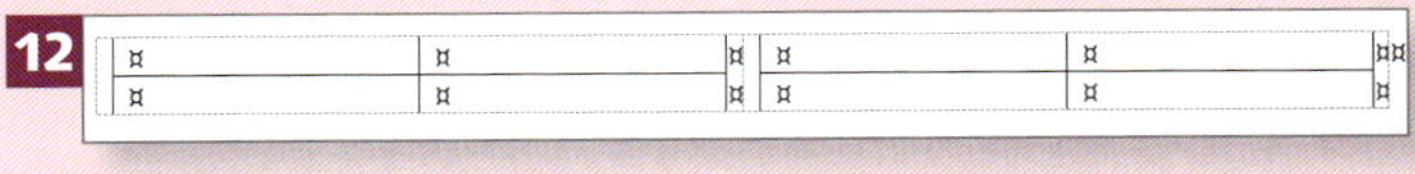

Zahlenformate

»0« zeigt an, dass an dieser Stelle immer eine Ziffer erscheint; wenn die zu formatierende Zahl keine Ziffer an dieser Stelle hat, wird eine 0 gesetzt. Die Raute steht für beliebige Ziffern, die auch weggelassen werden dürfen. Wenn Sie eine Zahl mit zwei Nachkommastellen haben möchten, wählen Sie immer ein Format mit **,00**.

Kapitel 9
Grafiken, Diagramme und Videos einfügen

Verschönern Sie Ihre Word-Dokumente mit grafischen Elementen. Dies hat nicht nur eine ästhetische Wirkung; mithilfe von Diagrammen können Sie Ihre Aussagen untermauern, und sogar Excel-Daten sind in Word verwendbar.

Grafiken einfügen
Fügen Sie einfach Bilder, Fotos, Formen oder Onlinegrafiken ein. Mit der Bing-Bildersuche finden Sie Tausende von Bildern zu jedem erdenklichen Thema.

Grafiken bearbeiten
Haben Sie ein Grafikelement eingefügt, können Sie es über die Registerkarte **Bildtools** bearbeiten. Schneiden Sie es zu, fügen Sie z. B. einen Rahmen ein, oder färben Sie es um.

Diagramme
Word 2019 selbst bietet eine Diagrammfunktion, bei der Sie aus diversen Vorlagen wählen können. Genauso leicht binden Sie aber auch ein bestehendes Excel-Diagramm ein, wenn Sie möchten.

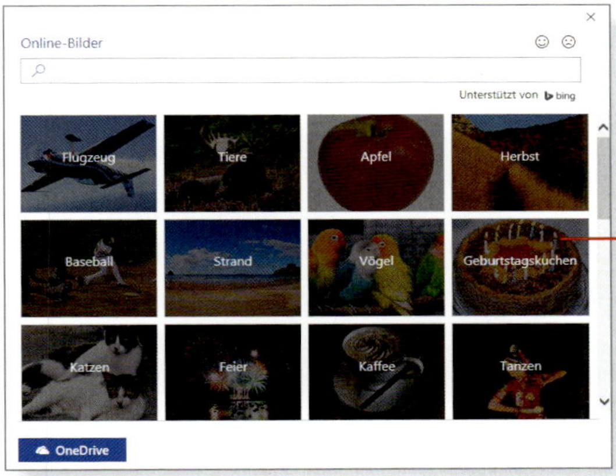

❶ In Word 2019 können Sie Bilder, Fotos, Formen und Onlinegrafiken in Ihre Dokumente einfügen und sogar Videos einbinden!

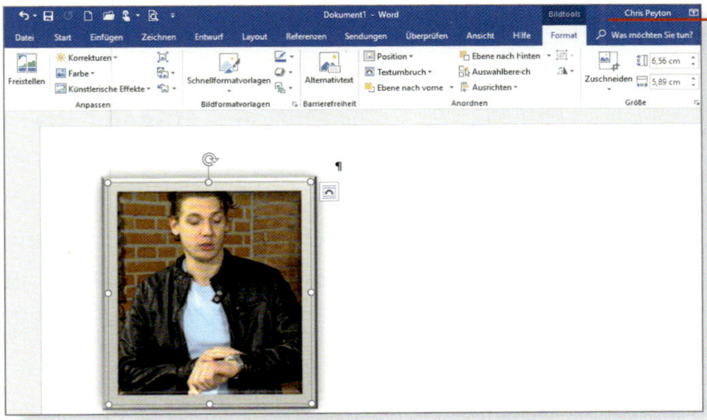

❷ Über die Registerkarte **Bildtools** können Sie eingefügte Grafikelemente vielfältig bearbeiten.

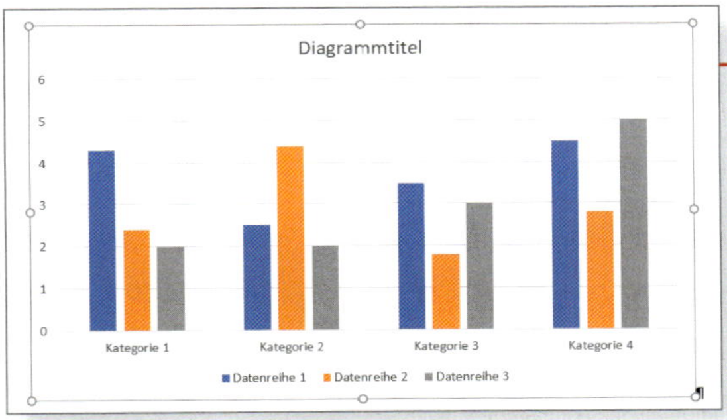

❸ Die Diagrammfunktion bringt zahlreiche Vorlagen mit; auch Diagramme aus Excel können in Word-Dokumenten genutzt werden.

Bilder einfügen

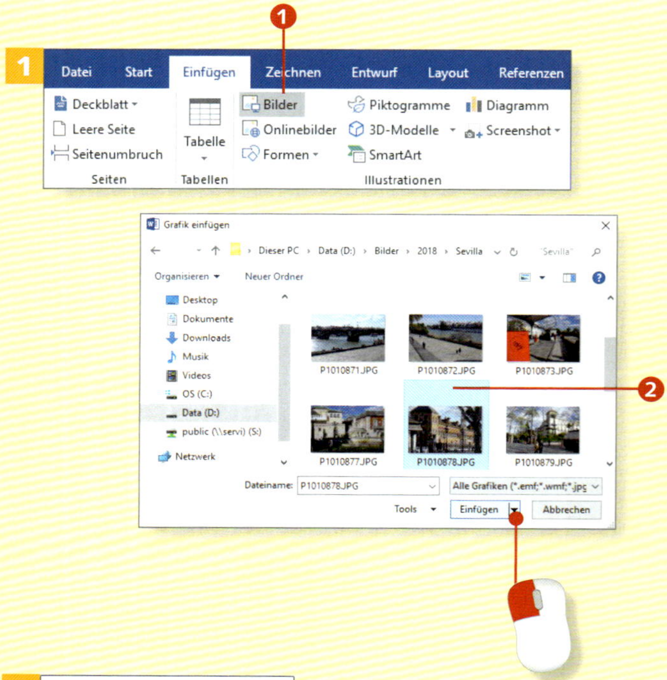

Sie sind in Word nicht darauf beschränkt, mit Texten zu arbeiten. Das Programm kann auch bestens mit Bildern umgehen. Die Resultate sind oft verblüffend.

Schritt 1

Um ein Bild in Ihr Dokument einzufügen, klicken Sie auf der Registerkarte **Einfügen** auf **Bilder** ❶. Im Dialog **Grafik einfügen** wandern Sie zu dem Ordner, in dem das Bild liegt, markieren es ❷ und klicken auf den Pfeil neben **Einfügen**.

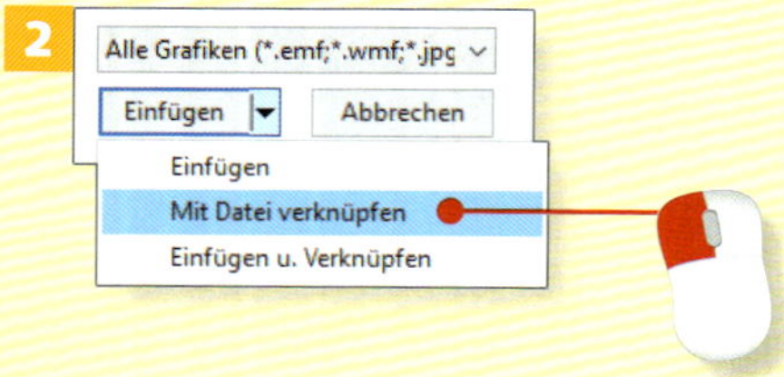

Schritt 2

Die Option **Einfügen** bettet das Bild in das Dokument ein. Weil es dann Teil des Dokuments ist, wächst jedoch die Größe der Gesamtdatei. Mit dem Befehl **Mit Datei verknüpfen** vermeiden Sie diesen Effekt.

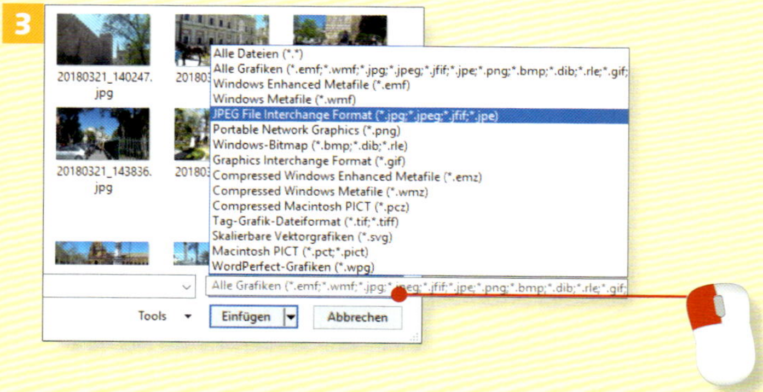

Schritt 3

Falls Sie beim Einfügen viele Bilder durchsuchen möchten/müssen, können Sie die Suche auf einen bestimmten Dateityp einschränken. Klicken Sie im Dialog **Grafik einfügen** auf den Pfeil am Feld **Alle Grafiken**. Wählen Sie in der Liste das gewünschte Format aus.

Schritt 4

Beim Verknüpfen eines Bildes mit der Datei (siehe Schritt 2) wird nicht das Bild in der Datei gespeichert, sondern nur ein Verweis auf die Bilddatei. Folglich blicken Sie auf einen leeren Kasten mit einer Fehlermeldung, wenn Sie das Bild z. B. auf Ihrer Festplatte löschen.

4

Schritt 5

Haben Sie das verknüpfte Bild lediglich verschoben, können Sie es sich wieder anzeigen lassen, indem Sie die Quelle anpassen. Markieren Sie in diesem Fall den leeren Kasten, und klicken Sie auf **Datei**. Im Backstage-Bereich bei **Informationen** klicken Sie ganz rechts unten auf **Verknüpfungen mit Dateien bearbeiten**.

5

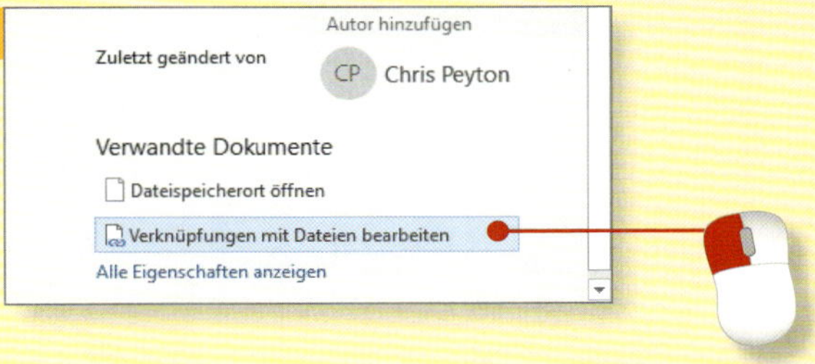

Schritt 6

Im Dialog **Links** markieren Sie die vermisste Bilddatei und klicken auf **Quelle ändern**. Dies öffnet den gleichnamigen Dialog. Hier suchen Sie nach dem Bild, markieren es und klicken auf **Öffnen** ❸.

6

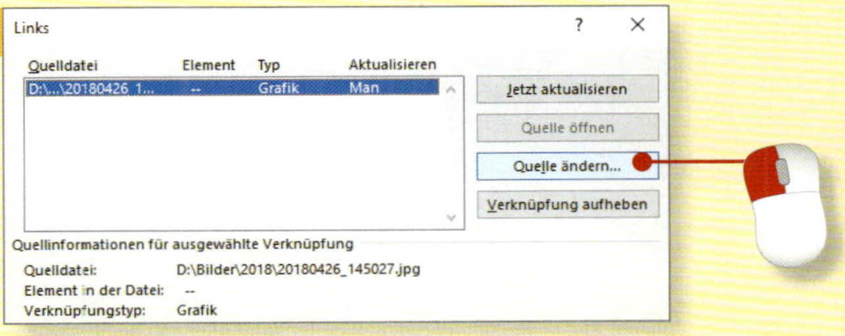

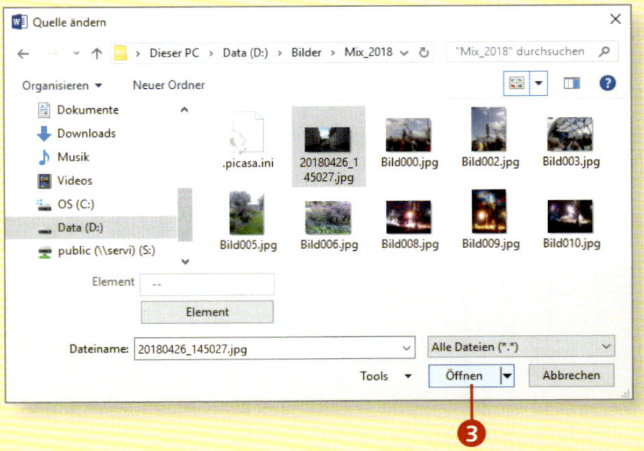

Bilder einfügen (Forts.)

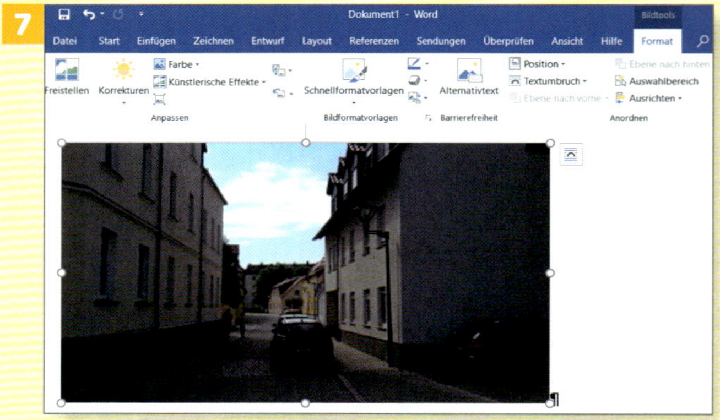

Schritt 7

Sobald Sie ein Bild eingefügt haben und es markiert ist, wird die Registerkarte **Bildtools/Format** eingeblendet. Sie finden hier zahlreiche Funktionen zum Umgang mit eingefügten Bildern und Grafiken.

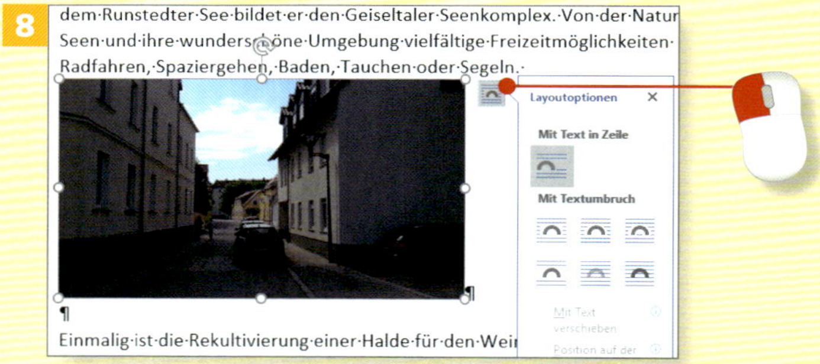

Schritt 8

Der Textumbruch legt fest, wie sich das Bild zum Text verhält. Klicken Sie auf die Schaltfläche **Layoutoptionen**, die rechts am Bild auftaucht, wenn es markiert ist. Sie sehen, dass die Option **Mit Text in Zeile** markiert ist. Dies ist die Einstellung, mit der standardmäßig Bilder eingefügt werden.

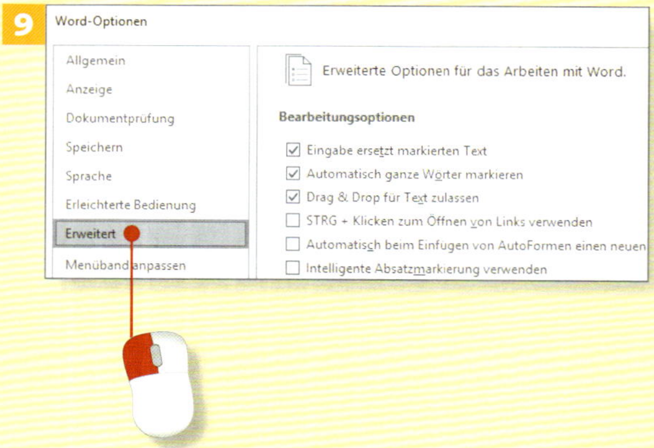

Schritt 9

Sie können die standardmäßige Einstellung ändern, wenn eine andere Umbruchart besser zu Ihren meisten Vorhaben passt. Rufen Sie über **Datei ▸ Optionen** die Word-Optionen auf, und wählen Sie die Kategorie **Erweitert**.

Textumbruch »Mit Text in Zeile«

Mit der Einstellung **Mit Text in Zeile** kann ein Bild ausgerichtet werden wie Text, es kann aber nicht völlig frei verschoben werden.

Schritt 10

Scrollen Sie in dem Fenster ein wenig nach unten bis zur Überschrift **Ausschneiden, Kopieren und Einfügen**. Öffnen Sie die Auswahl des Feldes **Bilder einfügen als**, und markieren Sie hier die gewünschte Einfügeart, z. B. **Genau**.

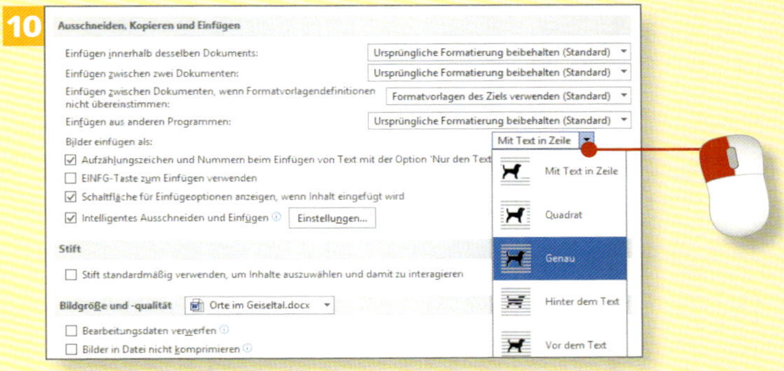

Schritt 11

Zur Komprimierung des eingefügten Bildes wird die Auflösung 220 ppi verwendet. Diese Einstellung können Sie ändern. Scrollen Sie im Dialog **Word-Optionen ▸ Erweitert** zum Bereich **Bildgröße und -qualität** ❶.

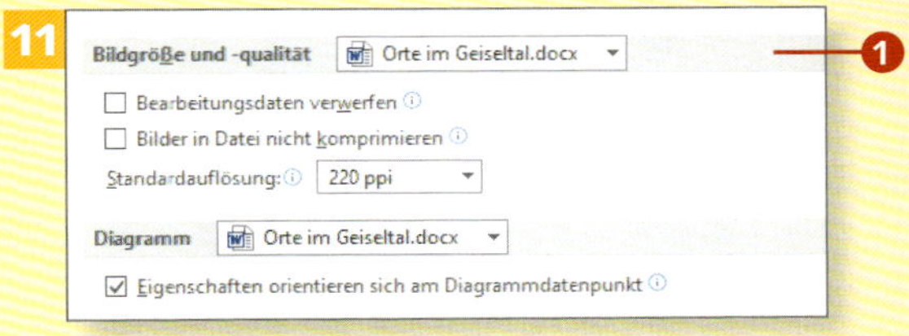

Schritt 12

Legen Sie dort zunächst im obersten Feld (dort wird der Dateiname angezeigt) fest, ob die Einstellung nur für das aktuelle Dokument oder für alle neuen Dokumente gelten soll ❷. Die Dateigröße lässt sich mit einer verringerten Auflösung steuern. Wählen Sie z. B. **96 ppi**.

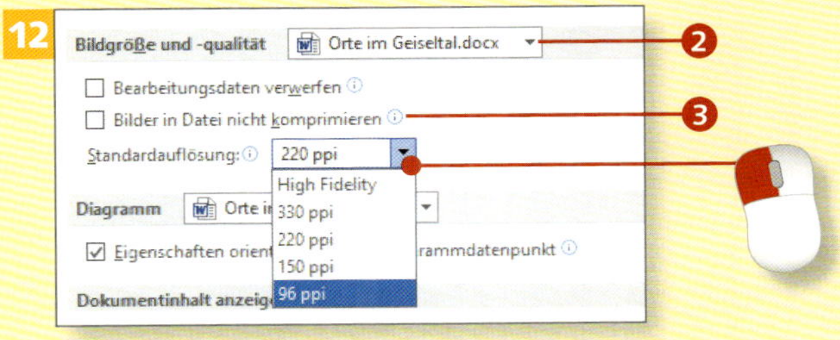

Komprimierung deaktivieren

Ist die Bildqualität besonders wichtig, können Sie die Komprimierung komplett deaktivieren. Setzen Sie im Bereich **Bildgröße und -qualität** ein Häkchen vor **Bilder in Datei nicht komprimieren** ❸.

Grafikelemente positionieren

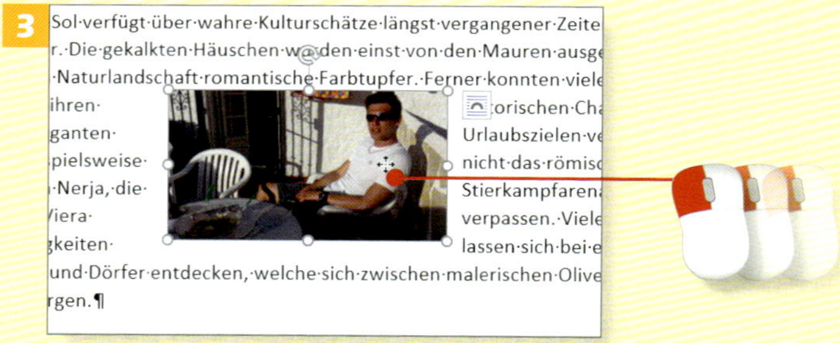

Bilder sitzen nach dem Einfügen oft nicht an der richtigen Stelle. Sie lassen sich aber nachträglich an den passenden Ort verschieben.

Schritt 1

Wie Sie ein Bild positionieren können, hängt vom Textumbruch ab. Die Standardeinstellung ist **Mit Text in Zeile** ❶. Damit lässt sich ein Bild wie ein Textzeichen zentrieren oder rechtsbündig ausrichten und innerhalb des Textes verschieben.

Schritt 2

Um das Bild an eine beliebige Stelle im Dokument ziehen zu können, muss der Textumbruch geändert werden. Klicken Sie auf die Schaltfläche **Layoutoptionen**, die rechts neben dem Bild erscheint, sobald Sie es anklicken, und wählen Sie z. B. **Eng**.

Schritt 3

Mit der Einstellung **Eng** (oder jeder anderen außer **Mit Text in Zeile**) können Sie ein Bild mit der Maus frei positionieren. Zeigen Sie mit dem Mauszeiger auf das Bild, und ziehen Sie es mit gedrückter Maustaste – oder mit dem Finger – an die gewünschte Stelle.

Bilder mit Anker

Die Bilder, die mit dem Text verschoben werden, sind an einen Absatz gekoppelt (zu erkennen ist das an einem kleinen Anker). Verschiebt sich der Absatz, wird auch das Bild verschoben.

Schritt 4

Der Textumbruch bestimmt, wie Text um ein Bild »fließt«. Probieren Sie verschiedene Einstellungen aus. Sie können ein Bild mit **Hinter den Text** ❷ z. B. auch als Hintergrund verwenden.

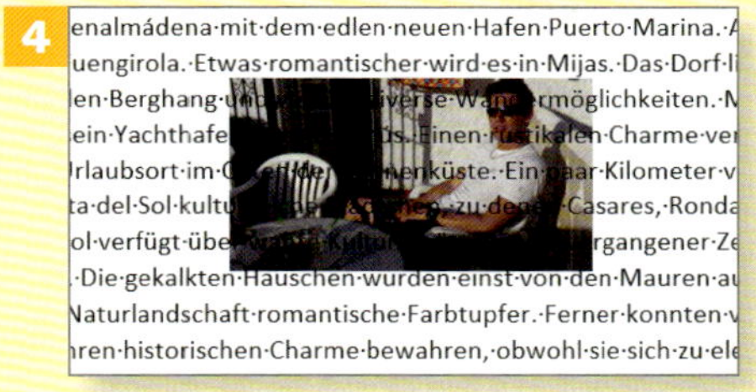

Schritt 5

Um ein Bild exakt zu positionieren, klicken Sie auf der Registerkarte **Bildtools/Format** auf **Position ▸ Weitere Layoutoptionen**. Auf der Registerkarte **Position** ❸ des Dialogfensters **Layout** können Sie in den Feldern **Absolute Position** (und **rechts von** bzw. **unterhalb**) die Position des Bildes genau bestimmen.

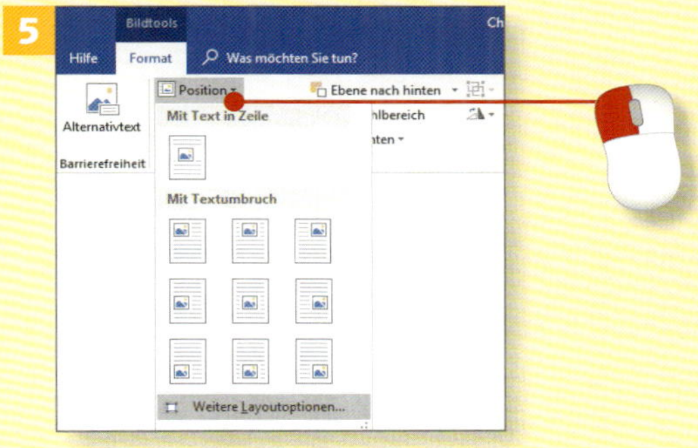

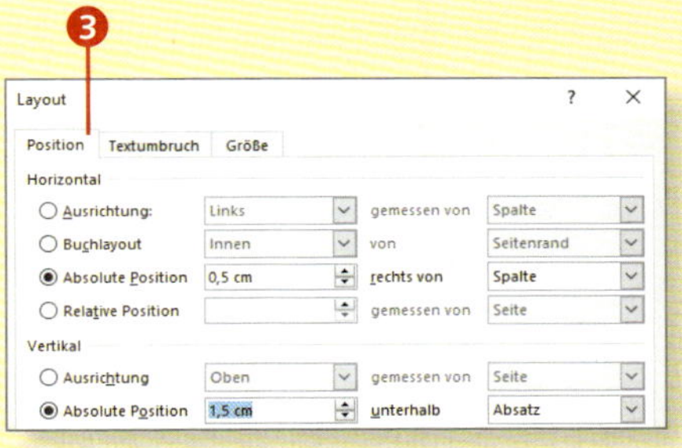

Schritt 6

Im Standard wird ein Bild mit dem Absatz verschoben. Soll es an Ort und Stelle bleiben, muss es über **Layoutoptionen ▸ Position auf der Seite fixieren** fixiert werden.

Bilder verankern

Um die Position eines Bildes an einem festen Absatz auszurichten, setzen Sie den Anker an diesen Absatz und aktivieren die Option **Verankern** auf der Registerkarte **Position** des Dialogs **Layout**.

Bilder zuschneiden und bearbeiten

1

Eingefügte Bilder haben selten auf Anhieb die passende Größe. Kein Problem, Sie können sie nach Herzenslust in ihrer Größe verändern.

Schritt 1

Klicken Sie das eingefügte Bild an. Führen Sie den Mauszeiger auf einen der acht Ziehpunkte (am besten auf einen der Eckpunkte, um die Proportionen beizubehalten), und ziehen Sie mit gedrückter Maustaste nach innen oder außen. Das geht auch mit dem Finger.

2
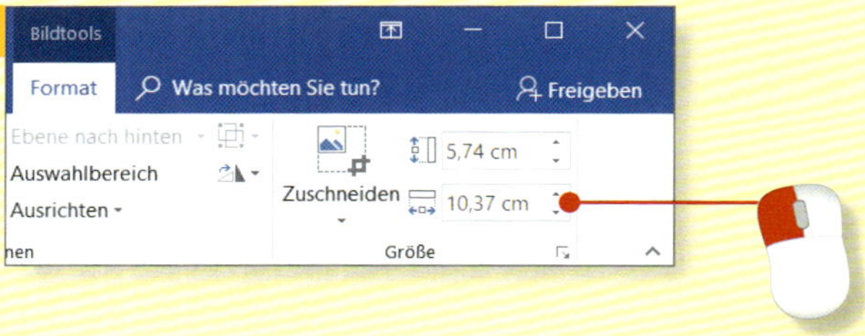

Schritt 2

Statt »Pi mal Daumen« mit der Maus können Sie die Bildmaße auch exakt angeben. Beachten Sie auf der Registerkarte **Bildtools/Format** die Felder **Formenhöhe** und **Formenbreite**. Hier können Sie die Maße verändern, indem Sie auf die Pfeile klicken oder eine Größe eingeben.

3
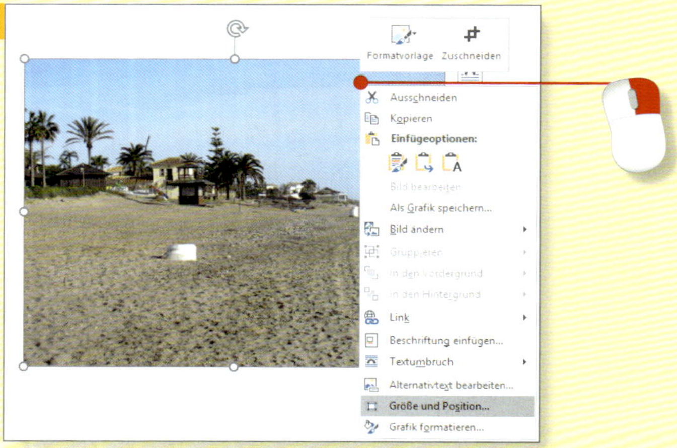

Schritt 3

Natürlich können Sie die Größe auch im Dialog bestimmen. Klicken Sie das Bild mit rechts an, und wählen Sie im Kontextmenü den Eintrag **Größe und Position**.

Schritt 4

Geben Sie auf der Registerkarte **Größe** in den Feldern **Höhe** und **Breite** die gewünschten Maße ein. Wenn Sie **Seitenverhältnis sperren** ❶ aktiviert lassen, verändert sich die Größe der Höhe und Breite passend zueinander.

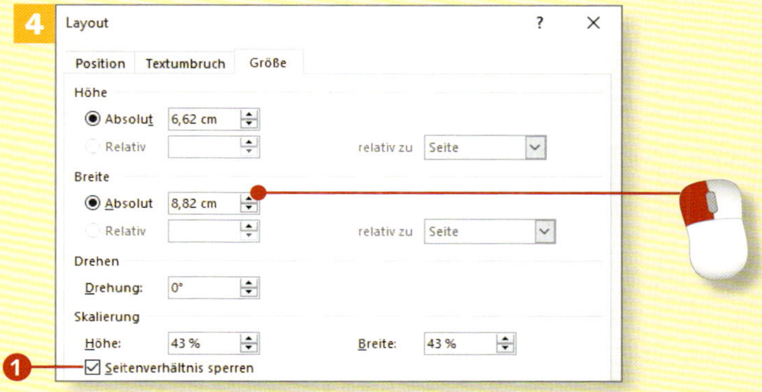

Schritt 5

Ein Bild lässt sich auch auf einen Ausschnitt zuschneiden. Markieren Sie es, und klicken Sie auf der Registerkarte **Bildtools/Format** auf den Pfeil bei **Zuschneiden** und im Menü auf **Zuschneiden**.

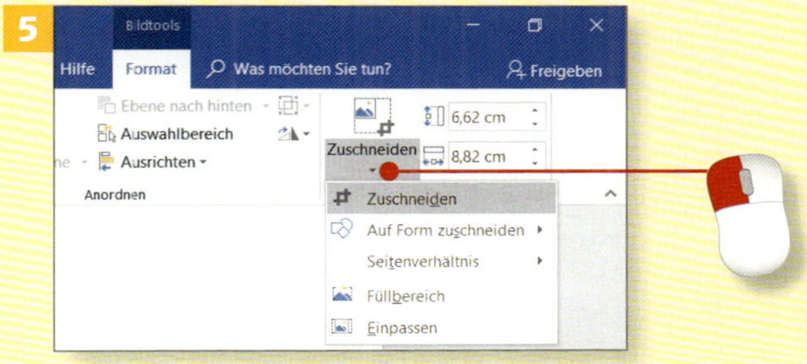

Schritt 6

Sie sehen nun acht *Zuschneidemarken*. Ziehen Sie eine Marke nach innen, und klicken Sie zur Bestätigung irgendwo außerhalb des Bildes. Um den Ausschnitt zu bearbeiten, klicken Sie erneut auf die Schaltfläche **Zuschneiden**. Mithilfe der Zuschneidemarken lässt sich die Größe dann wieder verändern.

In Form schneiden

Sie können Bilder auch auf Formen zuschneiden. Wählen Sie **Zuschneiden ▸ Auf Form zuschneiden**, und wählen Sie eine Form.

Bilder zuschneiden und bearbeiten (Forts.)

7

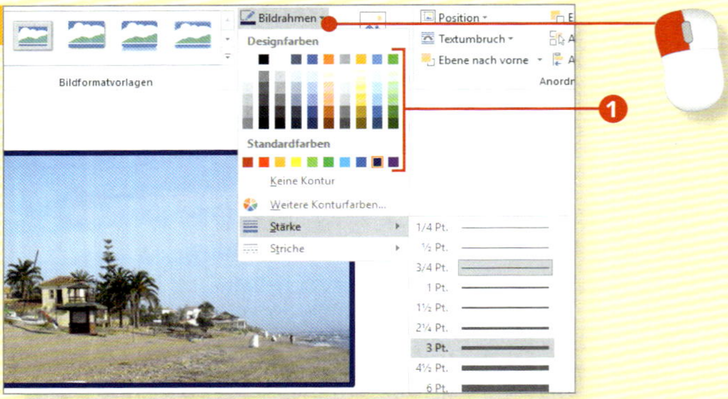

Schritt 7

Manche Bilder machen sich mit einem Rahmen gut. Markieren Sie das Bild per Mausklick, und klicken Sie auf der Registerkarte **Bildtools/ Format** auf **Bildrahmen**. Wählen Sie hier eine Farbe ❶ und aus der Auswahl des Menüpunkts **Stärke** die Dicke des Rahmens.

8

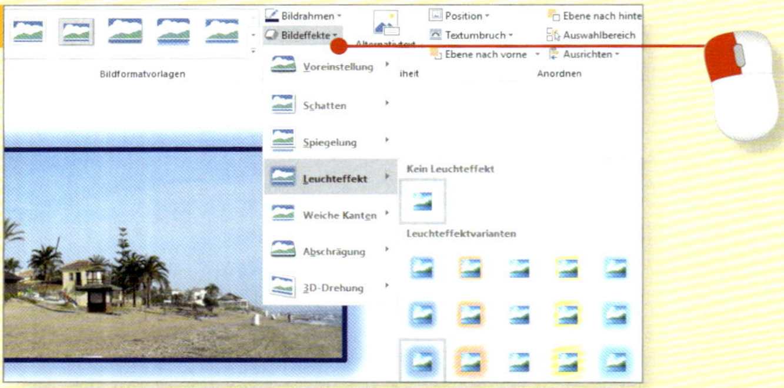

Schritt 8

Weitere Bildeffekte, die sich größtenteils auf die Umrandung des Bildes beziehen, erzeugen Sie mithilfe der Optionen der Schaltfläche **Bildeffekte**. Lassen Sie den Rahmen z. B. leuchten.

9

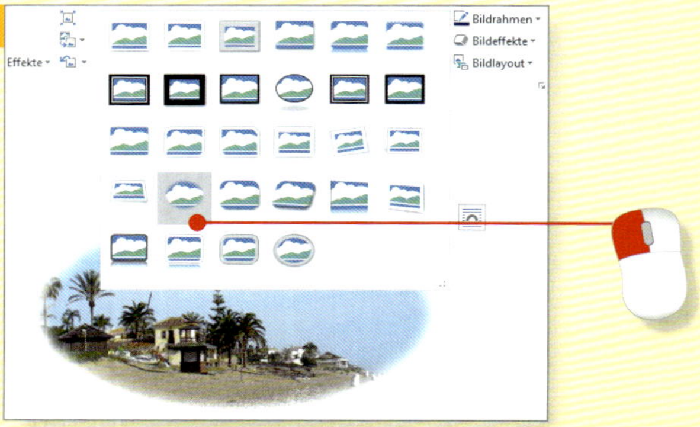

Schritt 9

Auf Registerkarte **Bildtools/Format** finden Sie auch *Bildformatvorlagen*. Mit ihnen können Sie Bildern auf die Schnelle ein anderes Aussehen verpassen. Wandern Sie einfach durch die Angebote, um sich die Effekte anzuschauen. Wie wäre es z. B. mit **Oval mit weichen Kanten**?

Schritt 10

Helligkeit, Kontrast und Schärfe eines Bildes lassen sich ebenfalls korrigieren. Klicken Sie auf **Korrekturen**. Im Menü können Sie durch die verschiedenen Optionen wandern. Sie sehen den Effekt, sobald Sie mit der Maus auf eine Option zeigen.

10

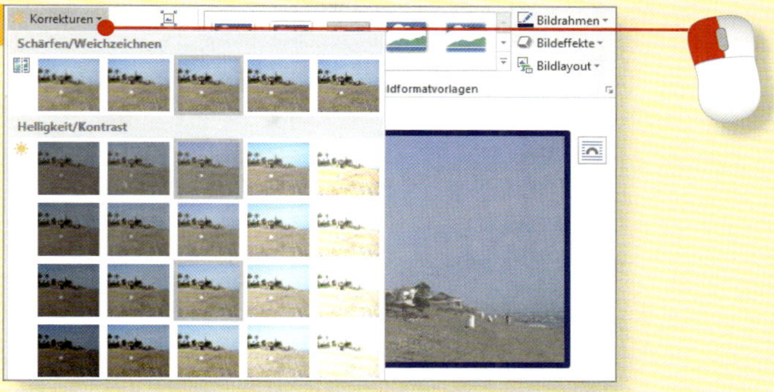

Schritt 11

Klicken Sie auf die Schaltfläche **Künstlerische Effekte**, um die Möglichkeiten der Verfremdung (**Glas**, **Mosaik** etc.) zu entdecken.

11

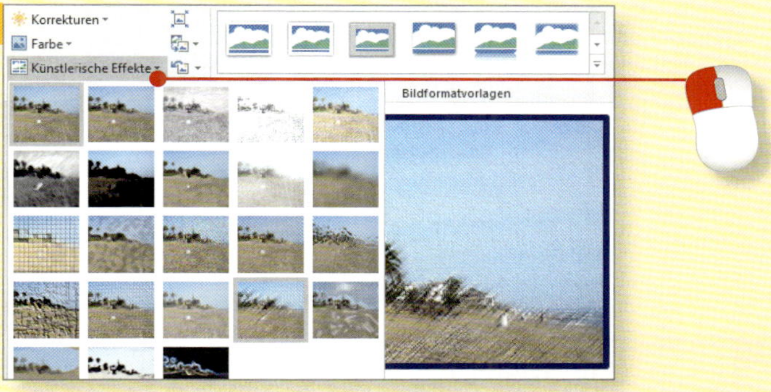

Schritt 12

Zum Freistellen klicken Sie auf **Freistellen**. Word ermittelt anhand ähnlicher Farben den freizustellenden Bereich. Mit den Optionen auf der neuen Registerkarte **Freistellen** ❷ können Sie die Bereiche nacharbeiten, die Word nicht richtig erkannt hat.

12

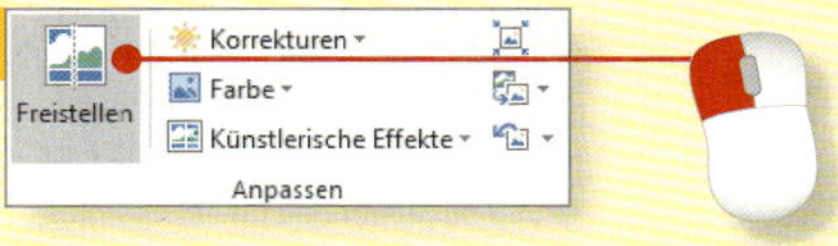

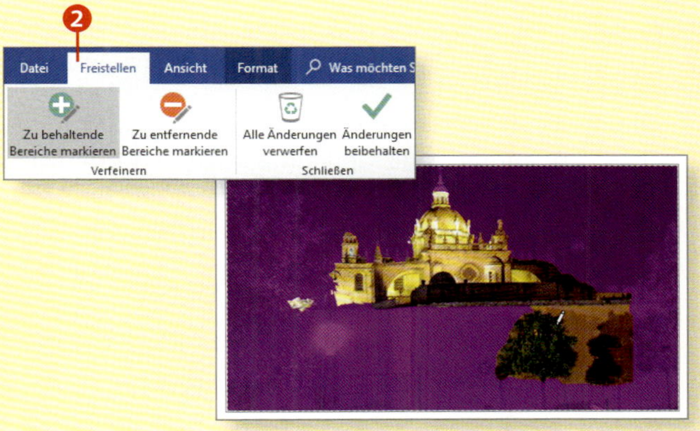

Bilder freistellen
Wenn Word die Bereiche, die Sie ein- oder ausblenden möchten, partout nicht erkennt, können Sie auch mit gedrückter Maustaste an der Kontur entlangwandern.

Onlinegrafiken einfügen

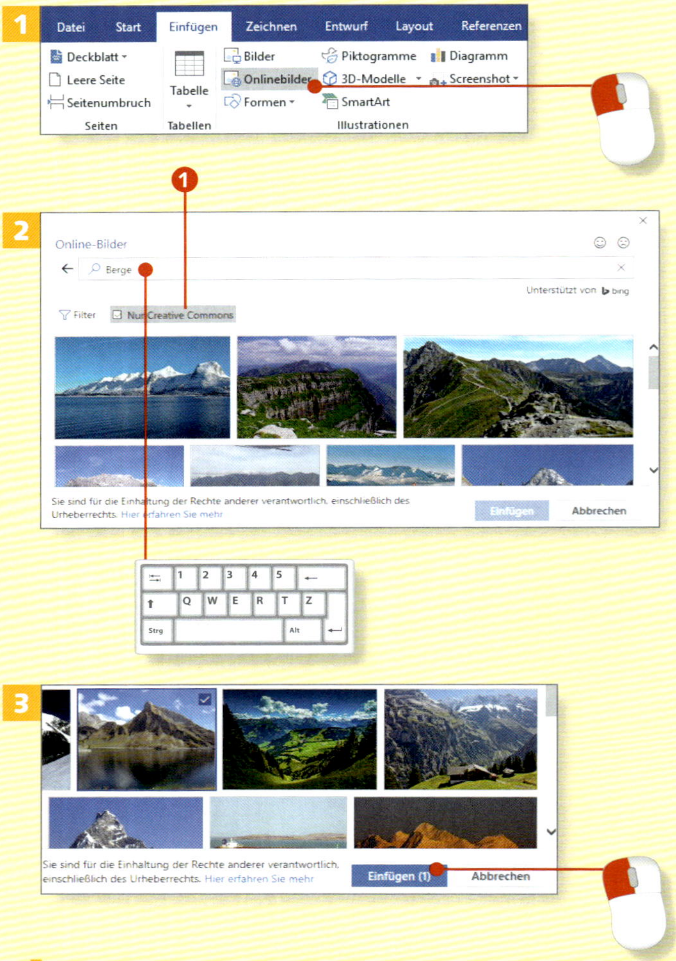

Die ClipArts, kleine Bildchen, Illustrationen und Fotos, die über Jahre mit Word bzw. Office mitgeliefert wurden, gibt es seit Word 2013 nicht mehr. An ihre Stelle sind Onlinegrafiken getreten.

Schritt 1

Um Ihrem Dokument Onlinegrafiken hinzuzufügen, wechseln Sie zur Registerkarte **Einfügen** und klicken auf die Schaltfläche **Onlinebilder**.

Schritt 2

Geben Sie in das Suchfeld der Online-Bildersuche einen Suchbegriff ein, z. B. »Berge«. Drücken Sie dann einfach [↵], um sich Bilder zu diesem Thema anzeigen zu lassen.

Schritt 3

Wandern Sie durch das Angebot, markieren Sie das gewünschte Bild, und klicken Sie auf **Einfügen**. Daraufhin wird das Bild in Ihr Word-Dokument eingefügt.

Urheberrecht

Bilder unterliegen dem Urheberrechtsschutz. Für ihre Verwendung sind Genehmigungen erforderlich, insbesondere bei der Nutzung für gewerbliche Zwecke. Die Organisation *Creative Commons* macht mit unterschiedlichen Lizenztypen möglichst viele Bilder der Allgemeinheit zugänglich. Daher ist es rechtlich sicherer, bei der Bildauswahl den Filter **Nur Creative Commons** (1) aktiviert zu lassen.

Schritt 4

Wenn Sie mit der Maus auf ein Bild zeigen, erscheint in der rechten unteren Ecke eine kleine Schaltfläche mit drei Punkten. Mit einem Klick darauf erhalten Sie einige Informationen zum Bild, z. B. die Adresse der Webseite, von der das Bild stammt.

Schritt 5

Mit einem allgemeinen Suchbegriff erhalten Sie oft Hunderte von Treffern. Daher ist es sinnvoll, den Suchbegriff präziser zu fassen, anstelle von »Berge« z. B. »Berge Schweiz«.

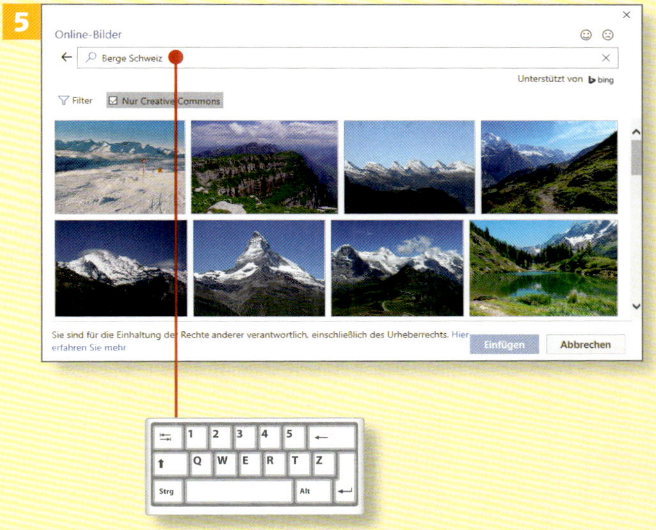

Schritt 6

Sie können die Trefferliste auch mithilfe eines Filters einschränken. Klicken Sie auf **Filter**, und wählen Sie im Menü die Kriterien für Ihre Auswahl, z. B. nur eine bestimmte Größe und ein bestimmtes Layout.

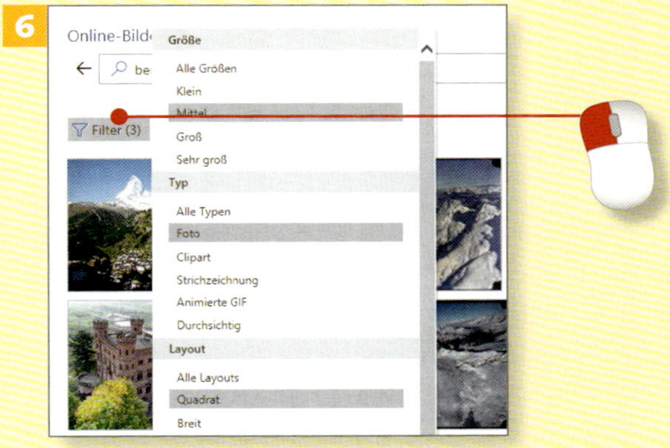

Onlinegrafiken speichern

Für das Einfügen von Onlinegrafiken müssen Sie mit dem Internet verbunden sein. Nach dem Einfügen sind die Bilder im Dokument gespeichert. Über den Kontextmenübefehl **Als Grafik speichern** können Sie ein Bild dann auch auf Ihrem Rechner speichern.

3D-Bilder einfügen

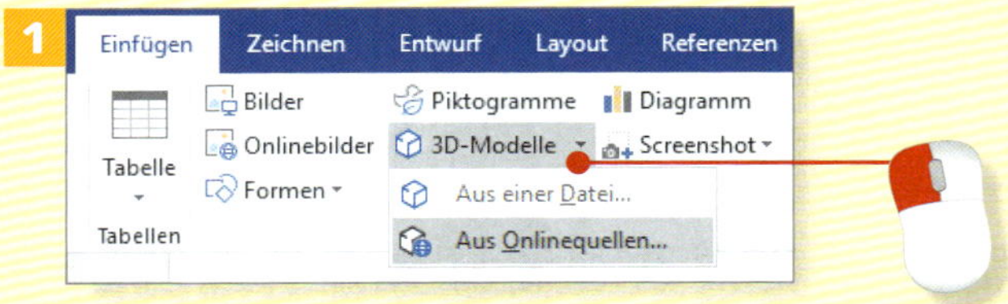

Word 2019 hat ein neues schickes Feature an Bord: 3D-Modelle. Aus vielen Kategorien können Sie ein Bild auswählen und einfügen und dies dann von allen Seiten betrachten.

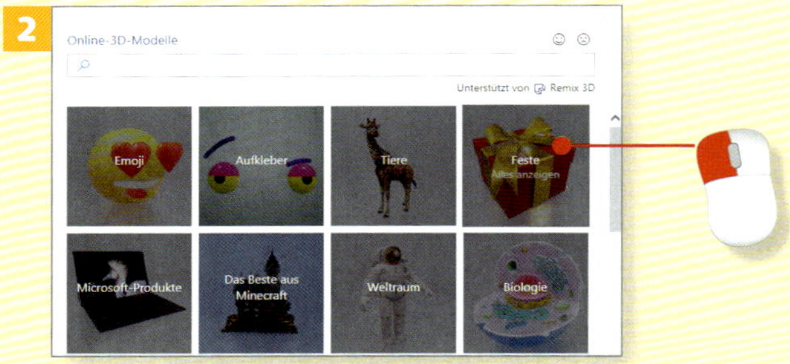

Schritt 1

Wechseln Sie zur Registerkarte **Einfügen**, und klicken Sie auf den Pfeil an der Schaltfläche **3D-Modelle**. Im Menü klicken Sie auf **Aus Onlinequellen**.

Schritt 2

Im Fenster **Online-3D-Modelle** wandern Sie durch die Auswahl und klicken dann auf die gewünschte Kategorie.

Schritt 3

Im nächsten Fenster setzen Sie per Klick ein Häkchen an das gewünschte Motiv und klicken dann auf die Schaltfläche **Einfügen**. Sie können auch mehrere Bilder gleichzeitig einfügen.

Schwenken und Zoomen

Die Bezeichnung der Schaltfläche scheint nicht stimmig. Sie dient lediglich dem Zoomen von Bildteilen; zum Schwenken nutzten Sie wie beschrieben das Symbol in der Mitte des Bildes.

Schritt 4

Sobald Sie das eingefügte Bild markieren, erscheint die Registerkarte **3D-Modelltools/Format**. Hier gibt es die üblichen Symbole zum Bearbeiten eines Bildes und die 3D-Modellansichten, mit denen Sie das Bild aus vielen unterschiedlichen Perspektiven betrachten können.

4

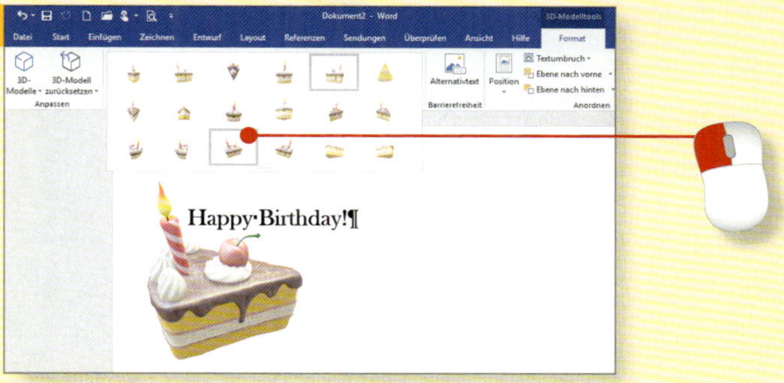

Schritt 5

Um das Bild manuell in alle möglichen Richtungen zu schwenken, drehen Sie es mit gedrückter Maustaste an dem Symbol mittig auf dem Bild (die zwei gegenläufigen Pfeile).

5

Schritt 6

Wenn Sie auf der Registerkarte **3D-Modelltools/Format** auf die Schaltfläche **Schwenken und Zoomen** ❶ klicken, erscheint am rechten Rand des Bildes eine kleine Lupe. Ziehen Sie an der Lupe mit gedrückter Maustaste nach oben, um Bildbereiche zu vergrößern.

6

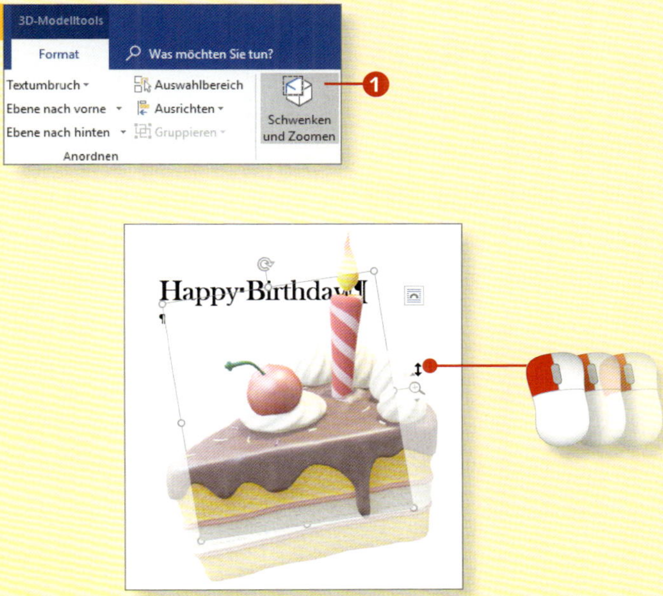

Formen hinzufügen

Mit dem Einfügen von Bildern und Grafiken sind Sie noch nicht am Ende der grafischen Gestaltungsmöglichkeiten. Mit der Formenpalette können Sie besonders kreativ sein.

1
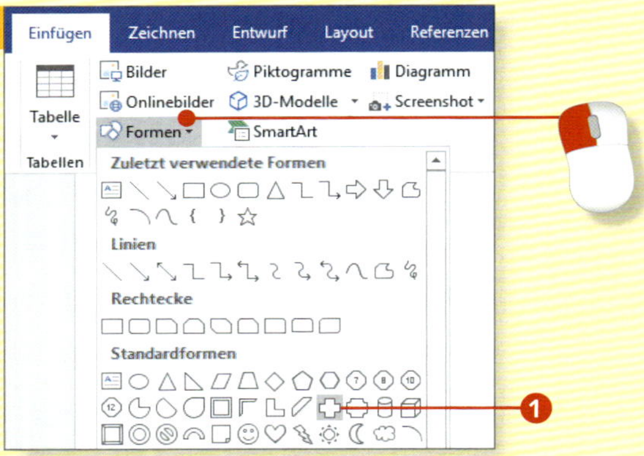

Schritt 1

Klicken Sie auf der Registerkarte **Einfügen** auf **Formen**. Um eine Form aus dem Menü auf das Blatt zu zaubern, klicken Sie sie an ❶, führen den Mauszeiger an die passende Stelle auf dem Blatt und ziehen die Form mit gedrückter Maustaste auf.

2
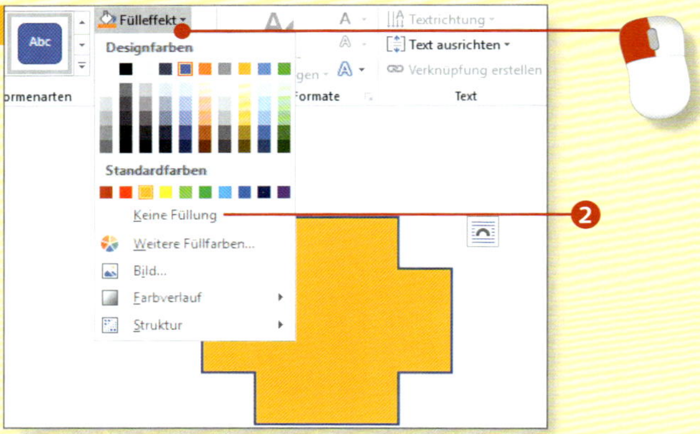

Schritt 2

Sie sehen eine blaue Form. Die Füllfarbe können Sie natürlich ändern. Markieren Sie die Form, und klicken Sie auf der Registerkarte **Zeichentools/Format** auf **Fülleffekt**. In der Palette wählen Sie die gewünschte Farbe oder **Keine Füllung** ❷.

3
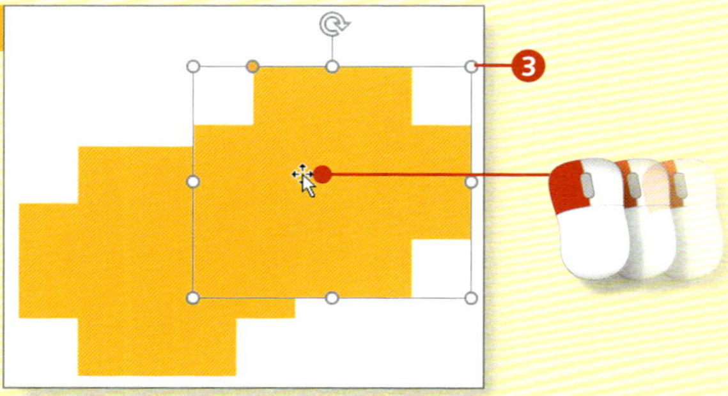

Schritt 3

Die Größe verändern Sie durch Ziehen an den Ziehpunkten ❸. Zum Verschieben setzen Sie den Mauszeiger an den Rand der Form. Sie sehen einen Vierfachpfeil. Sie können damit die Form an die gewünschte Position ziehen.

Schritt 4

Soll die Form eine bestimmte Umrandung haben, klicken Sie auf **Formkontur**. Im Menü bestimmen Sie die Farbe ❹, die Strichstärke ❺ und die Art der Kontur ❻. In der Abbildung sehen Sie **Runde Punkte** in der Stärke **3 Pt**.

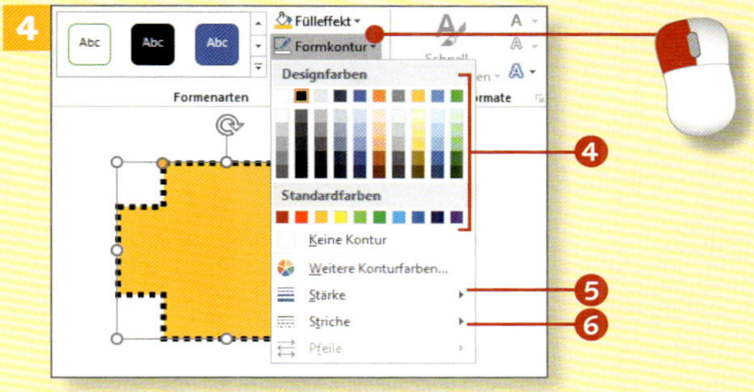

Schritt 5

Formeffekte wie **Schatten**, **Spiegelung** oder **Leuchten** weisen Sie zu, indem Sie auf **Formeffekte** klicken. Die Form im Beispiel wurde um eine Spiegelung ergänzt.

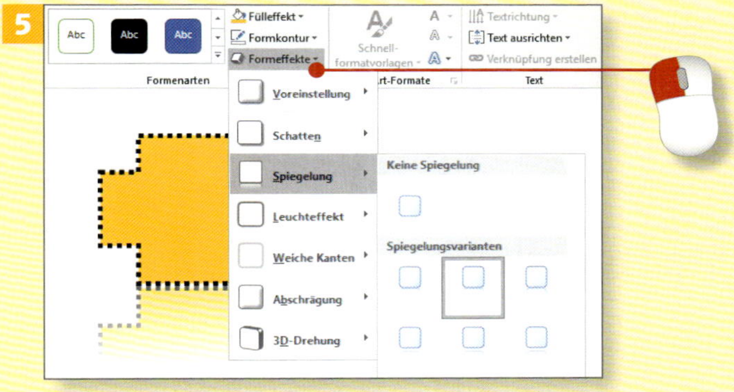

Schritt 6

Eine Menge Möglichkeiten bietet der Aufgabenbereich **Form formatieren**, den Sie öffnen, indem Sie auf den Pfeil ❼ an der Gruppe **Formenarten** klicken. Klicken Sie im Aufgabenbereich z. B. auf das Symbol **Effekte** und dann auf den Effekt, den Sie »feintunen« möchten.

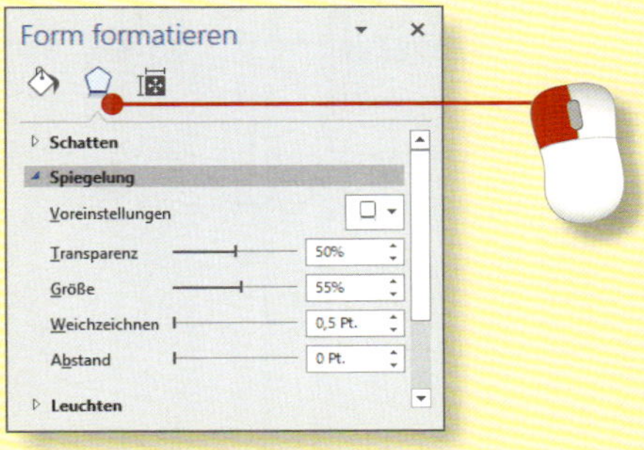

Text hinzufügen

Soll in einer Form auch Text stehen, klicken Sie im Kontextmenü der Form auf **Text hinzufügen**, oder schreiben Sie einfach drauflos.

Formatierte Schriftzüge – WordArt

Mit WordArt wird aus einer Textzeile ein dekorativer, professionell anmutender Schriftzug, geeignet für Werbezettel, Slogans oder Plakattexte.

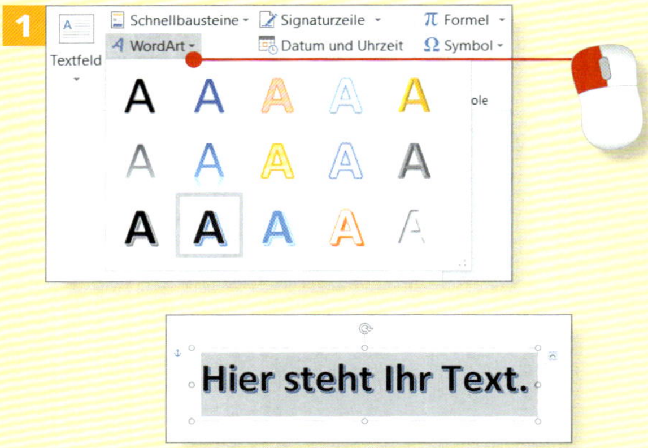

Schritt 1

Klicken Sie rechts auf der Registerkarte **Einfügen** auf **WordArt**, und wählen Sie im Menü ein Design. Nun wird eine Grafik in Ihr Dokument eingefügt, in der zu lesen ist: »Hier steht Ihr Text«. Überschreiben Sie diesen Platzhaltertext.

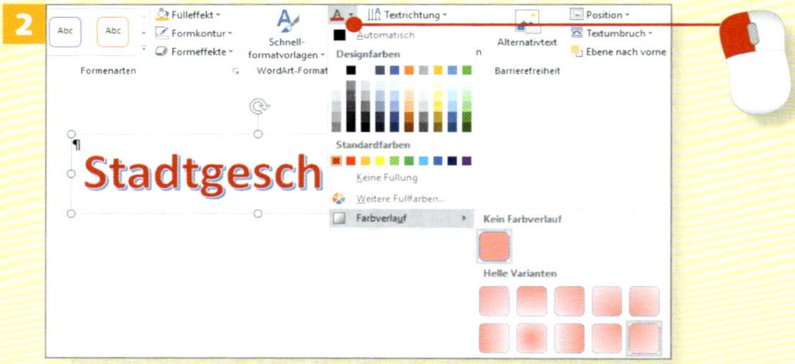

Schritt 2

Um den Text mit einer anderen Farbe oder einem Farbverlauf zu füllen, klicken Sie auf der Registerkarte **Zeichentools/ Format** auf den Pfeil an der Schaltfläche **Textfüllung**. Im Menü wählen Sie eine Farbe und/ oder klicken auf **Farbverlauf** und wählen eine Option.

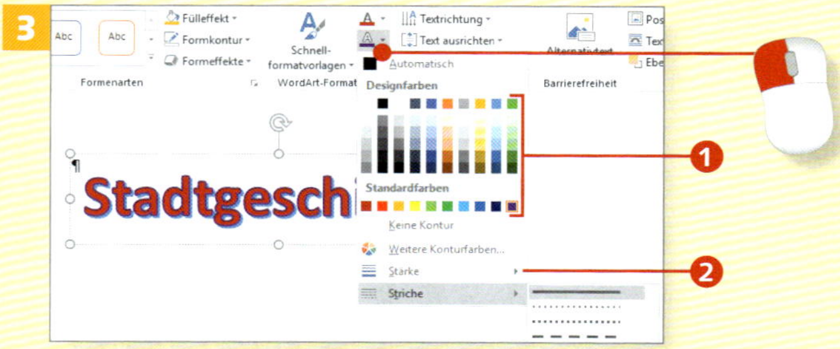

Schritt 3

Die Kontur des Schriftzugs ändern Sie, indem Sie auf den Pfeil an der Schaltfläche **Textkontur** klicken. Hier wählen Sie eine Farbe ❶, die Stärke der Kontur ❷ und die Strichart.

Schritt 4

Um einen Grafikeffekt auf den Text anzuwenden, klicken Sie auf **Texteffekte**. Im Menü und in den jeweiligen Untermenüs finden Sie eine Vielzahl von Effekten, z. B. **Spiegelung**, **Leuchten** und **Abschrägung**.

Schritt 5

Um dem Schriftzug selbst eine andere Form zu geben, klicken Sie auf **Texteffekte ▸ Transformieren**. Im Untermenü finden Sie viele unterschiedliche Formen (**Kreis**, **Bogen**, **Wellen** etc.).

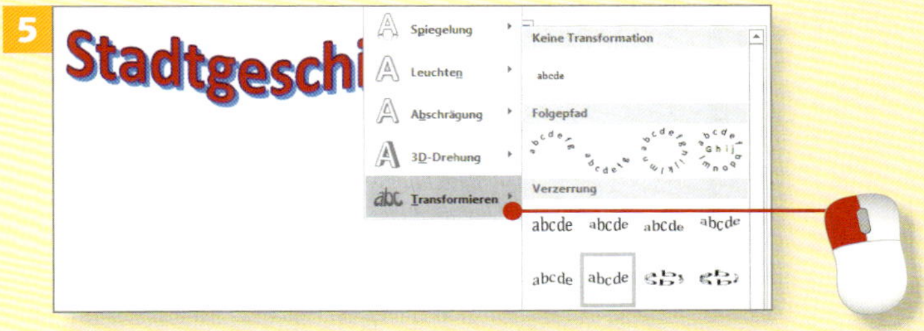

Schritt 6

Für einen farbigen Hintergrund klicken Sie auf **Fülleffekt**. Hier wählen Sie eine Farbe, einen Farbverlauf ❸ oder eine Struktur ❹. Für ein Foto als Hintergrund wählen Sie **Bild**, klicken im Dialog auf **Aus Datei** oder nutzen das Suchfeld der Bing-Bildersuche (**Onlinebilder**), und wählen ein Bild aus.

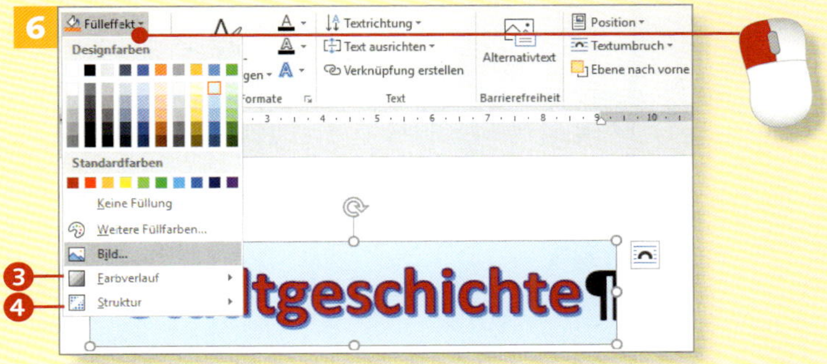

Transformation bearbeiten

Haben Sie der WordArt eine Transformation zugewiesen, erhält sie meistens zusätzliche Ziehpunkte, mit denen Sie die Stärke der Transformation bearbeiten können.

Mehrere Grafiken kombinieren

1

2
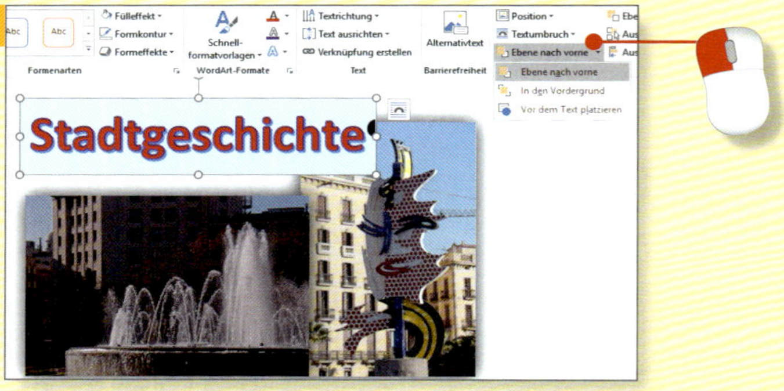

3

Bilder, Grafiken und Formen lassen sich problemlos nebeneinander- oder übereinanderlegen. Soll daraus eine einzige Grafik werden, kann man alle Objekte gruppieren.

Schritt 1

Am besten gruppieren Sie Objekte erst, wenn Sie mit der Bearbeitung der einzelnen Elemente fertig sind. Wichtig ist die Objekt-Reihenfolge, die Sie selbst festlegen können.

Schritt 2

Zum Anordnen markieren Sie das jeweilige Objekt und klicken auf der Registerkarte **Zeichentools/Format** auf den Pfeil an der Schaltfläche **Ebene nach vorne** (bzw. in anderen Fällen **Ebene nach hinten**). Wählen Sie eine Option aus dem Menü.

Schritt 3

Ist alles wunschgemäß angeordnet, markieren Sie alle Objekte, indem Sie das erste Objekt anklicken, Strg gedrückt halten und nach und nach die übrigen Objekte anklicken. Achten Sie darauf, dass als Textumbruch nicht **Mit Text in Zeile** eingestellt ist (siehe den Abschnitt »Grafikelemente positionieren« auf Seite 190).

Uneindeutige Optionen

Die Optionen zur Ebene sind leider nicht immer eindeutig: Um z. B. eine Form hinter ein Bild zu legen, müssen Sie **Hinter den Text bringen** nutzen.

Schritt 4

Wenn alle Objekte markiert sind, klicken Sie mit der rechten Maustaste darauf und wählen **Gruppieren ▸ Gruppieren**.

Schritt 5

Nun umgibt die Objekte nur noch ein Markierungsrahmen. Sie können die gruppierten Objekte en bloc mit der Maus verschieben und in ihrer Größe verändern. Leider werden die Proportionen nicht immer beibehalten, selbst wenn Sie die Größe von den Ecken aus verändern.

Schritt 6

Gruppierte Objekte lassen sich auch wieder in ihre Einzelteile auflösen. Klicken Sie das Objekt mit rechts an, und wählen Sie im Kontextmenü **Gruppieren ▸ Gruppierung aufheben**.

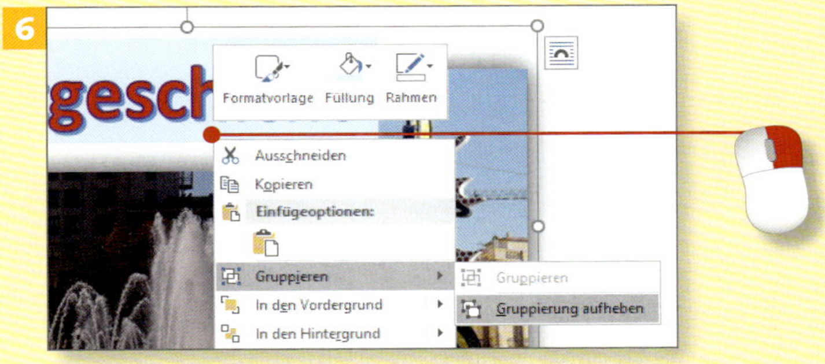

Reihenfolge der Elemente

Die Reihenfolge der Elemente anzupassen ist mitunter etwas knifflig. Stellt sich der beabsichtigte Effekt nicht ein, versuchen Sie zunächst, ein Objekt ganz nach vorn zu legen (mit **Vor den Text legen**) und dann Ebene um Ebene nach hinten zu verschieben.

Organigramme einfügen

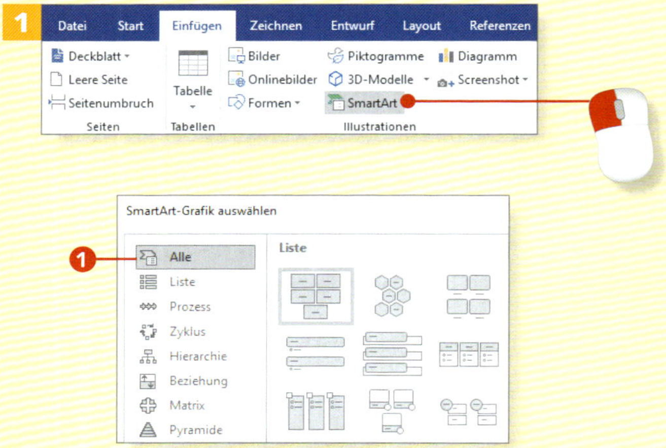

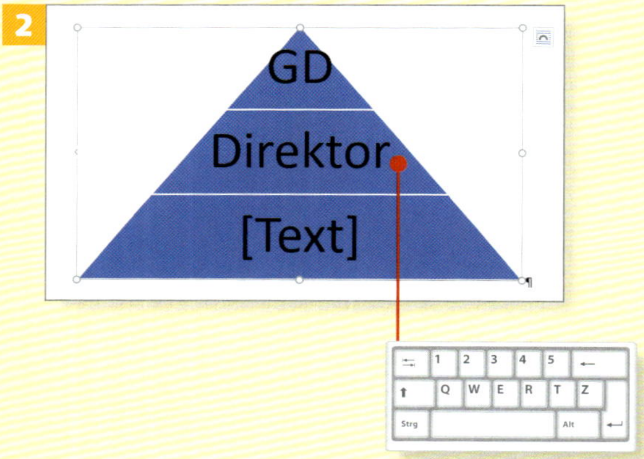

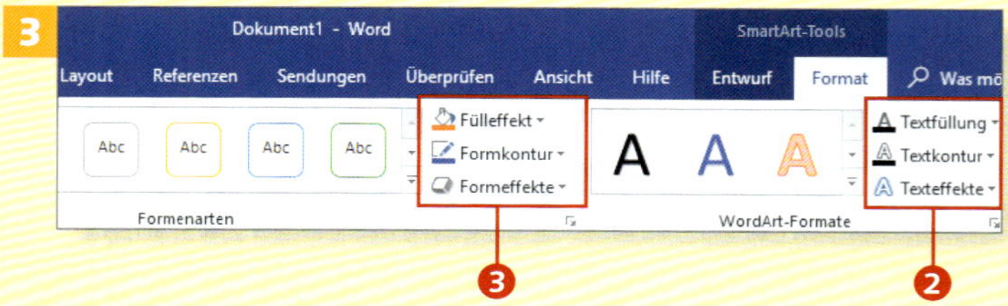

Mithilfe von Organigrammen lassen sich Hierarchien, Strukturen und Prozesse bestens grafisch darstellen. Word bietet eine große Auswahl an Vorlagen.

Schritt 1

Klicken Sie auf der Registerkarte **Einfügen** auf **SmartArt**. Im Dialog wählen Sie eine Kategorie aus oder belassen es bei **Alle** ①. Entscheiden Sie sich per Klick für eine passende Vorlage (abhängig davon, was Sie darstellen möchten).

Schritt 2

Nachdem Sie eine Vorlage eingefügt haben, beginnen Sie damit, die Felder des Organigramms mit Ihrem Text zu füllen. Überschreiben Sie einfach den Platzhaltertext.

Schritt 3

Das Aussehen des Organigramms verändern Sie mit den Optionen auf der Registerkarte **SmartArt-Tools/ Format**. Hier können Sie die Optik des Textes ② (**Textfüllung**, **Textkontur** etc.) und seine Formen ③ (**Fülleffekt**, **Formkontur** etc.) bearbeiten.

Schritt 4

Auf der Registerkarte **SmartArt-Tools/Entwurf** verändern Sie die gesamte Struktur und können das Organigramm ergänzen. Um eine neue Form einzufügen, markieren Sie die (letzte) Form und klicken auf den Pfeil bei **Form hinzufügen**. Die angebotenen Optionen hängen von der jeweiligen SmartArt ab.

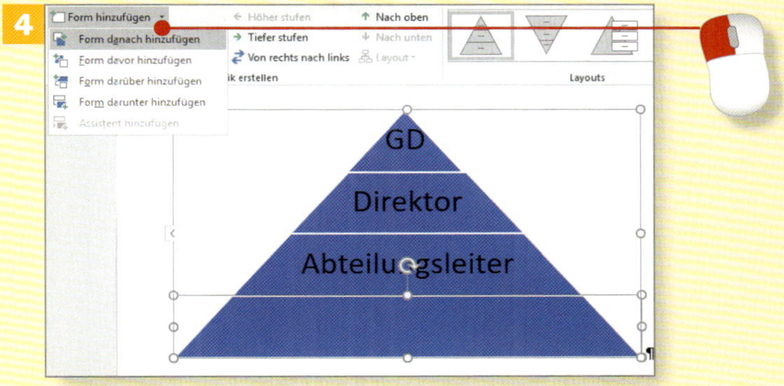

Schritt 5

Sie können dem Text in den Formen auch Unterpunkte mit Aufzählungszeichen hinzufügen (wenn das gewählte Layout dies unterstützt). Markieren Sie die eingefügte Form, und klicken Sie auf **Aufzählungszeichen hinzufügen**.

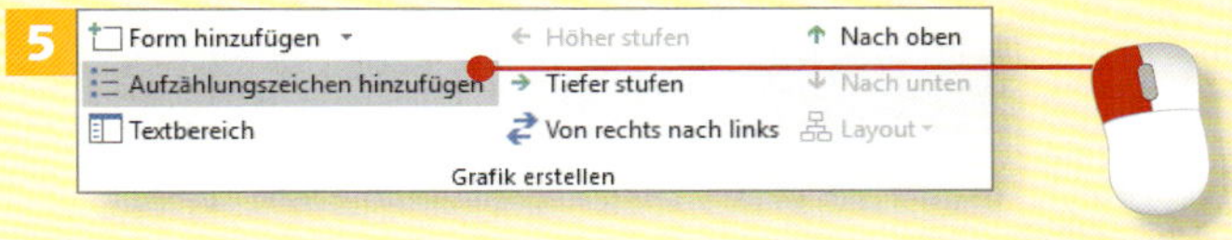

Schritt 6

Um die Hierarchie oder Anordnung zu verändern, markieren Sie die jeweilige Form und klicken dann entweder auf **Höher stufen**, **Tiefer stufen**, **Von rechts nach links**, **Nach oben** oder **Nach unten**.

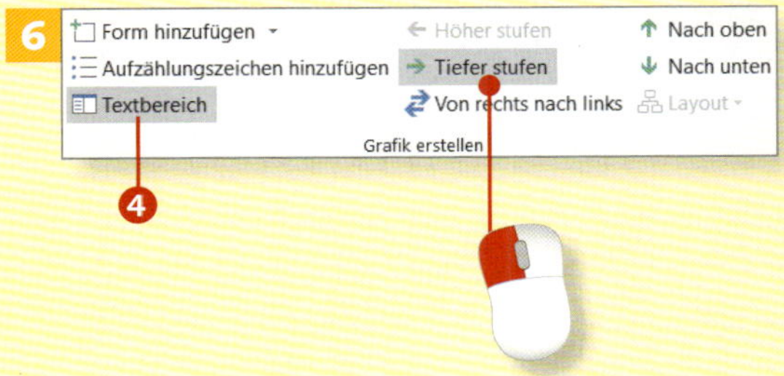

Textbereich

Den Textbereich blenden Sie mit der gleichnamigen Schaltfläche **4** auf der Registerkarte **SmartArt-Tools/Entwurf** ein.

Diagramme erstellen und formatieren

1

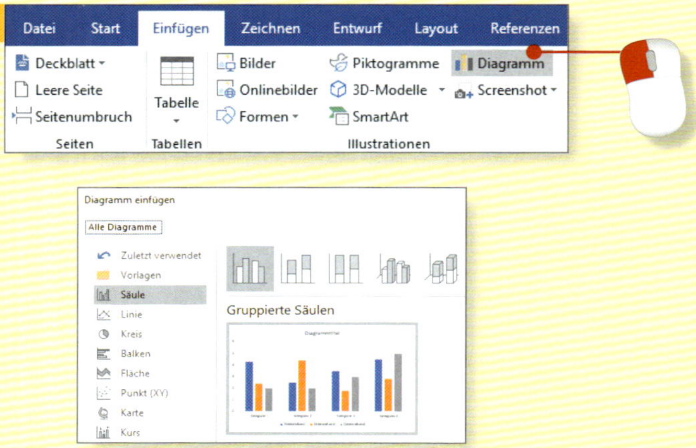

2

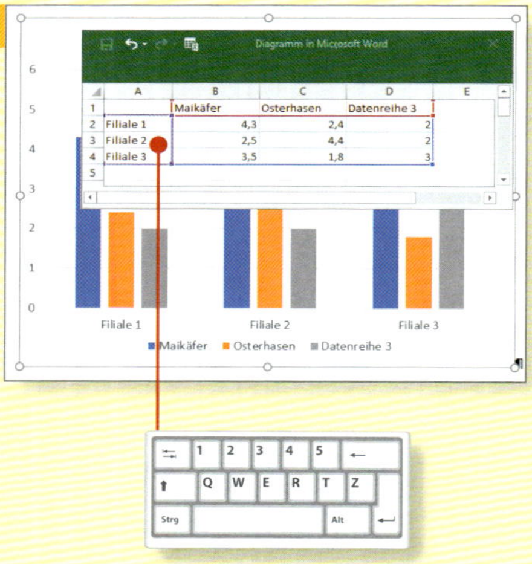

3

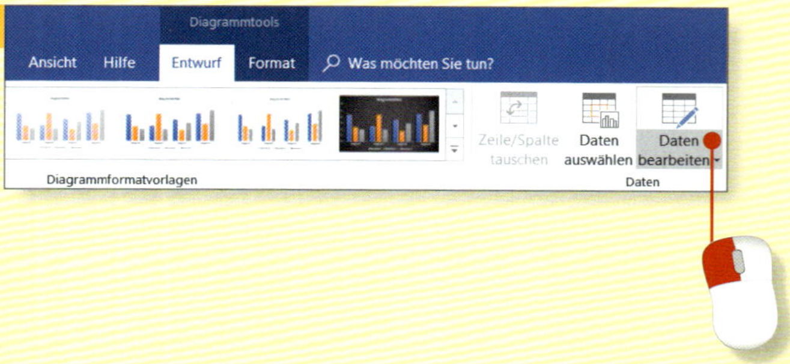

Diagramme sind die klassische Methode, um Zahlenmaterial grafisch darzustellen. Um mit Word ein Diagramm zu erstellen, arbeiten Sie eng mit Excel zusammen.

Schritt 1

Klicken Sie auf der Registerkarte **Einfügen** auf **Diagramm**. Im Dialog wählen Sie eine passende Vorlage aus und klicken auf **OK**.

Schritt 2

Ein Diagramm wird eingefügt, und ein kleines Excel-Fenster mit einigen Mustereinträgen öffnet sich. Überschreiben Sie die Einträge mit Ihren Zahlen und Bezeichnungen. Die Veränderungen werden automatisch in das Diagramm übernommen. Wenn Sie alles eingegeben haben, können Sie das Excel-Fenster schließen oder minimieren.

Schritt 3

Wenn Sie die Daten der Tabelle modifizieren möchten, aktivieren Sie die Registerkarte **Diagrammtools/Entwurf** und klicken dann auf **Daten bearbeiten**. Das Excel-Fenster mit der Tabelle wird wieder eingeblendet.

Schritt 4

Praktisch ist auch das Menü der Schaltfläche **Schnelllayout**. Hier finden Sie eine Auswahl an Layouts, die sich auf die Elemente des Diagramms beziehen. Sie können z. B. ein Layout mit Legende, Diagrammtitel oder weiteren vertikalen Linien wählen.

4

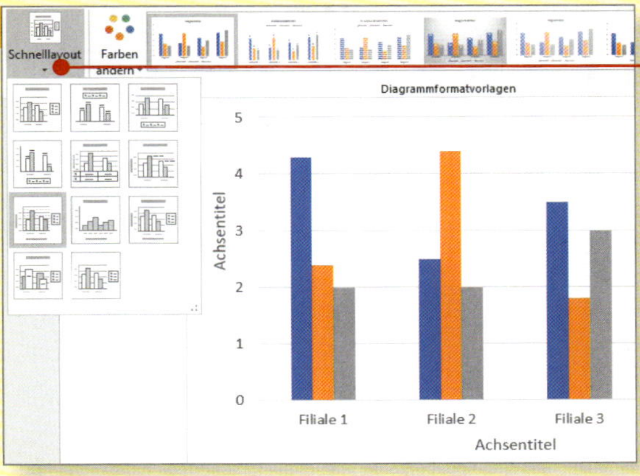

Schritt 5

Das Menü **Diagrammformatvorlagen** bietet Ihnen eine Auswahl an Vorlagen für die optische Gestaltung des Diagramms. Sie öffnen es über den unteren Pfeil am Feld **Diagrammformatvorlagen**.

5

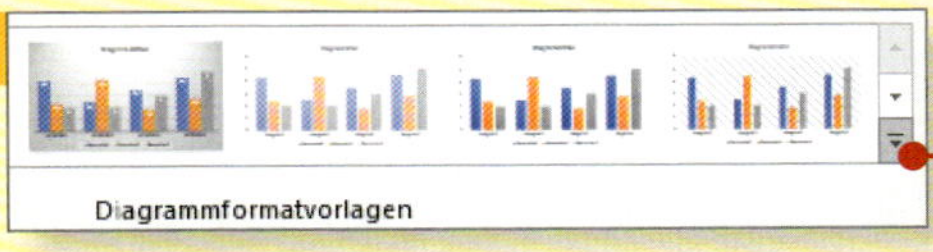

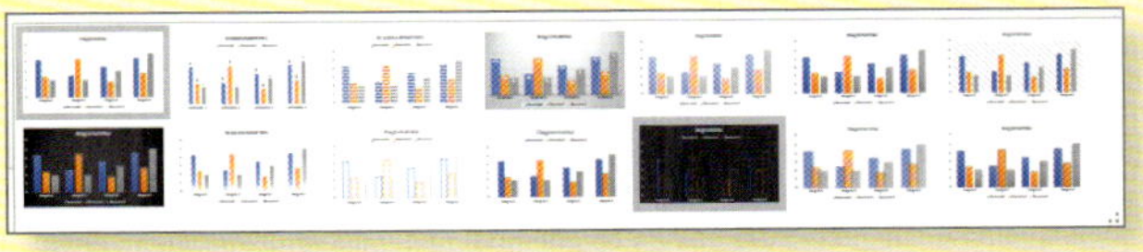

Schritt 6

Über das Pluszeichen können Sie einzelne Diagrammelemente (Diagrammtitel, Achsentitel, Datenbeschriftungen oder Gitternetzlinien) hinzufügen oder entfernen. Setzen Sie ein Häkchen in die entsprechenden Optionskästchen, oder entfernen Sie sie. Für die einzelnen Elemente erhalten Sie Untermenüs, wenn Sie auf den Pfeil am jeweiligen Eintrag klicken.

6

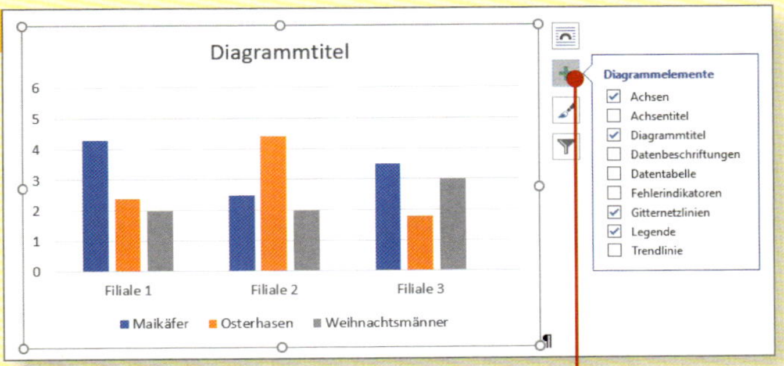

Diagramme erstellen und formatieren (Forts.)

7

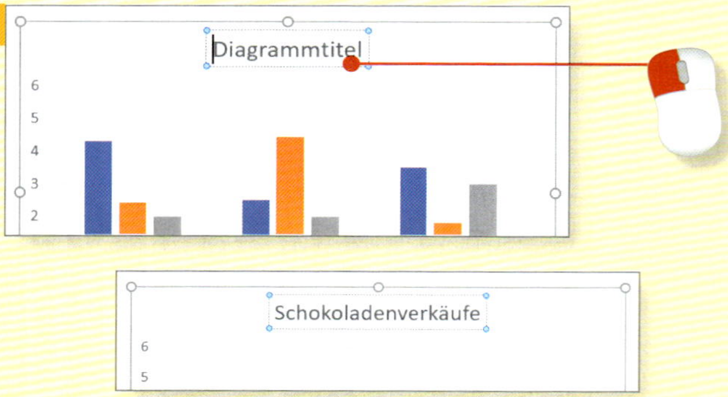

Schritt 7

Um den Diagrammtitel zu ändern, klicken Sie das Textfeld an. Wenn Sie die Markierungsumrandung sehen, klicken Sie erneut, um den Cursor in den Text zu setzen. Anschließend können Sie den Text ändern.

8

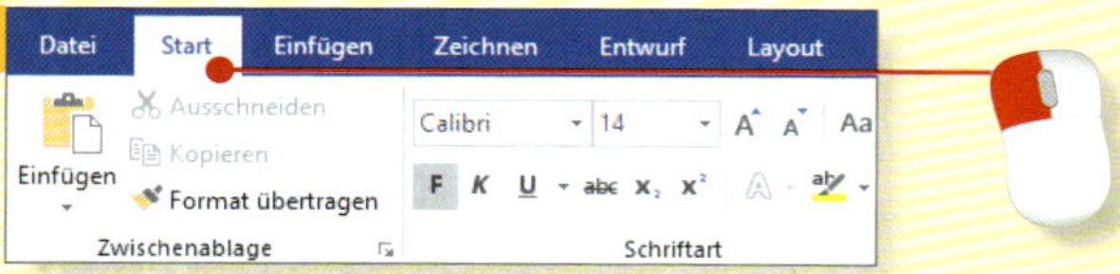

Schritt 8

Um die Schriftart des Titels zu ändern, markieren Sie das Feld durch einfaches Anklicken und wechseln dann zur Registerkarte **Start**, wo Sie die klassischen Formatierungen für Text einstellen können.

9

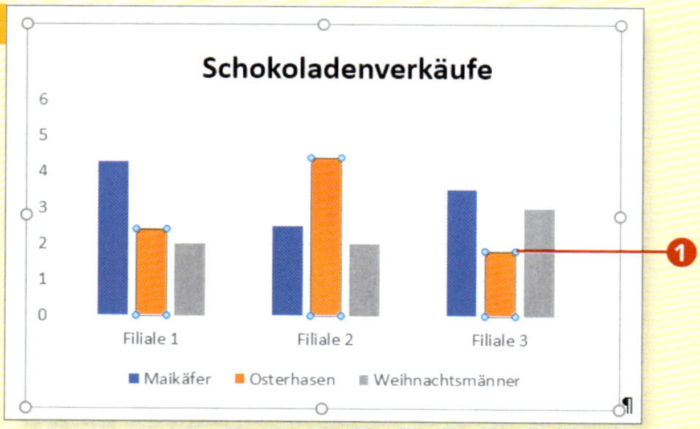

Schritt 9

Um z. B. die Farbe einer Datenreihe zu ändern, wählen Sie die Datenreihe durch Anklicken aus (hier *Osterhasen*, siehe Schritt 2). Anschließend zeigt Word diese Elemente mit den üblichen Markierungspunkten ❶ an.

Diagrammtools

Die Registerkarte **Diagrammtools** wird nur dann eingeblendet, wenn Sie das Diagramm angeklickt haben.

Schritt 10

Klicken Sie dann auf der Registerkarte **Diagrammtools/Format** auf **Fülleffekt**, und weisen Sie der Datenreihe eine Farbe zu oder z. B. einen Farbverlauf bzw. eine Struktur.

10

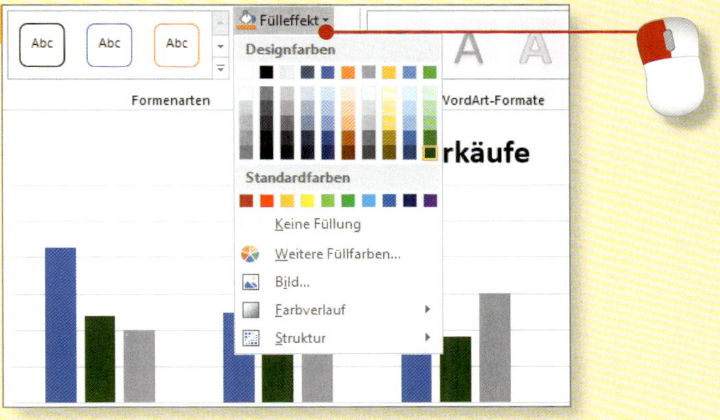

Schritt 11

Wenn Sie nur einen Datenpunkt einer Datenreihe formatieren möchten, markieren Sie zunächst die gesamte Reihe (siehe Schritt 9) und klicken dann nur den gewünschten Datenpunkt an. Nun ist nur dieser Datenpunkt markiert 2.

11

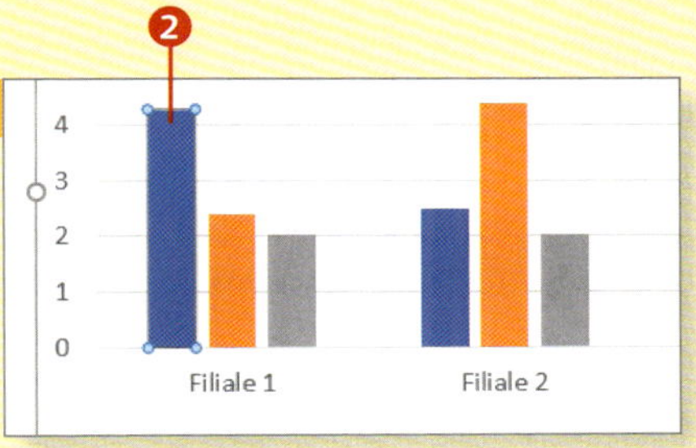

Schritt 12

Nun können Sie, wie in Schritt 10 beschrieben, den ausgewählten Datenpunkt formatieren und ihm z. B. eine eigene Farbe oder eine Kontur zuweisen.

12

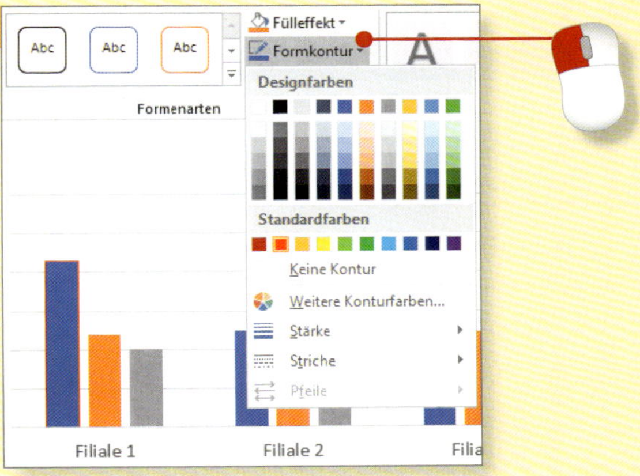

Excel-Diagramme einfügen

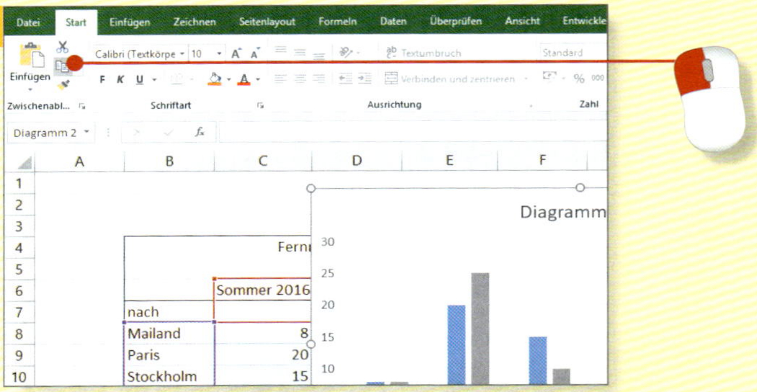

1

In der Regel wird in Excel in Tabellen gerechnet, und auch entsprechende Diagramme werden dort erzeugt. Ein solches Diagramm können Sie auf mehrere Arten in ein Word-Dokument einfügen.

Schritt 1

Öffnen Sie eine Excel-Datei mit einem Diagramm. Klicken Sie das Diagramm an, um es zu markieren, und klicken Sie dann auf der Registerkarte **Start** auf **Kopieren**.

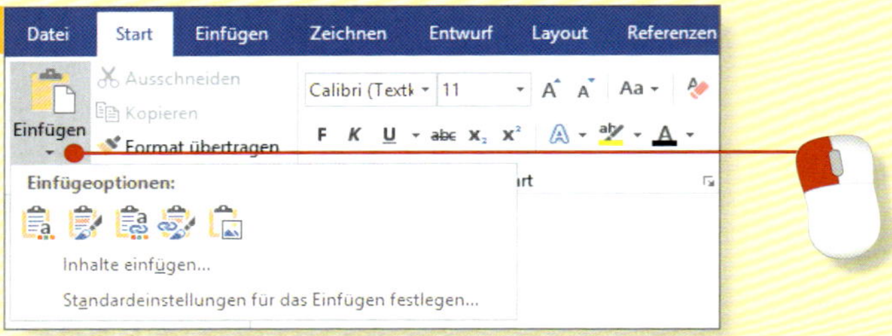

2

Schritt 2

Wechseln Sie zu Word, und öffnen Sie die Datei, in die Sie das Diagramm einfügen möchten. Aktivieren Sie die Registerkarte **Start**, und klicken Sie auf den Pfeil an der Schaltfläche **Einfügen**, um die verschiedenen Einfügeoptionen zu sehen.

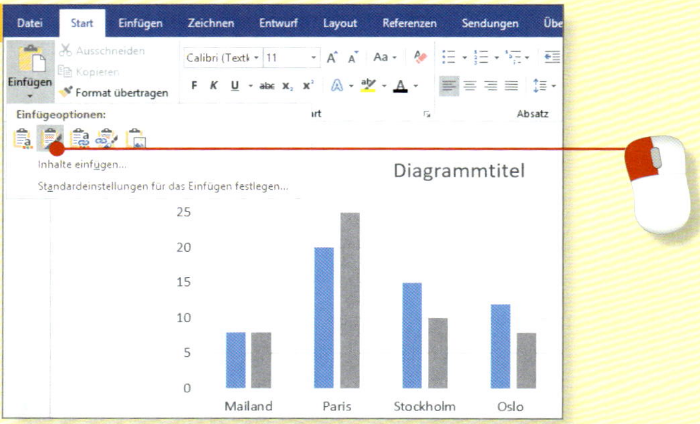

3

Schritt 3

Wir stellen Ihnen die wichtigsten Optionen vor. Mit **Ursprüngliche Formatierung beibehalten und Arbeitsmappe einbetten** sieht das Diagramm aus wie in Excel. Wenn Sie Daten in der Excel-Arbeitsmappe ändern, bleibt das Diagramm in Word aber unverändert.

Schritt 4

Bei **Zieldesign verwenden und Arbeitsmappe einbetten** nimmt das Diagramm die Farbgebung Ihres Word-Dokuments an. Änderungen an Daten in der Excel-Arbeitsmappe werden nicht übernommen.

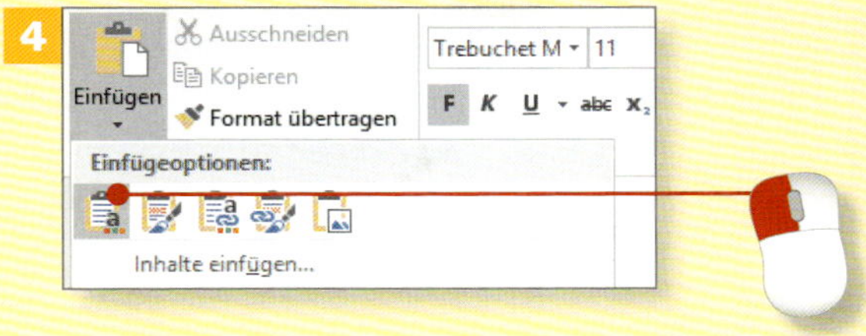

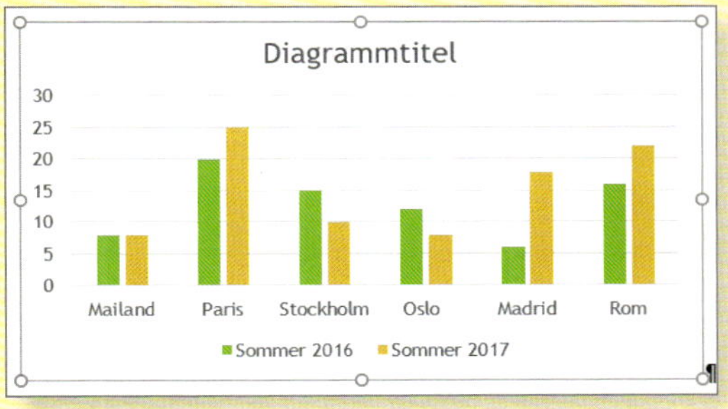

Schritt 5

Mit **Ursprüngliche Formatierung beibehalten und Daten verknüpfen** sieht das Diagramm aus wie in Excel, und die Daten werden angepasst, wenn Sie sie in der Arbeitsmappe ändern. Dies geschieht beim Öffnen des Word-Dokuments. Um eine Anpassung zu »erzwingen«, markieren Sie das Diagramm und drücken F9.

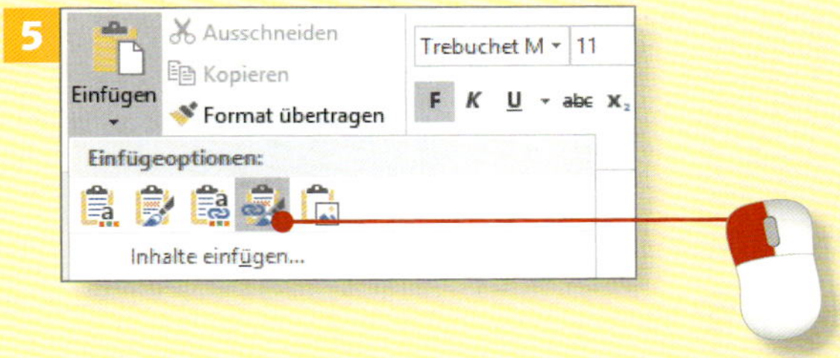

Schritt 6

Sie können das Diagramm auch als Grafik einfügen. Wählen Sie dazu die Einfügeoption **Grafik**. Dann können Sie die einzelnen Diagrammelemente jedoch nicht mehr nachbearbeiten, und die Daten werden natürlich auch nicht aktualisiert.

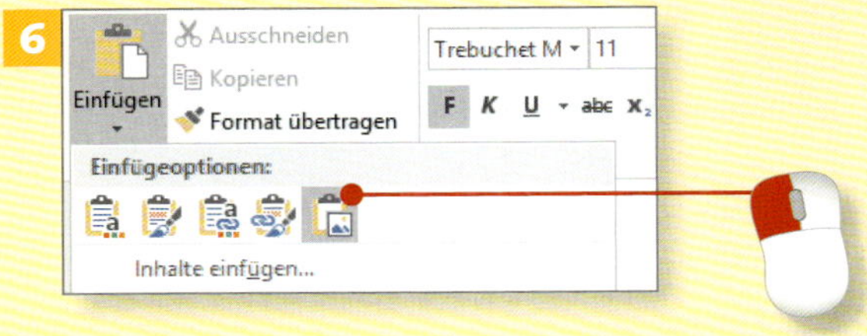

Verknüpfen

Achten Sie beim Verknüpfen von Informationen darauf, dass der Speicherort der Ursprungsdatei nicht verändert wird!

Videos in ein Word-Dokument einfügen

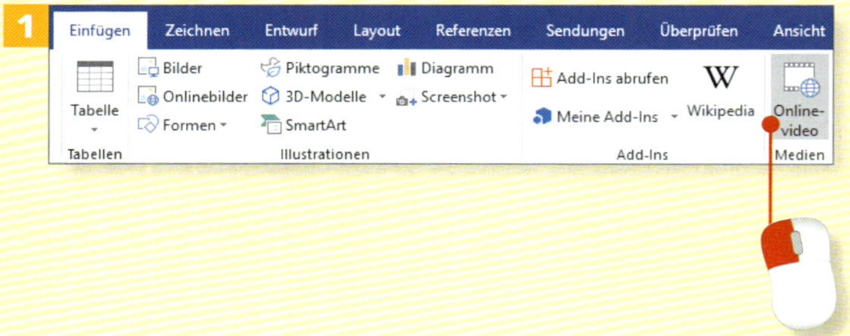

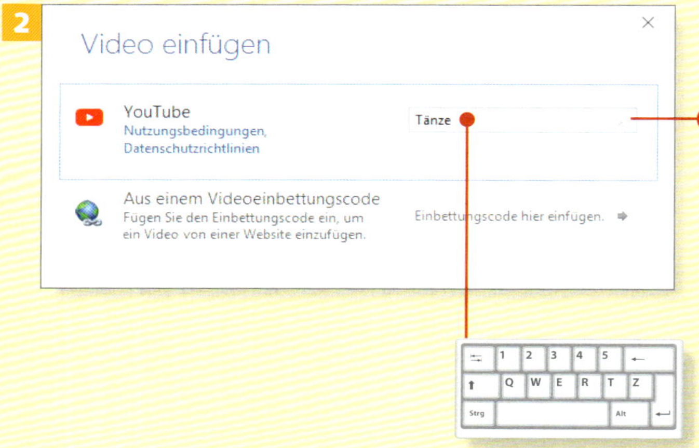

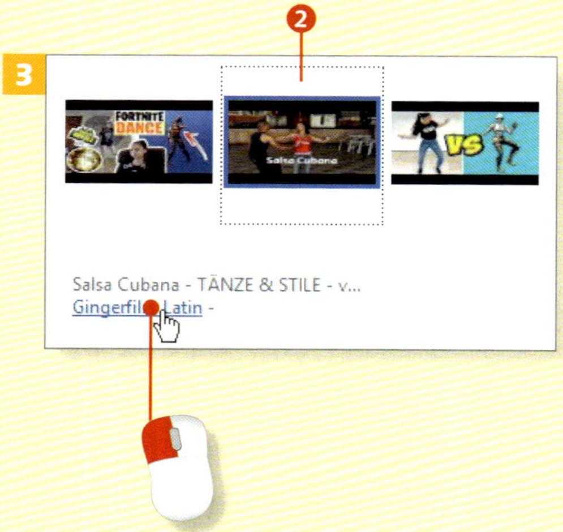

Anstelle eines Links zu einem Video im Internet können Sie mit Word 2019 auch ein Video mit einer Vorschau in ein Word-Dokument einbetten und es dann direkt im Dokument starten.

Schritt 1

Öffnen Sie die Registerkarte **Einfügen**, und klicken Sie auf die Schaltfläche **Onlinevideo**.

Schritt 2

Im nächsten Fenster können Sie über YouTube nach einem Video suchen. Geben Sie einen Suchbegriff in das Suchfeld ein, und klicken Sie anschließend auf die Lupe **1**.

Schritt 3

Daraufhin erhalten Sie eine – je nach Suchbegriff unterschiedlich lange – Liste gefundener Videos. Wenn Sie ein Bild anklicken **2**, wird unten im Fenster der Link zur Quelle des Videos angezeigt. Ein Klick auf den Link öffnet das Video in YouTube.

Schritt 4

Zum Einfügen markieren Sie ein Video und klicken dann auf die Schaltfläche **Einfügen** ③. Ein Doppelklick auf das Video bindet es ebenfalls in Ihrem Word-Dokument ein.

4

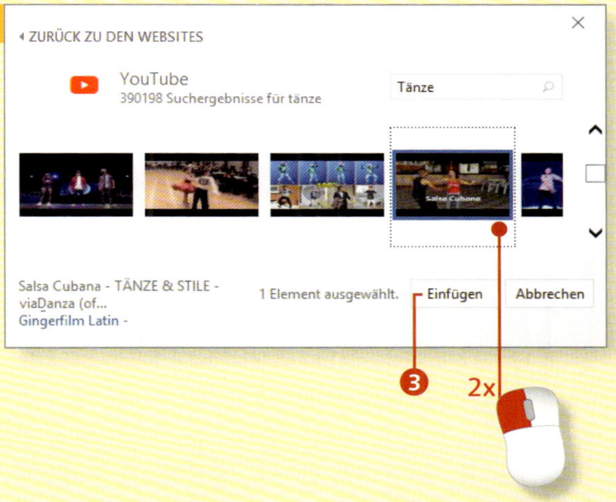

Schritt 5

Schon ist das Video in Ihrem Word-Dokument. Mit einem Klick auf den Pfeil in der Mitte des Vorschaubildes starten Sie das Video.

5

Schritt 6

Wenn Sie auf das Video klicken, öffnet sich das Abspielprogramm und legt sich über Ihr Word-Dokument. Es dürfte häufig der Flash Player sein, da viele Videos im Internet in diesem Format vorliegen.

6

!

Internetverbindung erforderlich
Um Videofilme aus YouTube in Ihr Dokument einzubinden, ist eine Internetverbindung nötig. Auch wenn Sie das Video im Dokument abspielen wollen, benötigen Sie eine Internetverbindung.

Videos in ein Word-Dokument einfügen (Forts.)

7

8

9
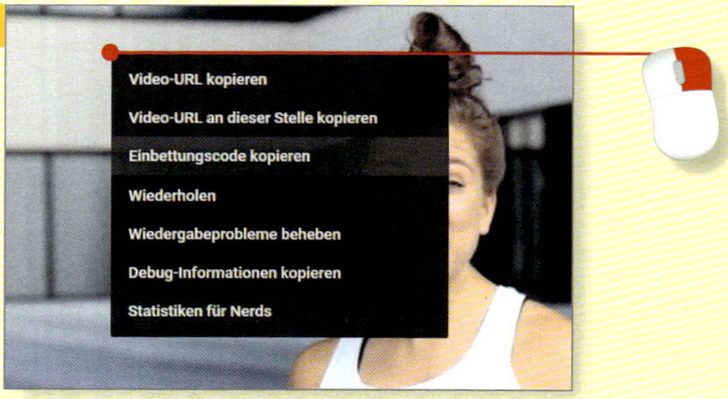

Schritt 7

Mit einem Klick auf das **Play**-Symbol starten Sie das Video. Drücken Sie Esc, um den Film zu beenden und den Player zu schließen.

Schritt 8

Wenn Sie das Video mit der rechten Maustaste anklicken, erscheint ein Menü mit Optionen wie **Video-URL kopieren** oder **Wiederholen**. Das Video wird übrigens nicht im Dokument gespeichert, gespeichert werden lediglich ein Bild und ein Verweis. Ohne Internetverbindung kann der Film nicht abgespielt werden.

Schritt 9

Wenn Sie auf der Internetseite von *YouTube* ein Video gefunden haben, das Sie in ein Word-Dokument einbetten möchten, klicken Sie mit rechts auf das Video und im Kontextmenü auf **Einbettungscode kopieren**.

Schritt 10

Wechseln Sie dann wieder zu Ihrem Word-Dokument. Klicken Sie auf der Registerkarte **Einfügen** auf die Schaltfläche **Onlinevideo**, und fügen Sie den soeben kopierten Code mit Strg + V in das Feld **Einbettungscode hier einfügen** ein. (Der Text am Feld ändert sich nach dem Einfügen in **Aus einem Videoeinbettungscode**.)

10
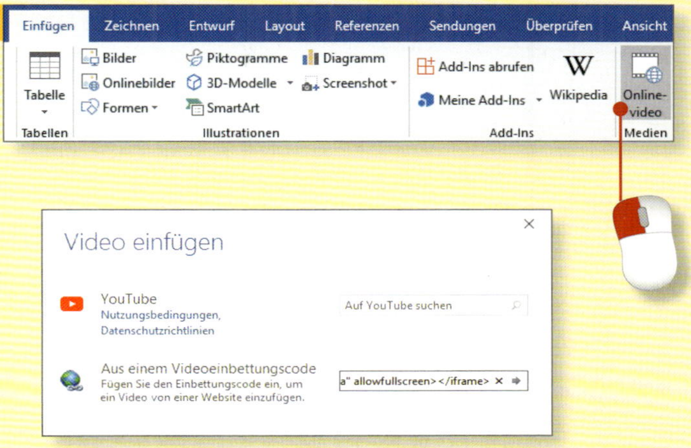

Schritt 11

Damit das Video in Ihrem Dokument landet, klicken Sie auf die kleine Pfeil-Schaltfläche **Einfügen** rechts in dem Feld, in das Sie den Einbettungscode eingefügt haben.

11

Schritt 12

Nach dieser Aktion ist das Video in Ihr Word-Dokument eingebunden, und Sie können es abspielen, wie in Schritt 7 beschrieben.

12

Abspielen anhalten

Um in Word die Wiedergabe eines Videofilms anzuhalten, klicken Sie einfach wieder auf das Video. Der Film wird daraufhin gestoppt.

Kapitel 10
Verzeichnisse, Verweise und Co.

Ein Inhaltsverzeichnis, Verweise, Quellenangaben und ein Literaturverzeichnis gehören in jede seriöse wissenschaftliche Arbeit. Wie Word 2019 Sie bei diesen Aufgaben unterstützt, erfahren Sie in diesem Kapitel.

Inhaltsverzeichnis
Sofern Sie für die Überschriften in Ihrem Dokument Formatvorlagen verwendet haben, können Sie die Aufgabe, ein Inhaltsverzeichnis zu erstellen, mühelos an Word delegieren. Das geht fast per Mausklick.

Verweise und Indizes
Mit den Funktionen **Querverweis** und **Index festlegen/einfügen** bietet Word 2019 tolle Möglichkeiten, auf andere Abschnitte im Text zu verweisen und einen Index zu erstellen.

Literaturverzeichnis
Anstatt ein Literaturverzeichnis manuell zu tippen, können Sie es von Word erstellen lassen. Allerdings kommen Sie nicht darum herum, die Quellenangaben zuvor sorgfältig einzutragen.

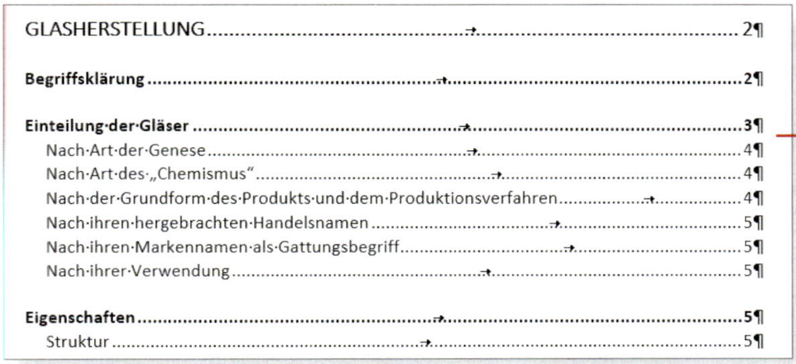

GLASHERSTELLUNG.. 2¶

Begriffsklärung.. **2¶**

Einteilung·der·Gläser.. **3¶**

Nach·Art·der·Genese.. 4¶

Nach·Art·des·„Chemismus“.. 4¶

Nach·der·Grundform·des·Produkts·und·dem·Produktionsverfahren...................................... 4¶

Nach·ihren·hergebrachten·Handelsnamen.. 5¶

Nach·ihren·Markennamen·als·Gattungsbegriff.. 5¶

Nach·ihrer·Verwendung.. 5¶

Eigenschaften... **5¶**

Struktur.. 5¶

❶ Haben Sie für Ihre Überschriften im Dokument Formatvorlagen verwendet, können Sie mit Word 2019 ein automatisches Inhaltsverzeichnis anlegen.

❷ Mit Word 2019 können Sie ganz einfach auf Abschnitte im Text verweisen und einen Index erstellen.

Literaturverzeichnis¶

Furatak,·Florian.·2015.·*Internationale·Organisationen.·Staatliche·und·nichtstaatliche·Organisationen·in·der·Weltpolitik.*·Wiesbaden°:·Springer,·2015.¶

Groth,·K.-H.·2003.·*Das·große·Buch·des·WWF.*·Steinfurt°:·Rasch·und·Röhring,·2003.¶

Schwarzenbach,·A.·2011.·*50·Jahre·Naturschutz.*·München°:·Heyne,·2011.¶

❸ Auch für das Anlegen eines Literaturverzeichnisses hält Word komfortable Möglichkeiten bereit.

Ein Inhaltsverzeichnis erstellen

1
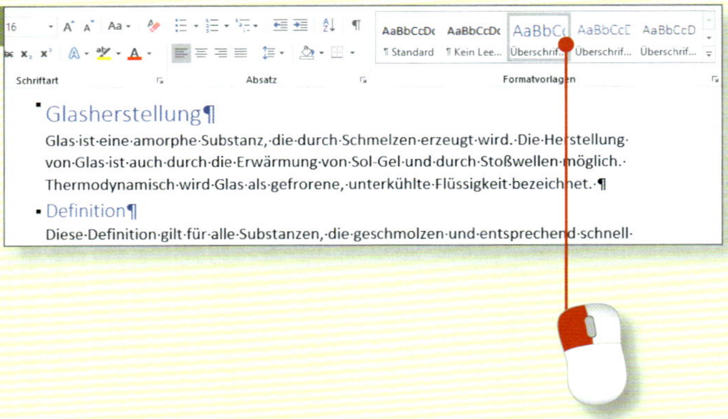

Lange Berichte, Abschlussarbeiten etc. benötigen ein Inhaltsverzeichnis. Sie müssen es aber nicht manuell tippen. Word steht Ihnen mit einer speziellen Funktion zur Seite.

Schritt 1

Damit Word ein Inhaltsverzeichnis erstellen kann, müssen die Überschriften im Dokument mit Formatvorlagen formatiert sein (mehr dazu erfahren Sie im Abschnitt »Mit Formatvorlagen arbeiten« auf Seite 120). Wenn das noch nicht der Fall ist, müssen Sie es nachholen. Weisen Sie allen Überschriften je nach Ebene die Formatvorlage **Überschrift 1**, **Überschrift 2** etc. zu.

2
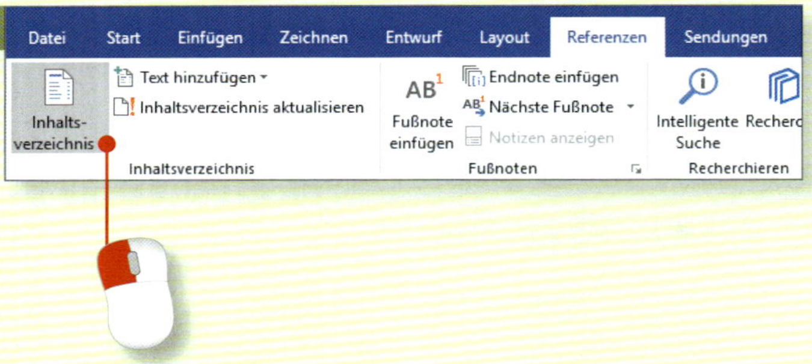

Schritt 2

Wenn das getan ist, setzen Sie den Cursor an den Anfang des Dokuments, also vor die erste Überschrift. Dann wechseln Sie zur Registerkarte **Referenzen**. Hier klicken Sie auf die Schaltfläche **Inhaltsverzeichnis**.

3
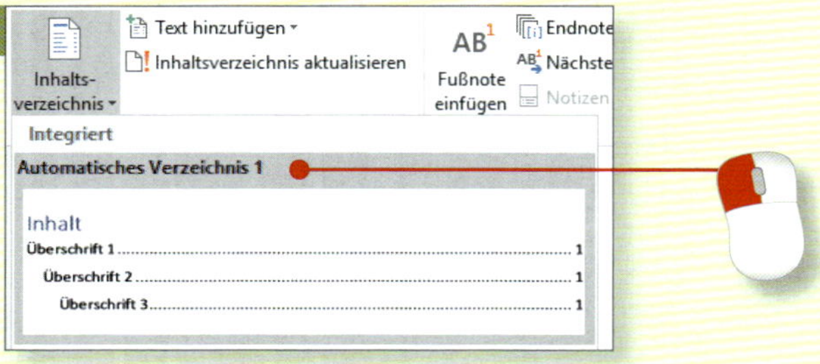

Schritt 3

Word bietet verschiedene Formate an. Für ein schlichtes Inhaltsverzeichnis klicken Sie im Menü einfach auf **Automatisches Verzeichnis 1**.

Einem Hyperlink folgen

Ob Sie einem Link mit einem Klick folgen können oder zusätzlich Strg gedrückt halten müssen, legen Sie in den Word-Optionen in der Kategorie **Erweitert ▸ Bearbeitungsoptionen** fest.

Schritt 4

Im Nu präsentiert Word das Inhaltsverzeichnis. Da es auf einer separaten Seite stehen soll, fügen Sie mit [Strg]+[↵] einen Seitenumbruch zwischen dem Inhaltsverzeichnis und dem Text ein.

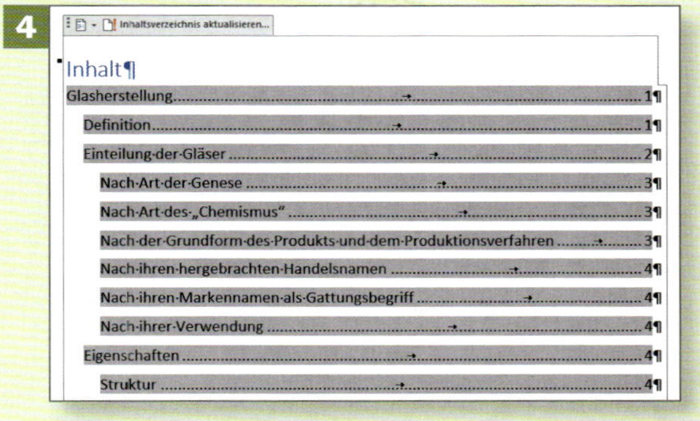

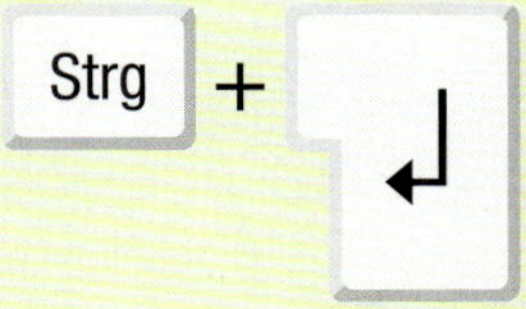

Schritt 5

Die graue Unterlegung bedeutet, dass es sich bei dem Inhaltsverzeichnis um ein *Feld* handelt, also um ein Element, das aktualisiert werden kann. Das können Sie auch erkennen, wenn Sie das Verzeichnis mit rechts anklicken: Im Kontextmenü finden Sie Befehle zum Umgang mit Feldern (z. B. **Felder aktualisieren** oder **Feld bearbeiten**).

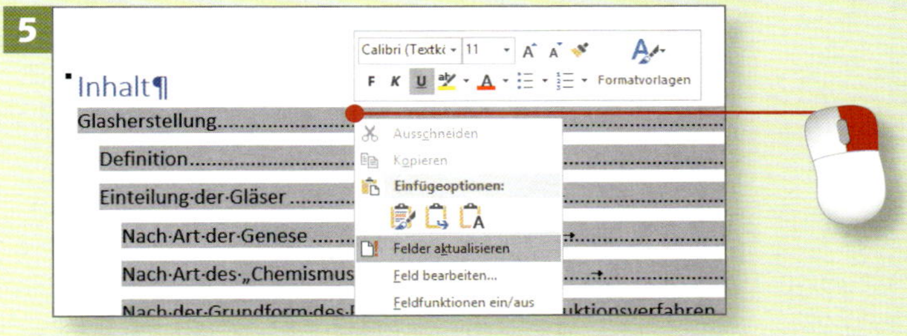

Schritt 6

Automatische Inhaltsverzeichnisse sind nicht nur praktisch, weil sie Tipparbeit ersparen. Sie dienen auch der Navigation. Wenn Sie mit der Maus auf eine Überschrift zeigen, sehen Sie das für Links typische »Händchen« (siehe dazu auch den Kasten »Einem Hyperlink folgen« auf Seite 220). Mit einem Klick springen Sie direkt zu der Überschrift im Dokument.

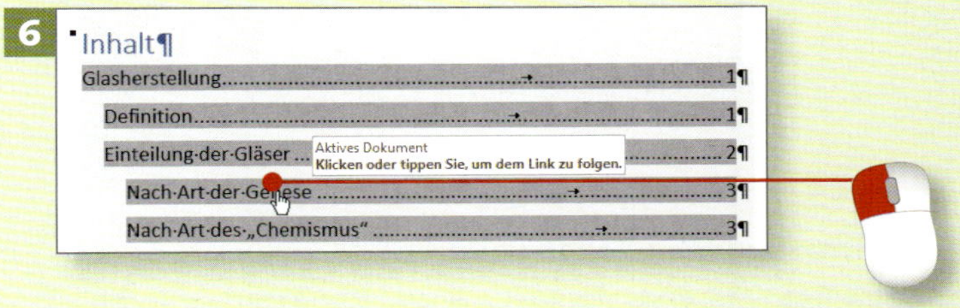

Ein Inhaltsverzeichnis erstellen (Forts.)

7

8
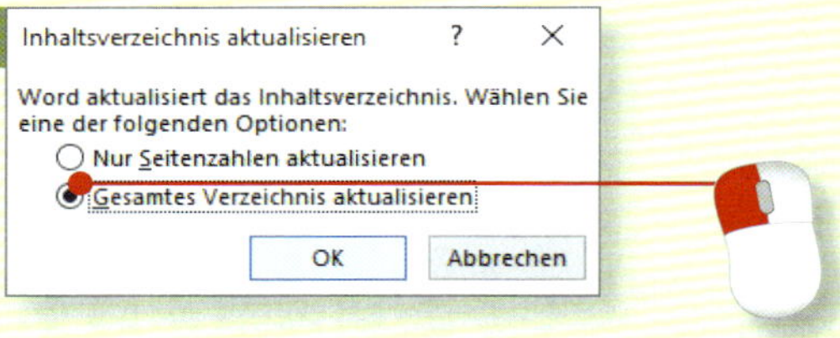

9
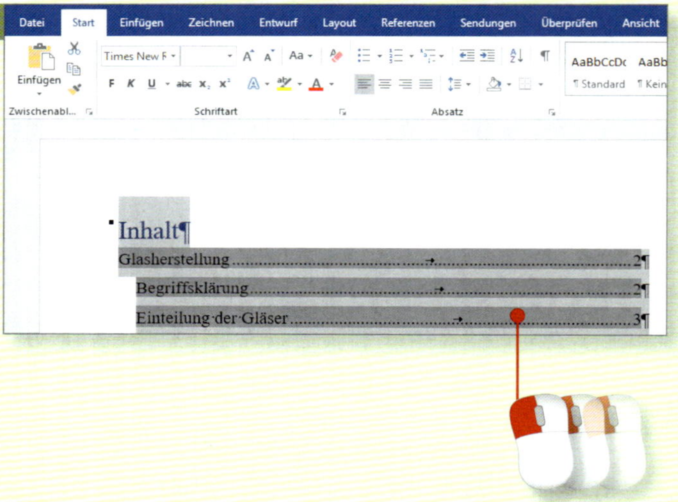

Formatierungen gehen verloren

Beachten Sie, dass manuelle Formatierungen verloren gehen, wenn Sie das Inhaltsverzeichnis danach aktualisieren. Wenn Sie Ihr Inhaltsverzeichnis formatieren möchten, sollten Sie dies also ganz zuletzt machen.

Schritt 7

Die Überschriften in einem Inhaltsverzeichnis müssen genau den Überschriften im Dokument entsprechen. Wenn Sie während des Schreibens Überschriften geändert haben, bietet Word 2019 die Schaltfläche **Inhaltsverzeichnis aktualisieren** oberhalb des Verzeichnisses an. (Klicken Sie das Inhaltsverzeichnis an, falls Sie die Schaltfläche nicht sehen. Aber Vorsicht, nicht auf einen Link klicken!)

Schritt 8

Daraufhin werden Sie in einem kleinen Dialog gefragt, ob Sie nur die Seitenzahlen oder das gesamte Verzeichnis aktualisieren möchten. Wählen Sie die untere Option, und klicken Sie auf **OK**. Das Inhaltsverzeichnis wird nun angepasst.

Schritt 9

Um das Inhaltsverzeichnis manuell zu formatieren, ihm z. B. eine andere Schriftart oder einen anderen Schriftschnitt zuzuweisen, müssen Sie es markieren (achten Sie darauf, dass kein Händchen auftaucht!). Dann formatieren sie es wie gewohnt mit den Befehlen auf der Registerkarte **Start**.

Schritt 10

Anstelle des bisher gezeigten einfachen können Sie auch ein benutzerdefiniertes Inhaltsverzeichnis erstellen lassen. Dazu klicken Sie auf der Registerkarte **Referenzen** auf **Inhaltsverzeichnis ▸ Benutzerdefiniertes Inhaltsverzeichnis**.

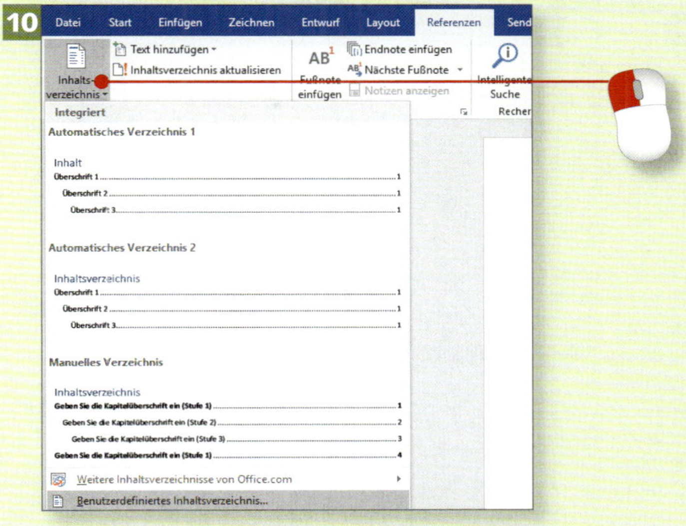

Schritt 11

Im Dialog **Inhaltsverzeichnis** können Sie z. B. auf den Pfeil am Feld **Formate** klicken, um sich ein schickes Format für das Verzeichnis auszusuchen. Sie können die Art der **Füllzeichen** ❶ bei den Überschriften bestimmen und festlegen, wie viele Überschriftenebenen ❷ das Inhaltsverzeichnis enthalten soll. Ihre Einstellungen bestätigen Sie mit **OK**.

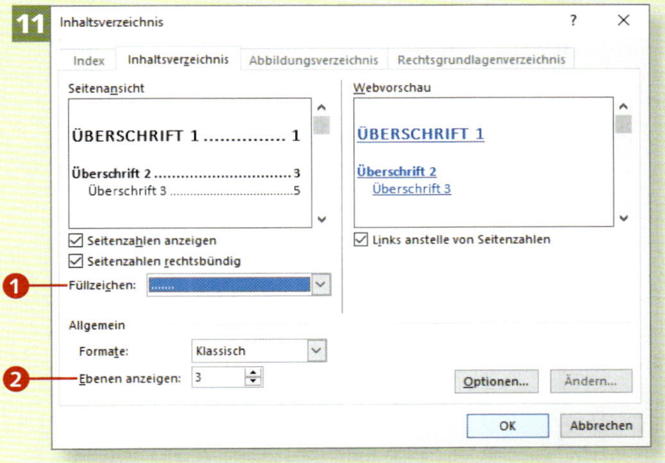

Schritt 12

Sofern Sie bereits ein Inhaltsverzeichnis eingefügt hatten, werden Sie dann gefragt, ob das vorhandene Verzeichnis ersetzt werden soll. Klicken Sie auf **Ja** – warum hätten Sie sich sonst die Mühe gemacht?

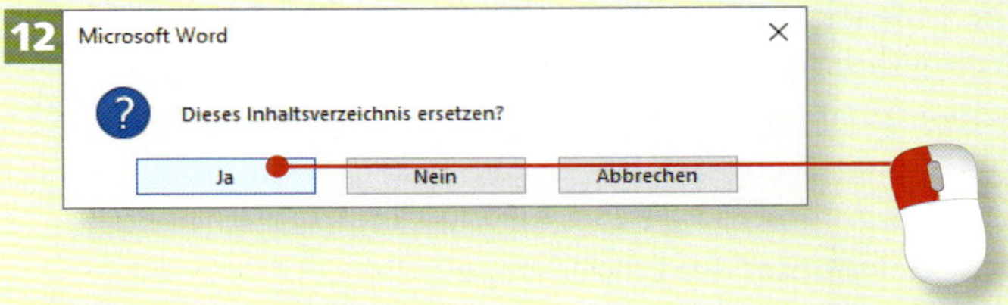

Zum Nachschlagen: Dokumente mit Index

1

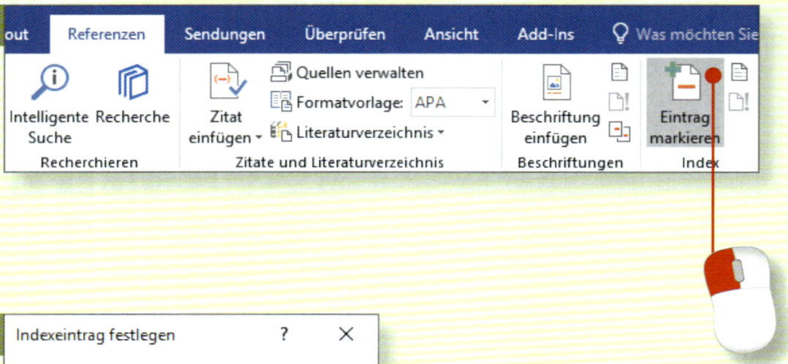

2

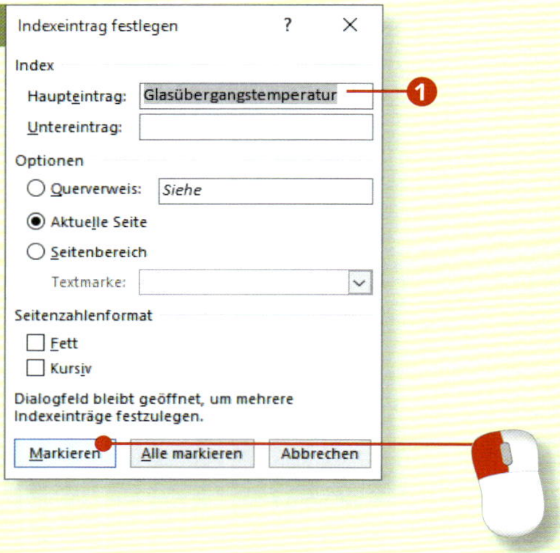

3

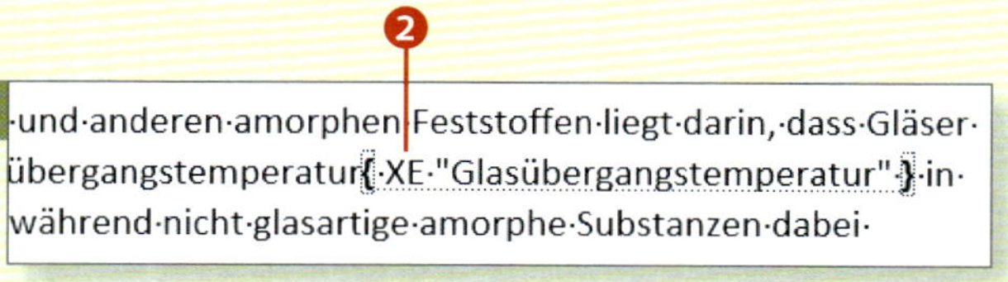

In einem Index können Sie gezielt nach Themen in einem Buch suchen und dann genau die richtige Seite aufschlagen. Das ist sehr praktisch.

Schritt 1

Am bequemsten machen Sie es sich, wenn Sie mit Begriffen, die im Dokument vorkommen, Indexeinträge erstellen. Markieren Sie einen Begriff, den Sie in den Index aufnehmen wollen, und klicken Sie auf der Registerkarte **Referenzen** auf **Eintrag markieren**.

Schritt 2

Im Dialog **Indexeintrag festlegen** ist der markierte Begriff im Feld **Haupteintrag** bereits eingetragen ❶. Wenn Sie ihn so übernehmen möchten (Sie können anderenfalls auch den Cursor in das Feld setzen und Änderungen vornehmen), klicken Sie einfach auf **Markieren**.

Schritt 3

Damit ist der Begriff gekennzeichnet, und Word weiß, dass er in den Index aufgenommen werden soll. In Ihrem Dokument sehen Sie hinter dem Begriff den Indexeintrag in geschweiften Klammern. **XE** ❷ steht für ein Feld des Typs *Indexeintrag*.

Indexeinträge im Text sichtbar?

Die Indexeinträge im Text sehen Sie, wenn Sie die Formatierungszeichen mit der Option **Alle anzeigen** aktiviert haben. Differenziert stellen Sie die Anzeige der Formatierungszeichen in den Word-Optionen in der Kategorie **Anzeige** ein. Für Indexeinträge muss **Ausgeblendeter Text** aktiviert sein.

Schritt 4

Sie können einen Indexeintrag auch im Text bearbeiten. Dazu setzen Sie den Cursor einfach in die geschweifte Klammer vor bzw. nach den Anführungszeichen und korrigieren oder ergänzen den Eintrag auf dem üblichen Weg.

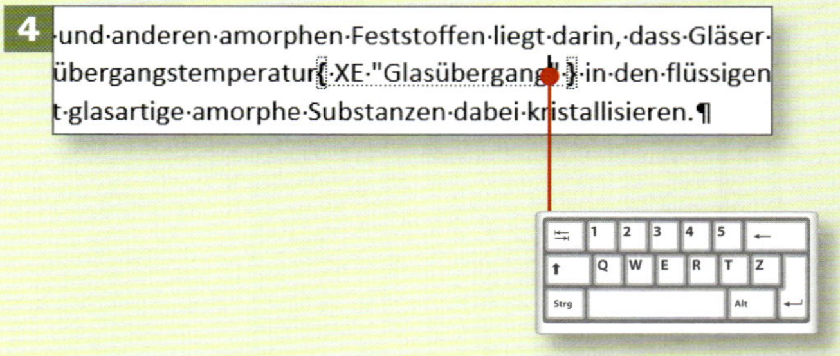

Schritt 5

Oftmals verwendet man für einen Index Haupt- und Untereinträge (z. B. »Grafik« als Haupteintrag und dann Untereinträge wie »anordnen«, »gruppieren« etc.). Sie gehen vor, wie bisher beschrieben, geben im Dialog **Indexeintrag festlegen** hier aber auch einen Begriff in das Feld **Untereintrag** ein.

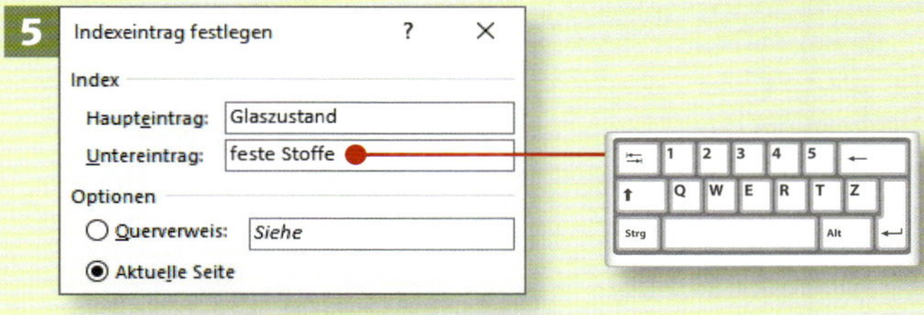

Schritt 6

Um aus den Indexeinträgen den Index erstellen zu lassen, setzen Sie den Cursor ans Ende des Dokuments und klicken auf der Registerkarte **Referenzen** auf **Index einfügen**. Daraufhin wird der Dialog **Index** geöffnet. Darin klicken Sie einfach auf **OK**; schon wird Ihr Index erstellt.

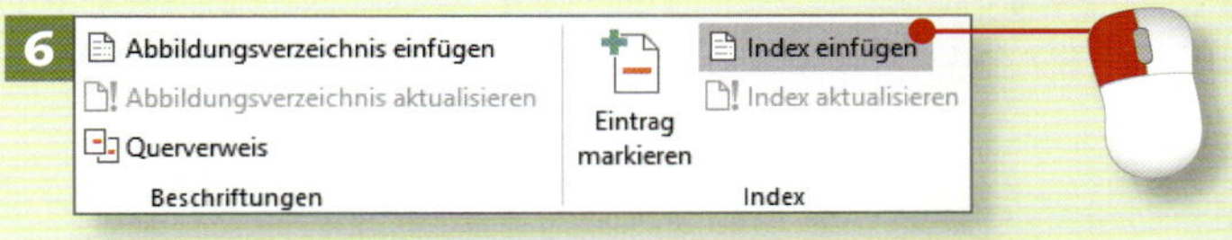

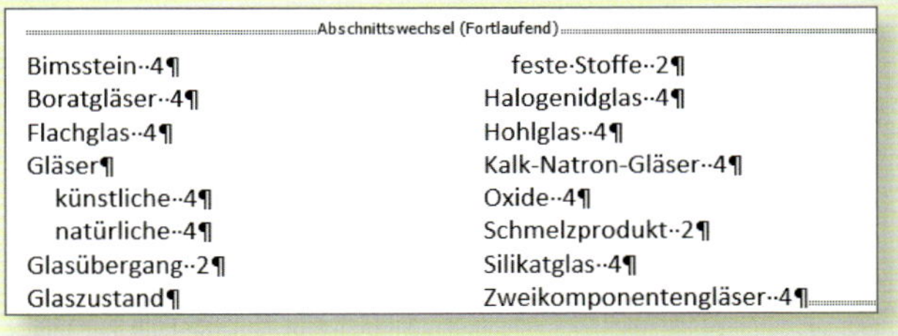

Auf Textstellen verweisen – Querverweise

1
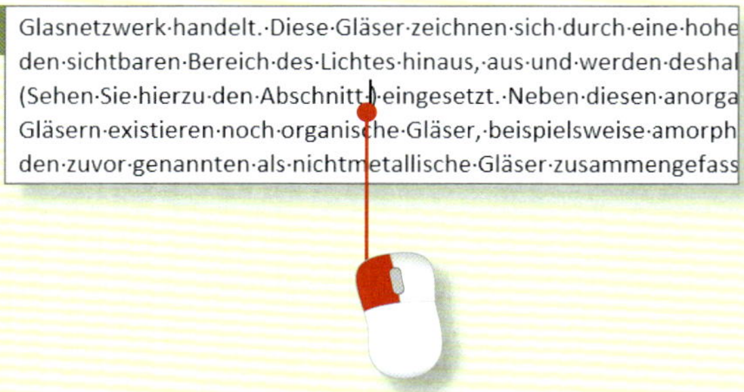

2
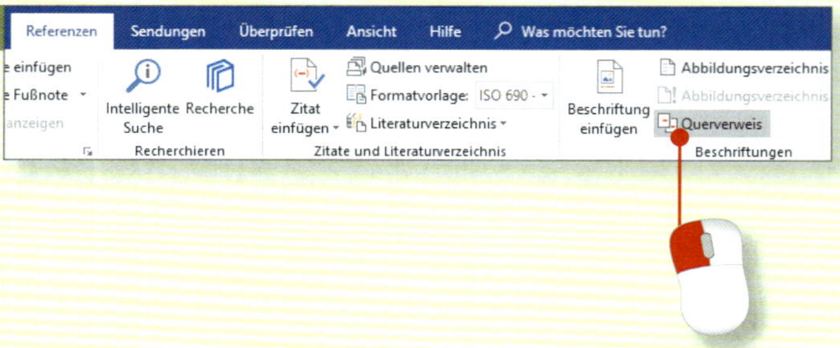

3
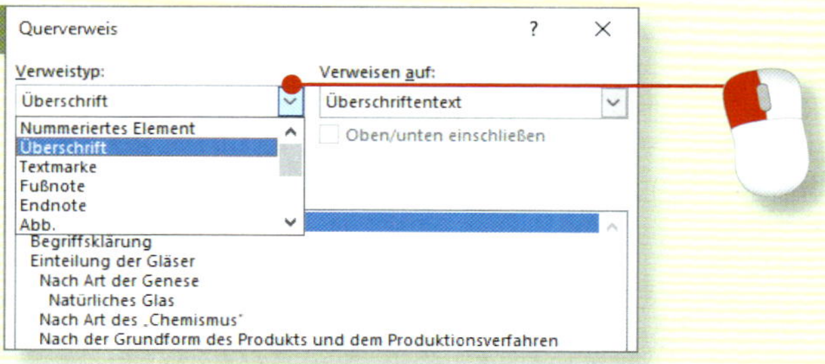

In längeren Dokumenten gibt es oft Verweise auf andere Elemente im Text, z. B. auf andere Abschnitte oder Fußnoten. Wenn Sie für solche Querverweise Word-Funktionen nutzen, stellen Sie sicher, dass der Verweis immer stimmt, auch wenn Sie Änderungen vorgenommen haben.

Schritt 1

Einen Querverweis einzufügen ist recht einfach. Setzen Sie den Cursor an die Stelle, an der der Verweis eingefügt werden soll – oft nach einem Text wie »Sehen Sie hierzu den Abschnitt …«.

Schritt 2

Wechseln Sie zur Registerkarte **Referenzen**, und klicken Sie auf die Schaltfläche **Querverweis**. Dies öffnet den gleichnamigen Dialog.

Schritt 3

Hier bestimmen Sie zunächst, auf welchen Elementtyp der Querverweis hinweisen soll. Klicken Sie auf den Pfeil am Feld **Verweistyp**. Wählen Sie **Überschrift**, wenn Sie auf ein Kapitel/einen Abschnitt hinweisen möchten. Daraufhin tauchen die im Dokument vorhandenen Überschriften im unteren Bereich auf.

!

Überschriften mit Formatvorlagen

Die Überschriften der Kapitel, auf die Sie mit einem Querverweis verweisen, müssen mit Formatvorlagen wie **Überschrift 2**, **Überschrift 3** etc. formatiert sein! Manuell formatierte Überschriften tauchen in der Liste nicht auf.

Schritt 4

Bei **Verweisen auf** legen Sie fest, was im Querverweis auftauchen wird, z. B. **Überschriftentext**, **Seitenzahl** etc. Die Option **Als Link einfügen** ❶ ist standardmäßig aktiviert (damit wird der Querverweis als Hyperlink eingefügt – wenn man dann auf den Querverweis klickt, gelangt man zu der Stelle im Dokument, auf die verwiesen wird).

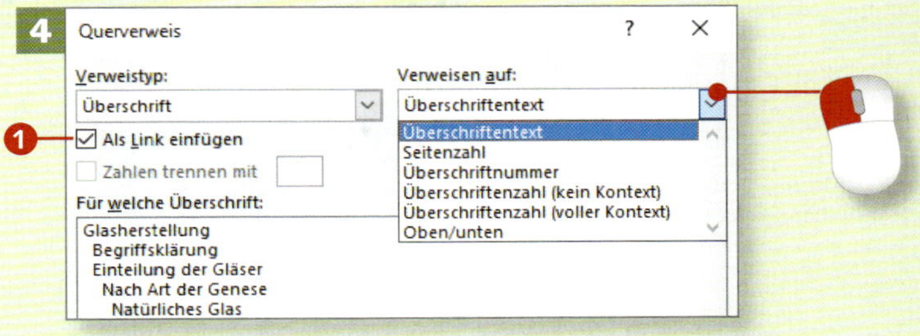

Schritt 5

Wenn Sie alle Einstellungen vorgenommen und eine Überschrift ausgewählt haben, klicken Sie auf **Einfügen** und danach auf **Schließen** ❷. Im Text sehen Sie dann den eben eingefügten Verweis auf die gewählte Überschrift.

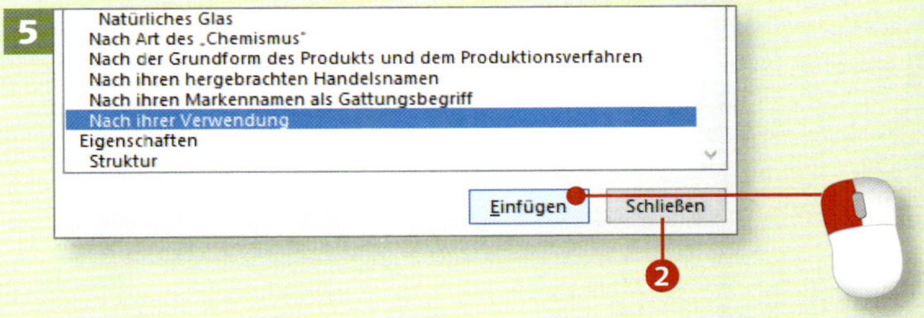

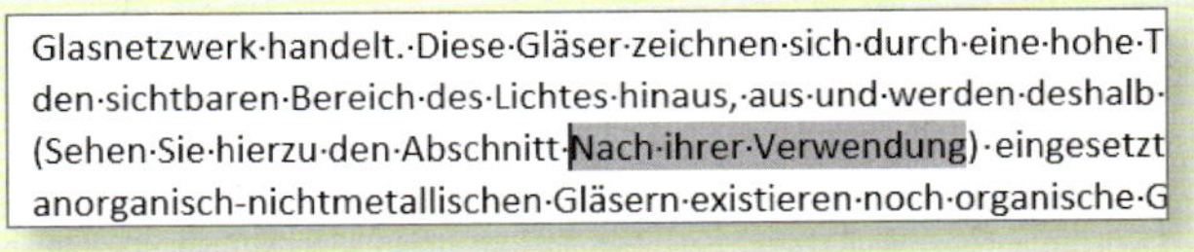

Schritt 6

Der Vorteil dieser Querverweise ist, dass sie sich bei Änderungen aktualisieren lassen. Um die Aktualisierung manuell anzustoßen, markieren Sie den eingefügten Querverweis und klicken mit der rechten Maustaste darauf. Im Kontextmenü wählen Sie **Felder aktualisieren**. Alternativ drücken Sie einfach F9.

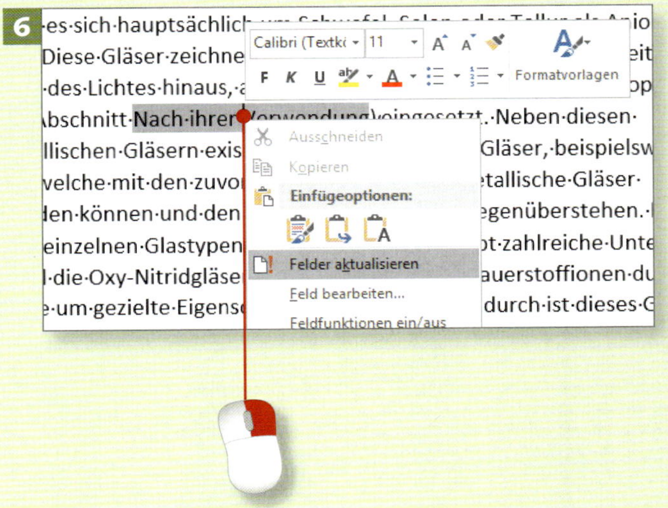

Literaturverzeichnisse nach den Regeln der Kunst

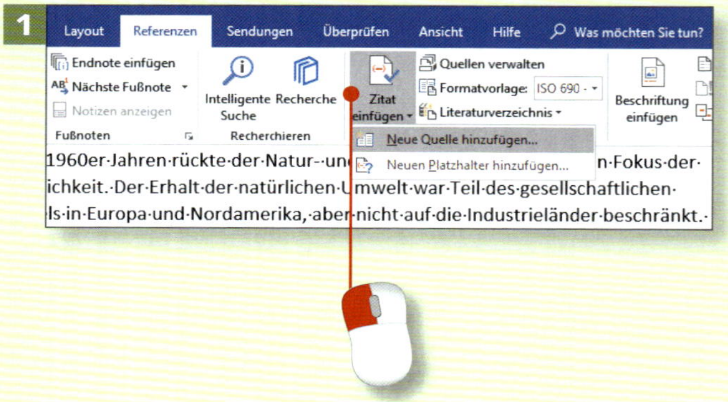

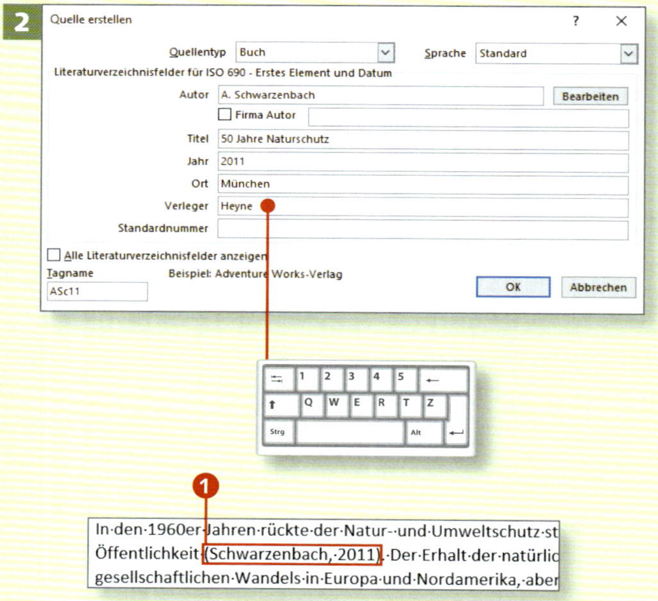

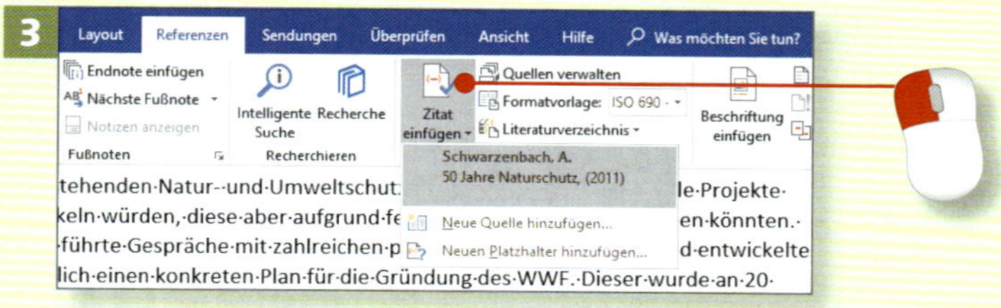

Ein Literaturverzeichnis gehört in jede wissenschaftliche Arbeit. Word 2019 hilft Ihnen dabei, ein solches Verzeichnis zu erstellen.

Schritt 1

Um ein Literaturverzeichnis zu erstellen, brauchen Sie entsprechende Quellenangaben. Setzen Sie den Cursor an die Stelle im Dokument, an der die Quelle erscheinen soll, und klicken Sie auf der Registerkarte **Referenzen** auf den Pfeil an der Schaltfläche **Zitat einfügen**. Im Menü wählen Sie **Neue Quelle hinzufügen**.

Schritt 2

Im Dialog **Quelle erstellen** geben Sie die Daten zu dem Literaturzitat ein und klicken abschließend auf **OK**. Die Quelle wird daraufhin automatisch im Text eingefügt **1**.

Schritt 3

Die einmal erstellte Quelle können Sie nun so oft wie nötig in das Dokument einfügen. Platzieren Sie den Cursor an die jeweilige Stelle, und klicken Sie auf **Zitat einfügen**. Im Menü wählen Sie die benötigte Quellenangabe aus.

Schritt 4

Um weitere Quellenangaben zu erstellen, klicken Sie erneut auf **Zitat einfügen ▸ Neue Quelle hinzufügen** (Schritt 1). Wenn Sie für die Angaben mehr Felder benötigen, aktivieren Sie die Option **Alle Literaturverzeichnisfelder anzeigen**.

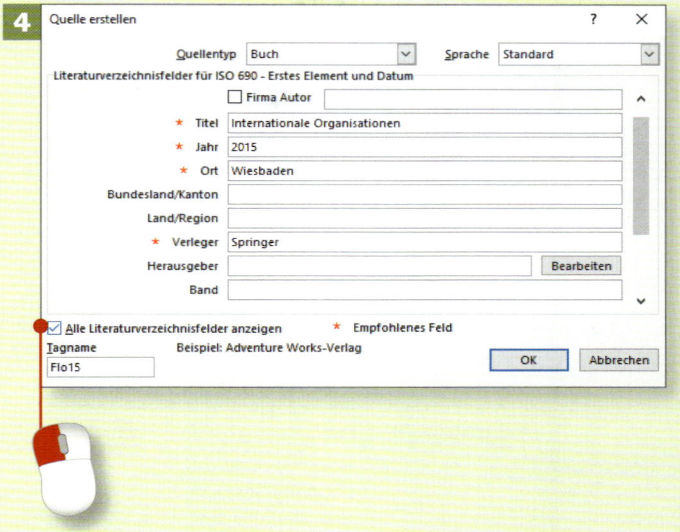

Schritt 5

Achten Sie auch auf das Feld **Quellentyp**. Im Menü dieses Feldes können Sie andere Quellen festlegen, sodass Sie die entsprechenden Felder für die Angaben erhalten, die Sie eingeben müssen.

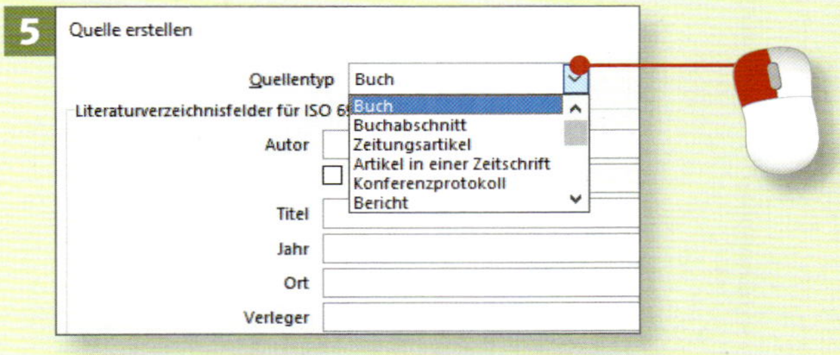

Schritt 6

Die Quellen lassen sich nachträglich bearbeiten. Markieren Sie die Quellenangabe im Text, und klicken Sie auf den Pfeil rechts am Feld. Aus dem Menü wählen Sie **Quelle bearbeiten**. Dies öffnet den Dialog **Quelle bearbeiten**, der im Prinzip dem Dialog **Quelle erstellen** entspricht. Nehmen Sie hier nun Ihre Änderungen/Ergänzungen vor.

Literaturverzeichnisse (Forts.)

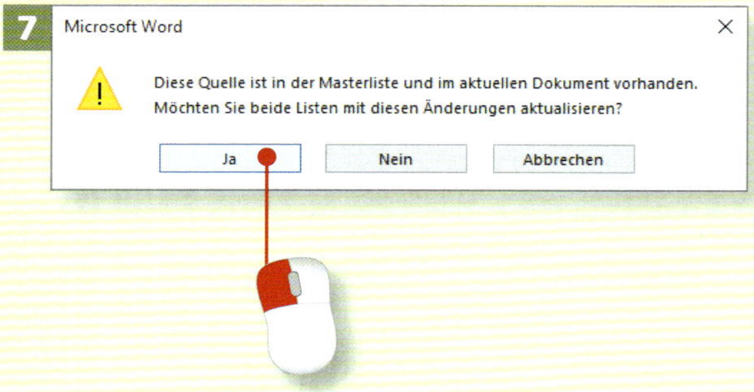

Schritt 7

Nachdem Sie auf **OK** geklickt haben, erhalten Sie einen Dialog mit der Nachfrage, ob Sie die Quelle in der Masterliste (der Liste, in der all Ihre Quellen gesammelt werden) und im aktuellen Dokument aktualisieren möchten. Klicken Sie auf **Ja**.

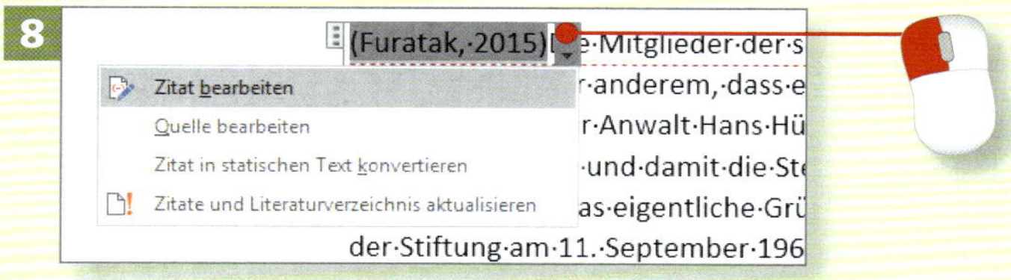

Schritt 8

Um zu bestimmen, wie die Quellenangabe im Dokument aussehen soll, und um der Angabe z. B. eine Seitenzahl hinzuzufügen, markieren Sie das Feld, klicken auf den Pfeil und wählen im Menü **Zitat bearbeiten**.

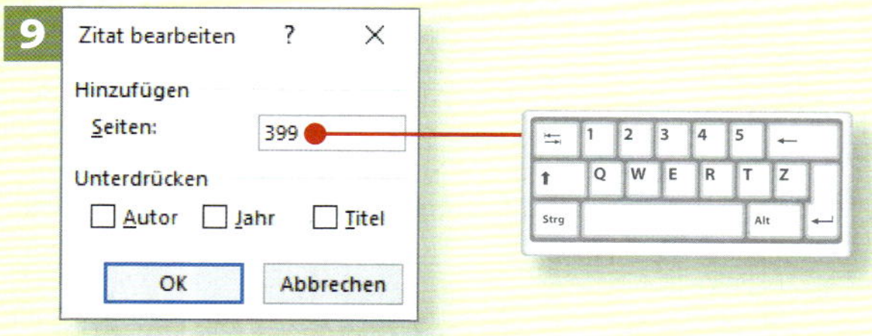

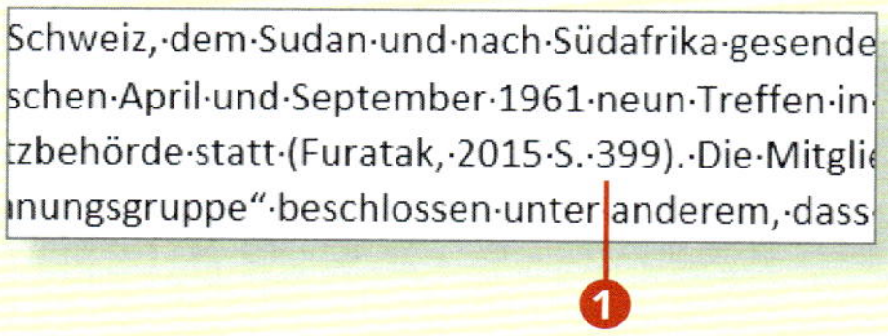

Schritt 9

Es öffnet sich ein kleiner Dialog, über den Sie einzelne Elemente hinzufügen oder unterdrücken können. Tragen Sie die Seitenzahl ein. Im Text sehen Sie dann, dass in der Quelle auch die Seitenzahl angezeigt wird ❶.

Zitierstile

Es gibt verschiedene Zitierstile. Gängig ist der Stil nach DIN ISO 690 oder – im internationalen Gebrauch – die Harvard-Variante. In Word ist das Format ISO 690 voreingestellt. Sie ändern es im Feld Formatvorlage in der Gruppe Zitate und Literaturverzeichnis.

Schritt 10

Die Quellen, die Sie in Ihrer Arbeit verwendet haben, gehören in das Literaturverzeichnis. Setzen Sie den Cursor in einen neuen Absatz am Ende Ihres Dokuments, und klicken Sie auf der Registerkarte **Referenzen** auf die Schaltfläche **Literaturverzeichnis**. Im Menü wählen Sie den Eintrag **Literaturverzeichnis**.

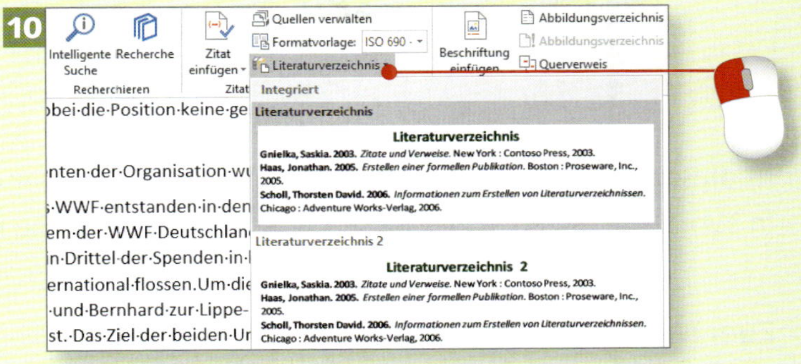

Schritt 11

Word erstellt das Verzeichnis anhand Ihrer Quellenangaben. Ähnlich wie beim Inhaltsverzeichnis (siehe dazu den Abschnitt »Ein Inhaltsverzeichnis erstellen« auf Seite 220) gibt es auch hier oberhalb des Verzeichnisses die Schaltfläche **Zitate und Literaturverzeichnis aktualisieren** ❷.

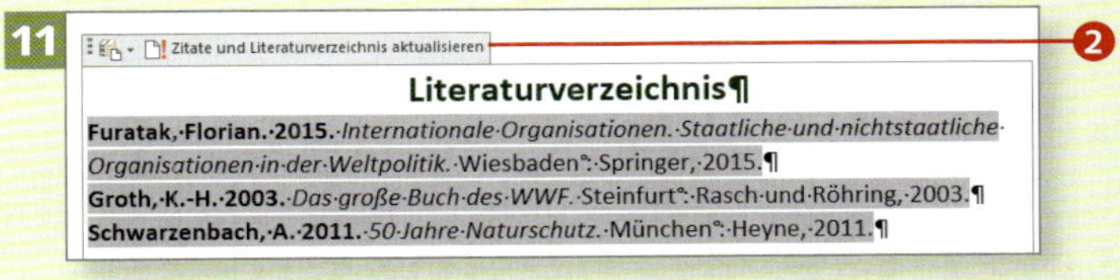

Schritt 12

Sie können die Quellen in neue Dokumente übertragen. Klicken Sie auf **Quellen verwalten**, um den Dialog **Quellen-Manager** zu öffnen. Öffnen Sie gegebenenfalls über **Durchsuchen** ❸ die Quellliste, und kopieren Sie die benötigten Quellenangaben dann vom linken Bereich in den Bereich **Aktuelle Liste**.

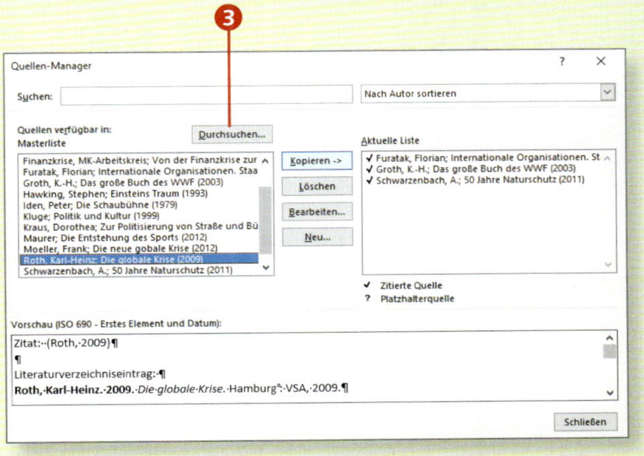

Kapitel 11
Die große Vorlagensammlung

In diesem Kapitel haben wir einige praktische Anwendungsfälle zusammengestellt, die Sie in Word umsetzen können. Sicherlich ist auch für Sie ein nützliches Beispiel dabei.

Zum Mitmachen
Alle Beispiele werden Schritt für Schritt vorgestellt, sodass Sie jeden Klick und jeden Arbeitsschritt nachvollziehen können. Dabei steht es Ihnen selbstverständlich frei, eigene Ideen umzusetzen und die Vorlage nach Ihrem Geschmack umzugestalten.

Auch zum Herunterladen
Unsere Vorlagen lassen sich als Grundlage verwenden und individuell anpassen. Die fertigen Dateien stehen auf unserer Website unter *www.rheinwerk-verlag.de/4755/* zum Download bereit, sodass Sie sofort loslegen können. Wenn Sie möchten, können Sie diese Beispiele aber natürlich auch von Grund auf selbst anfertigen.

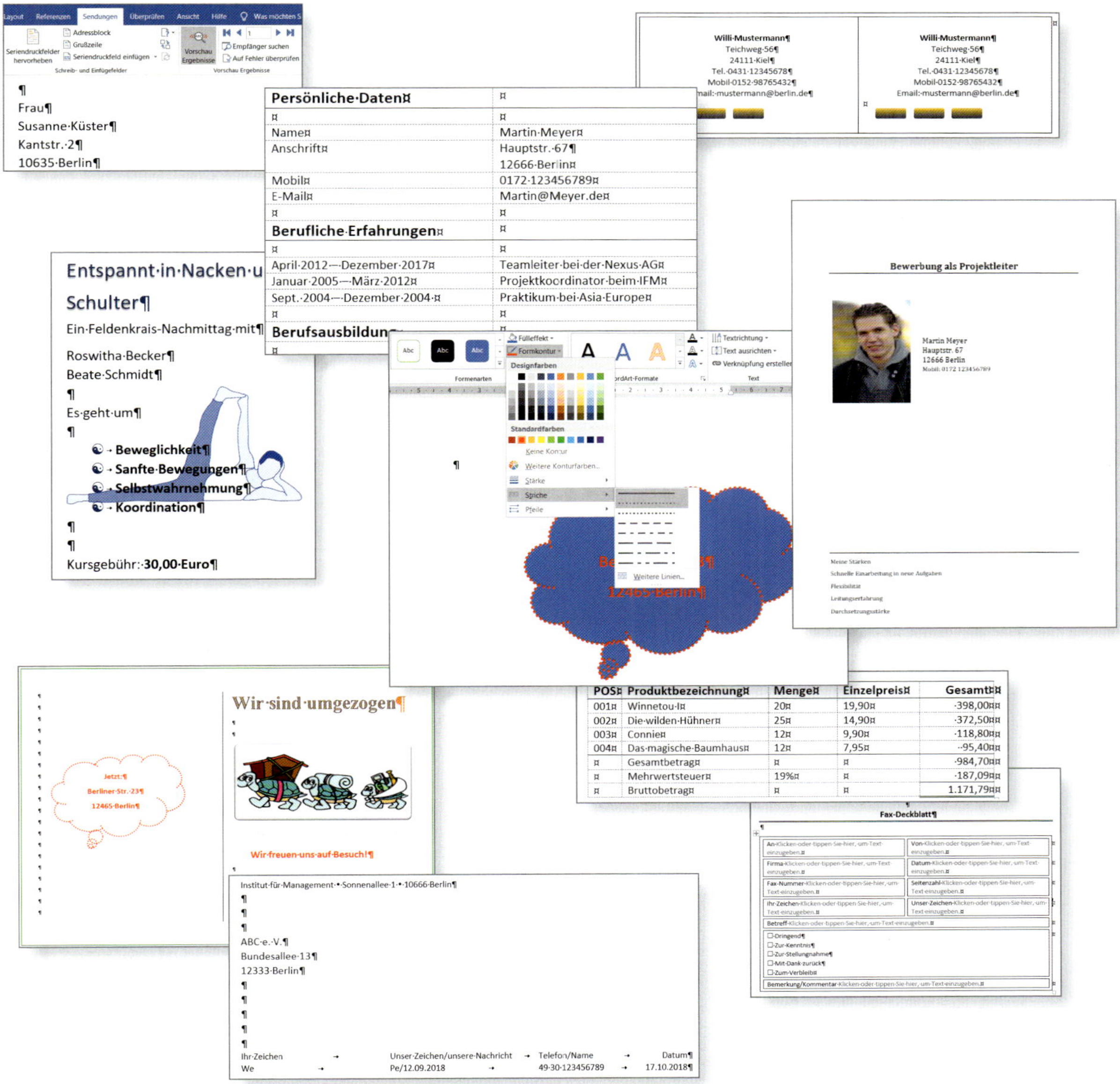
Persönliche·Daten
Name Martin·Meyer
Anschrift Hauptstr.·67 12666·Berlin
Mobil 0172·123456789
E-Mail Martin@Meyer.de
Berufliche·Erfahrungen
April·2012·—·Dezember·2017 Teamleiter·bei·der·Nexus·AG
Januar·2005·—·März·2012 Projektkoordinator·beim·IFM
Sept.·2004·—·Dezember·2004 Praktikum·bei·Asia·Europe
Berufsausbildung
Frau
Susanne·Küster
Kantstr.·2
10635·Berlin
Willi·Mustermann
Teichweg·56
24111·Kiel
Tel.·0431·12345678
Mobil·0152·98765432
Email:·mustermann@berlin.de
Entspannt·in·Nacken·u
Schulter
Ein·Feldenkrais-Nachmittag·mit
Roswitha·Becker
Beate·Schmidt
Es·geht·um
Beweglichkeit
Sanfte·Bewegungen
Selbstwahrnehmung
Koordination
Kursgebühr:·30,00·Euro
Bewerbung als Projektleiter
Martin Meyer
Hauptstr. 67
12666 Berlin
Wir·sind·umgezogen
Jetzt:
Berliner·Str.·23
12465·Berlin
Wir·freuen·uns·auf·Besuch!
POS Produktbezeichnung Menge Einzelpreis Gesamt
001 Winnetou·I 20 19,90 398,00
002 Die·wilden·Hühner 25 14,90 372,50
003 Connie 12 9,90 118,80
004 Das·magische·Baumhaus 12 7,95 95,40
Gesamtbetrag 984,70
Mehrwertsteuer 19% 187,09
Bruttobetrag 1.171,79
Fax-Deckblatt
Institut·für·Management·•·Sonnenallee·1·•·10666·Berlin
ABC·e.·V.
Bundesallee·13
12333·Berlin
Ihr·Zeichen Unser·Zeichen/unsere·Nachricht Telefon/Name Datum
We Pe/12.09.2018 49-30-123456789 17.10.2018

Serienbrief

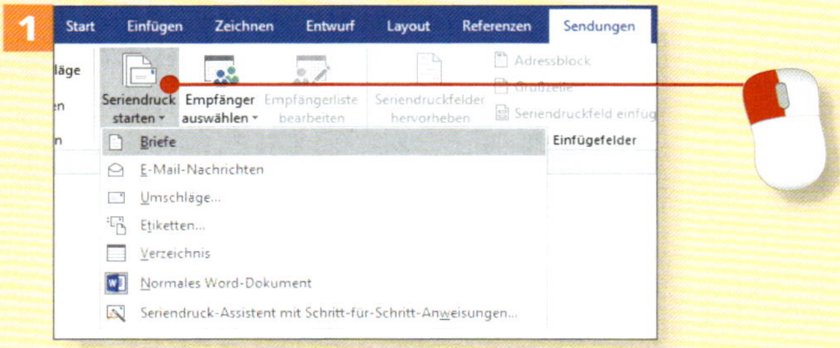

Wenn Sie den gleichen Brief an viele Empfänger schicken wollen, verwenden Sie die Seriendruckfunktion. Die variablen Elemente wie Namen und Adressen werden aus einer Datenquelle gezogen und mit dem Dokument verbunden.

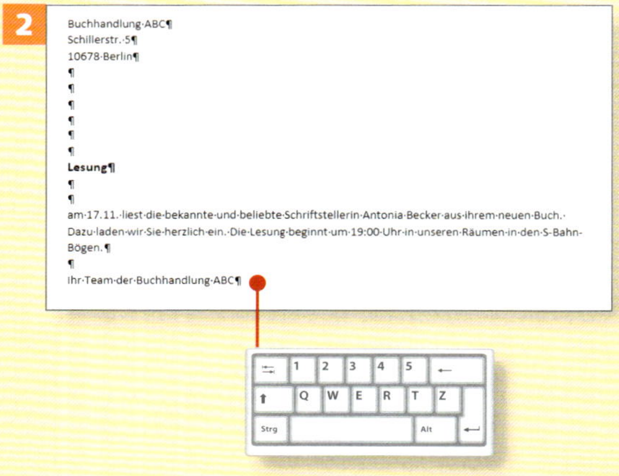

Schritt 1

Sie beginnen ein Dokument, das ein Serienbrief werden soll, auf der Registerkarte **Sendungen**. Klicken Sie auf **Seriendruck starten ▸ Briefe**.

Schritt 2

In das leere Dokument schreiben Sie den Text für den Serienbrief, allerdings nur den, der für alle Empfänger gilt, also keine variablen Elemente wie Namen oder Adressen. Speichern Sie das Dokument unter einem aussagekräftigen Namen.

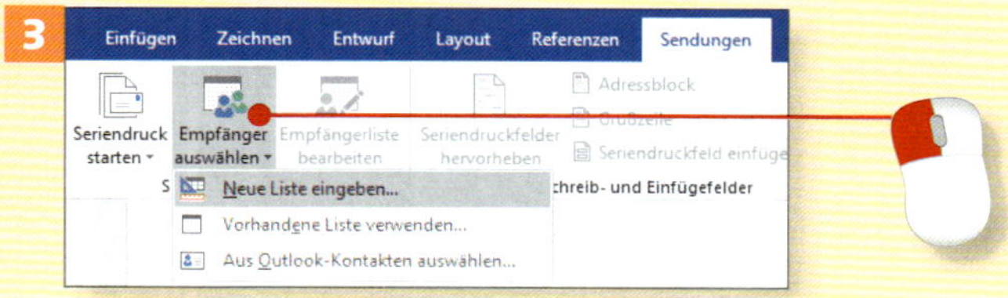

Schritt 3

Als Nächstes klicken Sie auf **Empfänger auswählen**. Im Menü wählen Sie **Neue Liste eingeben**, da Sie noch nicht auf eine vorhandene Datenquelle zurückgreifen können.

Vorhandene Datenquelle
Gibt es bereits eine Empfängerliste, wählen Sie in Schritt 3 die Option **Vorhandene Liste verwenden**. Im Dialog **Datenquelle auswählen** öffnen Sie dann die gewünschte Datei mit den Daten.

Schritt 4

Im Dialog **Neue Adressliste** geben Sie nun die Daten des ersten Datensatzes (die Informationen für den ersten Adressaten des Briefes) in die dafür vorgesehenen Felder ein. Sie müssen nicht alle Felder füllen. Die Anrede tragen Sie in das Feld **Anrede** ein, den Straßennamen am besten in das Feld **Adresszeile 1**.

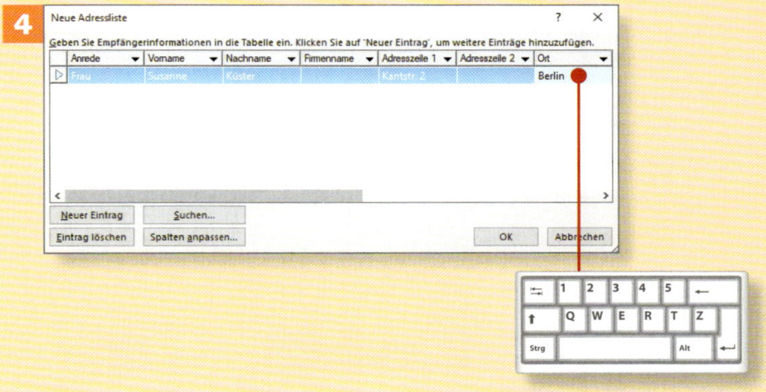

Schritt 5

Um den nächsten Datensatz einzugeben, klicken Sie auf **Neuer Eintrag**. Achten Sie darauf, dass Sie die gleichen Felder nutzen, also den Straßennamen wieder in das Feld **Adresszeile 1** eingeben. Erst wenn Sie alle Datensätze eingegeben haben, klicken Sie auf **OK**.

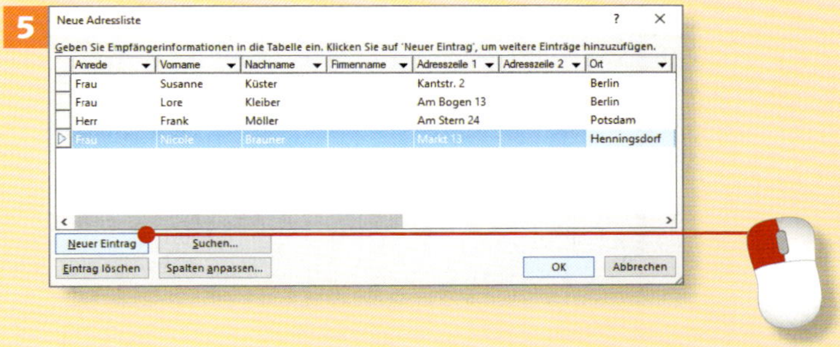

Schritt 6

Daraufhin wird der Dialog **Adressliste speichern** geöffnet, und zwar automatisch mit dem Ordner **Meine Datenquellen** ❶. Geben Sie der Adressliste einen Namen ❷, und klicken Sie auf **Speichern**.

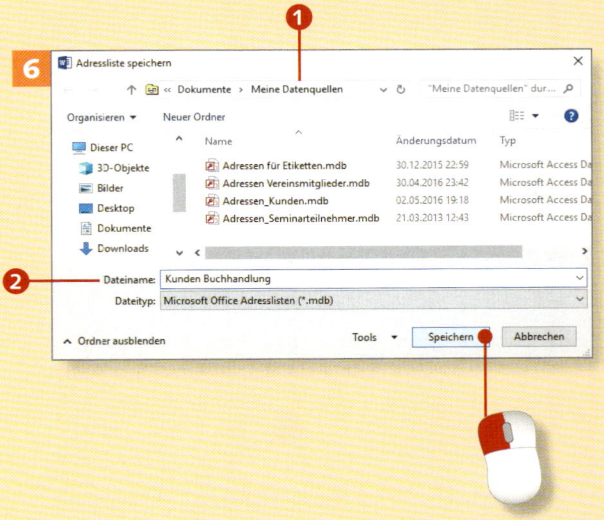

Serienbrief (Forts.)

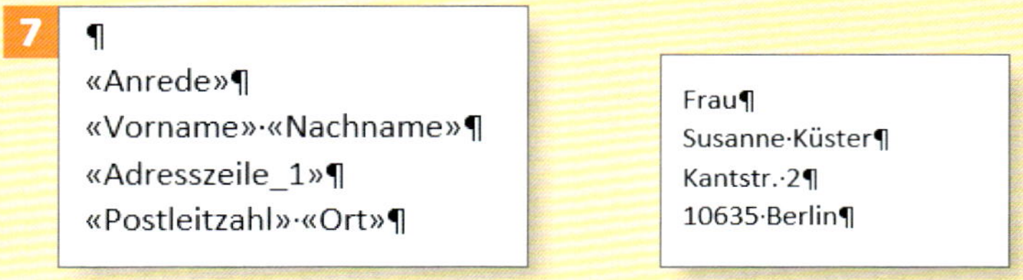

Schritt 7

Nun können Sie das Dokument um die Felder der Empfängerliste ergänzen. Diese dienen als Platzhalter und werden später durch die entsprechenden konkreten Daten ersetzt.

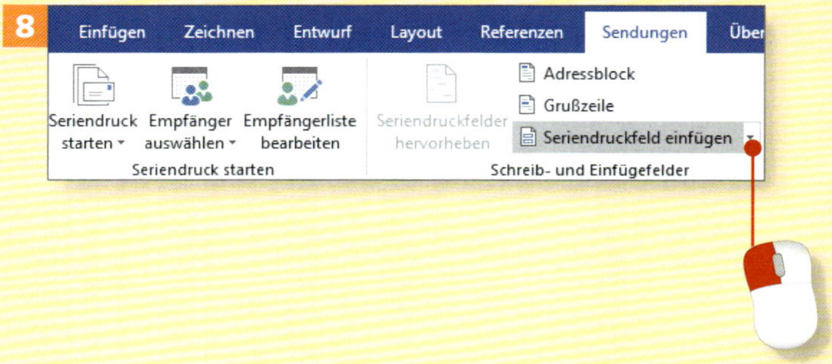

Schritt 8

Platzieren Sie den Cursor oben links in der Zeile des Dokuments, an der das Adressfeld beginnen soll. Die Felder der Empfängerliste nennt man *Seriendruckfelder*. Klicken Sie auf den Pfeil an der Schaltfläche **Seriendruckfeld einfügen**.

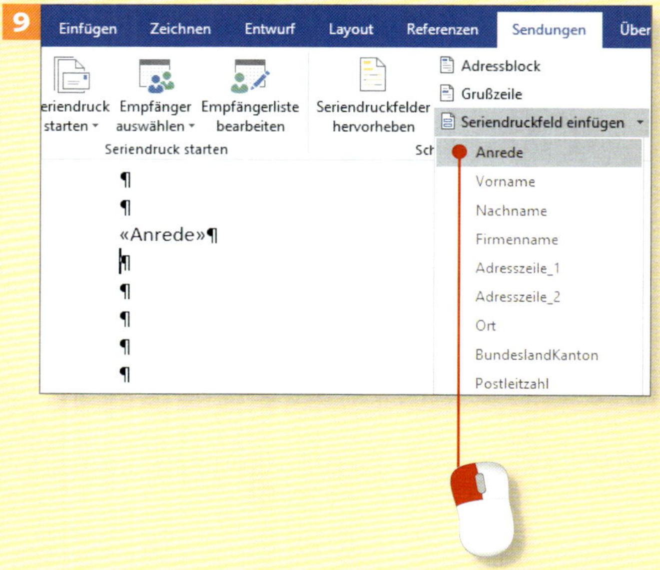

Schritt 9

Sie sehen die Liste der Felder, die Sie beim Erstellen der Empfängerliste ausgefüllt haben. Klicken Sie auf **Anrede**, um das Feld für die Anrede einzufügen. Im Text erscheint nun das Seriendruckfeld «**Anrede**».

Einfügen der Seriendruckfelder

Sie können alle Felder nacheinander einfügen und sie nachträglich durch Leerzeichen bzw. Absätze trennen, oder Sie drücken jeweils nach dem Einfügen eines Feldes ↵, klicken erneut auf **Seriendruckfeld einfügen** und wählen das nächste Feld aus.

Schritt 10

Bauen Sie so nach und nach das Adressfeld auf. Fügen Sie nur die Felder ein, in die Sie beim Erstellen der Empfängerliste Daten eingegeben haben, also **Anrede**, **Vorname**, **Nachname**, **Adresszeile 1** (für die Straße) etc.

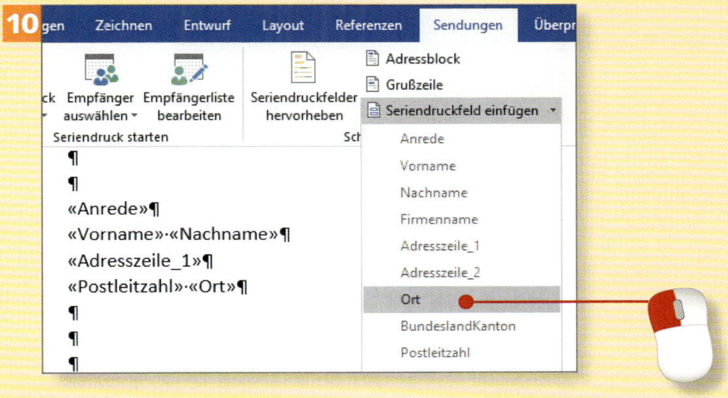

Schritt 11

Um einen ersten Eindruck vom Serienbrief zu erhalten, können Sie die eingegebenen Adressdaten anstelle der Seriendruckfelder einblenden. Klicken Sie dazu auf **Vorschau Ergebnisse**. Mit den danebenliegenden Schaltflächen (1) können Sie durch die Datensätze navigieren.

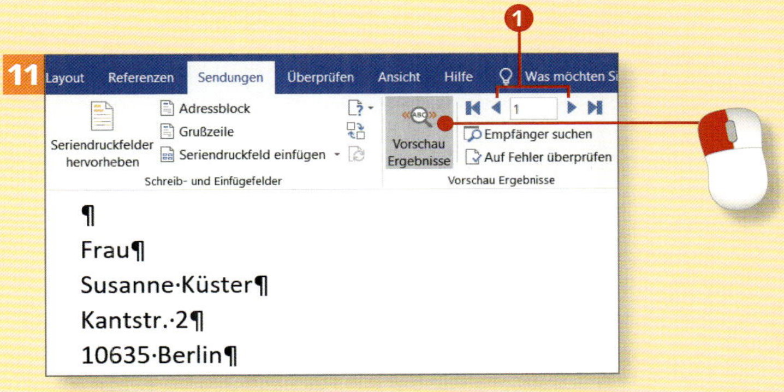

Schritt 12

Wenn Sie alle Seriendruckfelder eingefügt haben, ist das Adressfeld für den Serienbrief vorbereitet.

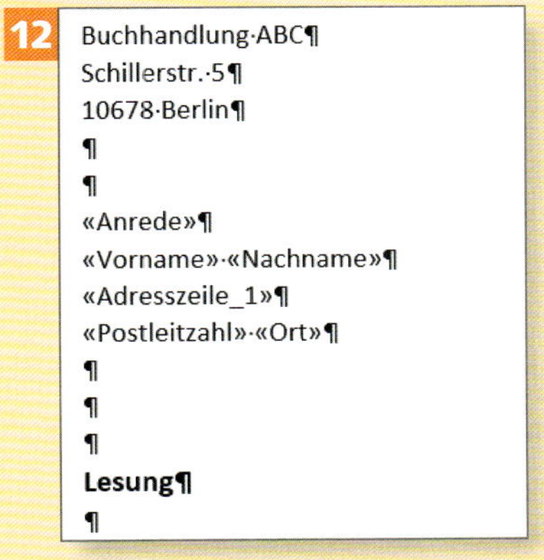

Empfängerliste bearbeiten

Um die Empfängerliste zu bearbeiten, klicken Sie auf der Registerkarte **Sendungen** auf die Schaltfläche **Empfängerliste bearbeiten**.

Serienbrief (Forts.)

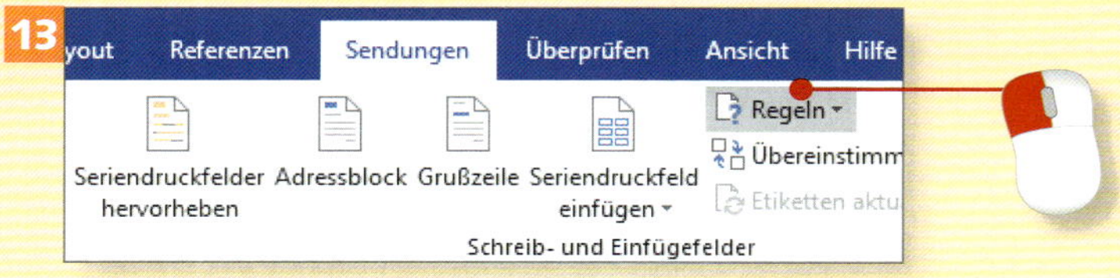

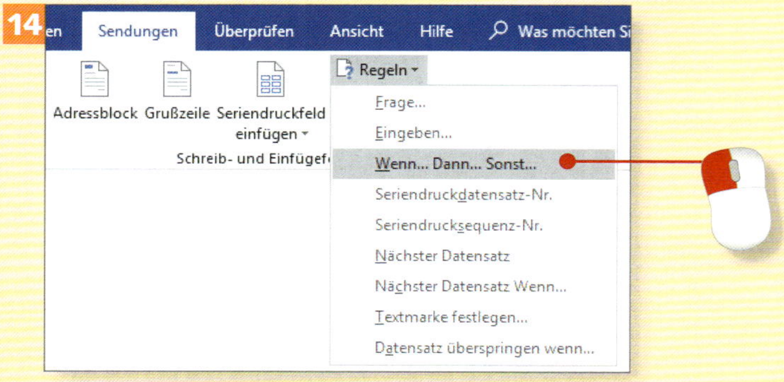

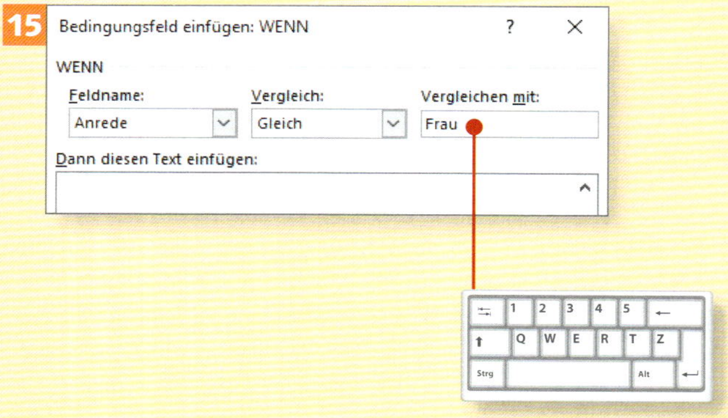

Schritt 13

Jetzt geht es um die Anredezeile, die ebenfalls individuell sein soll. Zwar bietet Word eine Grußzeile, die man einfach einfügen könnte, aber wir möchten Ihnen in diesem Zusammenhang die Verwendung einer Regel vorstellen, die auch für andere individuelle Textzeilen eingesetzt werden kann. Setzen Sie den Cursor mit einer Freizeile über den Text, und klicken Sie auf **Regeln**.

Schritt 14

Für das Zusammenstellen einer individuellen Anrede bietet sich die Regel **Wenn… Dann… Sonst…** an. Klicken Sie im Menü also auf diese Option.

Schritt 15

Im Dialog **Bedingungsfeld einfügen: WENN** definieren Sie die Bedingung. Belassen Sie es im Feld **Feldname** bei **Anrede**. Im Feld **Vergleich** wählen Sie den Vergleichsoperator **Gleich**, und im Feld **Vergleichen mit** tragen Sie »Frau« ein.

!

»Herr« oder »Frau« als »Anrede«

Die hier verwendete Bedingung funktioniert natürlich nur, wenn Sie im Feld **Anrede** der Empfängerliste nur die Anreden »Herr« und »Frau« eingegeben haben.

Schritt 16

Die Bedingung lautet im Klartext: Wenn im Feld **Anrede** das Wort »Frau« zu finden ist, soll die Anrede einen bestimmten Text haben. Wie die Anrede genau lautet, geben Sie im Feld **Dann diesen Text einfügen** an. Tragen Sie hier also z. B. »Sehr geehrte Frau« ein.

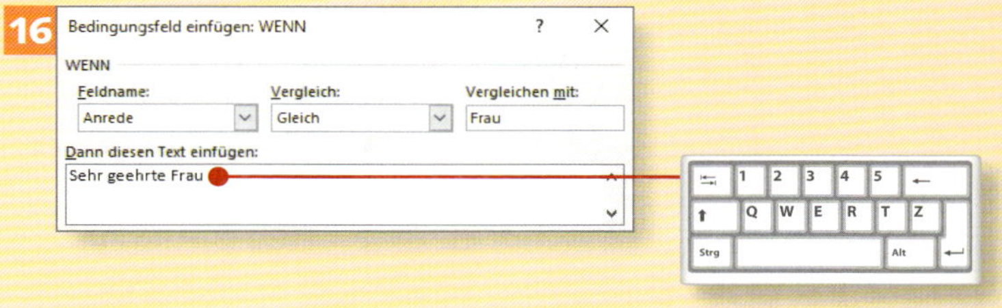

Schritt 17

In den Bereich **Sonst diesen Text einfügen** schreiben Sie die Anrede, die auftauchen soll, wenn die Bedingung *Anrede = Frau* nicht erfüllt ist, also »Sehr geehrter Herr«. Klicken Sie dann auf **OK**. Der Text des Feldes wird im Dokument angezeigt. Um das Bedingungsfeld zu sehen, setzen Sie den Cursor in das Feld, klicken es mit rechts an und wählen **Feldfunktionen ein/aus** ❶.

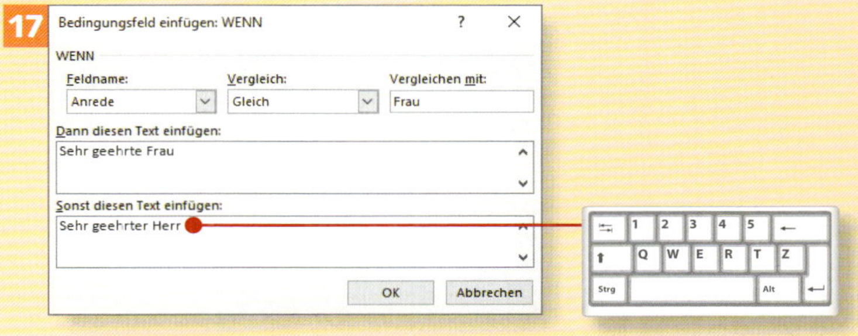

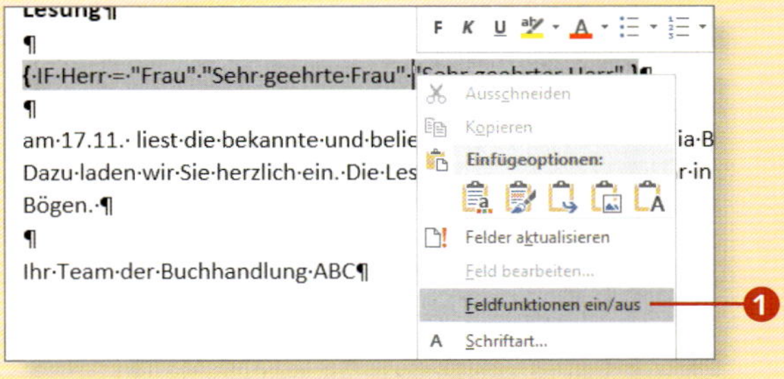

Schritt 18

Da in der Anredezeile erneut der Name des Empfängers auftauchen soll, brauchen Sie nach dem bisherigen Text für die Anrede nochmals das Seriendruckfeld **Nachname**. Klicken Sie also auf **Seriendruckfeld einfügen ▸ Nachname**. Setzen Sie dann hier auch gleich das benötigte Komma.

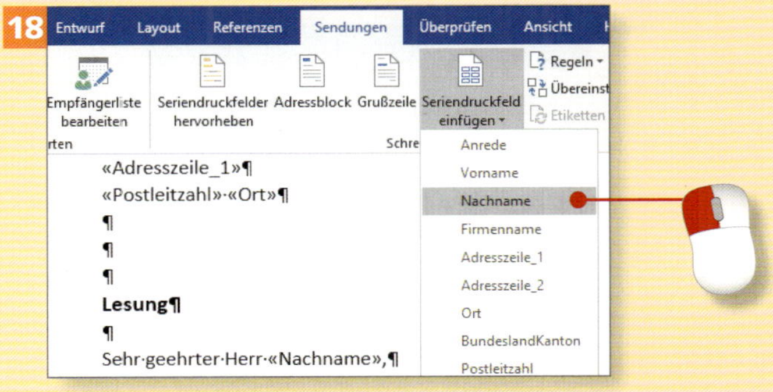

Serienbrief (Forts.)

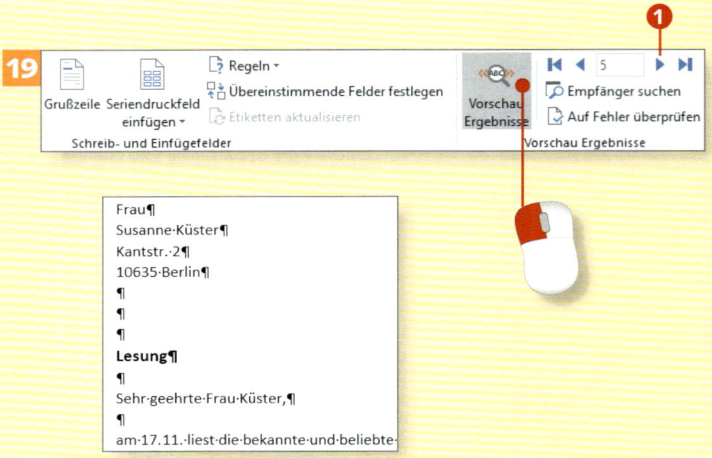

Schritt 19

Das Dokument ist nun für den Seriendruck vorbereitet. Um zu prüfen, ob die Serienbriefe nach der Verbindung mit der Datenquelle korrekt aussehen werden, lassen Sie sich diese in der Vorschau anzeigen (**Vorschau Ergebnisse**). In der Vorschau werden die »fertigen« Briefe angezeigt. Mit der Schaltfläche **Nächster Datensatz** ❶ wandern Sie durch die Briefe.

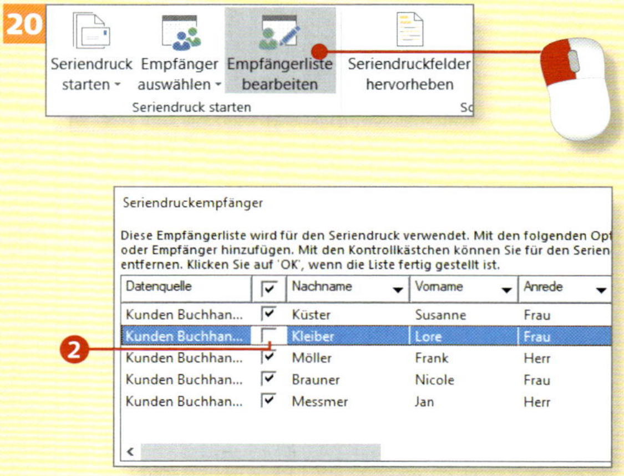

Schritt 20

Möchten Sie einzelne Empfänger kurzfristig aus der Adressliste streichen, klicken Sie auf **Empfängerliste bearbeiten**, und entfernen Sie im zugehörigen Dialog das Häkchen vor dem entsprechenden Namen ❷.

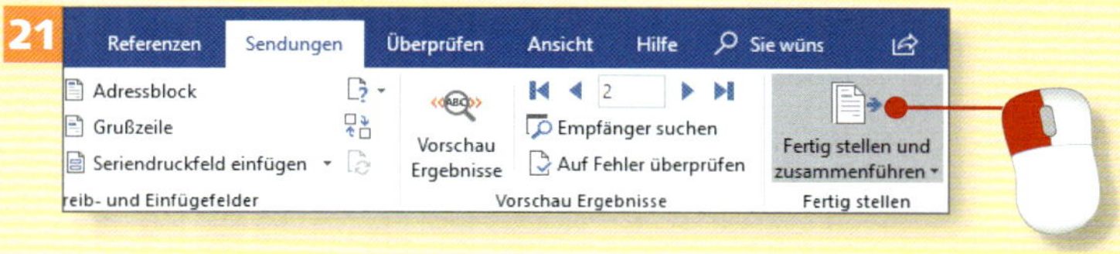

Schritt 21

Wenn in der Vorschau alles nach Wunsch aussieht, können Sie den Seriendruck nun abschließen und die Datenquelle mit dem Dokument verbinden. Klicken Sie auf den Pfeil an der Schaltfläche **Fertig stellen und zusammenführen**.

Schritt 22

Das Menü bietet drei Optionen. Wenn Sie keine weiteren Korrekturen vornehmen möchten, können Sie die Serienbriefe direkt an den Drucker schicken. Wählen Sie dazu **Dokumente drucken** und im Dialog **Alle** ❸, und klicken Sie dann auf **OK**. Anschließend öffnet sich der Drucken-Dialog.

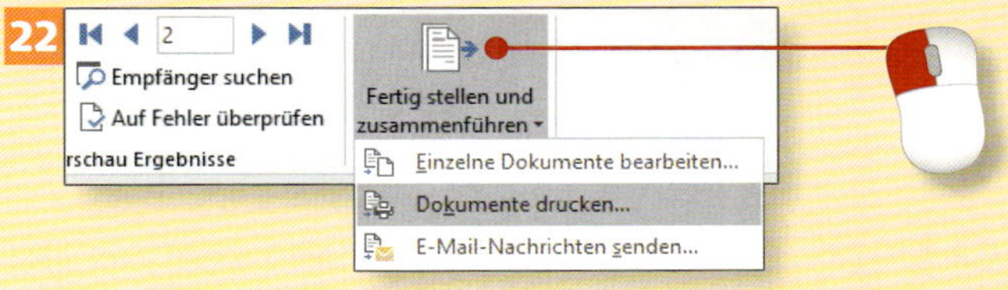

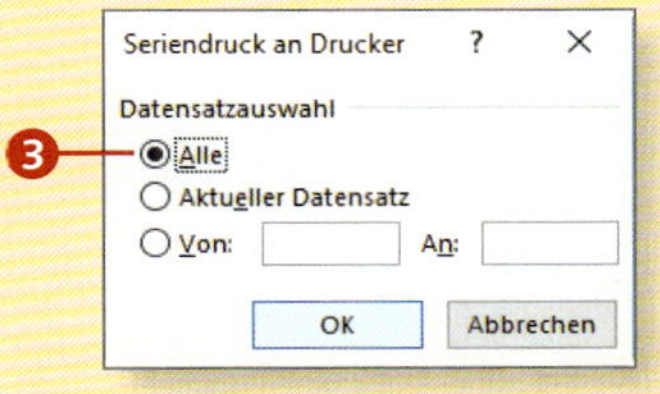

Schritt 23

Sollen die Briefe nochmals am Bildschirm angezeigt werden, klicken Sie auf **Einzelne Dokumente bearbeiten**, dann auf **Alle** und anschließend auf **OK**. Nun wird jeder Brief in einem eigenen Abschnitt präsentiert. Sie können hier einzelne Briefe korrigieren, bevor Sie sie zum Drucker schicken.

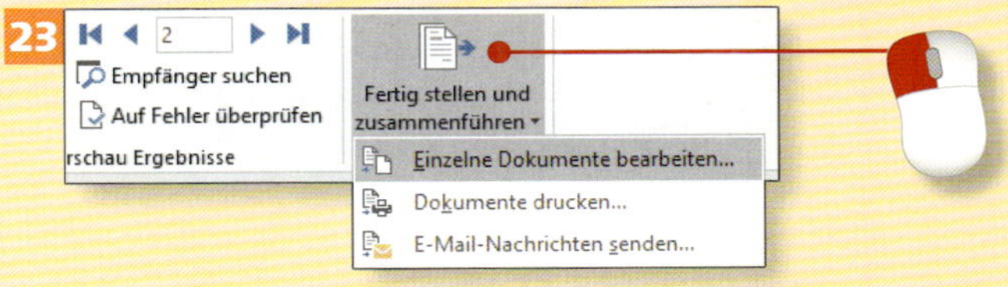

Schritt 24

Grundsätzliche Veränderungen am Text müssen Sie stets im Hauptdokument vornehmen ❹. Danach stellen Sie die Verbindung erneut her, klicken also nochmals auf **Fertig stellen und zusammenführen** und auf eine der Optionen.

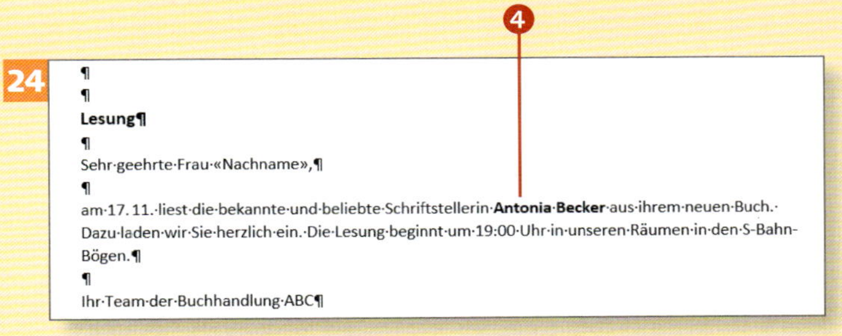

Geschäftsbrief

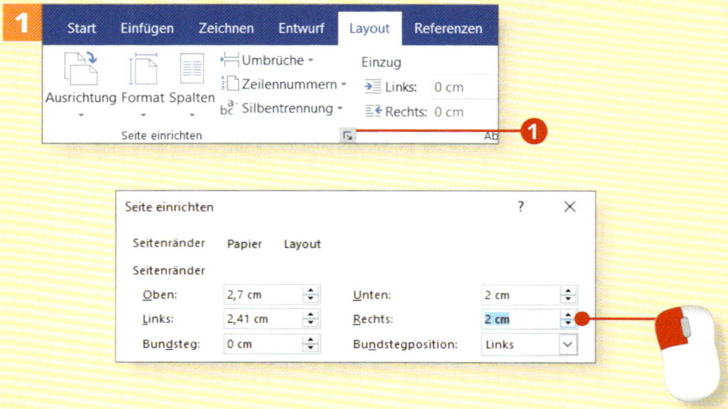

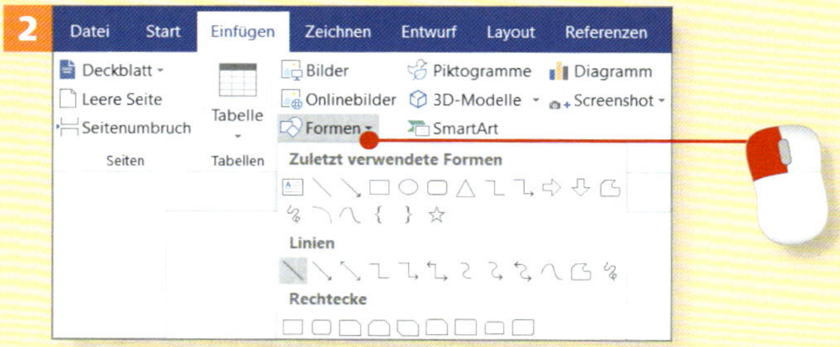

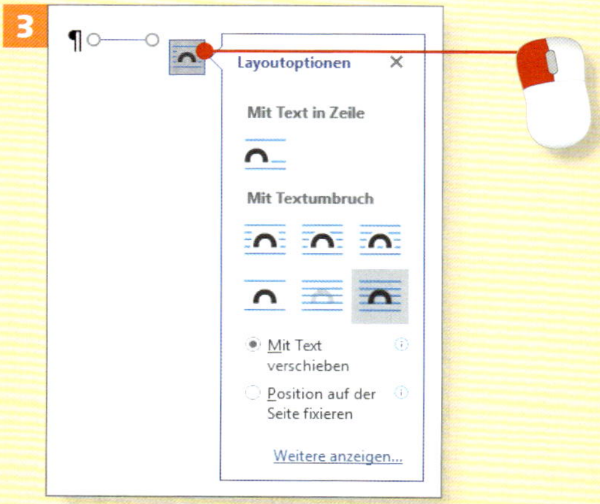

Damit Geschäftsbriefe professionell wirken und Sie sie problemlos in Fensterbriefhüllen verschicken können, orientieren Sie sich bei der Gestaltung an den Empfehlungen der DIN 676 (Form A oder B; hier A).

Schritt 1

Stellen Sie zuerst die Seitenränder ein. Klicken Sie auf der Registerkarte **Layout** auf den Pfeil an der Gruppe **Seite einrichten** ❶. Stellen Sie die Seitenränder ein: Für den oberen Rand 2,7 cm und als linken Rand 2,41 cm, rechts und unten 2 cm. Klicken Sie dann auf **OK**.

Schritt 2

Zum Brief gehören zwei Falzmarken. Diese sollen diskret am linken Rand erscheinen. Dazu nutzen Sie einfach eine kleine Linie. Aktivieren Sie die Registerkarte **Einfügen**, und klicken Sie auf **Formen**. Im zugehörigen Menü wählen Sie **Linie**.

Schritt 3

Ziehen Sie mit gedrückter Maus- und Strg-Taste eine kurze horizontale Linie auf das Blatt. Klicken Sie danach auf die Schaltfläche **Layoutoptionen** rechts an der Linie und im Menü unten auf **Weitere anzeigen**.

Schritt 4

Im Dialog **Layout** geben Sie auf der Registerkarte **Position** unter **Horizontal** im Feld **Absolute Position** »0,1« ein, im Feld **rechts von** wählen Sie **Seite** 2. Unter **Vertikal** geben Sie bei **Absolute Position** »8,7« ein und wählen im Feld **unterhalb** die Option **Seite** 3. Aktivieren Sie die Option **Verankern**, und bestätigen Sie alles mit **OK**.

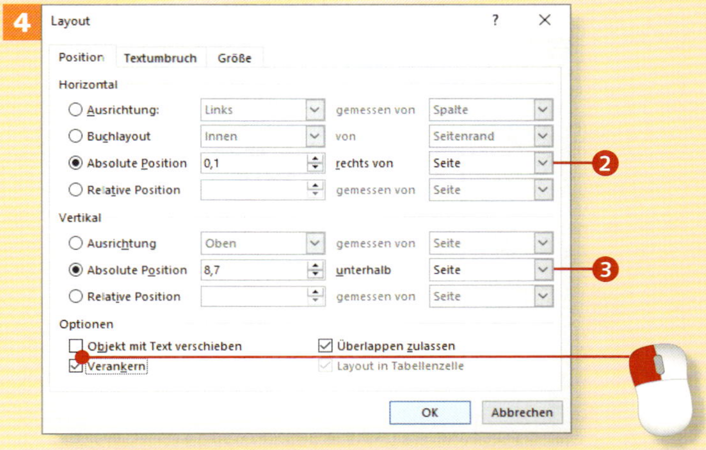

Schritt 5

Kopieren Sie die Linie, und fügen Sie sie erneut ein. Öffnen Sie für die neue Linie erneut den Dialog **Layout** mit der Registerkarte **Position**. Geben Sie jetzt aber unter **Vertikal** im Feld **Absolute Position** »19,2« ein (alles andere machen Sie wie bei der ersten Falzmarke).

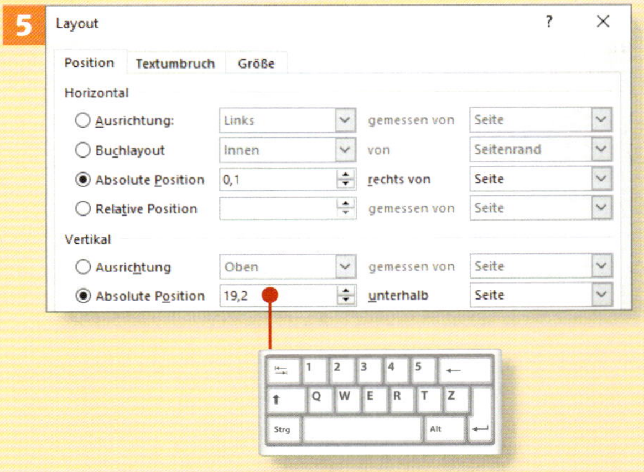

Schritt 6

Die Vorlage soll auch eine *Bezugszeichenzeile* erhalten (»Ihr Zeichen« etc.). Die Leitwörter für diese Zeile sollen 8,4 cm entfernt vom Blattrand stehen. Den oberen Seitenrand berücksichtigend, beginnen Sie, die Leitwörter bei ca. 5,7 cm des vertikalen Lineals zu schreiben. Als Schriftgrad stellen Sie 9 Pt. ein.

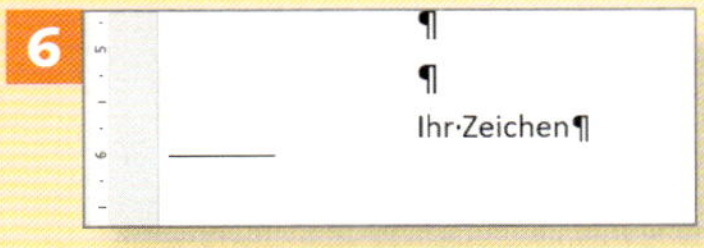

Lochmarke

Sie könnten zusätzlich noch eine Lochmarke am linken Rand in der Mitte des Briefbogens einfügen, also bei 14,85 cm.

Geschäftsbrief (Forts.)

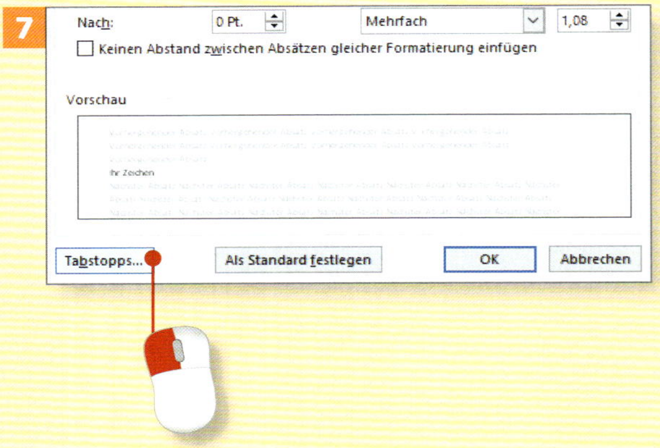

Schritt 7

Das erste Leitwort »Ihr Zeichen« steht linksbündig. Nun arbeiten Sie mit Tabstopps. Bei präzisen Tabstopppositionen können Sie nicht einfach in das Lineal klicken. Klicken Sie also im Dialog **Absatz** (siehe u.a. Seite 96) unten auf die Schaltfläche **Tabstopps**.

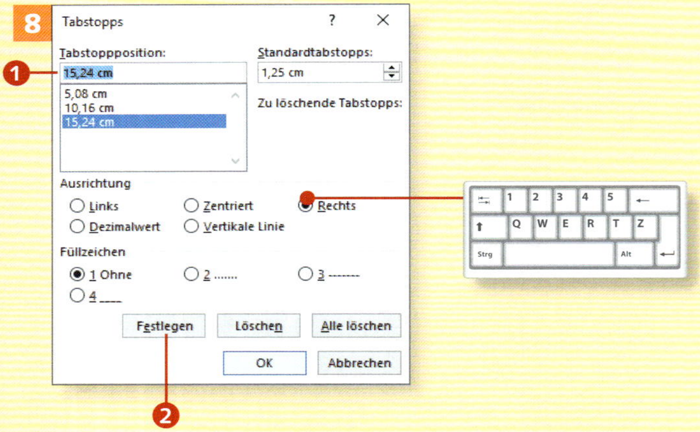

Schritt 8

Tippen Sie »5,08 cm« in das Feld **Tabstoppposition** 1, und klicken Sie auf **Festlegen** 2 (Vorsicht, nicht auf **OK**!). Verfahren Sie für die nächsten Tabstopps ebenso: Legen Sie »10,16 cm« (für das Leitwort »Telefon, Name«) fest und dann »15,24 cm« für »Datum«. Aktivieren Sie für diesen Tabstopp die Ausrichtung **Rechts**. Klicken Sie dann auf **OK**.

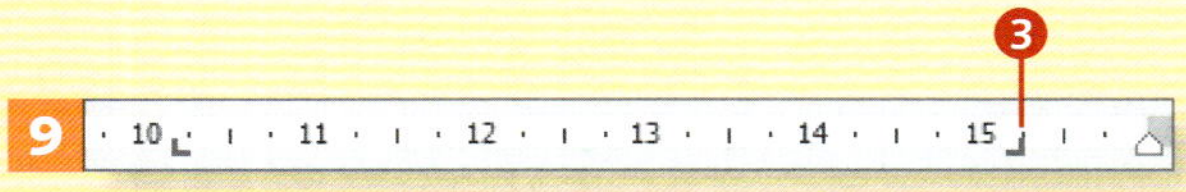

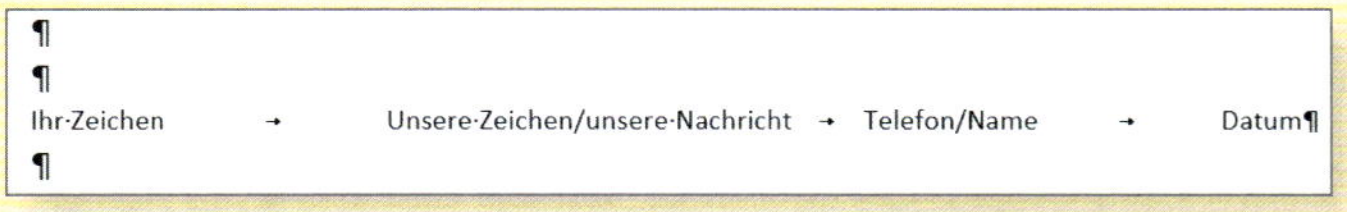

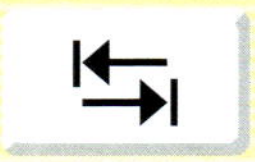

Schritt 9

Im Lineal sehen Sie die Tabstopps (kleine Winkel 3). Drücken Sie jeweils die [Tab]-Taste, um zu den Tabstopps zu hüpfen, und schreiben Sie »Unser Zeichen/unsere Nachricht«, am nächsten Tabstopp »Telefon, Name« und dann »Datum«. Drücken Sie am Ende der Zeile [Enter], um die Tabstopps in die nächste Zeile zu übernehmen.

Schritt 10

Geschäftsbriefe haben meist auch einen Brieffuß. Hier werden Daten zum Unternehmen wie Geschäftsräume, Handelsregistereintrag oder Bankverbindung(en) genannt. Klicken Sie auf der Registerkarte **Einfügen** auf **Fußzeile**, und wählen Sie **Leer** oder **Leer (Drei Spalten)**. Geben Sie die Angaben dann am besten wieder mit Tabstopps ein.

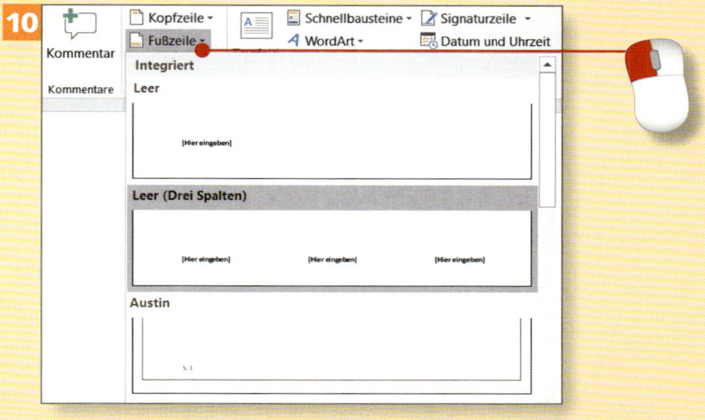

Schritt 11

Für den Briefkopf nutzen Sie eine Kopfzeile. Wenn der Cursor sich noch in der Fußzeile befindet, können Sie einfach auf **Zu Kopfzeile wechseln** klicken (ansonsten klicken Sie auf der Registerkarte **Einfügen** auf **Kopfzeile** 4 und wählen als Layout **Leer**).

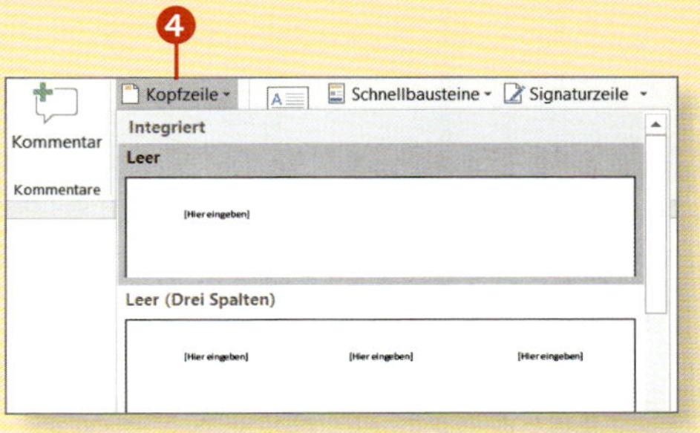

Schritt 12

In den Kopfzeilenbereich schreiben Sie nun Ihren Firmennamen und die weiteren Angaben, die dort stehen sollen. Zum Formatieren nutzen Sie die bekannten Befehle. Sollen die Firmenangaben rechts auf der Seite stehen (aber nicht rechtsbündig), setzen Sie bei ca. 12 oder 13 cm (je nach Länge des Firmennamens) einen linksbündigen Tabstopp.

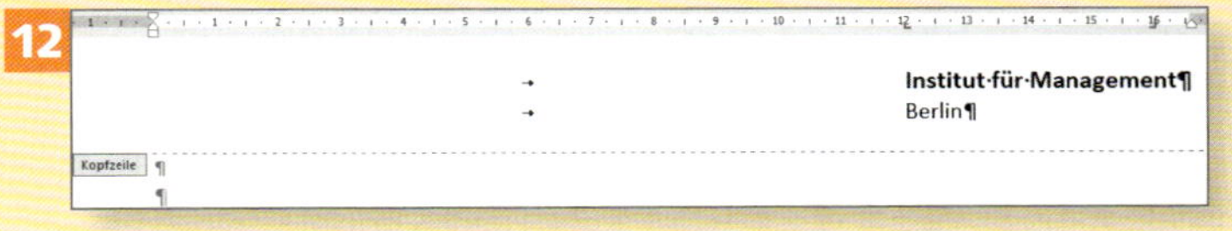

Geschäftsbrief (Forts.)

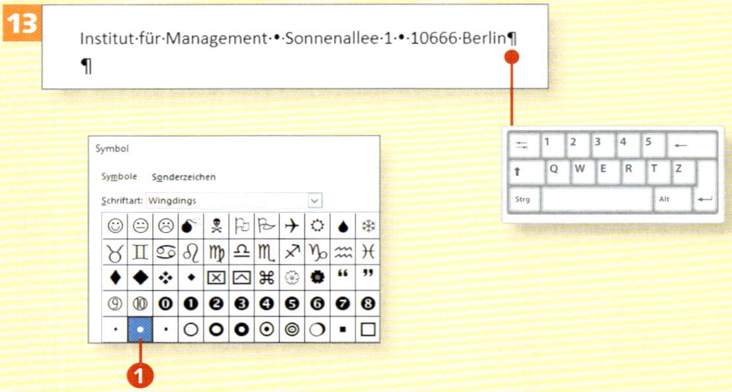

Schritt 13

Geben Sie nun die Adresszeile (Anschrift des Absenders) ein, die oberhalb des Adressfeldes erscheint. Damit der Text nicht zu lang wird, sollte er mit einer kleineren Schriftgröße formatiert werden, z. B. 8 Pt. Die Punkte zum Trennen finden Sie unter **Einfügen ▸ Symbol ▸ Weitere Symbole** ❶.

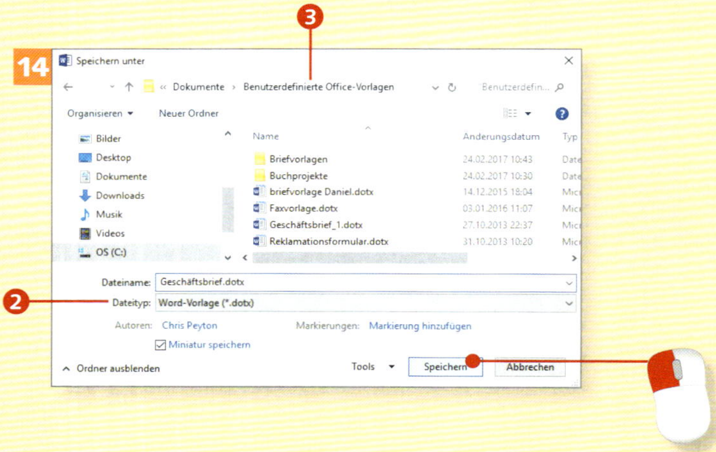

Schritt 14

Die Briefvorlage enthält jetzt die nicht variablen Elemente. Speichern Sie sie als Dokumentvorlage. Wählen Sie dazu **Datei ▸ Speichern unter ▸ Dieser PC ▸ Durchsuchen**. Im Dialog **Speichern unter** stellen Sie **Word-Vorlage** als **Dateityp** ❷ ein. Vergeben Sie einen passenden Namen, und klicken Sie auf **Speichern**. Die Vorlage wird automatisch im Ordner **Benutzerdefinierte Office-Vorlagen** ❸ abgelegt.

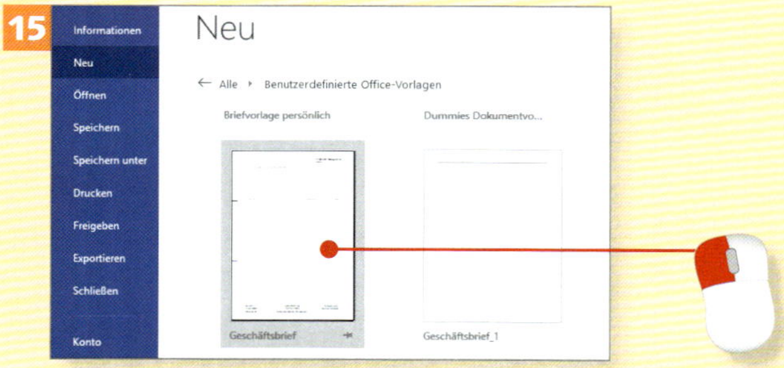

Schritt 15

Um die Vorlage anzuwenden, klicken Sie auf **Datei ▸ Neu ▸ Benutzerdefiniert**. Im nächsten Fenster klicken Sie auf **Benutzerdefinierte Office-Vorlagen** und dann auf die von Ihnen angelegte Vorlage für den Geschäftsbrief.

Schritt 16

Für das Adressfeld sind neun Zeilen vorgesehen. Schreiben Sie den Firmennamen in die vierte Zeile und darunter ohne Leerzeilen die weiteren Angaben. Schreiben Sie die Angaben für die Bezugszeichenzeile in die Zeile unter den Leitwörtern. Nutzen Sie die ↹-Taste, um zu den Tabstopps zu springen.

16

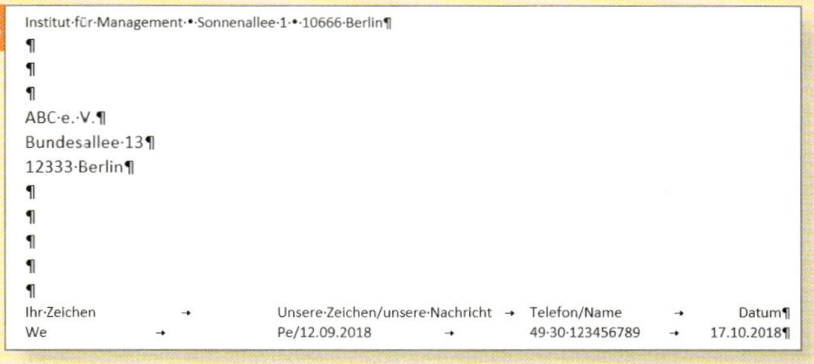

Schritt 17

Erzeugen Sie zwei Leerzeilen, um den Betreff einzugeben, und danach zwei weitere Leerzeilen. Geben Sie dann die Anrede ein. Ergänzen Sie ein Komma, drücken Sie zweimal ↵, und schreiben Sie den Brieftext (beginnend mit einem Kleinbuchstaben, es sei denn, es folgt z. B. ein Anredepronomen).

17

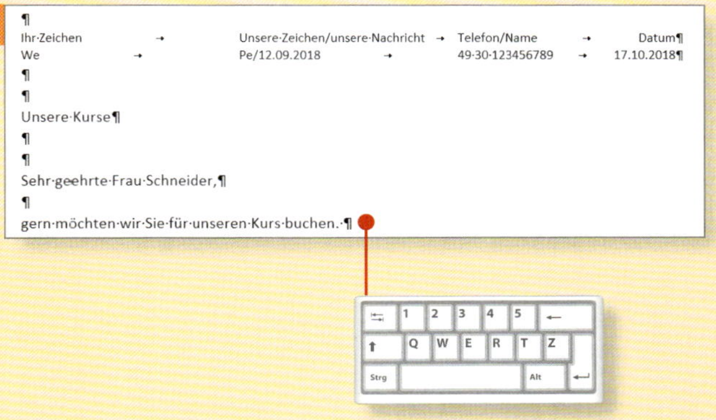

Schritt 18

Am Ende des Textes folgt wieder eine Leerzeile, und dann schreiben Sie die Grußformel, die auf der gleichen Höhe steht wie der Text. Nach der Grußformel bleiben drei Leerzeilen für die Unterschrift und den Firmenstempel frei. Zuletzt folgt der Name des Unterzeichnenden. Denken Sie daran, den Brief als neues Dokument zu speichern.

18

Visitenkarten

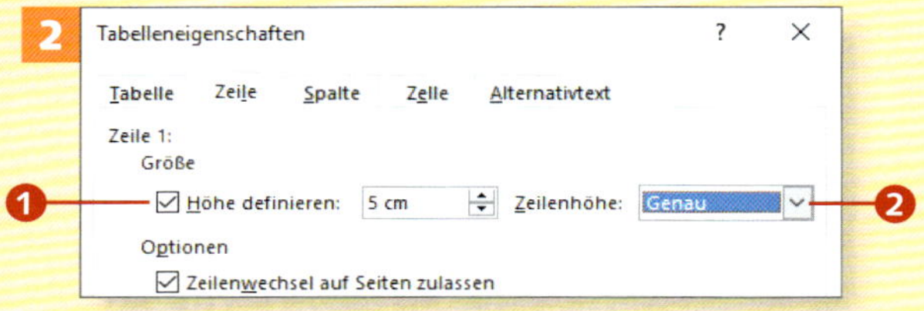

Es gibt verschiedene Wege, mit Word Visitenkarten zu erstellen. Wir bauen die Seite hier mithilfe einer Tabelle auf und gestalten die Visitenkarte relativ schlicht, aber pfiffig.

Schritt 1

Fügen Sie eine Tabelle mit zwei Spalten ein (**Einfügen ▸ Tabelle**). Dann sorgen Sie für die richtige Größe der Zeilen und Spalten. Klicken Sie auf der Registerkarte **Tabellentools/ Layout** auf den Pfeil an der Gruppe **Zellengröße**.

Schritt 2

Im Dialog **Tabelleneigenschaften** öffnen Sie die Registerkarte **Zeile** und aktivieren **Höhe definieren** ❶. In das Feld daneben geben Sie »5« ein. Im Feld **Zeilenhöhe** wählen Sie **Genau** ❷. Öffnen Sie dann die Registerkarte **Spalte**. Dort geben Sie »9 cm« in das Feld **Bevorzugte Breite** ❸ ein.

Schritt 3

Setzen Sie den Cursor in die zweite Spalte, und drücken Sie die [Tab]-Taste, um eine neue Zeile zu erhalten. Dies wiederholen Sie dreimal, sodass Sie insgesamt fünf Zeilen auf dem Blatt haben.

Schritt 4

Nun setzen Sie den Cursor in die erste Zelle und füllen sie mit den Angaben für die Visitenkarte, also mit Namen, Adresse, Telefonnummer und sonstigen Angaben. Formatieren Sie den Text mithilfe der bekannten Befehle. Den Abstand zwischen dem Namen und der oberen Zellbegrenzung erzeugen Sie mit einem Absatzabstand (Dialog **Absatz** im Feld **Vor**).

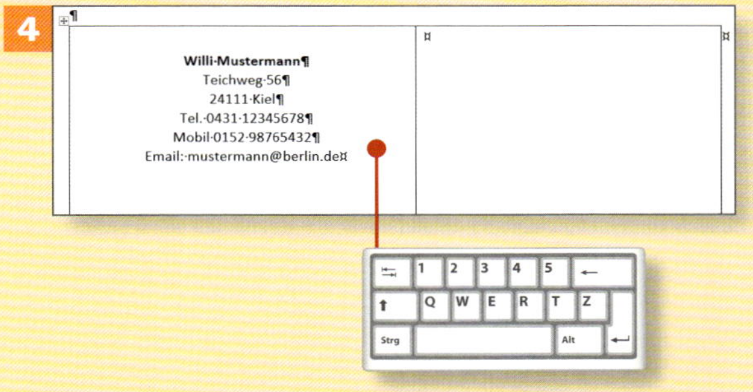

Schritt 5

Drei farbige Rechtecke geben der Visitenkarte mehr Pfiff. Klicken Sie auf der Registerkarte **Einfügen** auf **Formen**, und ziehen Sie mit dem kreuzförmigen Mauszeiger ein Rechteck auf. Der Rahmen des Rechtecks wird auf der Registerkarte **Zeichentools/ Format** über **Formkontur ▸ Keine Kontur** ❹ entfernt.

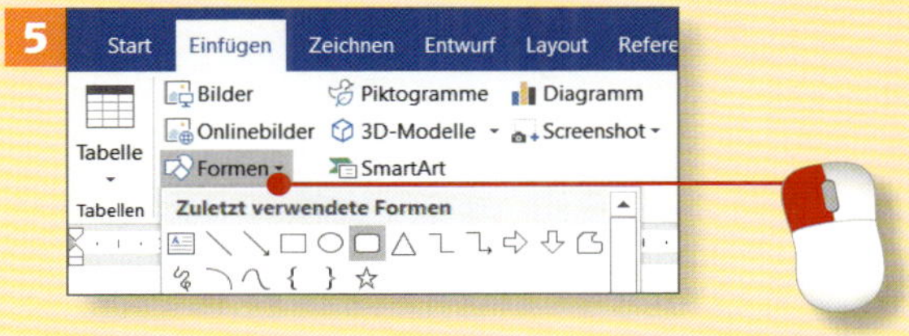

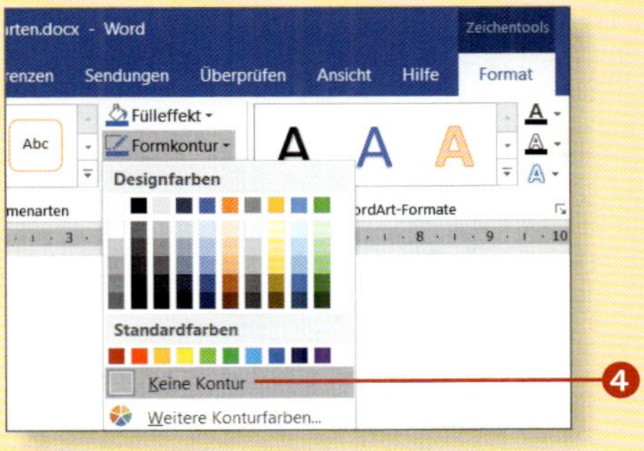

Schritt 6

Für Füllung und Farbe öffnen Sie den Aufgabenbereich **Form formatieren** über das Kontextmenü der Form. Im Aufgabenbereich klicken Sie auf das Symbol **Füllung und Linien** ❺ und dann auf den Eintrag **Füllung**, um die diversen Optionen zu sehen.

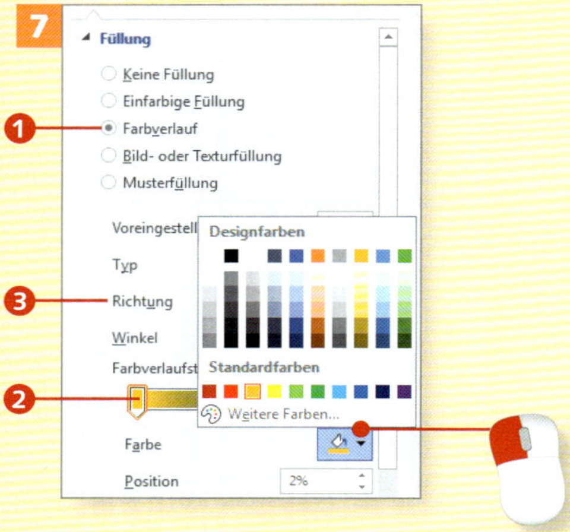

Schritt 7

Aktivieren Sie dann die Option **Farbverlauf** ❶. Im Bereich **Farbverlaufstopps** wählen Sie eine Farbe für jeden Farbverlaufstopp ❷ und stellen auf dem Balken mit der Maus den Verlauf ein. Die Richtung des Farbverlaufs bestimmen Sie im gleichnamigen Feld ❸.

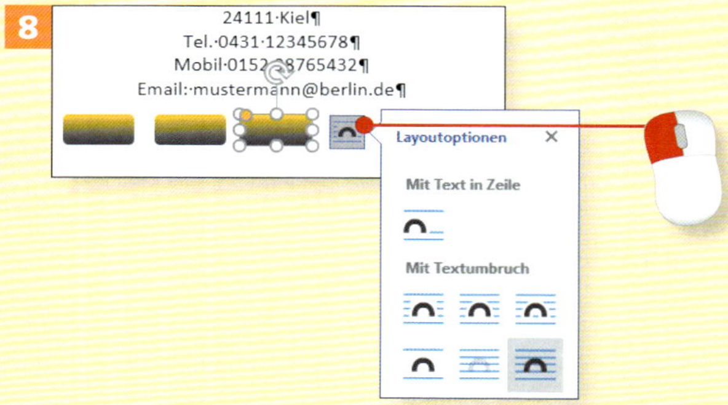

Schritt 8

Wenn Sie drei gleiche Kästchen haben möchten, ist es am bequemsten, das erste, fertig bearbeitete Rechteck zu kopieren und zweimal einzufügen (mit Strg + C und Strg + V). Zum Positionieren mit der Maus müssen Sie eventuell den Textumbruch ändern. Klicken Sie dazu auf die Schaltfläche **Layoutoptionen**, und wählen Sie z. B. **Vor den Text**.

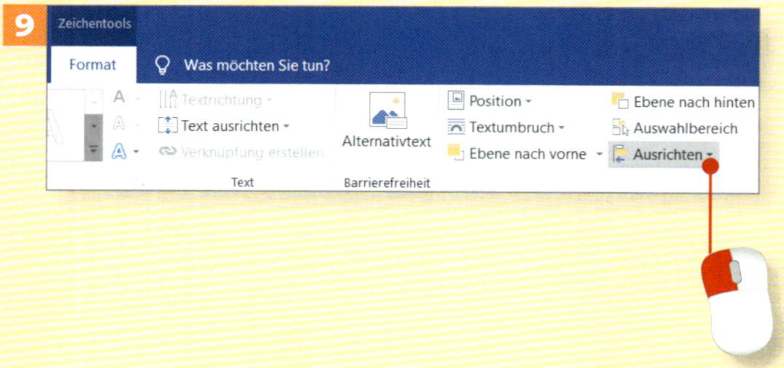

Schritt 9

Um die Abstände zwischen den Rechtecken präzise zu bestimmen, markieren Sie alle Kästchen mit gedrückter Strg-Taste und klicken dann auf der Registerkarte **Zeichentools/Format** auf die Schaltfläche **Ausrichten**.

Schritt 10

Klicken Sie im Menü auf **Horizontal verteilen** und dann im selben Menü auf **Vertikal zentrieren** ❹. Vielleicht sehen Sie keinen Effekt bzw. keine Veränderung; in diesem Fall hatten Sie die Rechtecke schon gut ausgerichtet.

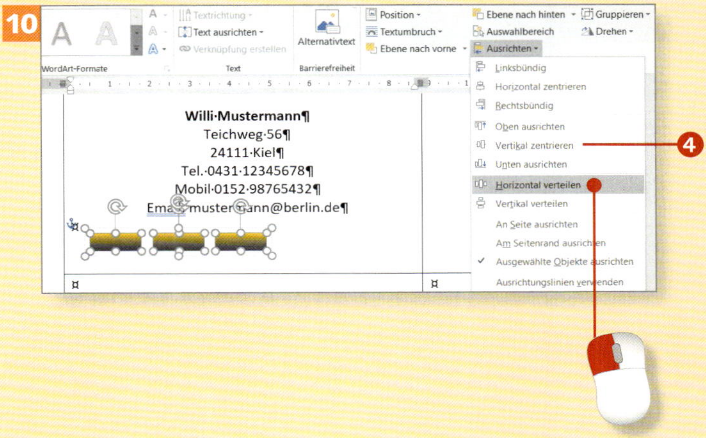

Schritt 11

Markieren Sie alle Rechtecke erneut, und öffnen Sie per Rechtsklick das Kontextmenü. Wählen Sie **Gruppieren ▸ Gruppieren**. Nun könnten Sie die Formen als einen Block noch etwas verrücken.

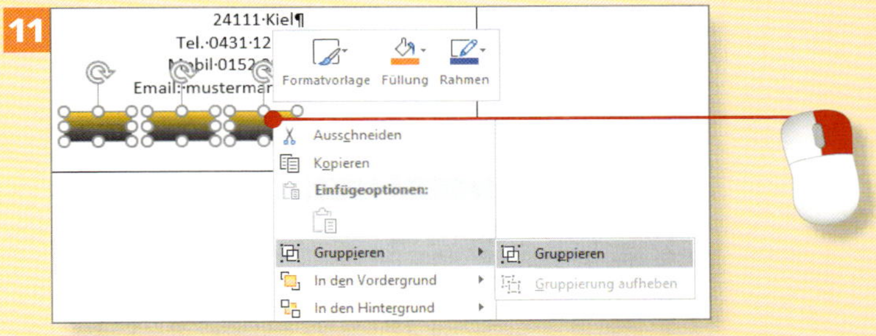

Schritt 12

Wenn Sie die erste Karte fertig gestaltet haben, markieren Sie die gesamte Karte und klicken auf **Kopieren**. Setzen Sie den Cursor in die nächste Zelle, und wählen Sie **Einfügen ▸ Zelleninhalte**.

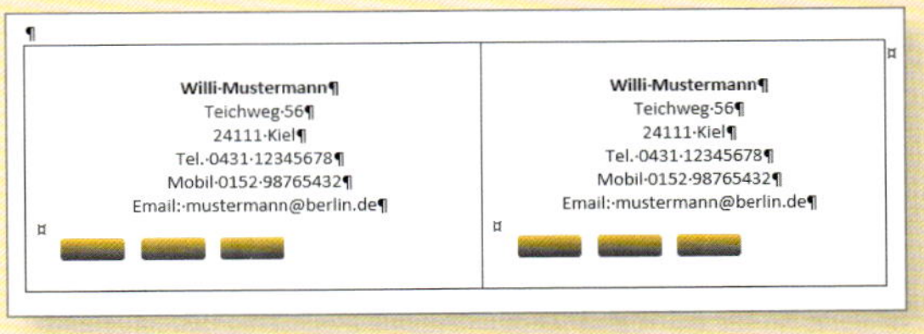

Formen verankern

Damit Formen nicht verrutschen, klicken Sie auf die kleine Schaltfläche **Layoutoptionen** neben der Grafik und aktivieren die Option **Position auf der Seite fixieren**.

Etiketten

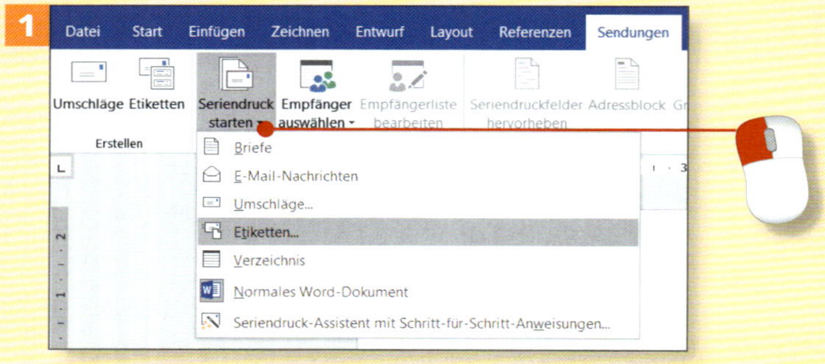

Für den Versand mehrerer Briefe sind Etiketten praktisch. Wir erstellen sie hier mithilfe des Seriendrucks. Deutlich schneller können Sie Etiketten zudem erstellen, wenn Sie eine vorhandene Empfängerliste nutzen.

Schritt 1

Öffnen Sie eine leere Seite, und klicken Sie auf der Registerkarte **Sendungen** auf **Seriendruck starten**. Im Menü wählen Sie **Etiketten**.

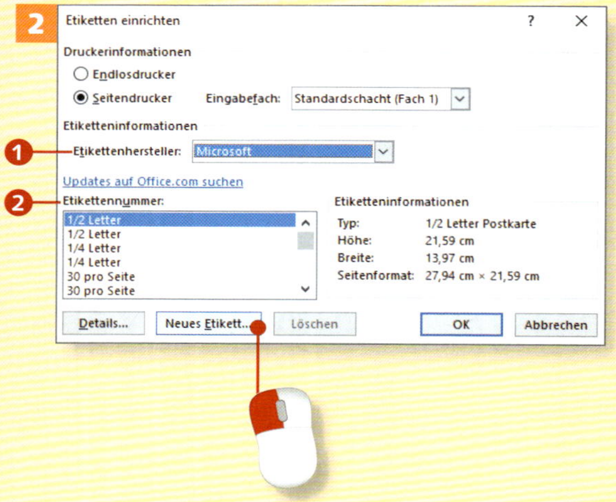

Schritt 2

Der Dialog **Etiketten einrichten** öffnet sich. Wenn Sie in den Feldern **Etikettenhersteller** ❶ und **Etikettennummer** ❷ Ihr Etikettenpapier entdecken, wählen Sie es aus und überspringen die nächsten beiden Schritte. Ansonsten klicken Sie auf die Schaltfläche **Neues Etikett**.

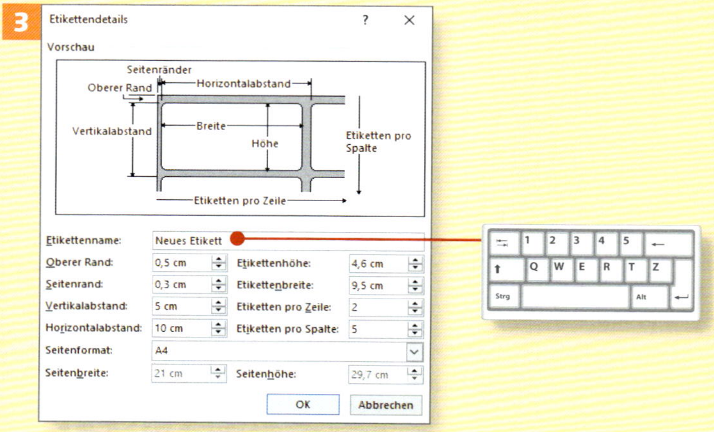

Schritt 3

Im Dialog **Etikettendetails** geben Sie die Maße für die Etiketten ein (wir halten uns in etwa an die Maße, die ein Briefumschlagfenster hat). Messen Sie Ihre Etiketten aus, und geben Sie die entsprechenden Maße ein. Sie können dem Etikett auch einen Namen geben.

Schritt 4

Nach einem Klick auf **OK** sind Sie wieder im Dialog **Etiketten einrichten**. Hier werden die Maße nochmals angezeigt. Klicken Sie auf **OK**.

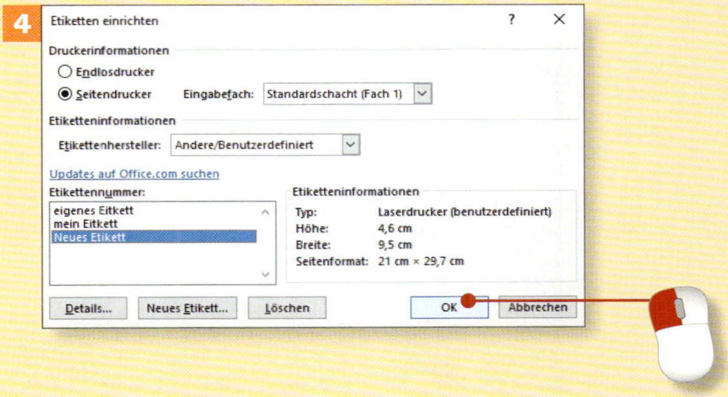

Schritt 5

Sie sehen (je nach den eingegebenen Maßen) zehn Leeretiketten auf Ihrem Blatt, und zwar in Form einer Tabelle. Nun muss die Empfängerliste mit den Adressen erstellt werden. Klicken Sie also auf **Empfänger auswählen ▸ Neue Liste eingeben**.

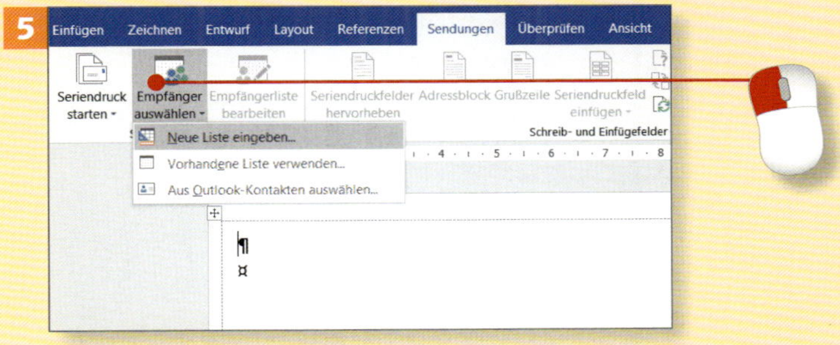

Schritt 6

Wie schon im Zusammenhang mit dem Serienbrief beschrieben (siehe dazu den Abschnitt »Serienbrief« auf Seite 234), tragen Sie nun die Empfängerinformationen in die Tabelle ein. Verwenden Sie für die Straße das Feld **Adresszeile 1**.

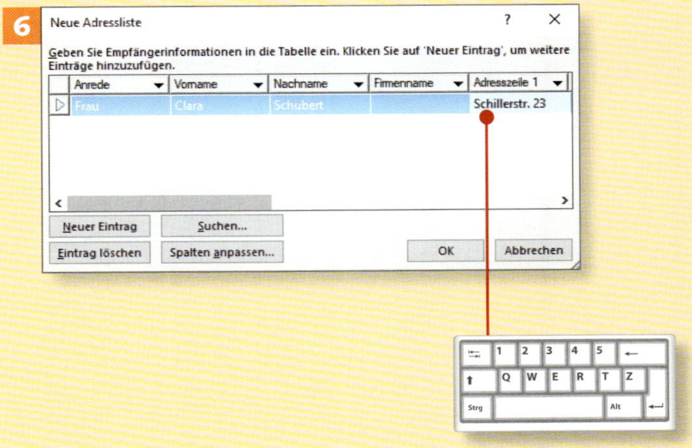

Vorschau

Um ganz am Schluss zu prüfen, ob die Etiketten in Ordnung sind, blenden Sie die Vorschau ein. Klicken Sie dazu auf **Vorschau Ergebnisse**.

Etiketten (Forts.)

7

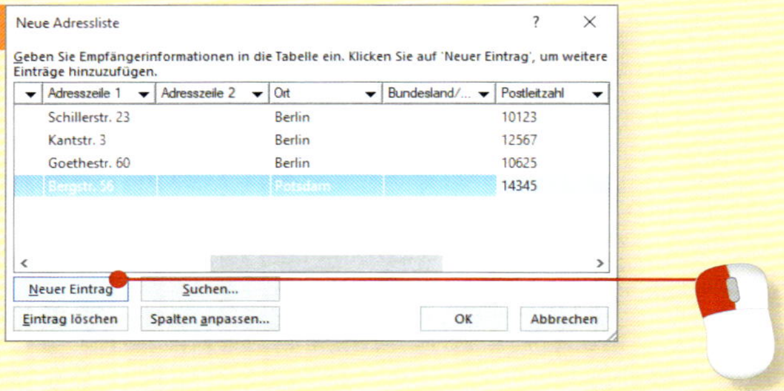

Schritt 7

Für den nächsten Datensatz klicken Sie jeweils auf **Neuer Eintrag**. Erst wenn Sie alle Informationen eingegeben haben, klicken Sie auf **OK**.

8

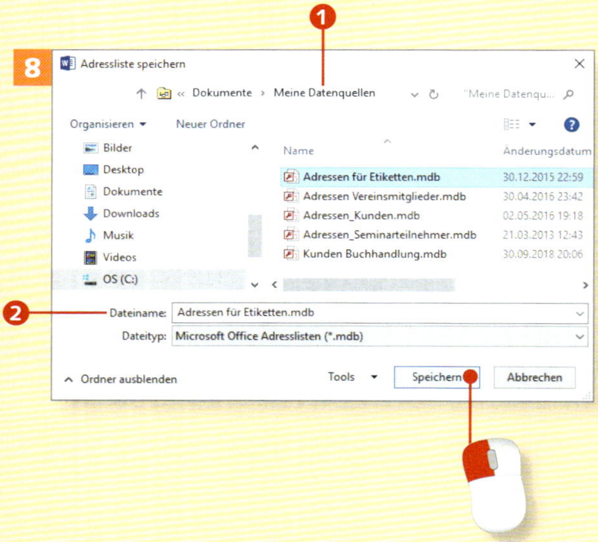

Schritt 8

Der Dialog **Adressliste speichern** öffnet sich mit dem Ordner **Meine Datenquellen** ❶. Geben Sie der Adressatenliste einen sinnvollen Namen; als Dateiendung wird *.mdb* für eine Datenbank im Access-Format vergeben ❷. Klicken Sie auf **Speichern**.

9

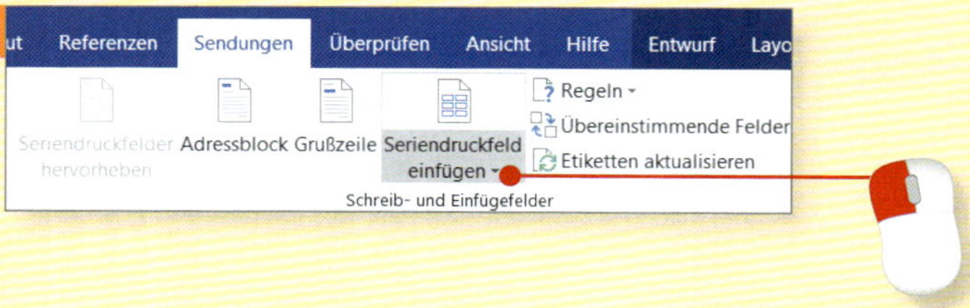

Schritt 9

Nun können Sie die Seriendruckfelder einfügen, die später durch die Angaben aus der Datenquelle ersetzt werden. Platzieren Sie den Cursor in der ersten Zeile der ersten Zelle, und klicken Sie auf den Pfeil neben **Seriendruckfeld einfügen**.

Position der Seriendruckfelder

Die Seriendruckfelder können Sie einfach hintereinander einfügen und dann nachträglich mit ↵ Absätze setzen, oder Sie denken daran, den Cursor gleich beim Einfügen jeweils richtig zu positionieren.

Schritt 10

Im Menü wählen Sie **Anrede** (für die Anrede »Herr« oder »Frau«). Eine Zeile darunter fügen Sie **Vorname** und **Nachname** ein, darunter **Adresszeile_1** (für die Straße) und dann nebeneinander **Postleitzahl** und **Ort** (denken Sie auch an die Leerzeichen dazwischen).

10

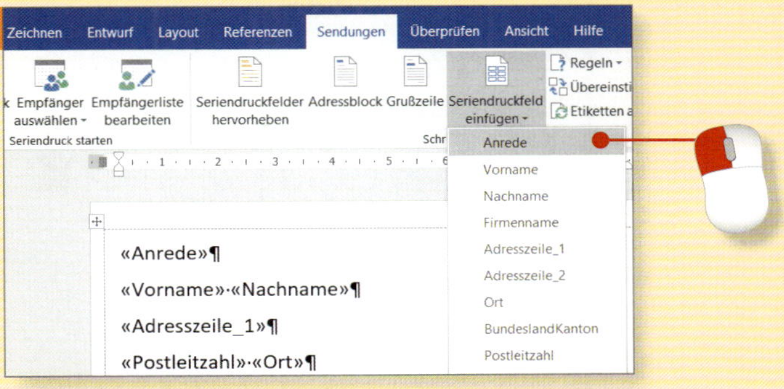

Schritt 11

In den übrigen Etiketten lassen Sie den Platzhalter **«Nächster Datensatz»** ❸ stehen. Er steuert, dass die Adresse bei jedem Feld neu aus der Datenbank geholt wird. Klicken Sie nun auf **Etiketten aktualisieren**. Danach werden die eingefügten Felder in allen Etiketten angezeigt.

11

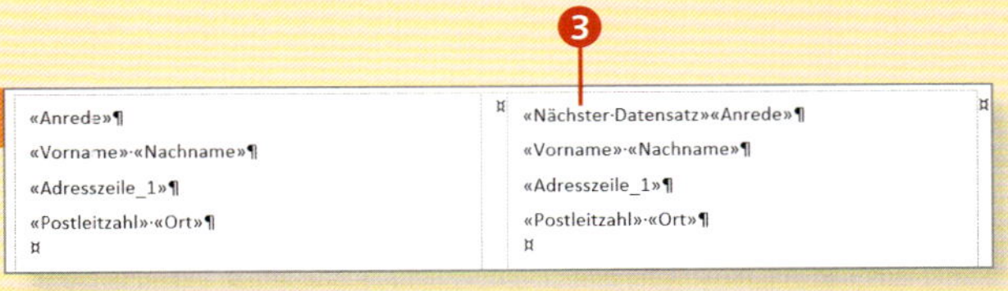

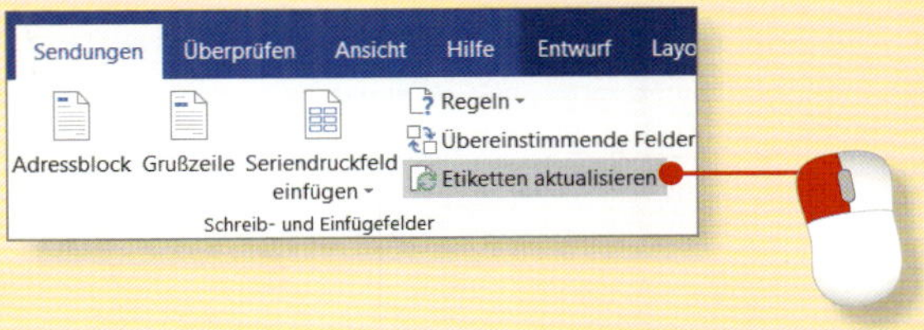

Schritt 12

Zu guter Letzt klicken Sie auf der Registerkarte **Sendungen** auf **Fertig stellen und zusammenführen**. Um die Etiketten direkt zu drucken, wählen Sie **Dokumente drucken**. Sie müssen natürlich das passende Papier in den Drucker legen.

12

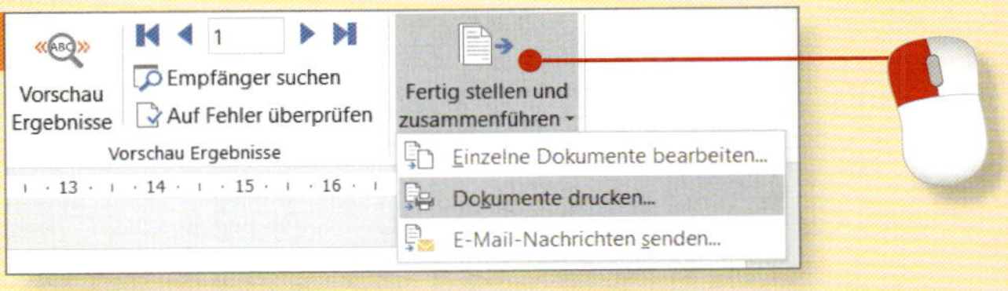

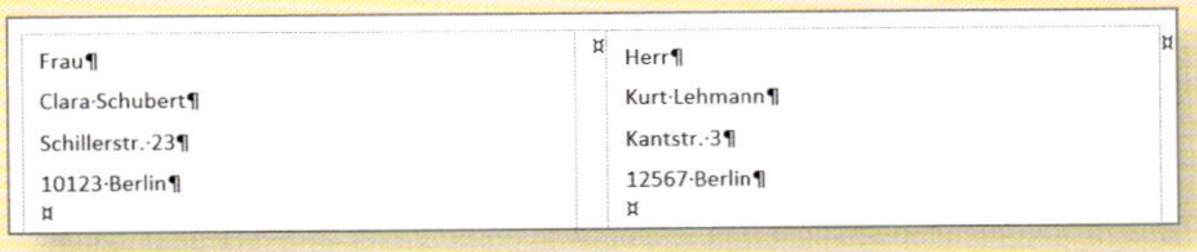

Etiketten (Forts.)

13

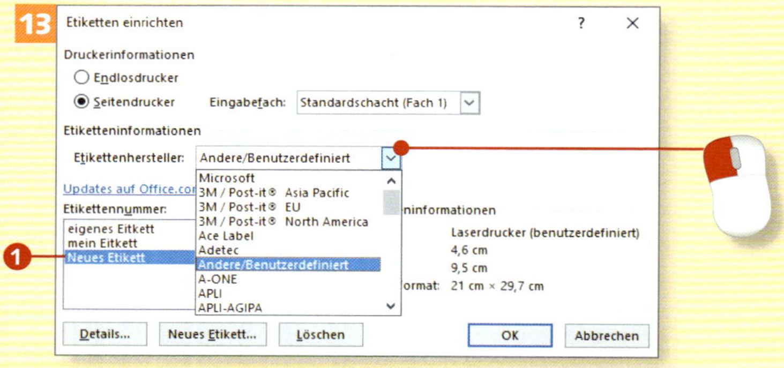

14

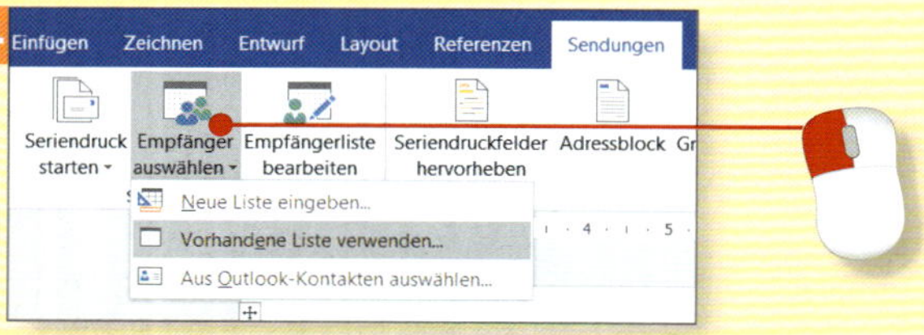

15

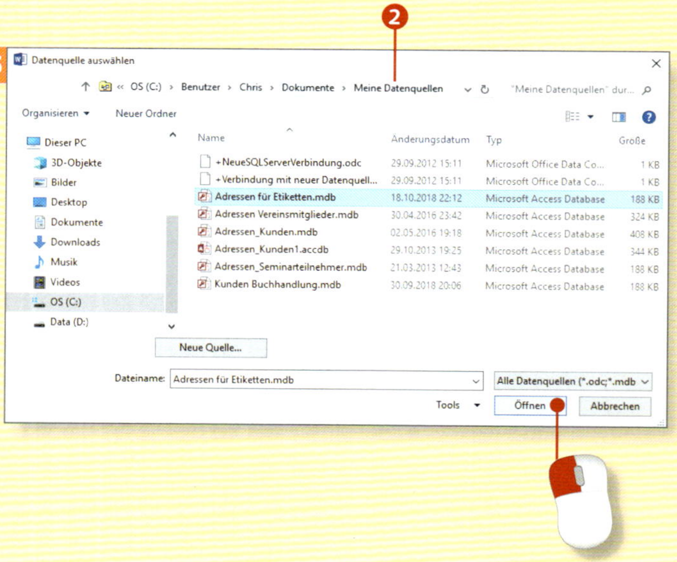

Schritt 13

Schneller erstellen Sie Etiketten, wenn Sie bereits über eine Datei mit Empfängeradressen verfügen. Starten Sie den Etiketten-Seriendruck wie gehabt. Möchten Sie das bereits erstellte Etikett verwenden, wählen Sie im Dialog **Etiketten einrichten** im Feld **Etikettenhersteller** den Eintrag **Andere/Benutzerdefiniert**. Der Name des Etiketts taucht im Feld **Etikettennummer** 1 auf. Klicken Sie auf **OK**.

Schritt 14

Nun klicken Sie auf die Schaltfläche **Empfänger auswählen**. Im Menü entscheiden Sie sich für **Vorhandene Liste verwenden**.

Schritt 15

Der Dialog **Datenquelle auswählen** wird geöffnet. Wenn nicht der richtige Ordner angezeigt wird, müssen Sie oben den Ordner auswählen, der die Datenquellen enthält (**Meine Datenquellen** 2). Markieren Sie dann die Datei, und klicken Sie auf **Öffnen**.

Schritt 16

Nun verfahren Sie wie bisher: Klicken Sie erst auf **Seriendruckfeld einfügen** ❸ und danach auf **Etiketten aktualisieren**. Wenn Sie auf **Fertig stellen und zusammenführen** ❹ ▸ **Dokumente drucken** klicken, werden die Etiketten gedruckt.

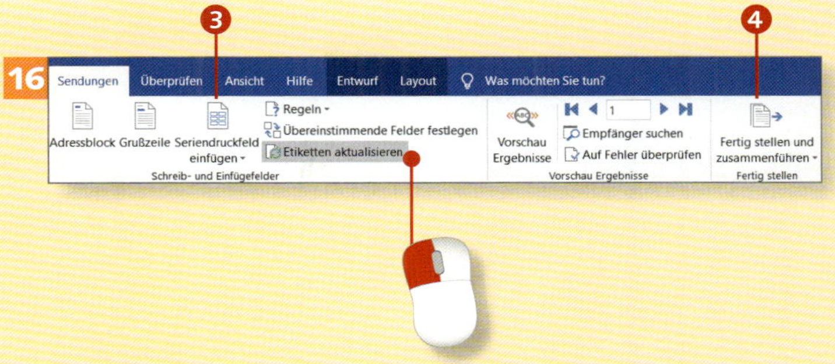

Schritt 17

Wenn Sie die Empfängerliste verändern möchten, klicken Sie auf **Empfängerliste bearbeiten**. Mit den Kontrollkästchen ❺ nehmen Sie einzelne Adressaten kurzfristig aus der Empfängerliste heraus (nicht gleichzusetzen mit »entfernen«); um Änderungen eingeben zu können, markieren Sie die Datenbank ❻ und klicken auf **Bearbeiten** ❼.

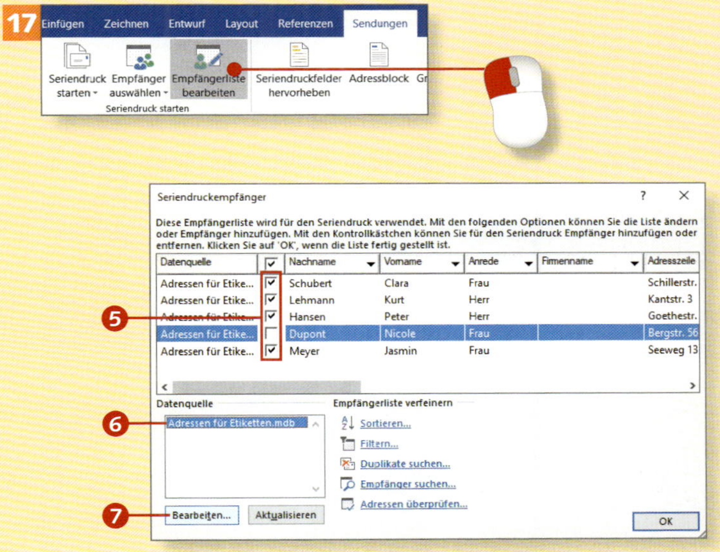

Schritt 18

Im Dialog **Datenquelle bearbeiten** setzen Sie den Cursor in den entsprechenden Datensatz und ändern/korrigieren auf dem üblichen Weg. Um einen Eintrag, also einen Datensatz, zu löschen, markieren Sie ihn und klicken auf **Eintrag löschen** ❽.

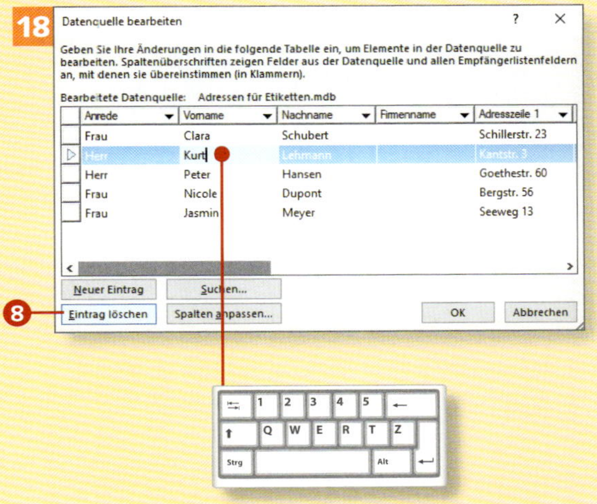

Bewerbungsunterlagen

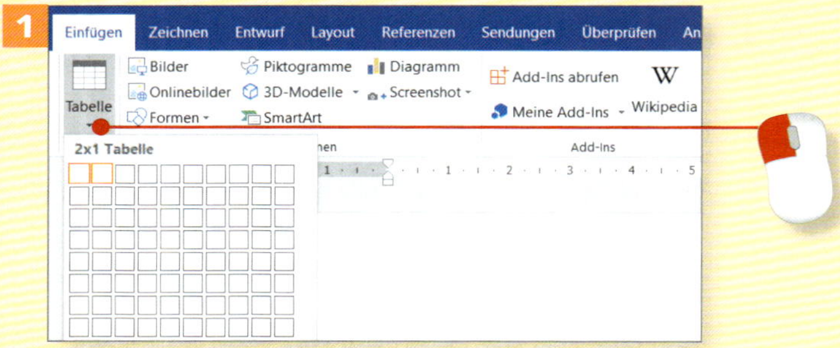

Wir beschreiben in diesem Abschnitt die Gestaltung von Bewerbungsunterlagen – mit Lebenslauf, Anschreiben und einem einfachen Deckblatt. Wir beginnen mit dem Lebenslauf.

Schritt 1

Belassen Sie es bei den Standardseitenrändern, drücken Sie dreimal [↵], und fügen Sie über **Einfügen ▸ Tabelle** eine Tabelle mit zwei Spalten ein.

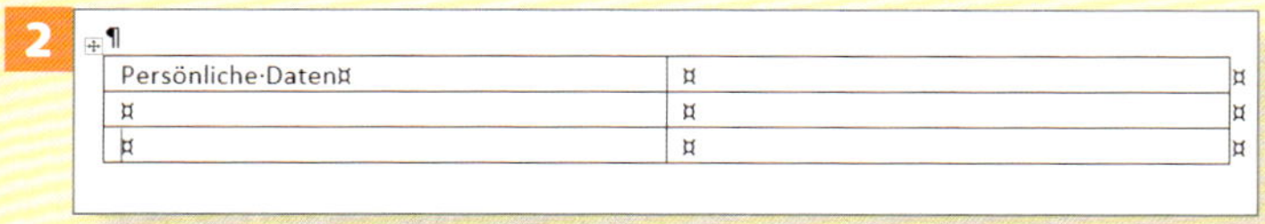

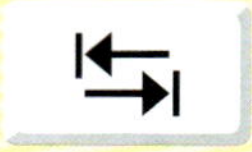

Schritt 2

Schreiben Sie einen Text wie etwa »Persönliche Daten« in die erste Zelle. Drücken Sie dann die [⇆]-Taste, um in die zweite Spalte zu springen, und drücken Sie hier [⇆] erneut, um die Tabelle um eine Zeile zu erweitern. Um unter der Überschrift eine freie Zeile zu lassen, drücken Sie in der zweiten Spalte noch einmal [⇆].

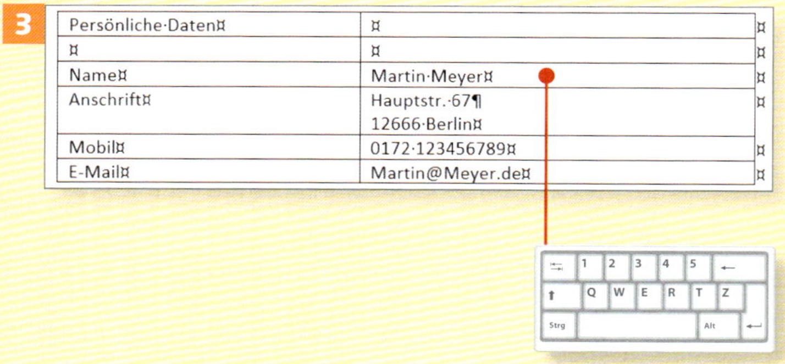

Schritt 3

Schreiben Sie »Name« in die dritte Zeile, und bauen Sie Zeile für Zeile den Block mit den persönlichen Daten auf. Stören Sie sich nicht an den Linien, sie werden später entfernt.

Unterschrift

Unterhalb des Lebenslaufs schreiben Sie »Ort« und »Datum« und unterschreiben das Ganze dann noch handschriftlich.

Schritt 4

Vor dem nächsten Block, etwa »Berufliche Erfahrungen«, lassen Sie wieder eine Zeile der Tabelle leer. Ähnlich verfahren Sie dann für die weiteren Blöcke (»Berufsausbildung«, »Schulbildung«, »Sonstige Kenntnisse«, »Hobbys«).

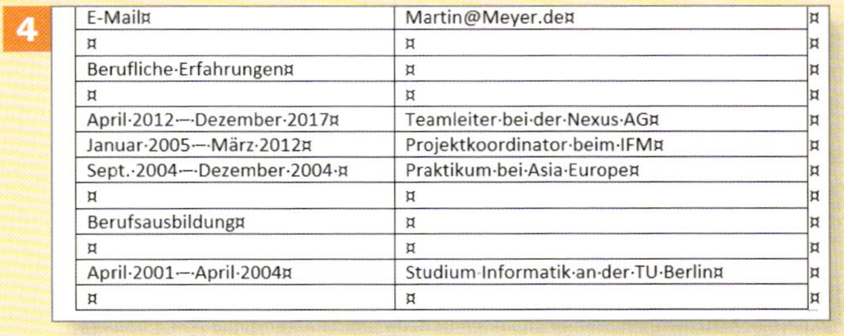

Schritt 5

Formatieren Sie nun den Text der Überschriften. Nutzen Sie dafür die Funktion **Format übertragen**: Setzen Sie den Cursor in die erste formatierte Überschrift, klicken Sie doppelt auf **Format übertragen** (Registerkarte **Start**), und klicken Sie in die nächsten Überschriften. Der Mauszeiger hat dabei einen kleinen Pinsel im Gepäck ❶. Beenden Sie die Übertragung mit Esc.

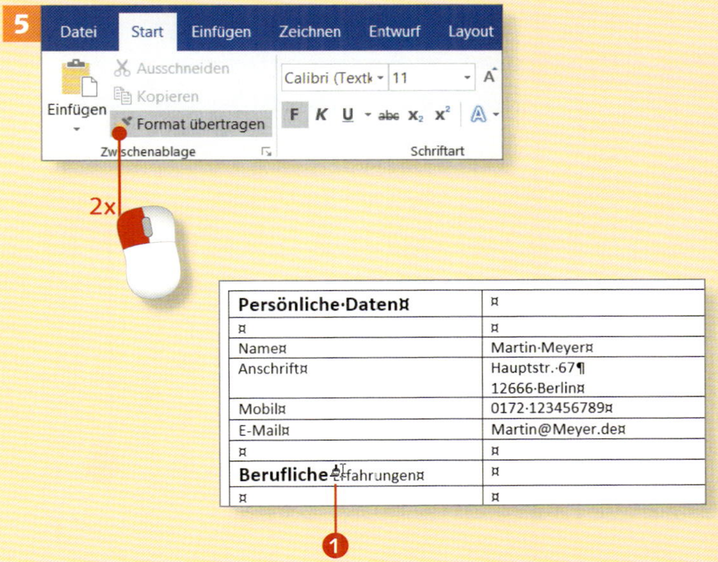

Schritt 6

Die Linien sollen später im Ausdruck natürlich nicht zu sehen sein. Markieren Sie daher die ganze Tabelle, und öffnen Sie das Menü der Schaltfläche **Rahmen** (Registerkarte **Tabellentools/Entwurf**). Wählen Sie **Kein Rahmen** ❷. Setzen Sie nach Wunsch Linien unterhalb der Zeilen mit den Überschriften (**Rahmenlinie unten**), und/oder arbeiten Sie mit Schattierungen.

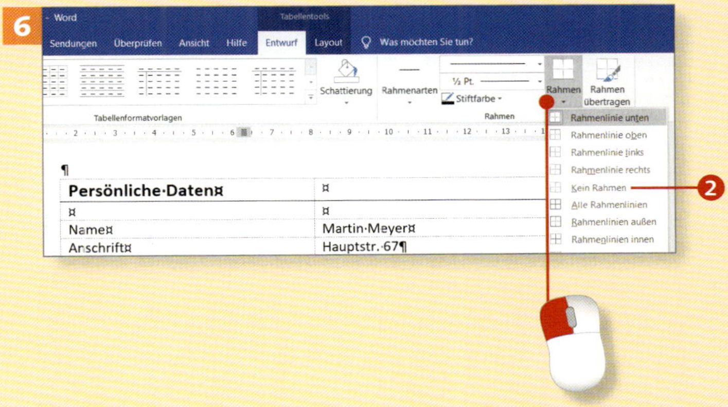

7

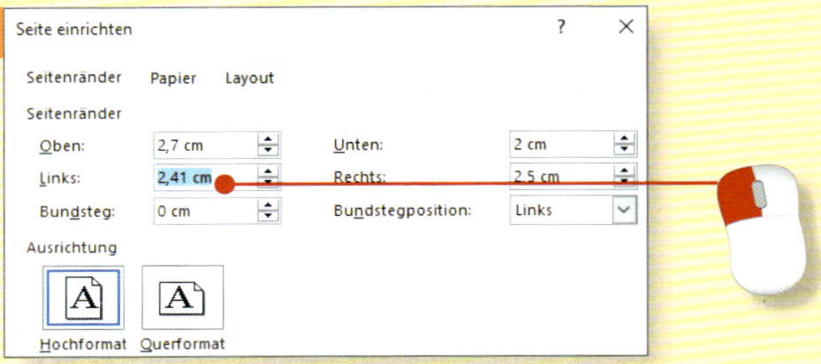

8

9

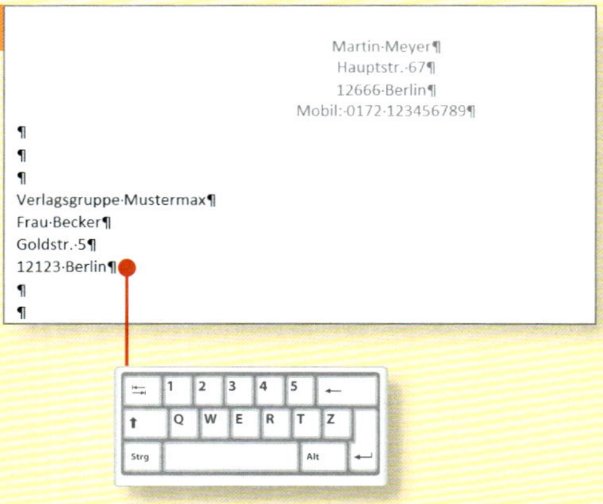

Schritt 7

Nun ist das Anschreiben an der Reihe. Öffnen Sie ein leeres Dokument, und stellen Sie über **Layout ▸ Seitenränder ▸ Benutzerdefinierte Seitenränder** zunächst die Seitenränder ein: oben 2,7 cm und links 2,41 cm. Für das Seitenlayout können Sie sich an die Empfehlungen für den Geschäftsbrief halten (siehe dazu den Abschnitt »Geschäftsbrief« auf Seite 242).

Schritt 8

Fügen Sie über **Einfügen ▸ Kopfzeile** eine leere Kopfzeile ein. Tragen Sie Ihren Namen, Ihre Adresse etc. ein, und zentrieren Sie diese Angaben, wenn Sie mögen. Den Abstand zum Blattrand setzen Sie auf der Registerkarte **Kopf- und Fußzeilentools/Entwurf** bei **Kopfzeile von oben** auf 1 cm. Schließen Sie die Kopfzeile.

Schritt 9

Tragen Sie drei Zeilen unter Ihrer Adresse die Empfängeranschrift ein. Reservieren Sie für den Adressblock neun Zeilen – auch wenn Sie sie nicht benötigen. Ändern Sie vor der Eingabe gegebenenfalls den Absatzabstand, der mit 8 Pt. zu groß ist (Dialog **Absatz** im Feld **Nach**).

Schritt 10

Lassen Sie eine Zeile frei, und fügen Sie über **Einfügen ▸ Datum und Uhrzeit** ❶ das Datum ein. Setzen Sie es mithilfe eines rechtsbündigen Tabstopps nach rechts (dazu klicken Sie einfach bei etwa 15,55 cm in das Lineal). Positionieren Sie den Cursor genau vor das Datum, und drücken Sie [Tab], um das Datum an die Position des Tabstopps zu setzen.

10

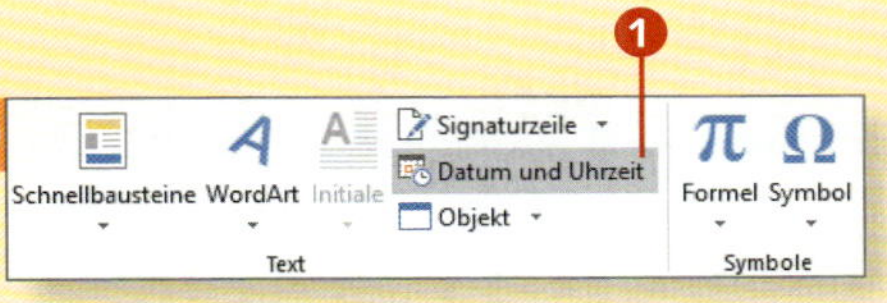

Verlagsgruppe Mustermax
Frau Becker
Goldstr. 5
12123 Berlin

19.10.2018

Schritt 11

Nach zwei weiteren Zeilen schreiben Sie den Text für die Betreffzeile (»Bewerbung als [Berufsbezeichnung]«). Dann brauchen Sie erneut zwei Leerzeilen und schreiben die Anrede. Nach einer weiteren Leerzeile beginnen Sie schließlich den Text Ihres Anschreibens.

11

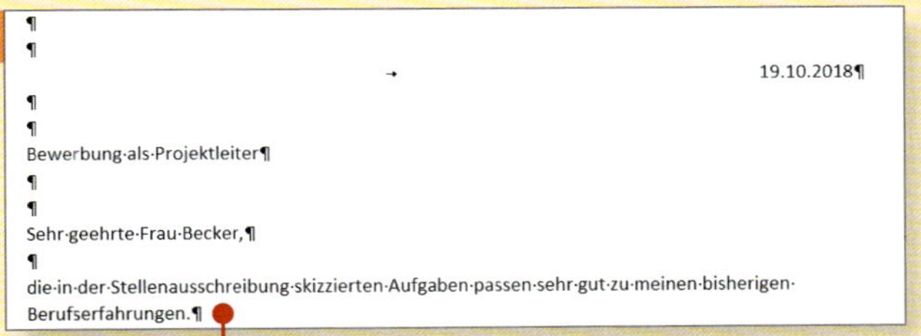
19.10.2018

Bewerbung als Projektleiter

Sehr geehrte Frau Becker,

die in der Stellenausschreibung skizzierten Aufgaben passen sehr gut zu meinen bisherigen Berufserfahrungen.

Schritt 12

Achten Sie darauf, dass Sie Ihr Anschreiben auch optisch strukturieren (Absätze, Einzüge etc.). Den Text beenden Sie nach einer Leerzeile mit der Grußformel. Da Sie z. B. Zeugnisse beilegen, schreiben Sie nach einer Leerzeile unter Ihren Namen noch »Anlagen«.

12

Martin Meyer
Hauptstr. 67
12666 Berlin
Mobil: 0172 123456789

Verlagsgruppe Mustermax
Frau Becker
Goldstr. 5
12123 Berlin

19.10.2018

Bewerbung als Projektleiter

Sehr geehrte Frau Becker,

die in der Stellenausschreibung skizzierten Aufgaben passen sehr gut zu meinen bisherigen Berufserfahrungen.

Ich sehe es wie Sie, dass Ihr Unternehmen seinen Auftritt am Markt damit nachhaltig verbessern kann und freue mich riesig, wenn ich die Gelegenheit erhalte, Ihre wirklich hervorragende Web-Präsenz mit einem gelungenen Journal zu optimieren.

Meine konkreten Vorschläge zur Umsetzung – nicht nur auf Ihrer Seite, sondern auch auf den zunehmend wichtigeren Social-Media-Plattformen – habe ich dieser Mail beigefügt. Als kleines Schmankerl finden Sie außerdem einige Anregungen, wie man dieses Magazin zudem preisgünstig und mit geringem Aufwand für den Informationsfluss im Unternehmen nutzen könnte. Natürlich kann daraus später auch das komplette interne Info-System werden, an dem Sie ja Interesse zeigten.

Als Autor eines Blogs über Unternehmenskommunikation im Web setze ich mich schon seit einiger Zeit intensiv mit den jüngsten Entwicklungen und sinnvollen Einsatzoptionen auseinander. Dabei baue ich auf die Erfahrung, die ich als Mitarbeiter der XY-Agentur bei der Betreuung ähnlicher Projekte namhafter internationaler Unternehmen sammeln konnte - übrigens durchweg zur Zufriedenheit unserer Kunden, wie Sie bei Interesse auf der Feedback-Seite der Agentur nachlesen können.

Mit freundlichen Grüßen

Anton Meyer

Anlagen

Bewerbungsunterlagen (Forts.)

13

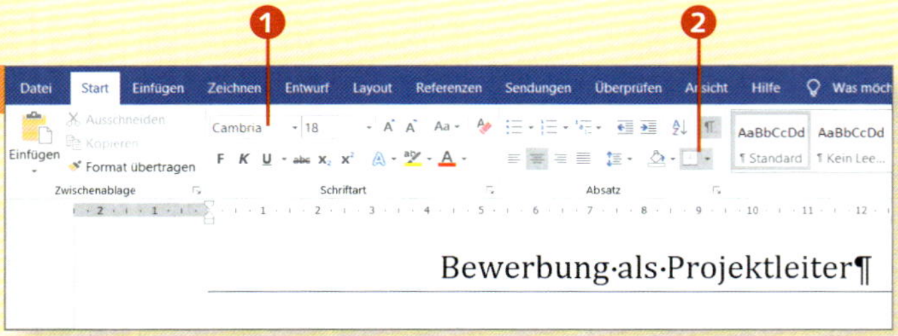

14

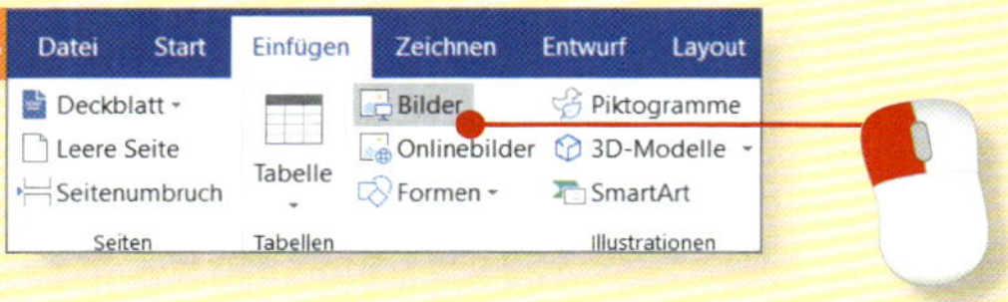

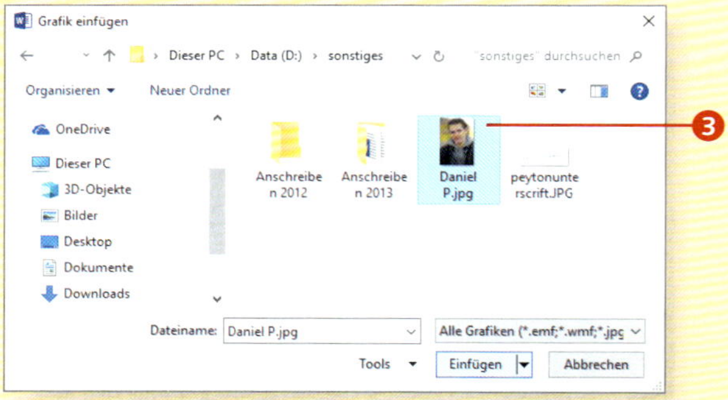

15

Schritt 13

Zum Schluss gestalten wir das Deckblatt. Oben (nach ein paar Leerzeilen) schreiben Sie »Bewerbung als [Berufsbezeichnung]«. Diese Zeile formatieren Sie in einer relativ großen Schriftgröße ❶, z. B. **Cambria**, **18 Pt.**, und zentrieren sie. Über **Rahmen** ❷ ▸ **Rahmenlinie unten** wird dann die Linie eingefügt.

Schritt 14

Fügen Sie Ihr Foto in das Deckblatt ein. Dazu klicken Sie auf der Registerkarte **Einfügen** auf **Bilder**. Im Dialog suchen Sie den Ordner mit Ihren Fotos, markieren das gewünschte Foto ❸ und klicken auf **Einfügen**.

Schritt 15

Zur Weiterbearbeitung und Positionierung klicken Sie auf die Schaltfläche **Layoutoptionen** rechts am Bild und wählen im Menü als Textumbruchart **Quadrat**. Ziehen Sie das Foto an die passende Stelle.

Schritt 16

Rechts neben dem Foto sollen Ihr Name und Ihre Anschrift erscheinen. Für einen kleinen Abstand von der rechten Kante des Fotos wählen Sie im Kontextmenü des Bildes **Größe und Position**.

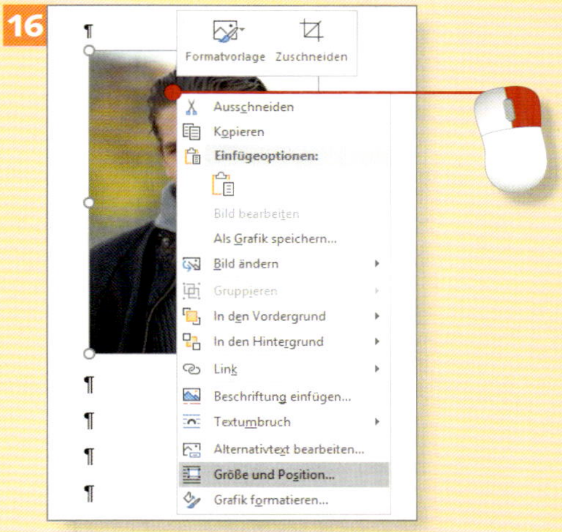

Schritt 17

Im Dialog **Layout** auf der Registerkarte **Textumbruch** ❹ geben Sie unter **Abstand vom Text** im Feld **Rechts** den Wert »0,8 cm« ein. So »kleben« die Textzeilen nicht am Bild.

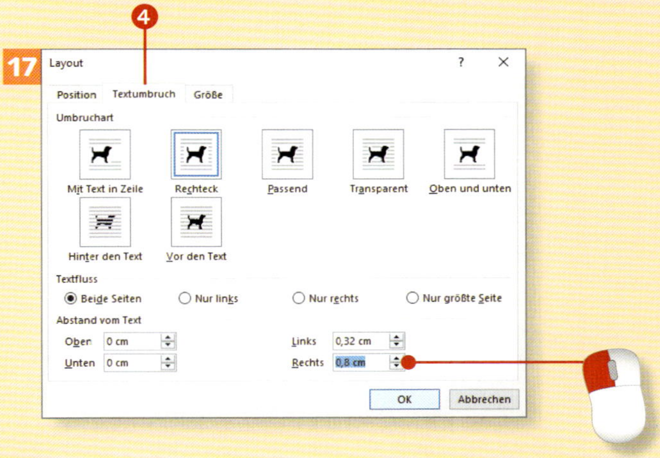

Schritt 18

Schreiben Sie nun Ihren Namen und weitere Angaben untereinander neben das Foto. Der Schriftgrad wird mit der Schaltfläche **Schriftart vergrößern** um 1 Pt. hochgesetzt. Die Abstände zwischen den Absätzen ändern Sie gegebenenfalls im Dialog **Absatz** im Feld **Nach**.

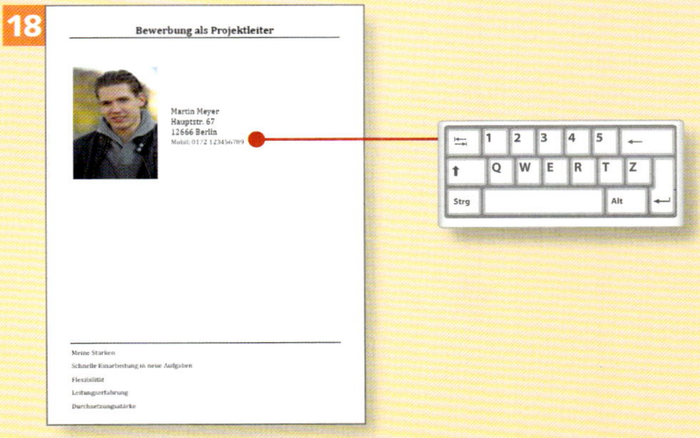

Originelle Deckblätter

Besonders in Kreativberufen können Sie ruhig weitere Gestaltungselemente in ein Deckblatt einbauen. Es ist auch möglich, besondere individuelle Stärken schon auf dem Deckblatt zu erwähnen.

Flyer

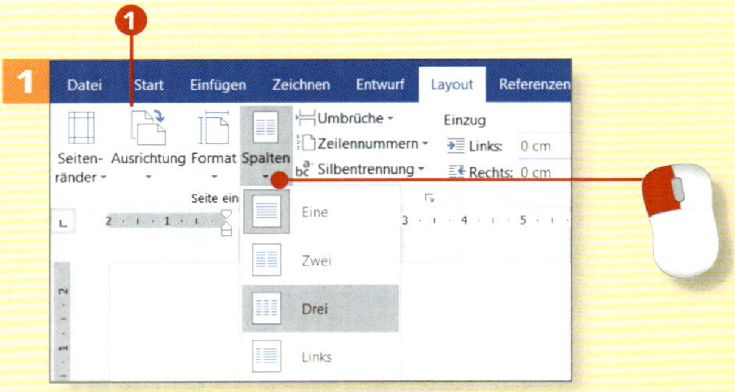

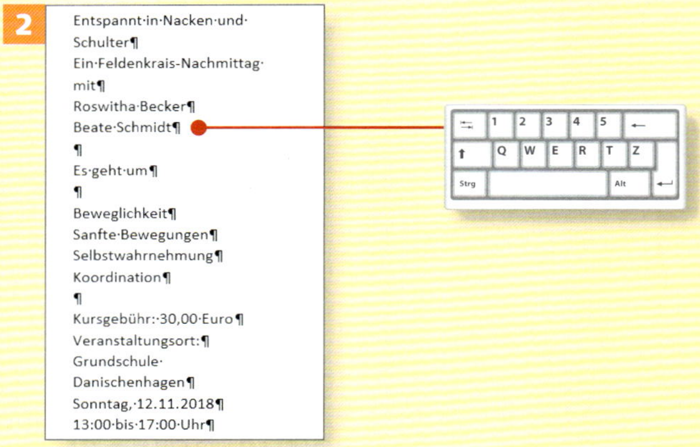

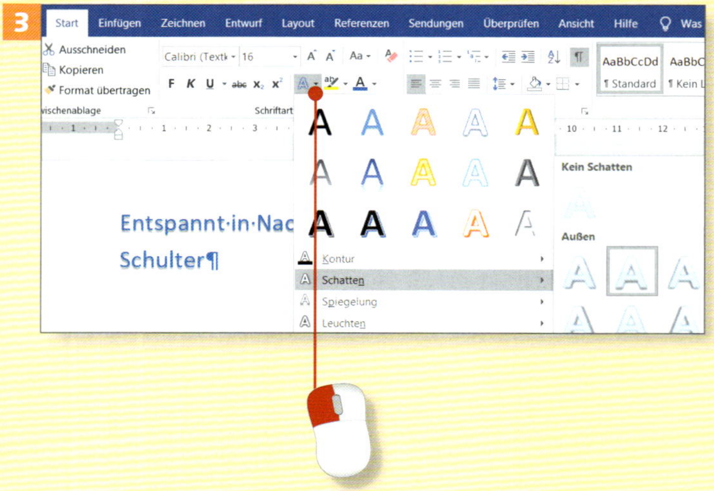

Wir erstellen hier einen Flyer, der dreimal auf eine DIN-A4-Seite im Querformat passt. Auf diese Weise können Sie ihn schnell vervielfältigen.

Schritt 1

Stellen Sie über **Layout ▸ Ausrichtung** ❶ das Querformat ein. Dann richten Sie für das Blatt drei Spalten ein. Klicken Sie dazu auf der Registerkarte **Layout** auf die Schaltfläche **Spalten**, und wählen Sie im Menü **Drei**.

Schritt 2

Geben Sie zuerst den Text ein, der auf dem Flyer erscheinen soll. Wir basteln hier einen Flyer eines Feldenkrais-Vereins. Die Formatierung kommt später.

Schritt 3

Formatieren Sie die erste Zeile relativ auffällig. Stellen Sie z. B. einen Schriftgrad von 16 Pt. ein, als Schriftfarbe Blau, und weisen Sie der Zeile über **Texteffekte ▸ Schatten** z. B. den Effekt **Offset unten** zu.

Schritt 4

Die Auflistung erhält Aufzählungszeichen. Markieren Sie die Liste, und klicken Sie auf der Registerkarte **Start** auf den Pfeil an der Schaltfläche **Aufzählungszeichen**. Wählen Sie ein Aufzählungszeichen aus der **Aufzählungszeichenbibliothek**.

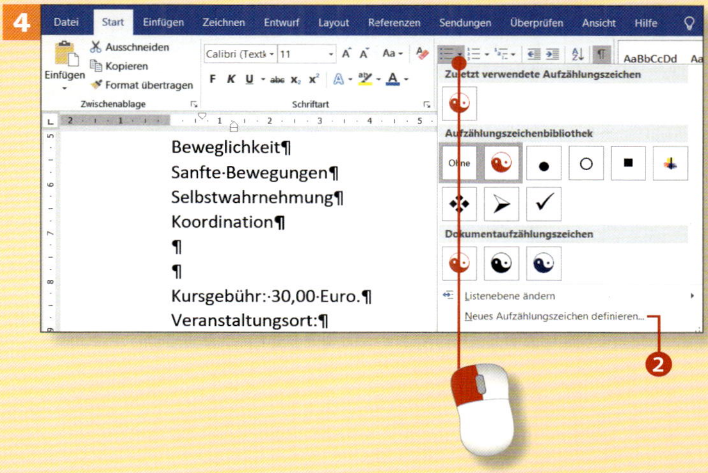

Schritt 5

Wenn Sie das gesuchte Zeichen nicht in der Bibliothek finden, klicken Sie auf **Neues Aufzählungszeichen definieren** ❷ und dann auf die Schaltfläche **Symbol**.

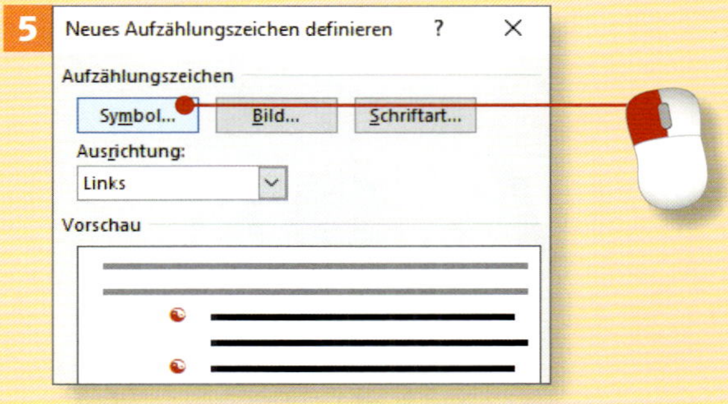

Schritt 6

Wählen Sie im Dialog **Symbol** die Schriftart **Wingdings** ❸, indem Sie auf den kleinen Pfeil klicken. Suchen Sie in der Palette der Symbole das gewünschte Zeichen, markieren Sie es, und klicken Sie auf **OK**. Schließen Sie alle Dialoge.

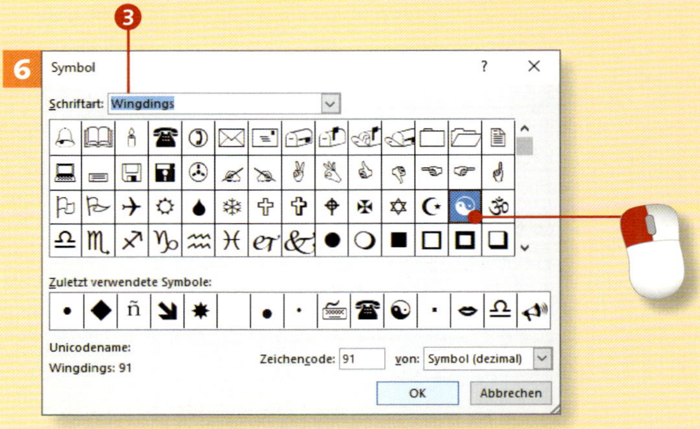

Erst schreiben, dann formatieren
Wenn Sie erst den Text schreiben und dann die Formatierung vornehmen, vermeiden Sie, dass Sie Formatierungen durch Drücken von ↵ aus Versehen nach unten »mitnehmen«.

Flyer (Forts.)

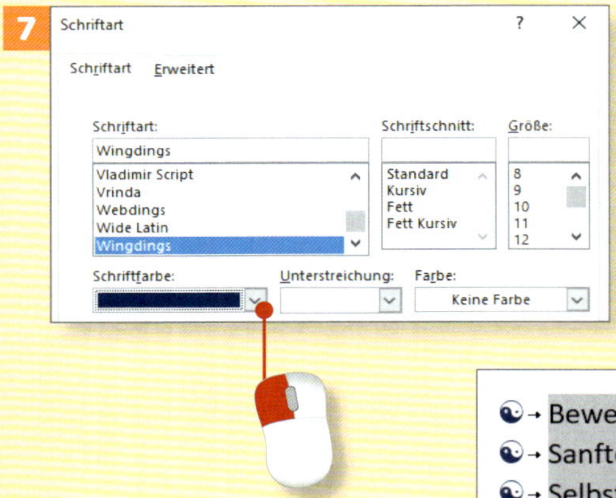

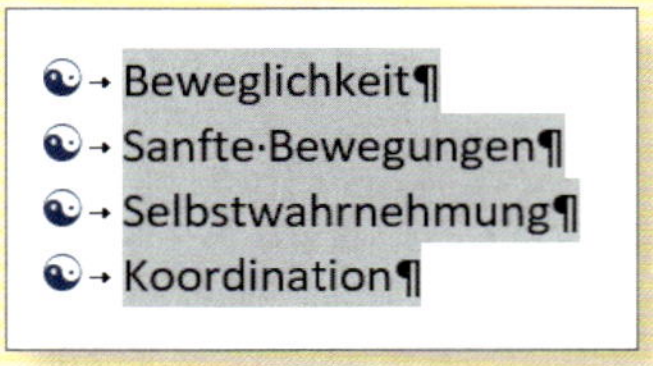

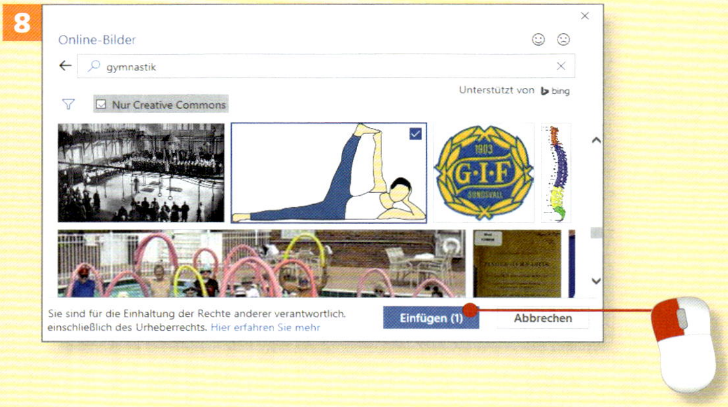

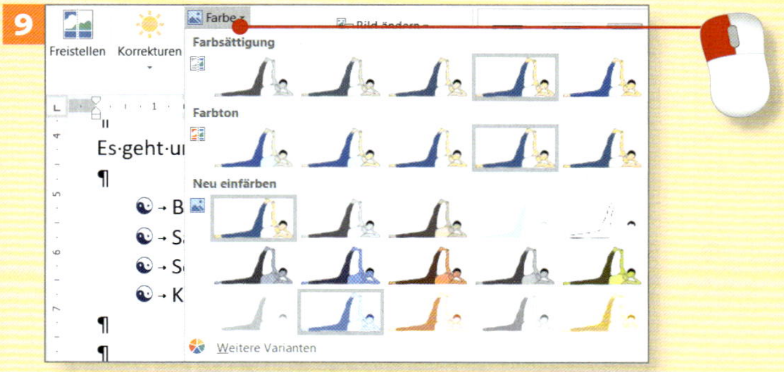

Schritt 7

Auch die Farbe der Aufzählungszeichen lässt sich anpassen. Klicken Sie im Dialog **Neues Aufzählungszeichen definieren** (siehe Schritt 5) auf **Schriftart**, und wählen Sie im neuen Dialogfenster im Feld **Schriftfarbe** eine Farbe aus der Palette.

Schritt 8

Ein Bild soll den Flyer beleben. Sie können natürlich ein eigenes Foto oder eine eigene Grafik verwenden, wir fügen hier eine Onlinegrafik ein. Klicken Sie auf der Registerkarte **Einfügen** auf **Onlinebilder**. Geben Sie als Suchbegriff z. B. »Gymnastik« ein, und drücken Sie ↵. Wählen Sie aus den Treffern dann ein Bild aus, und klicken Sie auf **Einfügen**. Probieren Sie es mit einem anderen Begriff, wenn Sie bei der ersten Suche nichts Passendes entdecken.

Schritt 9

Das Bild soll etwas blasser hinter dem Text liegen. Daher klicken Sie auf der Registerkarte **Bildtools/Format** auf den Pfeil an der Schaltfläche **Farbe**. Im Bereich **Neu einfärben** wählen Sie die Variante **Blau, Akzentfarbe 1 hell**.

Schritt 10

Markieren Sie die Grafik, und klicken Sie dann auf **Layoutoptionen**. Wählen Sie im Menü den Textumbruch **Hinter den Text**. Anschließend können Sie auch die Option **Position auf der Seite fixieren** ❶ aktivieren, damit das Bild nicht verrutscht, falls Sie den Absatz, an dem es verankert ist, noch verschieben.

10

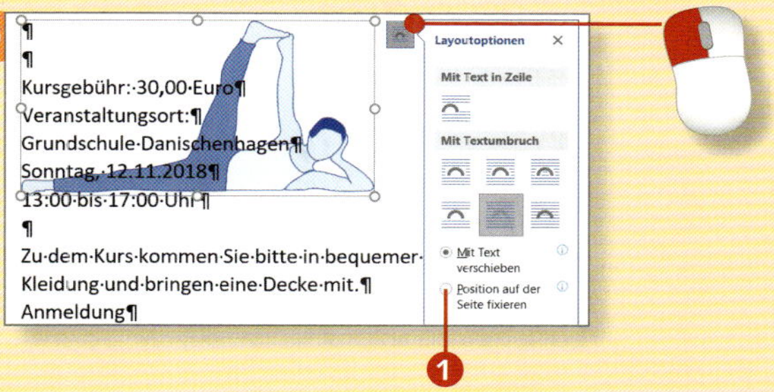

Schritt 11

Positionieren Sie die Grafik nun so, dass sie teils hinter der Aufzählung liegt, und passen Sie gegebenenfalls die Größe an. Formatieren Sie nach Wunsch weitere Textpassagen des Flyers.

11

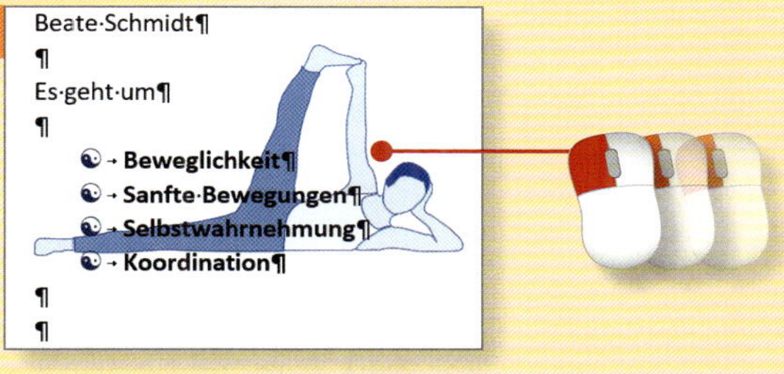

Schritt 12

Nachdem Sie den ersten Flyer gestaltet haben, markieren und kopieren Sie den kompletten Inhalt und fügen ihn in die nächsten beiden Spalten ein, indem Sie jeweils `Strg`+`V` drücken oder auf **Einfügen ▸ Ursprüngliche Formatierung beibehalten** klicken. Denken Sie daran, den Cursor vor dem Einfügen richtig, also jeweils in die nächste Spalte, zu setzen.

12

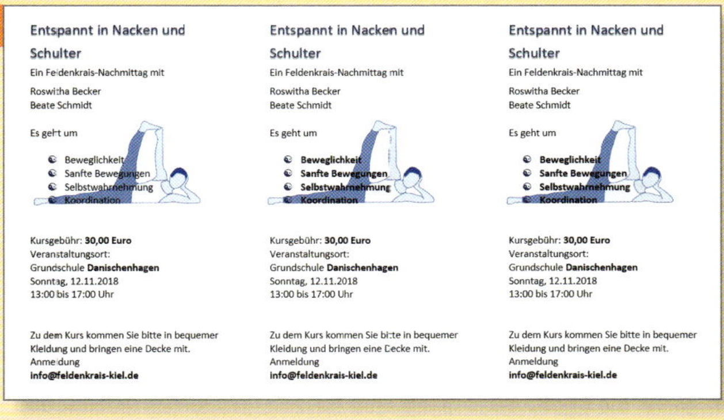

Zwischenlinien einfügen

Wenn Sie Schnittlinien einfügen wollen, klicken Sie auf der Registerkarte **Layout** im Menü der Schaltfläche **Spalten** auf **Weitere Spalten**. Im Dialog aktivieren Sie die Option **Zwischenlinie**.

Grußkarte

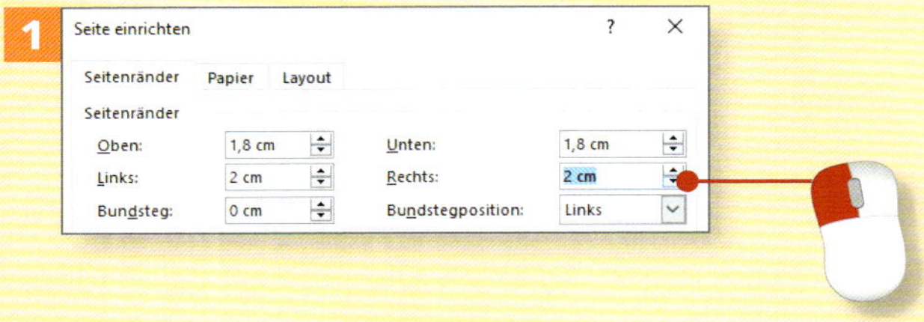

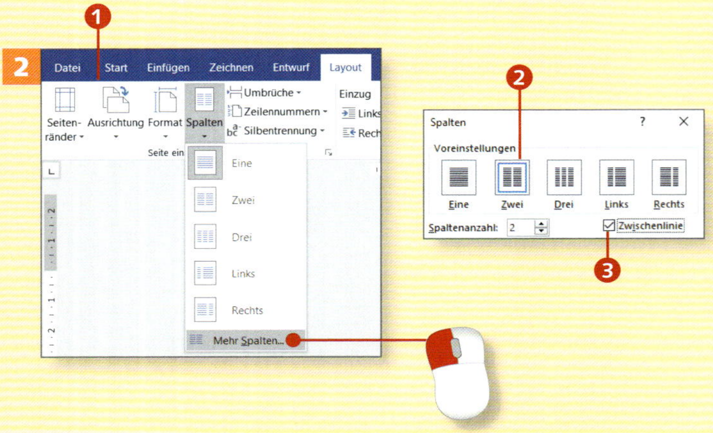

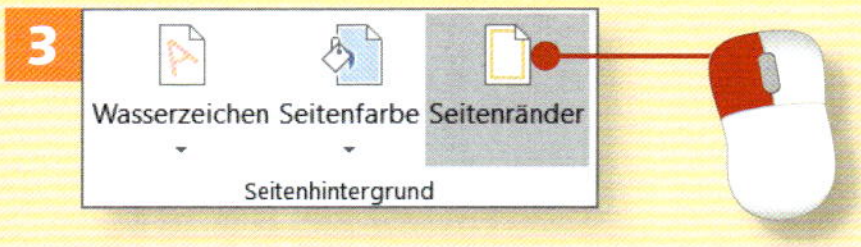

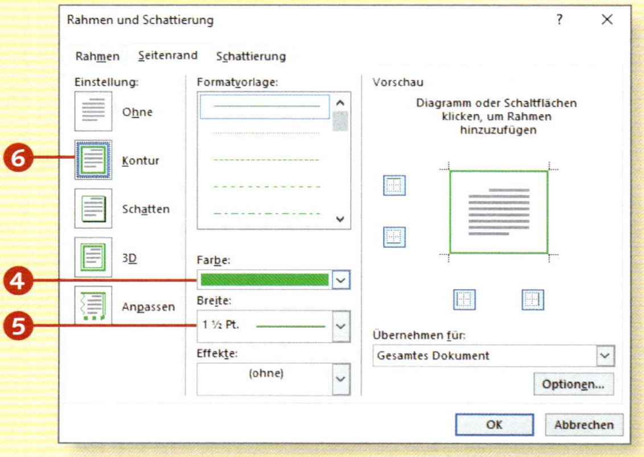

Wir erstellen eine Karte, die Sie beispielsweise anlässlich Ihres Umzugs verschicken können. Die Klappkarte ist außen gestaltet und bietet innen Platz für Ihren individuellen Text.

Schritt 1

Geben Sie zunächst im Dialog **Seite einrichten** (**Layout ▸ Seitenränder ▸ Benutzerdefinierte Seitenränder**) für den oberen und den unteren Rand »1,8 cm« ein, für den linken und rechten Rand jeweils »2 cm«. Bestätigen Sie mit **OK**.

Schritt 2

Unter **Ausrichtung** (1) wählen sie **Querformat**. Klicken Sie auf der Registerkarte **Layout** auf **Spalten ▸ Mehr Spalten**. Im Dialogfenster markieren Sie das Symbol für zwei Spalten (2) und aktivieren die Option **Zwischenlinie** (3).

Schritt 3

Klicken Sie dann auf der Registerkarte **Entwurf** in der Gruppe **Seitenhintergrund** auf **Seitenränder**. Im Dialog wählen Sie auf der Registerkarte **Seitenrand** Ihre Wunschfarbe (4) und die Stärke des Seitenrahmens (5). Klicken Sie dann auf **Kontur** (6).

Schritt 4

Die linke Spalte bildet die Rückseite der Klappkarte. Diese Seite enthält eine kleine Form, in die Sie Ihre neue Adresse schreiben. Wechseln Sie zur Registerkarte **Einfügen**, und klicken Sie im Menü der Schaltfläche **Formen** ganz unten auf **Wolkenförmige Legende**.

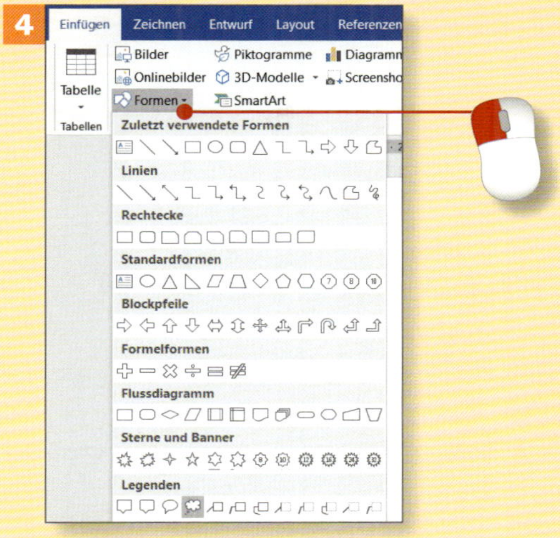

Schritt 5

Ziehen Sie die Form mit gedrückter Maustaste auf. Darin blinkt automatisch der Cursor, sodass Sie hier gleich schreiben können. Den Text formatieren Sie dann wie üblich mit den Befehlen auf der Registerkarte **Start** (Schriftgrad 16 Pt., Schriftfarbe Rot, Fett).

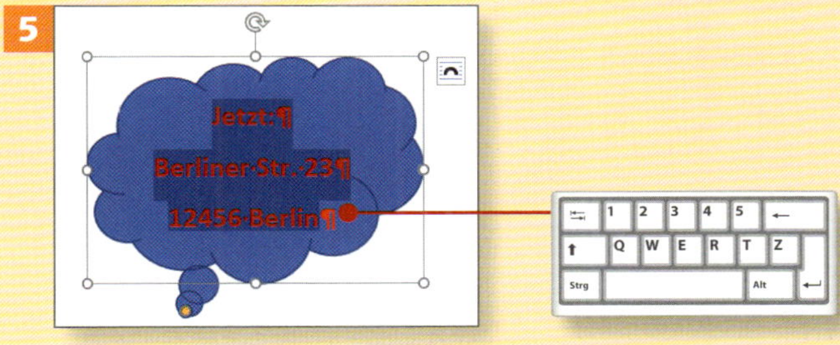

Schritt 6

Den Umriss der Form bearbeiten Sie im Menü der Schaltfläche **Formkontur** auf der Registerkarte **Zeichentools/Format**. Wählen Sie hier eine Farbe und über das Untermenü des Eintrags **Striche** eine Umrissvariante (**Strichpunkt**).

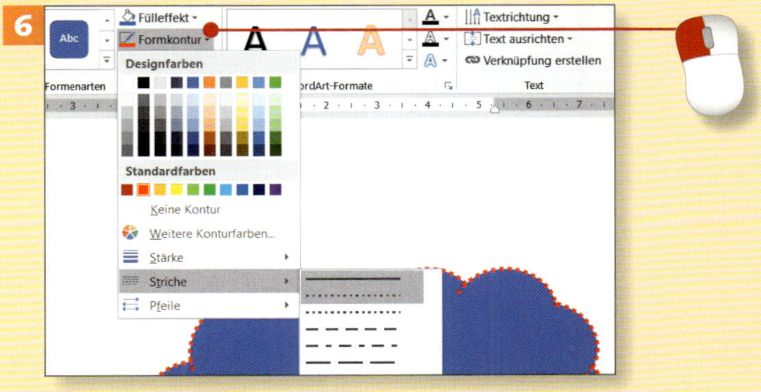

Grußkarte (Forts.)

7

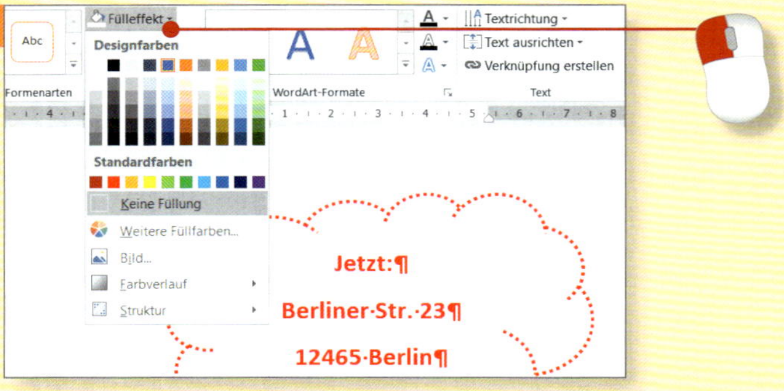

Schritt 7

Die Form soll keine farbliche Füllung haben. Markieren Sie sie, und klicken Sie auf **Fülleffekt**. Wählen Sie im Menü **Keine Füllung**.

8

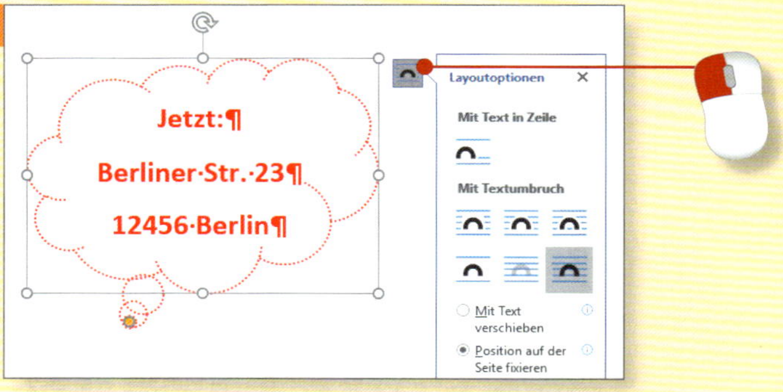

Schritt 8

Zum Positionieren der Form stellen Sie am besten einen nicht zu großen Zoom ein, sodass Sie die Seite gut erkennen können. Ziehen Sie die Form mittig auf die Seite. Klicken Sie dann auf die Schaltfläche **Layoutoptionen**, und aktivieren Sie ganz unten die Option **Position auf der Seite fixieren**.

9

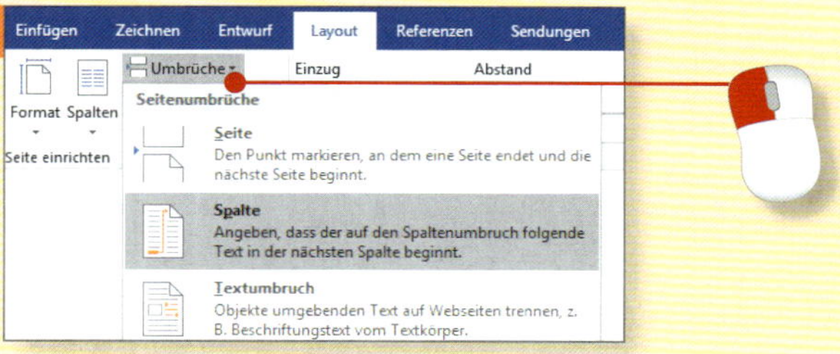

Schritt 9

Fügen Sie über **Layout ▸ Umbrüche ▸ Spalte** einen Spaltenumbruch ein. Für den Text auf der Vorderseite der Klappkarte (»Wir sind umgezogen!«) wählen Sie die Schriftart **Times New Roman**, **36 Pt.** und als Texteffekt (über die Schaltfläche **Texteffekte**) die Option **Füllung – Orange, Akzent 2**.

Schritt 10

Der Texteffekt wird mit einer 3D-Wirkung noch etwas aufgepeppt. Markieren Sie den Text, und öffnen Sie über **Texteffekte ▸ Spiegelung ▸ Spiegelungsoptionen** den Aufgabenbereich, in dem Sie die 3D-Formate finden.

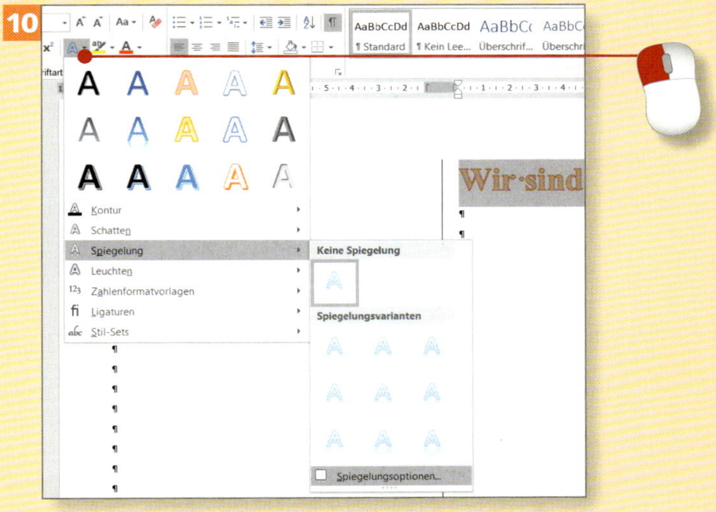

Schritt 11

Scrollen Sie im Aufgabenbereich **Texteffekte formatieren ▸ Spiegelung** ein wenig nach unten bis zum Bereich **3D-Format**. Öffnen Sie die Auswahl **Abschrägung oben**, und wählen Sie **Leichte Absenkung**. Für eine kräftigere Kontur ist im Feld **Material** ❶ die Variante **Dunkle Kante** eingestellt (den Effekt sehen Sie in der Abbildung zu Schritt 18).

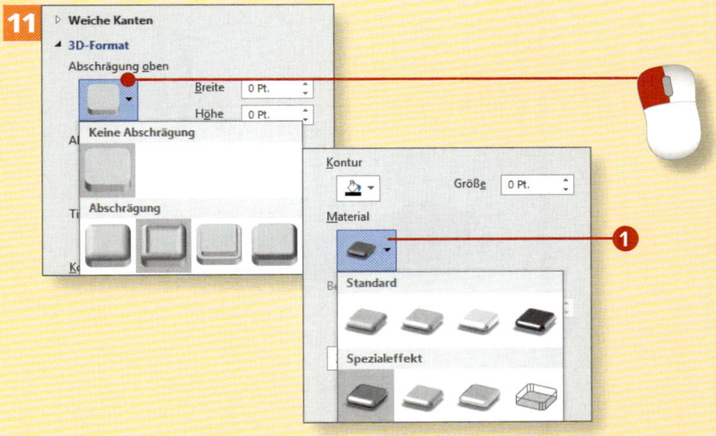

Schritt 12

Auch auf der Vorderseite fügen Sie eine passende Grafik ein. Öffnen Sie über **Einfügen ▸ Onlinebilder** das Fenster **Online-Bilder**. Geben Sie in das Suchfeld den Suchbegriff »Umzug« ein und drücken Sie ↵. Sofort werden die Treffer präsentiert. Markieren Sie eine Grafik, und klicken Sie auf **Einfügen**.

Grußkarte (Forts.)

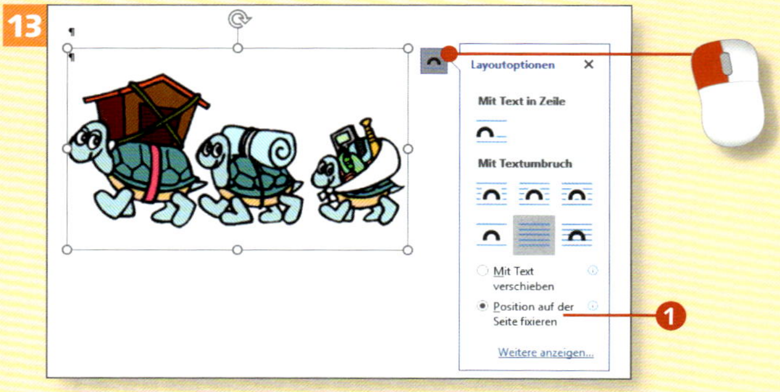

Schritt 13

Passen Sie die Größe der Grafik an, positionieren Sie sie, und setzen Sie sie in den Hintergrund. Dazu klicken Sie auf **Layoutoptionen** und wählen die Textumbruchart **Hinter den Text** (wegen einer Zeile, die später noch hinzugefügt wird). Aktivieren Sie im Menü auch gleich die Option **Position auf der Seite fixieren** ❶.

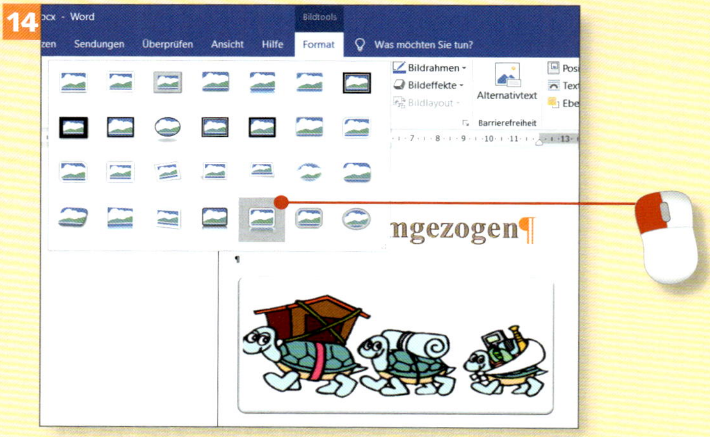

Schritt 14

Über eine Formatvorlage erhält das Bildchen einen besonderen Pfiff. Markieren Sie das Bild, und klicken Sie auf der Registerkarte **Bildtools/Format** auf den Pfeil der Rubrik **Bildformatvorlagen**. Wählen Sie im Menü z. B. **Reflektierte Abschrägung, weiß**.

Schritt 15

Wandern Sie mit der [↵]-Taste ein wenig nach unten, und schreiben Sie die nächste Zeile. Markieren Sie die Zeile, und formatieren Sie sie mit dem Schriftgrad 20 Pt. und über das Menü der Schaltfläche **Schriftfarbe** mit einer Farbe nach Wunsch. Wir haben **Rot** gewählt.

Schritt 16

Zu guter Letzt fügen Sie noch ein Textfeld ein, damit Sie einen Text frei auf der Seite positionieren können. Klicken Sie auf der Registerkarte **Einfügen** auf **Textfeld ▸ Textfeld erstellen**. Der Mauszeiger wird – wie bei anderen Formen – zu einem Kreuz. Ziehen Sie das Textfeld mit gedrückter Maustaste auf.

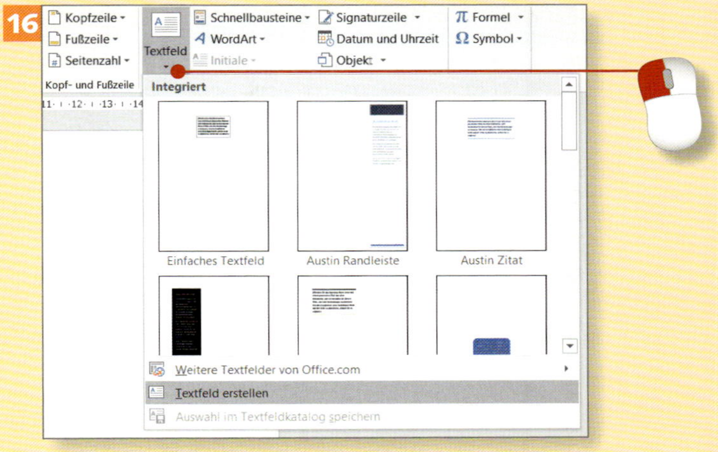

Schritt 17

Schreiben Sie den Text in das Textfeld. Um es zu positionieren, zeigen Sie mit der Maus auf den Rand, sodass der Vierfachpfeil erscheint. Dann ziehen Sie das Textfeld an die passende Stelle.

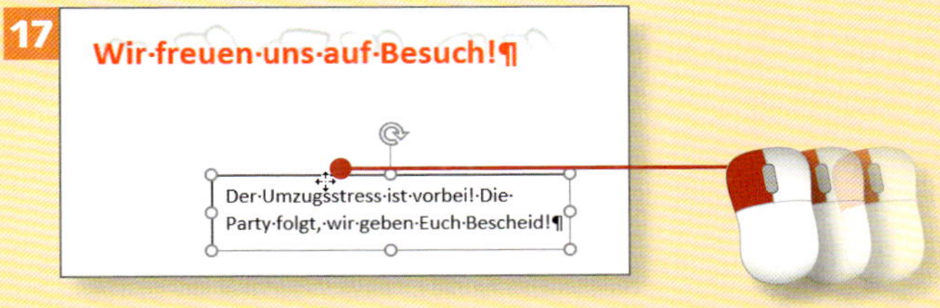

Schritt 18

Stellen Sie den Zoom so ein, dass Sie beide Seiten des Flyers und alle Elemente gut sehen. Nehmen Sie Änderungen vor, wenn Sie noch nicht zufrieden sind. Speichern Sie Ihr Dokument nach, oder klicken Sie auf **Datei ▸ Speichern unter**, sofern es noch nicht abgelegt ist.

Die Karte als PDF

Wenn Sie die Karte in großen Stückzahlen anfertigen wollen, speichern Sie sie über **Datei ▸ Exportieren** als PDF.

Rechnung

1
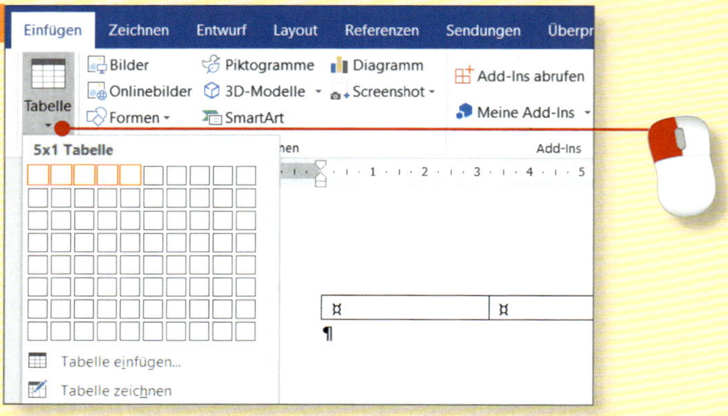

2
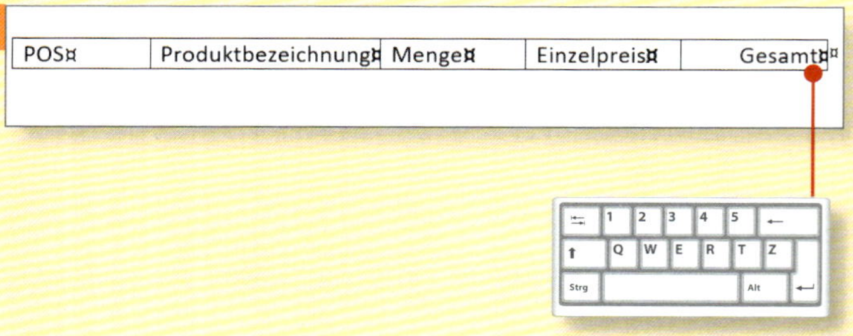

3
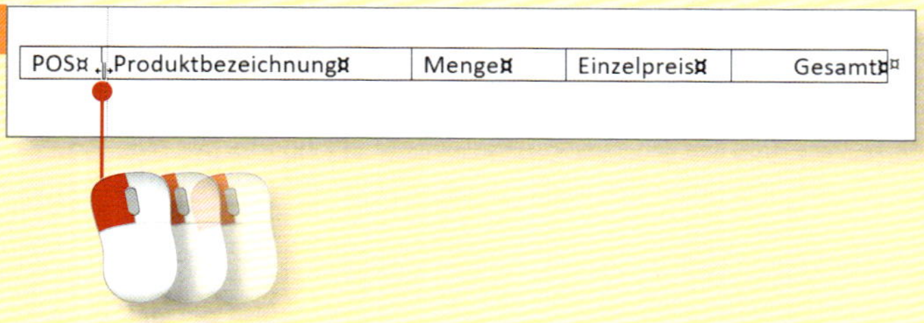

Rechnungen kann man mit Excel schreiben, aber auch Word bietet dafür gute Möglichkeiten – sogar Rechenoperationen können Sie an Word delegieren. Der Clou ist, dass sich die Ergebnisse anpassen lassen, wenn sich die zugrunde liegenden Zahlen ändern.

Schritt 1

Für eine klassische Rechnung benötigen Sie fünf Spalten. Legen Sie also über **Einfügen ▸ Tabelle** fünf Spalten an. Um die Anzahl der Zeilen brauchen Sie sich erst einmal nicht zu kümmern.

Schritt 2

In der ersten Zeile der Tabelle stehen die Überschriften. Geben Sie z. B. »POS«, »Produktbezeichnung«, »Menge«, »Einzelpreis« und »Gesamt« ein.

Schritt 3

Passen Sie die Spaltenbreite an. Die Spalte *POS* enthält lediglich eine Nummer, kann also sehr schmal sein. Setzen Sie den Cursor an die rechte vertikale Linie, und ziehen Sie sie mit gedrückter Maustaste nach links. Die Spalte *Produktbezeichnung* verbreitern Sie dafür etwas.

Euro-Zeichen

Das Euro-Zeichen erzeugen Sie, indem Sie die Taste [Alt Gr] gedrückt halten und [E] drücken.

Schritt 4

Setzen Sie den Cursor in die letzte Spalte, und drücken Sie die ⇆-Taste. Sie erhalten eine neue Zeile. Schreiben Sie nun den Text für die Rechnung: »001« in der Spalte *POS*, dann die Produktbezeichnung etc.

4

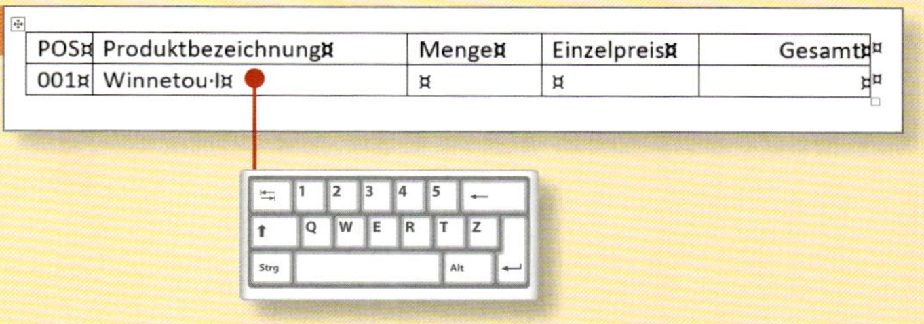

POS	Produktbezeichnung	Menge	Einzelpreis	Gesamt
001	Winnetou I			

Schritt 5

Die Spalte *Gesamt* lassen Sie frei, da Sie die Aufgabe der Berechnung (Menge × Einzelpreis) später Word überlassen.

5

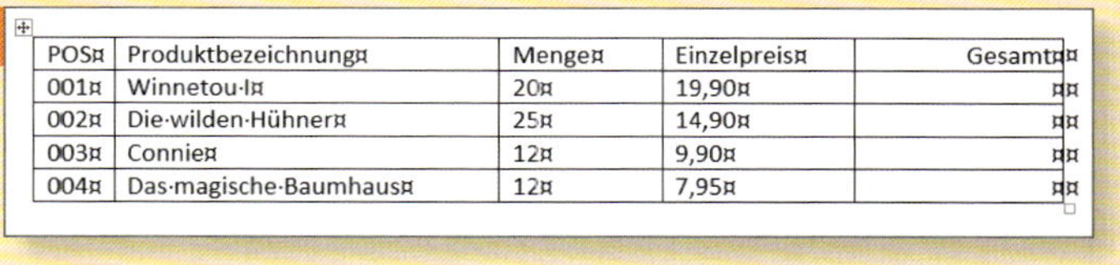

POS	Produktbezeichnung	Menge	Einzelpreis	Gesamt
001	Winnetou I	20	19,90	
002	Die wilden Hühner	25	14,90	
003	Connie	12	9,90	
004	Das magische Baumhaus	12	7,95	

Schritt 6

Formatieren Sie nun die erste Zeile der Rechnung. Markieren Sie dazu die gesamte Zeile, stellen Sie eine Schriftgröße von **14 Pt.** ein ❶, und setzen Sie den markierten Text auf **Fett**. Welche Schriftart Sie wählen, bleibt Ihnen überlassen.

6

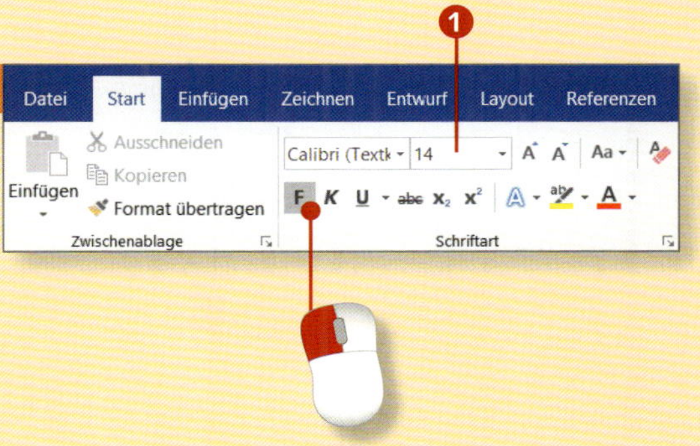

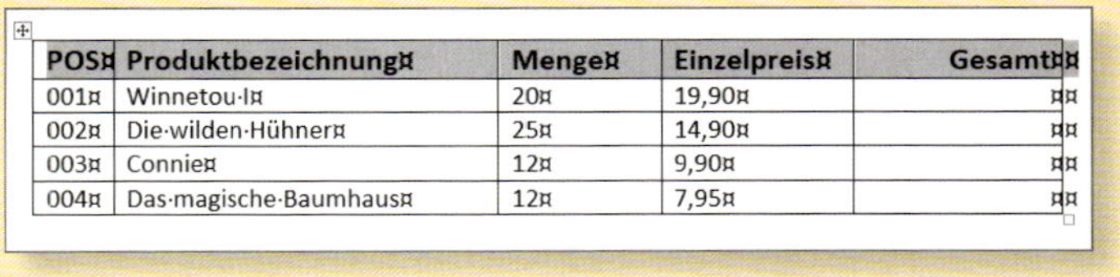

POS	**Produktbezeichnung**	**Menge**	**Einzelpreis**	**Gesamt**
001	Winnetou I	20	19,90	
002	Die wilden Hühner	25	14,90	
003	Connie	12	9,90	
004	Das magische Baumhaus	12	7,95	

Zeilen markieren

Sie können eine Zeile markieren, indem Sie den Mauszeiger links neben die Zeile setzen (Sie sehen einen Pfeil) und dann klicken.

Rechnung (Forts.)

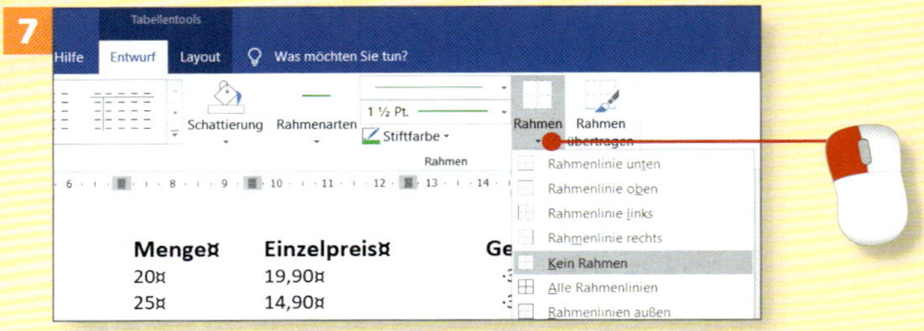

Schritt 7

Wenn Sie sich nicht alle Linien anzeigen lassen möchten, markieren Sie die Tabelle und entfernen zunächst alle Linien. Klicken Sie dazu auf der Registerkarte **Tabellentools/Entwurf** auf **Rahmen ▸ Kein Rahmen**.

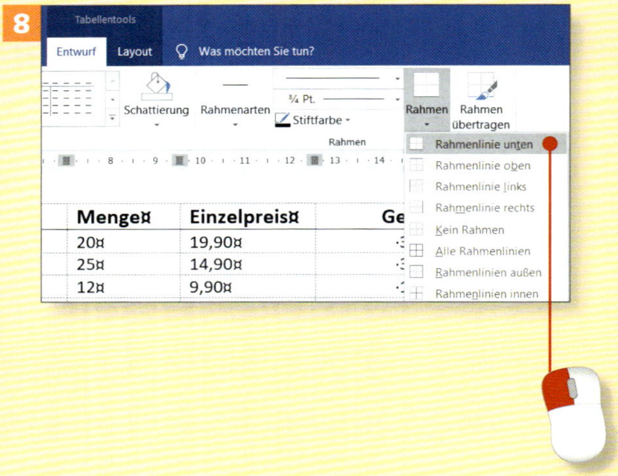

Schritt 8

Markieren Sie nun die erste Zeile. Wählen Sie im Menü der Schaltfläche **Rahmen** die Option **Rahmenlinie unten** und dann **Rahmenlinie oben**.

Schritt 9

Fügen Sie eine neue Zeile hinzu. Setzen Sie den Cursor dazu in die letzte Zelle, und drücken Sie [⇆]. Schreiben Sie »Gesamtbetrag« in die zweite Spalte.

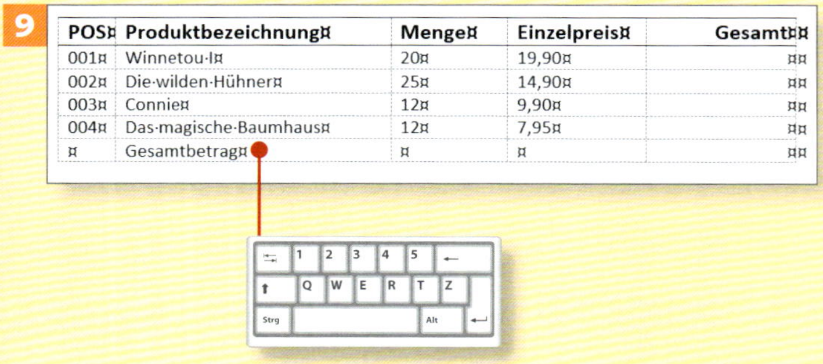

Gitternetzlinien

Ob Sie nach der Formatierung der Linien noch »zarte« Linien auf dem Bildschirm sehen oder nicht, hängt von den Einstellungen der Gitternetzlinien ab. Sie (de)aktivieren sie auf der Registerkarte **Layout** über die Schaltfläche **Gitternetzlinien anzeigen**.

Schritt 10

Fügen Sie zwei weitere Zeilen hinzu. Schreiben Sie »Mehrwertsteuer« in die zweite Spalte, und »19 %« in die dritte (der Eintrag »19 %« gehört in eine neue Zelle, damit Sie damit rechnen können). In die letzte Zeile schreiben Sie »Bruttobetrag«.

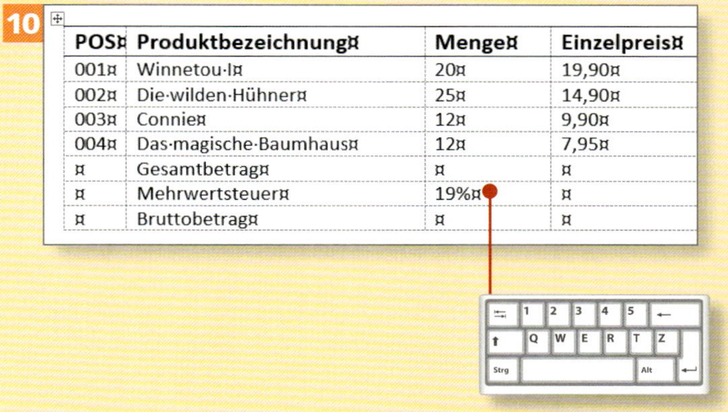

POS¤	Produktbezeichnung¤	Menge¤	Einzelpreis¤
001¤	Winnetou·I¤	20¤	19,90¤
002¤	Die·wilden·Hühner¤	25¤	14,90¤
003¤	Connie¤	12¤	9,90¤
004¤	Das·magische·Baumhaus¤	12¤	7,95¤
¤	Gesamtbetrag¤	¤	¤
¤	Mehrwertsteuer¤	19%¤	¤
¤	Bruttobetrag¤	¤	¤

Schritt 11

Auch über der Zeile *Gesamtbetrag* soll eine Linie zu sehen sein. Markieren Sie also die Zeile, und wählen Sie im Menü der Schaltfläche **Rahmen** die Option **Rahmenlinie oben**.

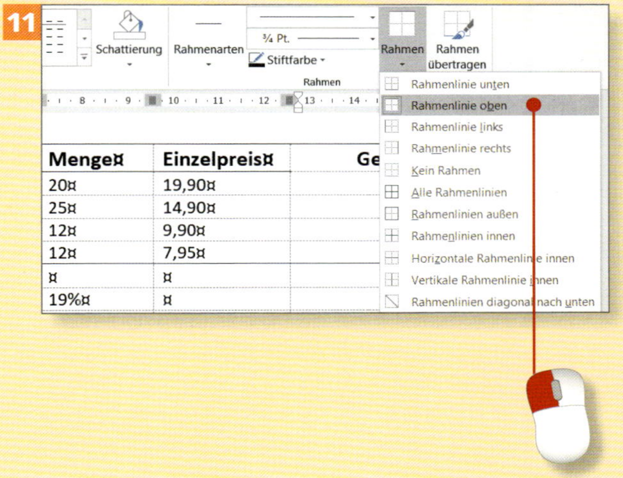

Schritt 12

In der letzten Zelle wird der Bruttobetrag stehen. Auch sie soll Linien erhalten. Markieren Sie nur diese Zelle, und klicken Sie auf **Rahmen ▸ Rahmen und Schattierung** (weil Sie eine doppelte Linie brauchen). Alternativ könnten Sie auch mit dem Symbol **Rahmenarten** auf der Registerkarte **Entwurf** arbeiten.

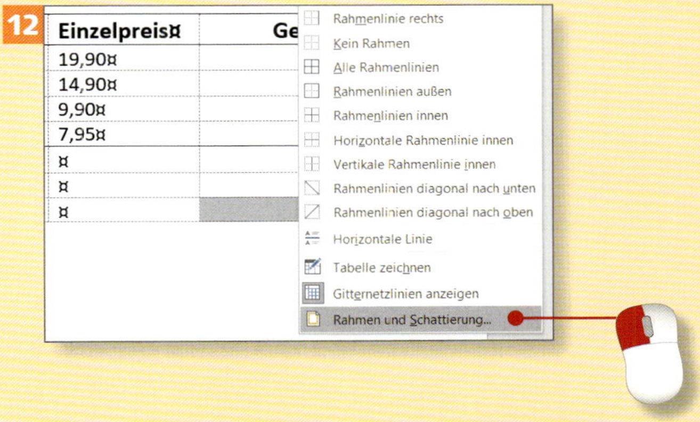

Rechnung (Forts.)

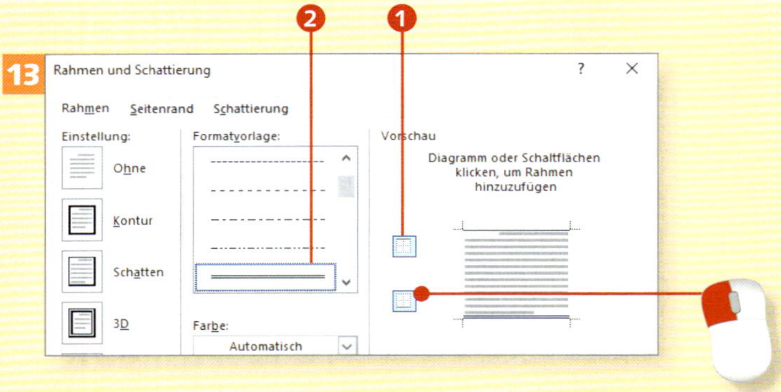

Schritt 13

Klicken Sie im Vorschaubereich auf das Symbol für eine Linie oben ❶, wählen Sie dann in der Liste **Formatvorlagen** eine doppelte Linie ❷, und klicken Sie danach auf das Symbol für eine Linie unten. Bestätigen Sie mit **OK**.

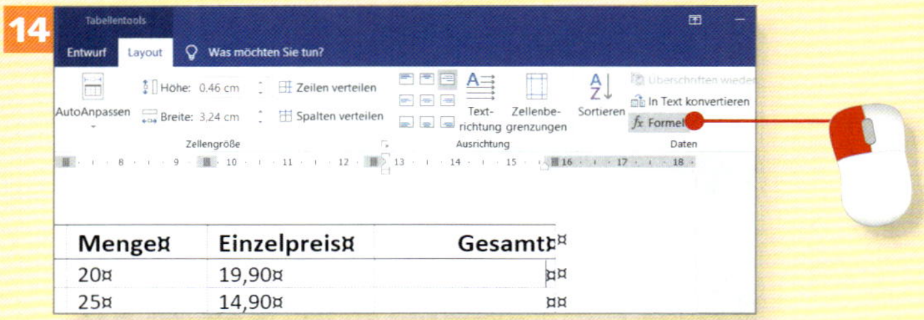

Schritt 14

Die Tabelle ist vorbereitet; nun fehlen nur noch die berechneten Beträge. Setzen Sie den Cursor in die erste Zeile der Spalte *Gesamt*. Klicken Sie auf der Registerkarte **Tabellentools/Layout** auf **Formel**.

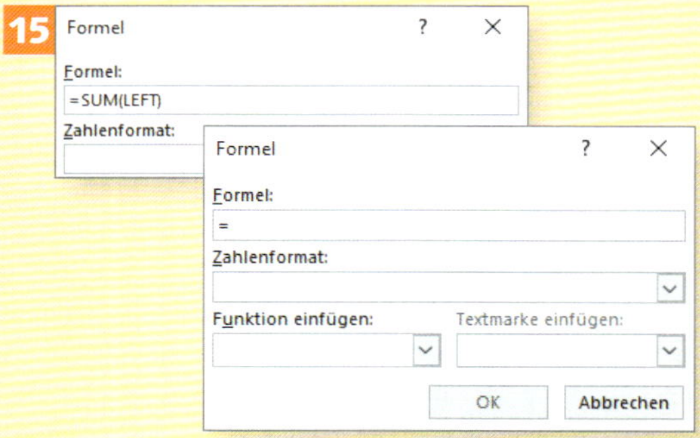

Schritt 15

Im Dialog **Formel** geben Sie die Formel bzw. Funktion ein, die Sie für die Berechnung benötigen. Word schlägt **SUM** vor, was an dieser Stelle nicht funktioniert, weil Sie multiplizieren wollen. Löschen Sie durch Drücken der Taste ← den Eintrag **SUM(LEFT)**, aber nicht das Gleichheitszeichen. Die Angabe **LEFT** drückt aus, dass die Zahlen, mit denen Sie rechnen wollen, links vom Cursor stehen.

»LEFT« und »ABOVE«

Word akzeptiert auch deutsche Begriffe. Anstelle von »LEFT« können Sie auch »links« schreiben (oder »RIGHT« bzw. »rechts«), anstelle von »ABOVE« geht auch »über«, anstelle von »BELOW« auch »unter«.

Schritt 16

Wählen Sie im Feld **Funktion einfügen** die Funktion **PRODUCT**. In die Klammer im Feld **Formel** schreiben Sie dann »left« ❸. Im Feld **Zahlenformat** wählen Sie ein Format mit zwei Nachkommastellen ❹. Bestätigen Sie die Formel mit **OK**.

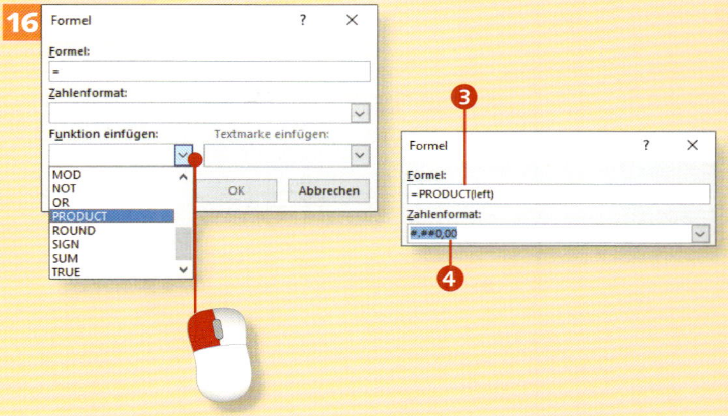

Schritt 17

Diese Formel setzen Sie auch für die nächsten drei Zeilen ein. In der Zelle, in der der Gesamtbetrag zu errechnen ist, können Sie den Vorschlag **=SUM(ABOVE)** mit **OK** übernehmen, denn es geht ja darum, die Summe der Zahlen über dem Cursor zu bilden.

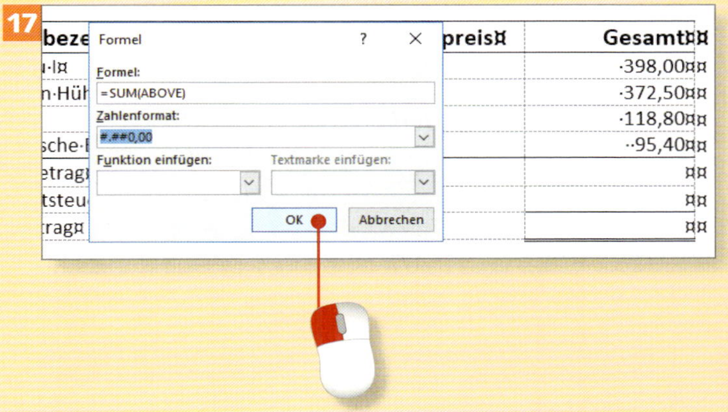

Schritt 18

Bei der Zelle mit der Mehrwertsteuer geben Sie im Feld **Formel** »=e6*19%« ein (e6 ist die »Adresse« der Zelle mit dem Gesamtbetrag), für die Zelle mit dem Bruttobetrag »=e6+e7«. Um die Berechnung zu aktualisieren, markieren Sie die gesamte Tabelle und drücken F9.

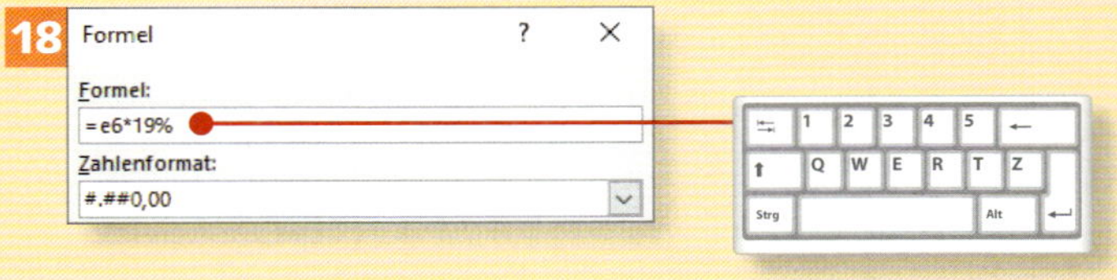

Menge¤	Einzelpreis¤	Gesamt¤¤
20¤	19,90¤	398,00¤¤
25¤	14,90¤	372,50¤¤
12¤	9,90¤	118,80¤¤
12¤	7,95¤	95,40¤¤
¤	¤	984,70¤¤
19%¤	¤	187,09¤¤
¤	¤	1.171,79¤¤

Faxvorlage

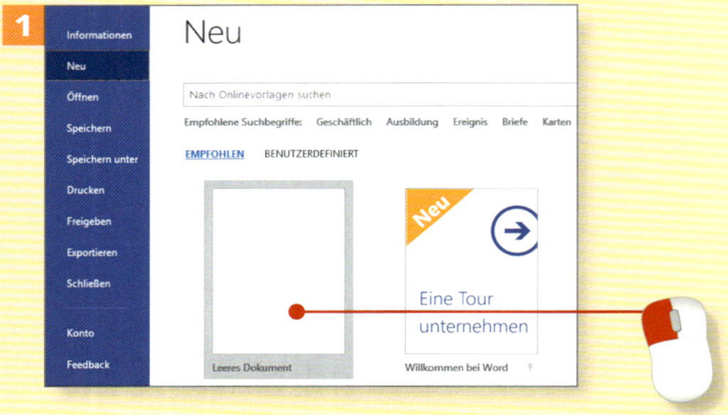

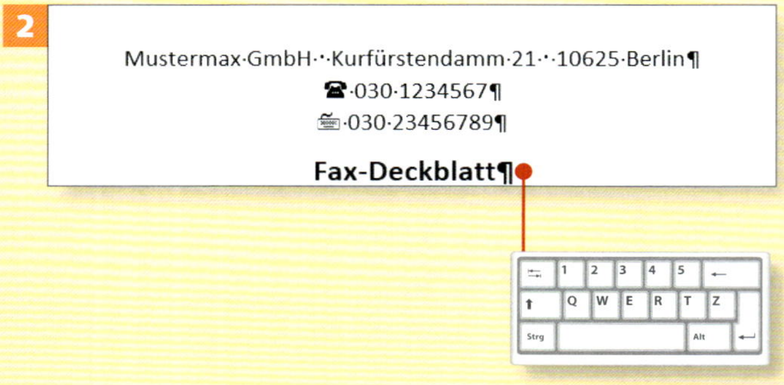

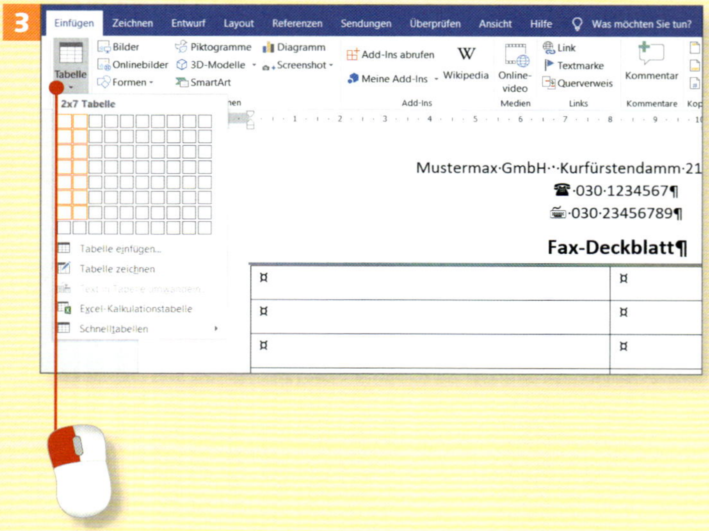

Die Faxvorlage wird als Dokumentvorlage erstellt. Textvorgaben und Kästchen zum Ankreuzen erleichtern die Eingabe und dem Empfänger das Verständnis.

Schritt 1

Klicken Sie auf **Datei ▸ Neu**, und beginnen Sie Ihre Arbeit an der Faxvorlage mit einem leeren Dokument. Klicken Sie also auf **Leeres Dokument**.

Schritt 2

Schreiben Sie nun am Kopf der Seite Ihren Firmennamen, Ihre Adresse und als Überschrift »Fax-Deckblatt«. Formatieren Sie nach Belieben. Hier ist der obere Rand des Blattes auf 1 cm gesetzt. Das Telefon- und Fax-Symbol und das Trennzeichen sind Symbole aus der Schriftart **Wingdings**.

Schritt 3

Als Nächstes fügen Sie eine zweispaltige Tabelle mit sieben Zeilen ein. Klicken Sie dazu auf der Registerkarte **Einfügen** auf **Tabelle**, und markieren Sie mit der Maus zwei Spalten und sieben Zeilen.

Schritt 4

Die Spalten der unteren drei Zeilen sollen verbunden werden. Markieren Sie die erste der drei Zeilen, und klicken Sie auf der Registerkarte **Tabellentools/Layout** auf **Zellen verbinden**. Verfahren Sie mit den anderen beiden Zeilen ebenso.

4

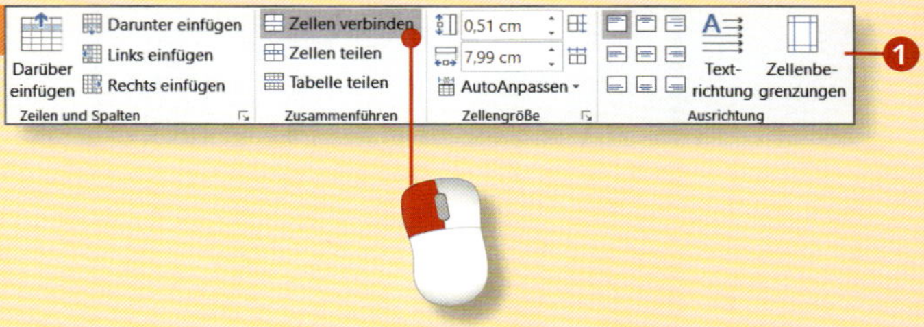

Schritt 5

Den Abstand zwischen den Linien stellen Sie folgendermaßen ein: Klicken Sie auf der Registerkarte **Tabellentools/Layout** rechts auf **Zellenbegrenzungen** ❶. Aktivieren Sie im Dialog die Option **Abstand zwischen Zellen zulassen**, und wählen Sie im Feld daneben »0,15 cm«.

5

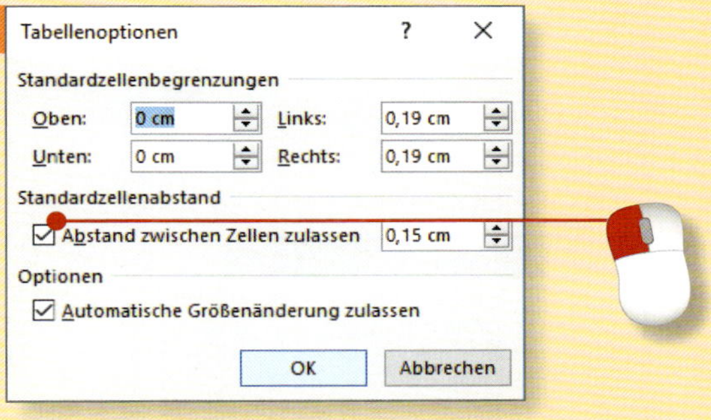

Schritt 6

Geben Sie nun den Text in die Tabelle ein. Drücken Sie nach der Eingabe für die späteren Eingabefelder jeweils einmal ↵. In der vorletzten Zeile geben Sie untereinander »Dringend«, »Zur Kenntnis«, »Zur Stellungnahme«, »Mit Dank zurück« und »Zum Verbleib« ein. In die letzte Zeile schreiben Sie »Bemerkung/Kommentar«.

6

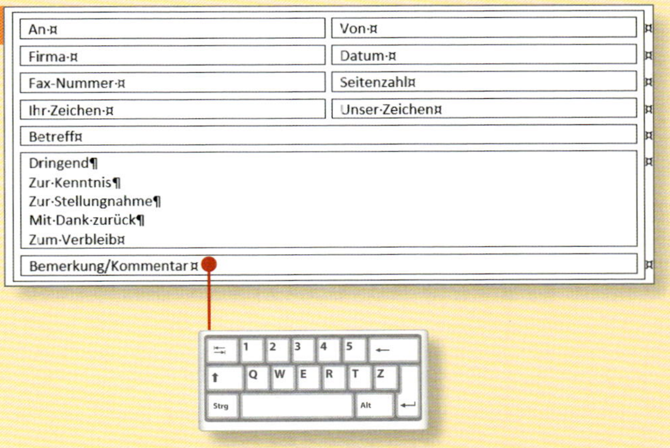

Faxvorlage (Forts.)

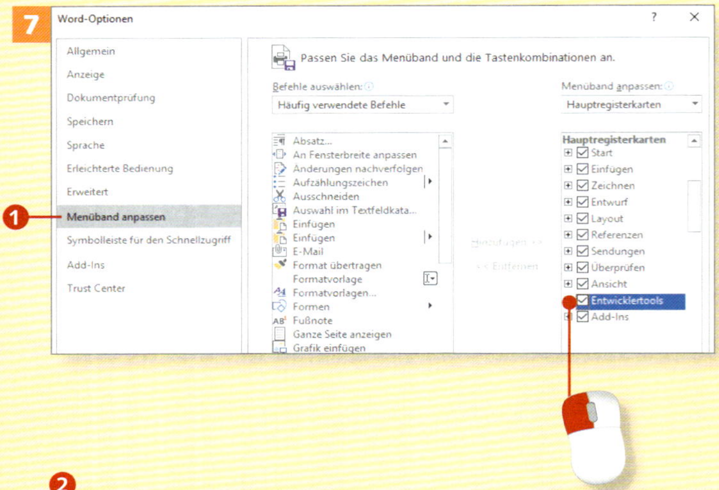

Schritt 7

Aktivieren Sie gegebenenfalls die Registerkarte **Entwicklertools**, um die Formularfelder einfügen zu können. Klicken Sie dazu auf **Datei ▸ Optionen**, und wechseln Sie zu **Menüband anpassen** ❶. Aktivieren Sie unter **Hauptregisterkarten** das Häkchen vor **Entwicklertools**. Schließen Sie den Dialog mit **OK**.

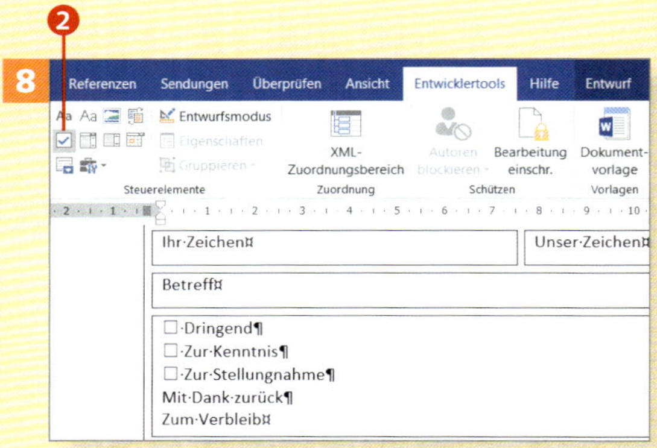

Schritt 8

Um Kästchen zum Ankreuzen einzufügen, setzen Sie den Cursor an den Anfang der jeweiligen Zeile (beginnend bei »Dringend«) und klicken auf der Registerkarte **Entwicklertools** auf **Kontrollkästchensteuerelement** ❷.

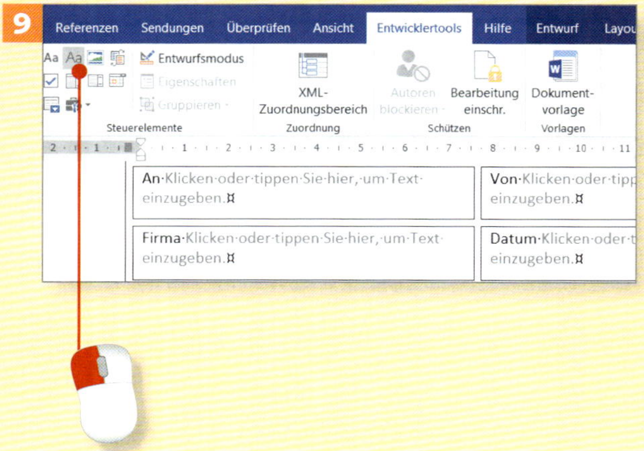

Schritt 9

Nun setzen Sie den Cursor in eine Zelle, in die später Text eingetragen werden soll. Fügen Sie dann mit der Schaltfläche **Nur-Text-Inhaltssteuerelement** ein Eingabefeld für Text ein (hier taucht nun ein entsprechender Text auf). Verfahren Sie ebenso mit den anderen Zellen.

Schritt 10

Damit »Klicken Sie hier …« nicht mit ausgedruckt wird, müssen Sie die Felder als **Ausgeblendet** formatieren. Markieren Sie dazu nach und nach alle Felder, und öffnen Sie den Dialog **Schriftart** (Registerkarte **Start**). Aktivieren Sie hier die Option **Ausgeblendet**.

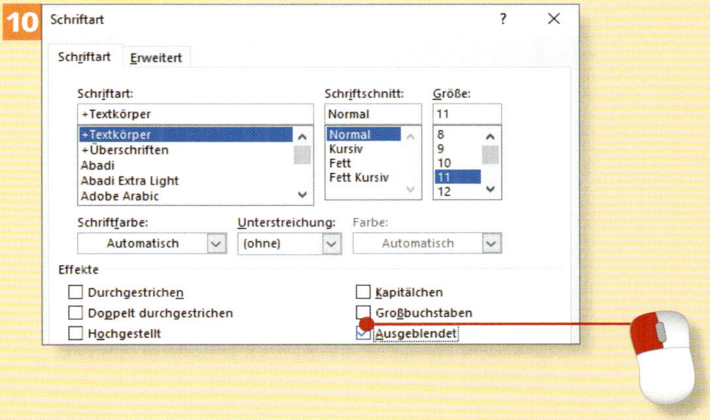

Schritt 11

Im untersten Eingabefeld sollen Zeilenumbrüche möglich sein. Markieren Sie das Feld, und klicken Sie auf der Registerkarte **Entwicklertools** auf **Eigenschaften** ❸. Im Dialog aktivieren Sie die Option **Wagenrückläufe zulassen (mehrere Absätze)**.

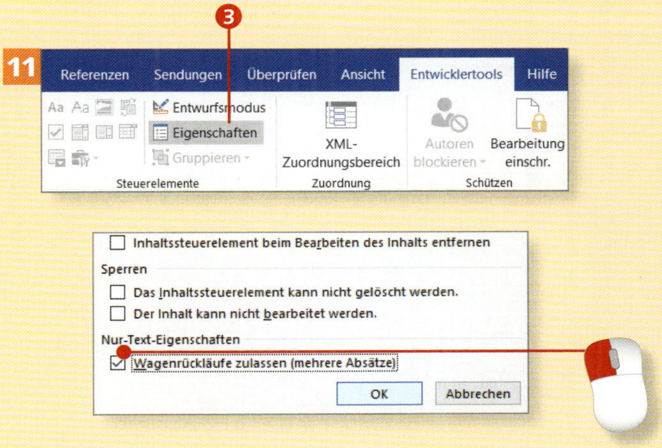

Schritt 12

Nun müssen Sie das Dokument noch schützen, um nur Texteingaben in den dafür vorgesehenen Feldern zuzulassen. Klicken Sie auf **Bearbeitung einschr.**.

!

Absätze in Textfeldern

Ohne die Einstellung aus Schritt 11 kann zwar langer Text in das Feld eingegeben werden, aber das Drücken von ↵ erzeugt keinen Absatz.

Faxvorlage (Forts.)

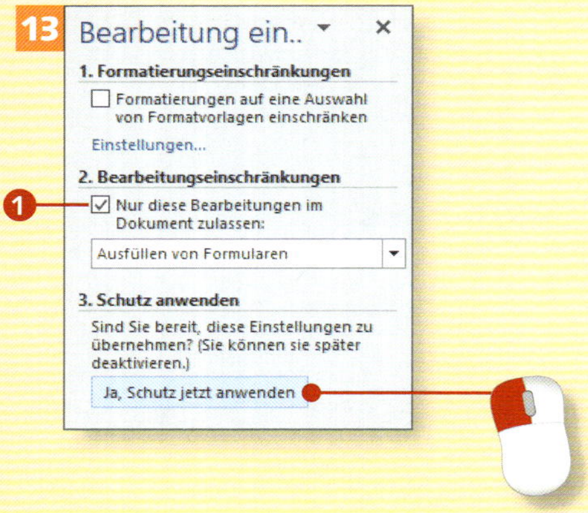

Schritt 13

Daraufhin wird rechts der Aufgabenbereich **Bearbeitung einschränken** geöffnet. Aktivieren Sie hier die Option **Nur diese Bearbeitungen im Dokument zulassen** ❶, und wählen Sie im Auswahlfeld darunter die Option **Ausfüllen von Formularen**. Klicken Sie dann auf **Ja, Schutz jetzt anwenden**.

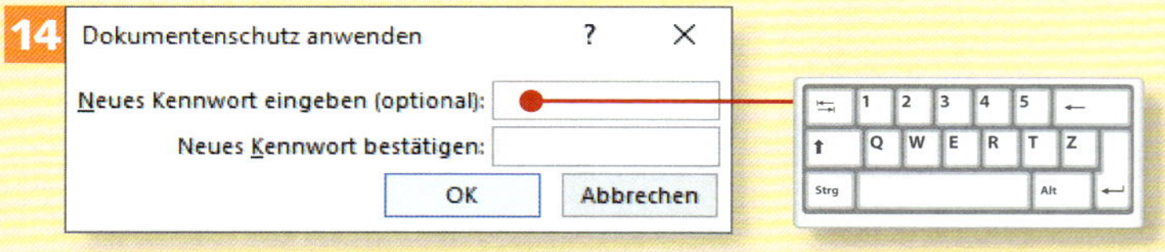

Schritt 14

Im Dialog **Dokumentenschutz anwenden** können Sie ein Kennwort eingeben, ohne das der Dokumentschutz nicht aufgehoben werden kann. Wenn Sie kein Kennwort eingeben, kann jeder den Schutz aufheben, aber das Dokument ist dennoch vor versehentlichen Änderungen gefeit – was im Allgemeinen ausreicht.

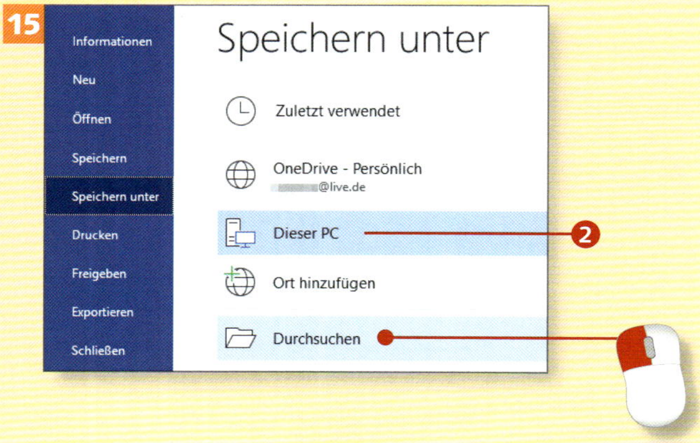

Schritt 15

Die Dokumentvorlage ist nun fertig und kann gespeichert werden. Klicken Sie dazu auf **Datei ▸ Speichern unter**. Markieren Sie **Dieser PC** ❷, und klicken Sie dann auf **Durchsuchen**.

Schutz aufheben

Um geschützte Dokumente zu ändern, klicken Sie auf der Registerkarte **Entwicklertools** auf **Bearbeitung einschr.** und im Aufgabenbereich dann auf **Schutz aufheben**.

Schritt 16

Wählen Sie im Dialog **Speichern unter** über die Auswahl des Feldes **Dateityp** ❸ den Typ **Word-Vorlage**. Der Vorlagenordner wird automatisch geöffnet ❹. Geben Sie der Vorlage einen Namen, und speichern Sie sie. Dann können Sie sie schließen.

16

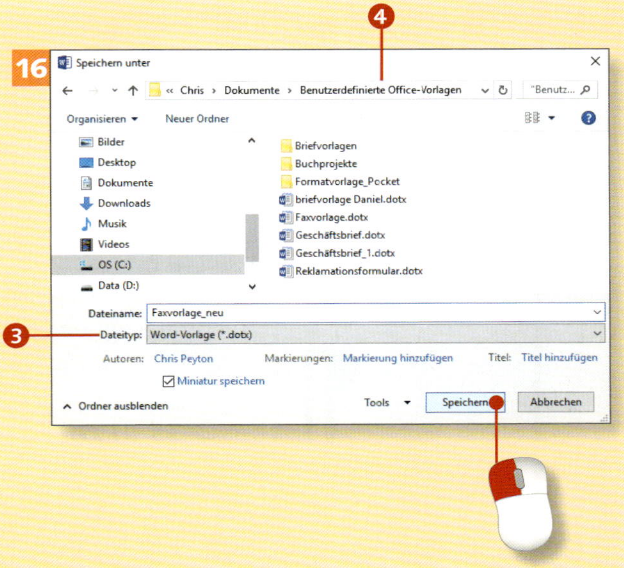

Schritt 17

Um die Faxvorlage zu verwenden, klicken Sie auf **Datei ▸ Neu** und dann auf den Link **Benutzerdefiniert ▸ Benutzerdefinierte Office-Vorlagen**. Wählen Sie die soeben gespeicherte Vorlage aus, indem Sie sie anklicken.

17

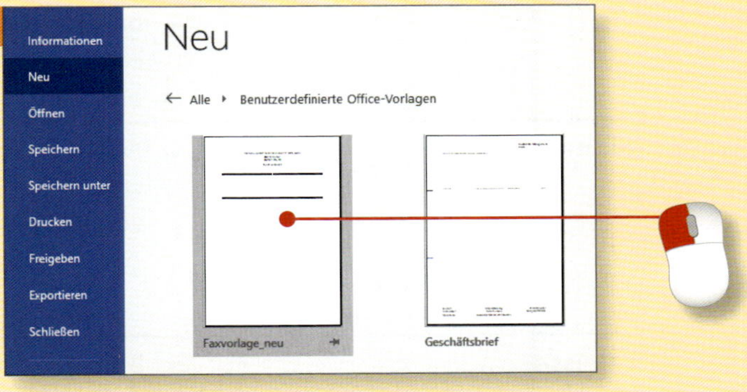

Schritt 18

Im neuen Dokument können Sie aufgrund des eingestellten Schutzes nur in den vorgegebenen Feldern Text eingeben und die Ankreuzfelder aktivieren. Alle anderen Änderungen am Dokument werden unterbunden.

18

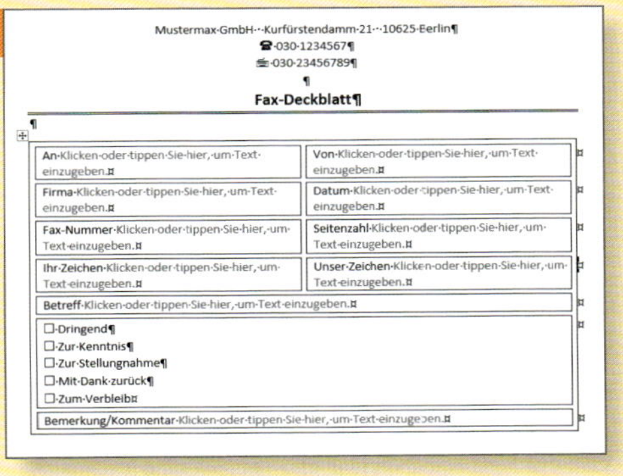

Glossar

Absatz

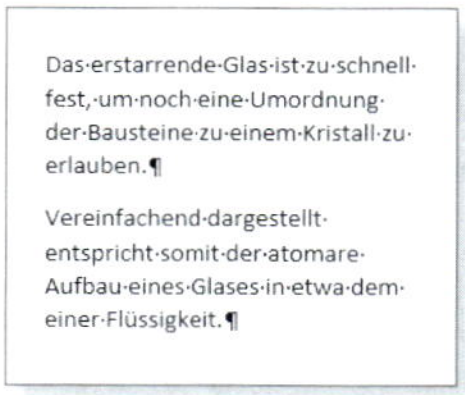
Das·erstarrende·Glas·ist·zu·schnell·fest,·um·noch·eine·Umordnung·der·Bausteine·zu·einem·Kristall·zu·erlauben.¶

Vereinfachend·dargestellt·entspricht·somit·der·atomare·Aufbau·eines·Glases·in·etwa·dem·einer·Flüssigkeit.¶

Ein Absatz ist der Text zwischen zwei Absatzmarken. Sobald Sie die ↵-Taste drücken, erzeugen Sie einen neuen Absatz, der beendet wird, wenn Sie erneut ↵ drücken. Dazwischen steht Fließtext, also fortlaufender Text.

Absatzmarke

Wird durch das Drücken von ↵ in einem Word-Text erzeugt und gehört zu den Formatierungszeichen, die im Ausdruck nicht sichtbar sind.

Ausrichtung

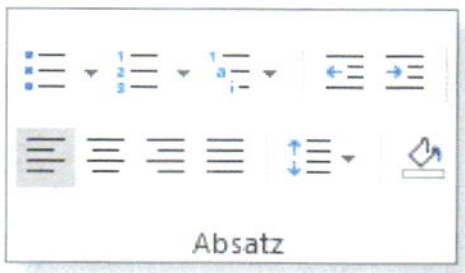

Die Ausrichtung bezieht sich auf die Anordnung von Absätzen auf einer Seite. Standardmäßig ist sie linksbündig (die ersten Zeichen stehen Zeile für Zeile untereinander), Absätze können aber auch zentriert, rechtsbündig oder im Blocksatz ausgerichtet werden.

Aufzählungszeichen

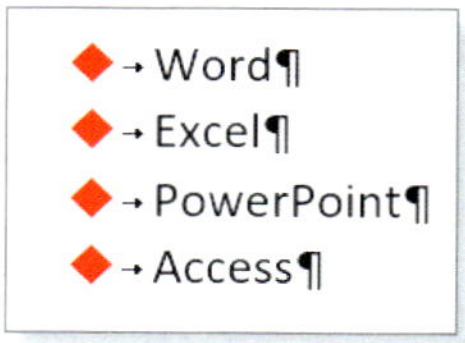

Aufzählungszeichen werden einzelnen Zeilen einer Liste vorangestellt. Sie dienen der Abhebung und Gestaltung von Textpassagen.

Bildlaufleiste

Befindet sich in vielen Programmfenstern am rechten und am unteren Rand. Man kann innerhalb der Fenster navigieren, indem man mit gedrückter Maustaste an dem Balken zieht oder auf die Pfeile klickt.

Bildschirmtastatur

Die virtuelle Tastatur, die sich bei Laptops mit Touchscreen einblenden lässt. Auf dieser Tastatur kann man die Buchstaben, Ziffern und Zeichen antippen, um zu schreiben.

Glossar

Cursor

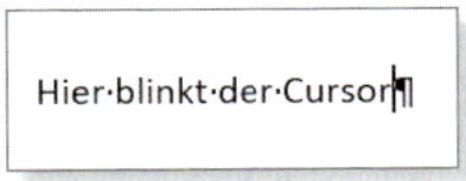

Auch *Einfügemarke* genannt. Kennzeichnet die aktuelle Bearbeitungsposition in einem Computerprogramm. Bei einem Textverarbeitungsprogramm zeigt er z. B. die Stelle auf dem Bildschirm an, an der Tastatureingaben eingefügt werden. Er wird meist als senkrechter oder waagerechter Strich dargestellt.

Datei

Besteht aus inhaltlich zusammengehörigen Daten, die unter einem Dateinamen und in einem bestimmten Dateiformat auf einem Datenträger oder Speichermedium gespeichert sind. Dateien sind »persistent«, weil sie trotz der Beendigung des Programms nicht verloren gehen.

Dateiformat

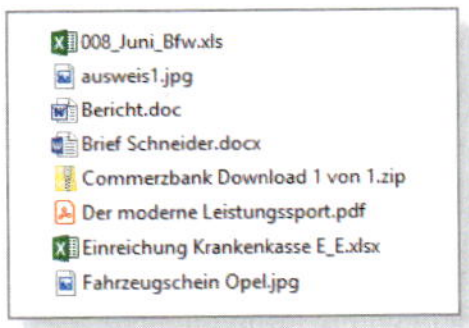

Legt den Inhalt von Dateien fest und ist bestimmten Anwendungsprogrammen zugeordnet. Wichtig ist dabei die Einhaltung der vereinbarten Konventionen über die Strukturierung der Informationen eines bestimmten Datentyps (z. B. Text oder Audio). Nur so können die Computer- und Anwendungsprogramme diese Dateiformate lesen. Ein Dateiformat wird durch die Dateinamenerweiterung gekennzeichnet, z. B. *.docx*.

Design

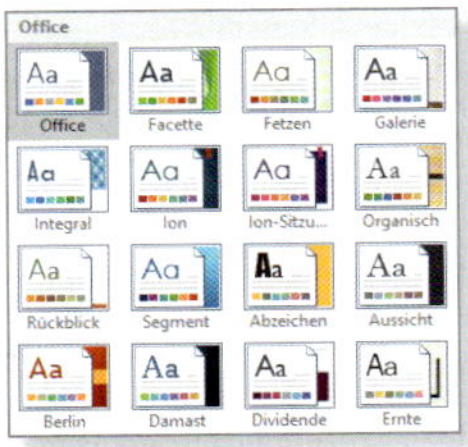

Das gewählte Design bestimmt das Aussehen des gesamten Dokuments, einschließlich Schriftarten, -farben oder Texteffekten. Word 2019 bietet im Dateiformat *.docx* zahlreiche Designs an.

Drag & Drop

Methode, um Text auszuschneiden und einzufügen. Sie markieren den Text und ziehen ihn (*Drag*) mit gedrückter Maustaste an die gewünschte Stelle im Dokument. Dort lassen Sie ihn »fallen« (*Drop*), indem Sie die Maustaste loslassen.

Glossar

Dokumentvorlage

Dokumentvorlagen sind vorgefertigte Dokumente. Sie können Formatierungen, Text und andere Elemente enthalten. Selbst erstellte Dokumente werden unter **Benutzerdefinierte Office-Vorlagen** gesammelt. Word 2019 bietet viele Vorlagen zu unterschiedlichen Themen, die Sie aus dem Internet herunterladen können.

Einzug

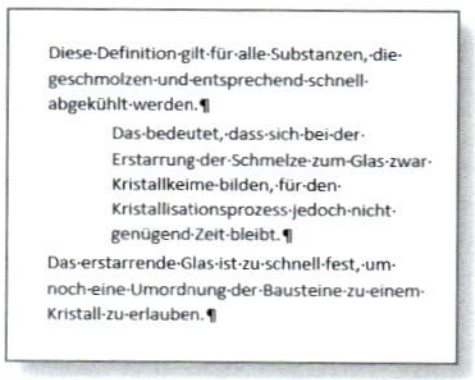

Wenn man Text ein wenig vom eingestellten Seitenrand aus einrückt (meistens vom linken Seitenrand), spricht man von einem Einzug. Der Befehl wirkt sich auf den Absatz aus, in dem der Cursor steht.

Entwurfsansicht

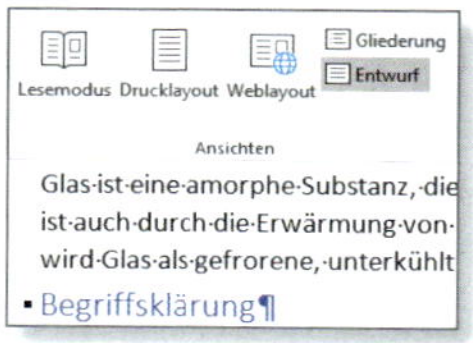

Die Entwurfsansicht ist eine der möglichen Ansichten in Word. Im Gegensatz zum Seitenlayout werden hier keine Ränder, Seitenumbrüche o. Ä. angezeigt; das Dokument sieht also nicht so aus wie der Ausdruck.

Fingereingabe

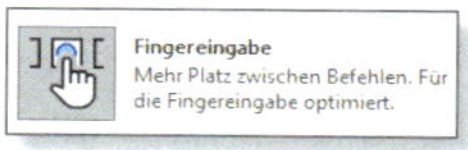

Die Möglichkeit, die Funktionen des Programms durch Berührung mit dem Finger zu bedienen, sofern man an einem Touchscreen arbeitet. Word 2019 bietet einen speziellen Fingereingabemodus für die Fingereingabe an, bei dem die Abstände zwischen den Schaltflächen größer sind, sodass man sie besser »treffen« kann.

Formatieren

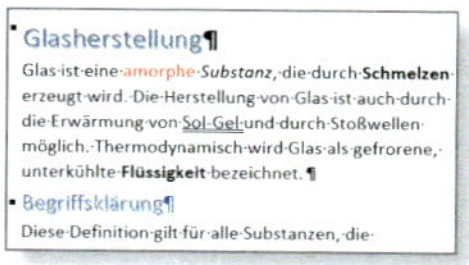

Die optische Bearbeitung eines Textes nennt man Formatieren. Man unterscheidet zwischen *Zeichenformatierung* (die Veränderung einzelner markierter Zeichen), *Absatzformatierung* (die Bearbeitung von Absätzen) und *Seitenformatierung* (die Bearbeitung des ganzen Dokuments oder einzelner Abschnitte).

Formatierungszeichen

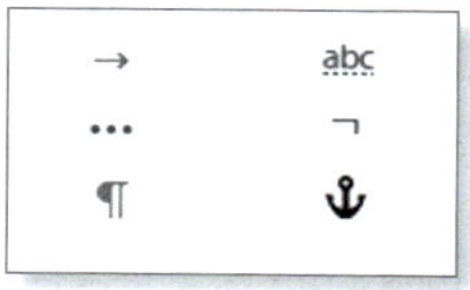

Die Formatierungszeichen wie Absatzmarken und Leerzeichen helfen Ihnen, Ihre Dokumente zu steuern, zu strukturieren und zu korrigieren. Sie sind – mit der Einstellung **Alle anzeigen** – nur auf dem Bildschirm, aber nicht im Ausdruck zu sehen.

Glossar

Formatvorlage

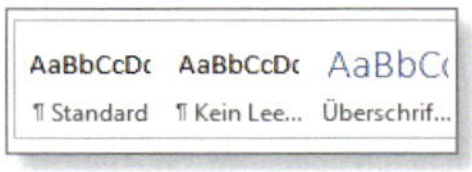

Formatvorlagen sind gebündelte Formatierungen (z. B. eine bestimmte Schriftart oder Schriftgröße), die man einem Absatz per Mausklick zuweisen kann. Auf diese Weise kann man Textabschnitte schnell und gleichbleibend formatieren. Es gibt fertige Formatvorlagen (z. B. **Überschrift 1**), die sich anpassen lassen.

Fußnote

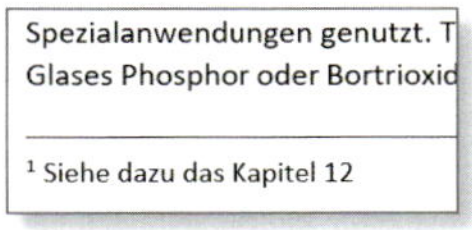

Fußnoten sind Texte, die an den Fuß einer Seite geschrieben werden. Es handelt sich um Ergänzungen zum Textinhalt, z. B. Literaturhinweise, Quellenangaben oder Kommentare. Fußnotenzeichen im Text verweisen auf die Fußnoten, denen das entsprechende Zeichen ebenfalls vorangestellt wird.

Fußzeile

Die Fußzeile ist der Bereich am Fuß der Seite, der Text aufnimmt, der auf jeder Seite des Dokuments stehen soll. Die Wiederholung des Textes erfolgt automatisch. Typischerweise wird der Fußzeilenbereich auch dafür verwendet, Seitenzahlen einzufügen.

Hochformat

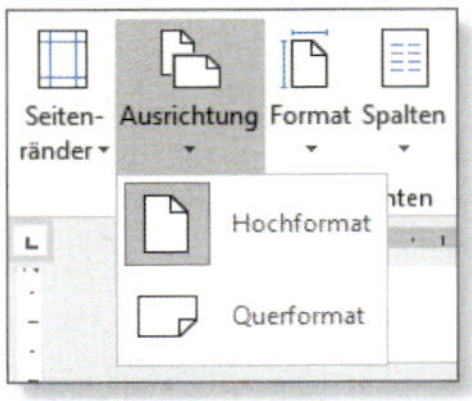

Das Hochformat beschreibt eine Seite, bei der sich die kürzeren Blattkanten oben und unten befinden. Öffnet man ein neues Dokument in Word, ist standardmäßig das Hochformat eingestellt. Das Pendant (mit den längeren Blattkanten oben und unten) ist das Querformat.

Kopfzeile

Die Kopfzeile ist der Bereich am Kopf der Seite, der Text aufnimmt, der auf jeder Seite des Dokuments stehen soll. Die Wiederholung des Textes erfolgt automatisch. Oft steht in der Kopfzeile ein Firmenname, die Überschrift des Kapitels oder der Name des Dokuments.

Glossar

Kopieren

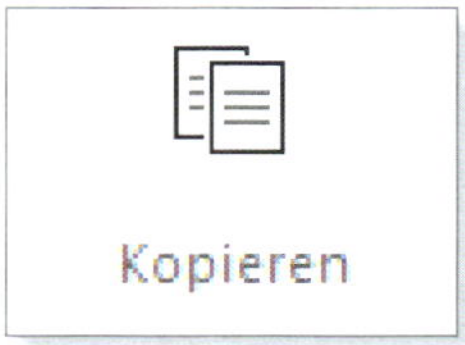

Kopieren bedeutet in der Textverarbeitung, dass eine Textpassage mithilfe des Befehls **Kopieren** dupliziert wird. Die kopierte Textpassage landet in der Zwischenablage und kann dann an anderer Stelle eingefügt werden.

Kursivierung

Die Kursivierung ist eine Schriftauszeichnungsart. Sie dient zur Hervorhebung der Schrift innerhalb von Texten und Textpassagen. Kursivschrift läuft im Gegensatz zur normalen Schrift schräg (normalerweise nach rechts geneigt).

Laufweite

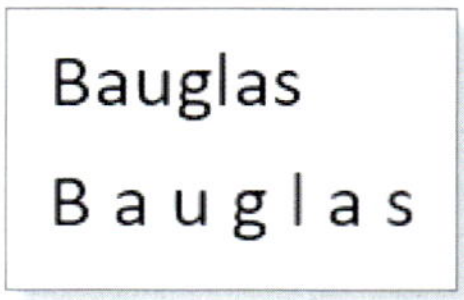

Die Laufweite bezeichnet den Abstand zwischen den Zeichen einer Schrift. In Word kann man die Standardlaufweite einer Schrift sowohl verkleinern (um die Zeichen näher zusammenrücken zu lassen) als auch erweitern (sodass sich der Abstand zwischen den Zeichen vergrößert).

Lesemodus

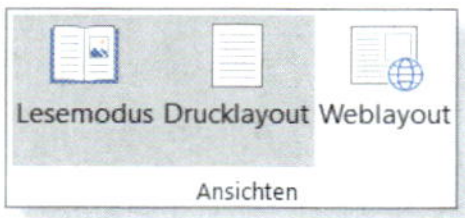

Im Lesemodus wird ein Dokument ohne Menüband wie ein Buch angezeigt. Links und rechts gibt es Pfeile zum Blättern.

Lineal

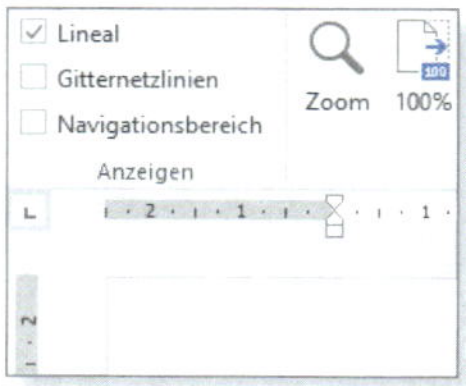

In Word lassen sich Lineale anzeigen. Es gibt das horizontale Lineal am oberen Bildschirmrand und ein vertikales Lineal am linken Rand. Beide sind in Zentimeter gegliedert und zeigen u. a. die Breite der Seitenränder an.

Markieren

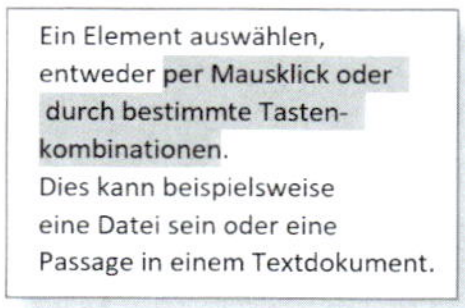

Markieren bedeutet, dass man eine Anzahl von Zeichen auswählt, um Word »mitzuteilen«, dass Formatierungseigenschaften nur auf diesen Text angewandt werden sollen. Üblicherweise markieren Sie mit der linken Maustaste, es geht aber z. B. auch mit ⇧ und einer der Pfeiltasten, mit Tastenkombinationen oder bei einem Touchscreen auch mit dem Finger.

Querformat

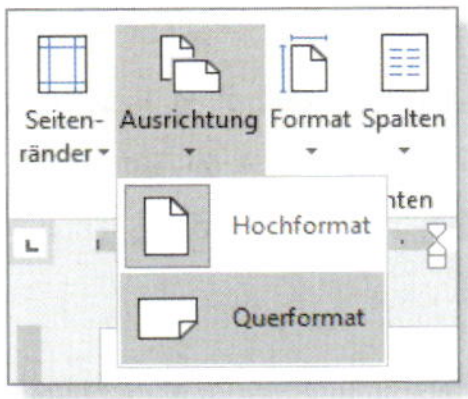

Das Querformat beschreibt eine Seite, bei der sich die längeren Blattkanten oben und unten befinden. Es eignet sich z. B. für Tabellen mit vielen Spalten.

Rechtschreibprüfung

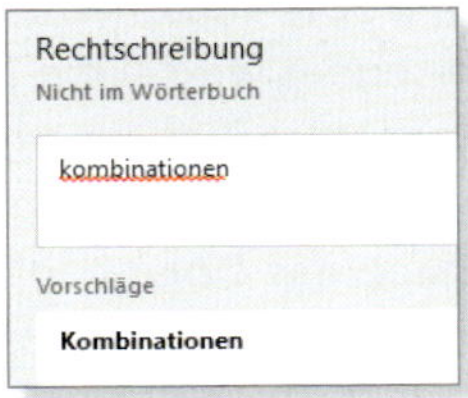

Die Rechtschreibprüfung in Word überprüft den geschriebenen Text anhand eines programmeigenen Wörterbuchs. Wurde ein Wort nicht so geschrieben, wie es im Wörterbuch steht, oder ist der Begriff unbekannt, erscheint unter dem Wort eine rote Wellenlinie.

Registerkarte

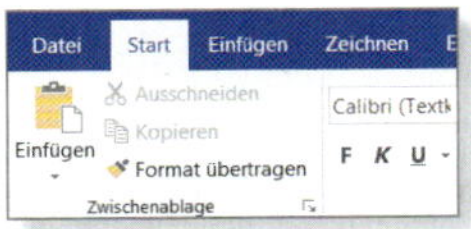

Registerkarten sind die Bereiche auf dem Menüband, auf denen zu unterschiedlichen Themen passende Befehle und Funktionen gesammelt sind. Mit einem Klick auf den jeweiligen Reiter wechselt man die Registerkarten. Auch Dialogfenster können mehrere Registerkarten beinhalten.

Schriftart

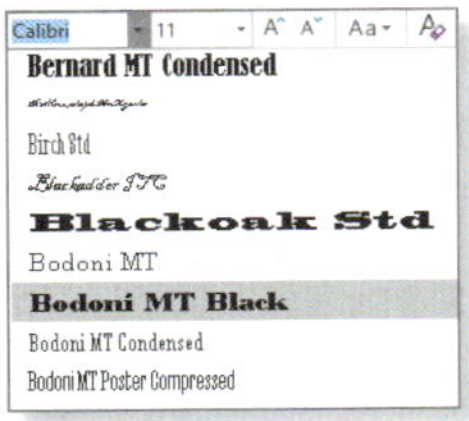

Als Schriftart bezeichnet man die grafische Gestaltung eines Zeichensatzes. Zur Unterscheidung der typografischen Eigenschaften erhalten Schriften Namen, z. B. *Arial*, *Courier* oder *Times New Roman*. Word wird standardmäßig mit einer Menge verschiedener Schriftarten ausgeliefert.

Seitenlayout

Das Seitenlayout bzw. Layout bezieht sich sowohl auf die eingestellten Seitenränder eines Dokuments als auch auf die Ausrichtung des Blattes. Dabei kann zwischen Hochformat und Querformat unterschieden werden.

Glossar

Seitenumbruch

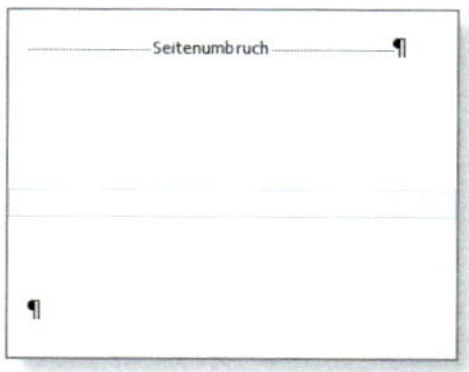

Wenn das Ende einer Seite erreicht ist, wandert Word automatisch auf die nächste Seite. Dies ist der Seitenumbruch. Um an einer bestimmten Stelle einen Seitenumbruch einzufügen, drückt man die Tasten Strg + ↵.

Serienbrief

Ein Serienbrief ist ein Dokument, das an mehrere Empfänger versendet wird. Eine Datenbank enthält die variablen Elemente, z. B. die Namen der Empfänger und ihre Adressen. Diese werden mithilfe von Feldern in die Textvorlage/das Dokument integriert. Durch das Zusammenführen des Dokuments mit der Datenquelle ergeben sich die fertigen Serienbriefe.

Spalte

Ein Dokument kann einspaltig geschrieben sein (Standard) oder in mehrere Spalten unterteilt werden. Die Zeilen werden am Ende der Spalte umbrochen. Am Ende einer Spalte springt der Cursor zum Anfang der nächsten Spalte (oder in die erste Spalte der Folgeseite).

Statusleiste

Die Statusleiste befindet sich am unteren Rand des Word-Fensters. Hier werden u. a. Informationen über die Anzahl der Seiten und Wörter angezeigt. Rechts in der Statusleiste können Sie den Zoom einstellen oder die Ansicht ändern.

Tabelle

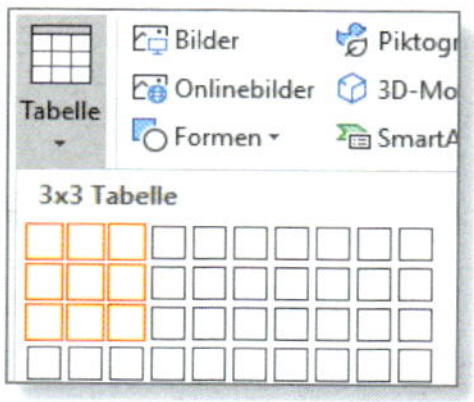

Eine Tabelle ist eine geordnete Zusammenstellung von Texten und/oder Daten. Die Inhalte werden dabei in Zeilen und Spalten gegliedert. Um in Word mit einer Tabelle zu arbeiten, fügt man sie einfach mit der gewünschten Spalten- und Zeilenanzahl in das Dokument ein.

Tabellenspalte

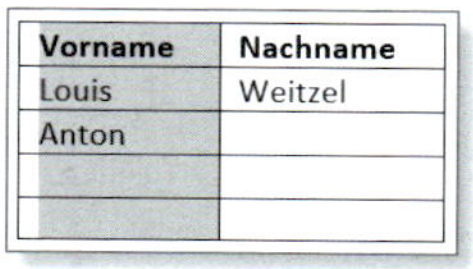

Vorname	Nachname
Louis	Weitzel
Anton	

In den Tabellenspalten stehen die Informationen, die zur Spaltenüberschrift des jeweiligen Datensatzes passen. Unter der Überschrift *Nachname* stehen z. B. die unterschiedlichen Nachnamen, die in die Tabelle aufgenommen werden.

Tabellenzeile

Vorname	Nachname
Louis	Weitzel
Anton	Beck

In einer Tabellenzeile stehen die Informationen, die zu einem Datensatz gehören, z. B. der Name, Vorname und der Wohnort einer Person.

Texteffekt

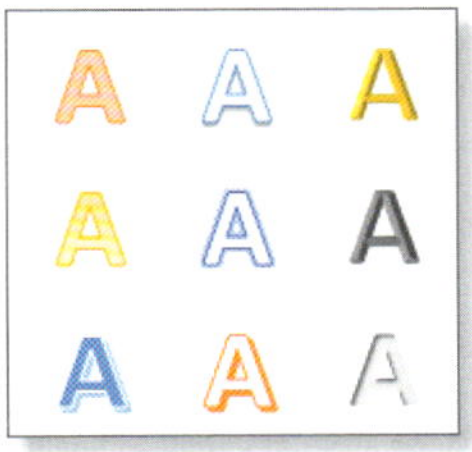

Mithilfe der Texteffekte wendet man einen Grafikeffekt auf den markierten Text an. Zu diesen Effekten zählen z. B. **Schatten**, **Spiegelung** oder **Leuchten**. Das Menü ist nur im Dateiformat *.docx* nutzbar.

WordArt

Mit WordArt kann Text dekorativ gestaltet werden. So erreichen Sie Effekte, die mit »normaler« Formatierung nicht einzustellen wären, z. B. Konturen und unterschiedlichste Verformungen von Schriftzügen (z. B. Bogen oder Wellen).

Zeilenumbruch

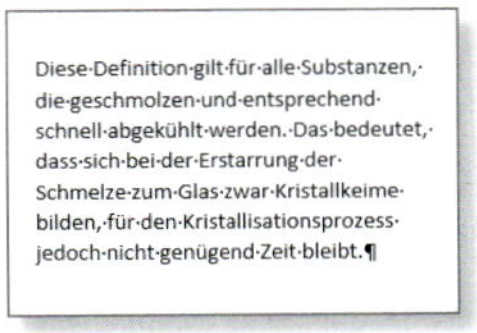
Diese·Definition·gilt·für·alle·Substanzen,·
die·geschmolzen·und·entsprechend·
schnell·abgekühlt·werden.·Das·bedeutet,·
dass·sich·bei·der·Erstarrung·der·
Schmelze·zum·Glas·zwar·Kristallkeime·
bilden,·für·den·Kristallisationsprozess·
jedoch·nicht·genügend·Zeit·bleibt.¶

Text wird in Word automatisch umbrochen, wenn das Ende der Zeile, also der rechte Seitenrand, erreicht ist. Der Cursor springt dann in die nächste Zeile. ↵ wird nur gedrückt, um bewusst einen neuen Absatz zu beginnen.

Zoom

Mit dem Zoom wird die Anzeige auf dem Bildschirm gesteuert. Je höher der Zoomwert ist, desto größer wird die Anzeige der Schrift, doch der Ausschnitt verkleinert sich entsprechend.

Stichwortverzeichnis

E

Stichwortverzeichnis

Stichwortverzeichnis

Stichwortverzeichnis

Stichwortverzeichnis